ESSENER GESPRÄCHE

ZUM THEMA

STAAT UND KIRCHE

BAND 56

ESSENER GESPRÄCHE

zum Thema

Staat und Kirche (56)

Begründet von Joseph Krautscheidt und Heiner Marré

Herausgegeben von Arnd Uhle und Judith Wolf

Für die Zitierung der „Essener Gespräche zum Thema Staat und Kirche“ wird folgende Zitierweise empfohlen:

Autor, Titel, in: Essener Gespräche zum Thema Staat und Kirche (EssGespr.) mit entsprechender Bandzahl (Erscheinungsjahr), hrsg. von Arnd Uhle und Judith Wolf, Anfangsseitenzahl (konkrete Seitenzahl)

Printed in Germany

Gedruckt auf säurefreiem, alterungsbeständigem Papier 

ISSN 0720-891X

ISBN 978-3-402-10581-8

INHALTSVERZEICHNIS

Redaktionelle Leitung:
Professor Dr. iur. Arnd Uhle, Leipzig

Anhang

VORWORT

Die auf Einladung des Bischofs von Essen alljährlich stattfindenden „Essener Gespräche zum Thema Staat und Kirche“ konnten aufgrund der pandemiebedingten Einschränkungen zu unserem großen Bedauern nicht wie geplant am 15. und 16. März 2021 durchgeführt werden. Gleichwohl umfasst der vorliegende Sammelband die Vorträge, die ursprünglich im Rahmen der Tagung vorgesehen waren.

Für die Unterstützung bei der redaktionellen Bearbeitung der nachfolgend veröffentlichten Abhandlungen danken wir den Mitarbeitern des Leipziger Lehrstuhls für Öffentliches Recht, insbesondere für Staatsrecht, Allgemeine Staatslehre und Verfassungstheorie, namentlich Frau *Maren Monroy Kuhn*, Frau *Sophie Jendro* sowie Frau *Sabine Dorn* im Lehrstuhlsekretariat. Dem Verlagsleiter des Aschendorff-Verlages, Herrn Dr. *Dirk Friedrich Paßmann*, danken wir herzlich für die hervorragende verlegerische Betreuung des Bandes.

Leipzig und Mülheim an der Ruhr, im Juni 2021

Arnd Uhle *Judith Wolf*

Bischof Dr. theol. Franz-Josef Overbeck

Eröffnung

Im vergangenen Jahr 2020 waren die *55. Essener Gespräche zum Thema Staat und Kirche* in der Katholischen Akademie Die Wolfsburg für viele der damaligen Teilnehmerinnen und Teilnehmer das letzte größere Tagungs- und Gesprächsformat vor dem coronabedingten ersten Lockdown. Danach rückten schnell die unterschiedlichen Herausforderungen des Umgangs mit einer globalen Pandemie in den Mittelpunkt der gesellschaftlichen Aufmerksamkeit, stellte sie insgesamt doch für uns alle eine Zäsur dar, deren langfristige Auswirkungen wir erst ansatzweise überblicken können.

Am 26. Februar 2020 – fast genau ein Monat, bevor der Anstieg der Infektionszahlen allen in Europa den Ernst der Lage verdeutlichte und in Deutschland der erste Lockdown in Kraft trat – urteilte das Bundesverfassungsgericht über das Verbot der geschäftsmäßigen Sterbehilfe. Die Diskussion im direkten Anschluss an das Urteil, mit dem das Gericht den § 217 StGB für verfassungswidrig erklärt hat, machte Anfang des vergangenen Jahres schnell deutlich, dass neben den juristischen, ethischen und theologischen Perspektiven auch eine breite gesellschaftspolitische Vergewisserung darüber erfolgen muss, was diese Entscheidung für unser Selbstverständnis mit Blick auf das eigene Sterben und den eigenen Tod bedeutet. Diese wichtige Debatte wurde bald vom Pandemiegeschehen überschattet, so dass zunächst andere Themen im Fokus der Öffentlichkeit standen. Darüber hinaus fielen alle gewohnten und vertrauten Formen gemeinsamer Verständigung, die physische Präsenz und Begegnung voraussetzen, für den diskursiven Austausch über viele Monate hinweg aus. Rückblickend betrachtet ist es wohl schwierig einzuschätzen, ob – und wenn ja, inwieweit – die komplette Diskursverlagerung in den digitalen Raum sowie eine kollektive Erfahrung von Verwundbarkeit die neue gesellschaftliche Debatte über den assistierten Suizid inhaltlich mitbestimmt haben. Fakt ist aber, dass sie nach einer ersten diskursiven Bearbeitung des Corona-Schocks durchaus intensiv geführt worden ist und noch immer geführt wird. So traf in der Öffentlichkeit das Urteil überwiegend auf Zustimmung. Denn vielfach herrscht heute das Argument vor, dass kaum eine Entscheidung so privat ist wie die über den eigenen Tod und das eigene Sterben. Deshalb sei es als legitimer Ausdruck menschlicher Freiheit zu verstehen, wenn Menschen die Möglichkeit zum assistierten Suizid in Anspruch nehmen wollen. Dieses Freiheitsrecht, so die Argumentation, müsse der Staat schützen und darum politisch auch rechtssichere, möglichst eindeutige Verfahren beschreiben. Mahnende Stimmen, die – aus religiösen oder säkularen Gründen – ein anderes Freiheitsverständnis vertreten und dem Urteil kritisch gegenüberstehen, sind durchaus vernehmbar, aber gegenwärtig nicht von der Mehrheit der Bevölkerung zu hören.

Die vielfache Kritik des Urteils hebt das personale Eingebundensein aller Menschen in bestehende Beziehungsgeflechte stärker hervor und weist auf die Gefahren hin, Konzepte von Autonomie und personaler Souveränität, die lebensweltlich tragfähig sein sollen, zu solipsistisch zu dimensionieren. Das Gericht selbst titelte unter der Randnummer 211: „Die selbstbestimmte Verfügung über das eigene Leben ist vielmehr unmittelbarer Ausdruck der der Menschenwürde innewohnenden Idee autonomer Persönlichkeitsentfaltung; sie ist, wenngleich letzter, Ausdruck von Würde."

Die normativen philosophischen und theologischen Implikationen der Rechtsauffassung, die sich in diesem Urteil widerspiegelt, sind für Gesellschaft und Kirche zugleich herausfordernd und müssen auf konstruktive Art und Weise wissenschaftlich redlich bearbeitet werden. Ich bin dankbar dafür, dass die Autorinnen und Autoren dieses Bandes ihren Beitrag dazu leisten und die Frage, wie das Urteil im Spannungsfeld von Staat und Kirche zu bewerten ist, unterschiedlich perspektivieren. Da es im Frühjahr 2021 nicht verantwortet möglich war, am gewohnten Tagungsformat festzuhalten, die interdisziplinären Beiträge aus dem Kreis der Essener Gespräche aber stets eine hohe qualitative Bereicherung auf dem jeweiligen Diskursfeld darstellen, habe ich mich gemeinsam mit dem Tagungsleiter der Essener Gespräche, Herrn Prof. Dr. *Uhle*, der Akademiedirektorin der Katholischen Akademie Die Wolfsburg, Frau Dr. *Judith Wolf*, und den Mitgliedern des Beratungsgremiums dazu entschieden, die Fachbeiträge zu den *56. Essener Gesprächen zum Thema Staat und Kirche* direkt in der Form des Tagungsbandes zusammenzustellen. Ich danke allen, die mit großem Engagement zum Gelingen dieses Bandes beigetragen haben und hoffe sehr, dass ich zu den *57. Essener Gesprächen* wieder viele der Leserinnen und Leser dieses Bandes persönlich in der Katholischen Akademie Die Wolfsburg begrüßen darf.

Prof. Dr. iur. Arnd Uhle

Einführung

In der Debatte um die rechtliche Regulierung der assistierten Selbsttötung gehört die Berufung auf die Autonomie potenzieller Suizidenten zu den gängigen Argumentationstopoi. Sie prägt auch das vom 26. Februar 2020 datierende Urteil des Zweiten Senats des Bundesverfassungsgerichts, mit dem dieser das mit Wirkung zum 10. Dezember 2015 in § 217 StGB aufgenommene Verbot der „geschäftsmäßigen Förderung der Selbsttötung" für verfassungswidrig erklärt hat. So begreift der Senat das von ihm bejahte „Recht auf selbstbestimmtes Sterben" dezidiert „als Ausdruck persönlicher Autonomie". Demgemäß sei die Entscheidung des Einzelnen, seinem Leben „entsprechend seinem Verständnis von Lebensqualität und Sinnhaftigkeit der eigenen Existenz" ein Ende zu setzen, „als Akt autonomer Selbstbestimmung von Staat und Gesellschaft zu respektieren."[1]

Dogmatischer Ausgangspunkt des Urteils vom 26. Februar 2020 ist die folgenreiche Auffassung, normative Grundlage des „Rechts auf selbstbestimmtes Sterben" sei das allgemeine Persönlichkeitsrecht aus Art. 2 Abs. 1 i. V. m. Art. 1 Abs. 1 GG.[2] Diese Feststellung, die die im Schrifttum vertretenen abweichenden grundrechtlichen Zuordnungen der Selbsttötung implizit negiert,[3] bewirkt, dass der grundrechtliche Schutz des Suizids explizit mit dem interpretationsoffenen Topos der Menschenwürdegarantie des Art. 1 Abs. 1 GG aufgeladen wird; das Bundesverfassungsgericht selbst hebt ausdrücklich die „Verwurzelung des Rechts auf selbstbestimmtes Sterben in der Menschenwürdegarantie des Art. 1 Abs. 1 GG" hervor.[4] Diese Aufladung bleibt im Urteil zwar sowohl dogmatisch als

1 BVerfGE 153, 182 (182, Leitsatz 1 a) und b)).

2 BVerfGE 153, 182 (260 ff. Rn. 204 ff.).

3 Die Selbsttötung wird im Schrifttum alternativ entweder der allgemeinen Handlungsfreiheit i. S. d. Art. 2 Abs. 1 GG oder dem Recht auf Leben und körperliche Unversehrtheit i. S. d. Art. 2 Abs. 2 Satz 1 GG zugeordnet; für Ersteres etwa BVerwGE 158, 142 (152); *Stephan Rixen*, in: Michael Sachs (Hrsg.), GG, 9. Aufl. 2021, Art. 2 Rn. 212; *Horst Dreier*, in: ders. (Hrsg.), GG, Bd. 1, 3. Aufl. 2013 Art. 2 I Rn. 29; für Letzteres *Wolfram Höfling*, Selbsttötung und Selbsttötungsassistenz. Einige grundrechtsdogmatische Überlegungen, in: Martin Kment (Hrsg.), Das Zusammenwirken von deutschem und europäischem Öffentlichen Recht. Festschrift für Hans D. Jarass zum 70. Geburtstag, 2015, S. 195 ff. (199 ff.), *Hans D. Jarass*, in: ders./Bodo Pieroth (Begr.), GG, 16. Aufl. 2020, Art. 2 Rn. 34, 81, 100; *Heinrich Lang*, in: Volker Epping/Christian Hillgruber (Hrsg.), GG, 3. Aufl. 2020, Art. 2 Rn. 58, 63; *Udo Fink*, Recht auf Leben und körperliche Unversehrtheit, in: Detlef Merten/Hans-Jürgen Papier (Hrsg.), HGR Bd. IV, 1. Aufl. 2011, § 88 Rn. 48.

4 BVerfGE 153, 182 (263 Rn. 210).

auch hinsichtlich des – nahezu beliebig quantifizierbaren – Anteils der Menschenwürde an dem grundrechtlichen Schutz der Selbsttötung im Ungefähren.[5] Gleichwohl führt sie das Gericht umstandslos zu der Feststellung, die selbstbestimmte Verfügung über das eigene Leben sei „unmittelbarer Ausdruck der der Menschenwürde innewohnenden Idee autonomer Persönlichkeitsentfaltung".[6]

Die Entscheidung beschränkt sich indes nicht auf die verfassungsrechtliche Verankerung eines Rechts auf Selbsttötung (auch) in Art. 1 Abs. 1 GG, sondern erweitert nach erfolgter Begründung ausdrücklich auch dessen Schutzbereich. Dies geschieht durch die Feststellung, das grundrechtlich geschützte Recht, sich selbst zu töten, umfasse „auch die Freiheit, hierfür bei Dritten Hilfe zu suchen und Hilfe, soweit sie angeboten wird, in Anspruch zu nehmen".[7] Begründet wird das damit, dass der potenzielle Suizident andernfalls gezwungen werde, „auf Alternativen auszuweichen mit dem erheblichen Risiko, dass er mangels tatsächlicher Verfügbarkeit anderer zumutbarer Möglichkeiten einer schmerzfreien und sicheren Selbsttötung seinen Entschluss nicht realisieren [könne]."[8] Diese Sicht führt den Zweiten Senat zu seinem Urteil, dass das in § 217 StGB enthaltene Verbot der geschäftsmäßigen Förderung der Selbsttötung zwar einen legitimen Zweck erfülle, weil dieses nach der Intention des Gesetzgebers im Dienst des Lebens- und des Autonomieschutzes stehe[9] und zudem zum Rechtsgüterschutz geeignet,[10] ungeachtet seiner Erforderlichkeit aber nicht angemessen sei;[11] denn es mache dem potenziellen Suizidenten „faktisch unmöglich, die von ihm gewählte geschäftsmäßig angebotene Suizidhilfe in Anspruch zu nehmen",[12] bewirke damit eine weitgehende Entleerung des „Rechts auf selbstbestimmtes Sterben" und setze letztlich die Selbstbestimmung am Lebensende faktisch außer Kraft.[13]

Das auf diese Weise argumentierende Urteil vom 26. Februar 2020 hat eine breite Diskussion in Gesellschaft und Politik, aber auch und gerade

5 Zutreffende Analyse bei *Heinrich Lang*, Das BVerfG und die Strafbarkeit des assistierten Suizids. Grundrechtliche Metamorphosen: Vom Autonomiegefährder zum Autonomiewahrer, NJW 2020, S. 1562ff. (1563).

6 BVerfGE 153, 182 (264 Rn. 211).

7 BVerfGE 153, 182 (264ff. Rn. 212ff.).

8 BVerfGE 153, 182 (266 Rn. 218).

9 Das, so das Bundesverfassungsgericht weiter, gelte umso mehr, als geschäftsmäßig handelnde Suizidhelfer typischerweise auf die Durchführung des Suizids gerichtete Eigeninteressen verfolgten; siehe BVerfGE 153, 182 (269ff. Rn. 227ff.).

10 BVerfGE 153, 182 (281f. Rn. 260ff.).

11 Die Erforderlichkeit lässt der Senat in seiner Entscheidung ausdrücklich offen, BVerfGE 153, 182 (282 Rn. 263).

12 BVerfGE 153, 182 (265 f. Rn. 216).

13 BVerfGE 153, 182 (282ff. Rn. 264ff.).

im rechtswissenschaftlichen Schrifttum ausgelöst, die einen erheblichen Vergewisserungsbedarf über Prämissen, Argumente und Ergebnisse der Entscheidung hat deutlich werden lassen. So sieht sich im Schrifttum bereits die durch das Urteil insinuierte – auch für andere Personengruppen bedeutungsvolle[14] – Gleichsetzung von Selbstbestimmung und Menschenwürde Einwänden ausgesetzt. Diese gründen in dem Umstand, dass die Selbstbestimmung „weder Synonym noch ‚Kern' der grundrechtlich geschützten Menschenwürde, sondern allenfalls einer ihrer Aspekte [sei]"[15] und sie durch das Grundgesetz, wie auch dessen Formulierung in Art. 1 Abs. 2 GG („darum") zu erkennen gebe, zwar durchaus um der Menschenwürde willen grundrechtlich in Art. 2 Abs. 1 GG geschützt werde, aber gleichwohl von dieser zu unterscheiden sei.[16] Die hiervon abweichende Sichtweise des Bundesverfassungsgerichts führe indes nicht nur zu einer Entdifferenzierung der grundrechtlichen Freiheitsgarantie auf der einen Seite und der Menschenwürde als Grund der individuellen Freiheits- und Gleichheitsrechte auf der anderen Seite,[17] sondern bewirke aufgrund ihrer anteiligen Verankerung der Entscheidungsfreiheit über das eigene Lebensende in Art. 1 Abs. 1 GG auch eine präjudizielle Weichenstellung für Abwägungen des so begründeten „Rechts auf selbstbestimmtes Sterben" mit gegenläufigen Belangen.[18] In der Tat bestehen für Eingriffe in das allgemeine Persönlichkeitsrecht im Vergleich zu Eingriffen in die allgemeine Handlungsfreiheit – wie das Bundesverfassungsgericht selbst ausführt – „erhöhte Rechtfertigungsanforderungen", die „besonders hoch" sind, „wenn es um Gewährleistungsgehalte geht, die einen spezifischen Bezug zu der Garantie der Menschenwürde aus Art. 1 Abs. 1 GG aufweisen."[19] Das hat im Schrift-

[14] Das gilt vor allem im Hinblick auf die Würde von Menschen, deren Fähigkeit zur Selbstbestimmung (noch) nicht oder nur eingeschränkt besteht, mithin exemplarisch für ungeborene Kinder, Kleinkinder, Menschen mit Behinderungen oder demente Personen, vgl. *Hillgruber*, in: Epping/Hillgruber (Fn. 3), Art. 1 Rn. 12.1.

[15] Überzeugend so, auch zum Folgenden, *Christoph Goos*, „Innere Freiheit". Der grundgesetzliche Würdebegriff in seiner Bedeutung für die Begleitung Schwerkranker und Sterbender, in: Norbert Feinendegen/Gerhard Höver/Andrea Schaeffer/Katharina Westerhostmann (Hrsg.), Menschliche Würde und Spiritualität in der Begleitung am Lebensende. Impulse aus Theorie und Praxis, 2014, S. 53 ff. (81 f.).

[16] So etwa *Christian Hillgruber*, Die assistierte Selbsttötung – ein absolutes Freiheitsrecht? Anmerkung zu BVerfG, Urteil des Zweiten Senats vom 26. Februar 2020 – 2 BvR 2347/15 –, ZfL 2019, S. 385 ff. (386).

[17] Zur Menschenwürde als Grund der Grundrechte näher *Josef Isensee*, Würde des Menschen, in: Detlef Merten/Hans-Jürgen Papier (Hrsg.), HGR Bd. IV, 1. Aufl. 2011, § 87 Rn. 111 ff.

[18] So namentlich *Hillgruber*, Die assistierte Selbsttötung (Fn. 16), S. 386.

[19] So dezidiert BVerfGE 153, 182 (267 Rn. 221).

tum zu dem Vorwurf geführt, die bundesverfassungsgerichtliche Position führe letztlich zu einem „Supergrundrecht Suizid".[20]

Aber auch darüber hinaus ist die Entscheidung auf Widerspruch gestoßen. So haben die gerichtliche Erstreckung des Autonomieschutzes auf die Inanspruchnahme geschäftsmäßig angebotener Suizidhilfe und deren Zurechnung zum Kernbereich der aus dem allgemeinen Persönlichkeitsrecht abgeleiteten Freiheit zur Selbsttötung die Frage nach einer Überdehnung des grundrechtlichen Freiheitsanspruches aufgeworfen.[21] Kritik hat zudem die unzureichende gerichtliche Berücksichtigung des Umstands gefunden, dass das Verbot der geschäftsmäßigen Förderung der Selbsttötung gesetzgeberisch gerade auch mit dem Ziel der Autonomiesicherung erlassen worden ist und seine Schaffung auf der – bundesverfassungsgerichtlich nicht beanstandeten – Annahme beruht, dass die eigenverantwortliche Entscheidung eines Suizidenten durch eine geschäftsmäßig angebotene Sterbehilfe zumindest beeinflusst und insofern seine Autonomie abstrakt gefährdet wird.[22] Das Urteil des Zweiten Senats vom 26. Februar 2020 habe, so das Schrifttum, diese gesetzgeberische Einschätzung nicht nur verdrängt, sondern geradezu in ihr Gegenteil verkehrt, was sich daran zeige, dass im Ergebnis nunmehr gerade jenen Akteuren, in deren Handlungen der Gesetzgeber noch eine Gefährdung der Autonomie Sterbewilliger gesehen habe, die Funktion zukommen solle, die Autonomie des Einzelnen am Lebensende zu sichern.[23] Angesichts dessen verhalte sich die gerichtliche Akzentuierung der gesetzgeberischen Entscheidungsprärogative „umgekehrt proportional zu ihrer Beachtung".[24] Dies wiege umso schwerer, als dem Erlass des Verbots der geschäftsmäßigen Förderung der Sterbehilfe im Jahr 2015 eine bemerkenswert umfassende gesellschaftliche, wissenschaftliche und politische Diskussion vorangegangen sei und im Laufe des Gesetzgebungsverfahrens vier fraktionsübergreifende Gesetzesentwürfe[25] parlamentarisch debattiert worden seien, die

[20] So im Anschluss an *Christian Geyer*, Supergrundrecht Suizid?, FAZ vom 5.3.2020, S. 11, pointiert *Wolfram Höfling*, „Autonome Selbstbestimmung" – und was nun? Kritische Anmerkungen und rechtspolitische Fragen zum Urteil des Bundesverfassungsgerichts zu § 217 StGB, ZME 66 (2020), S. 245 ff. (249).

[21] So zu Recht *Hillgruber*, Die assistierte Selbsttötung (Fn. 16), S. 389 ff.

[22] Siehe hierzu die Ausführungen des seinerzeitigen Gesetzentwurfs, BT-Drs 18/5373, S. 12.

[23] So, ebenso prägnant wie zutreffend, *Lang*, Strafbarkeit des assistierten Suizids (Fn. 5), S. 1565.

[24] *Lang*, Strafbarkeit des assistierten Suizids (Fn. 5), S. 1564.

[25] BT-Drs. 18/5374; BT-Drs. 18/5375; BT-Drs. 18/5376 sowie der schließlich angenommene Brand/Griese-Entwurf, BT-Drs. 18/5373.

dem bundesverfassungsgerichtlichen Urteil zufolge letztlich sämtlich als verfassungswidrig zu beurteilen seien.[26]

Das bundesverfassungsgerichtliche Urteil vom 26. Februar 2020 hat indes nicht nur einen erheblichen Diskussions- und Vergewisserungsbedarf im rechtswissenschaftlichen Schrifttum deutlich werden lassen, sondern auch neuen gesetzgeberischen Handlungsbedarf ausgelöst. Dieser wird bereits anhand des Umstands sichtbar, dass die Tätigkeit sog. Sterbehilfevereine nunmehr keiner strafrechtlichen Sanktion mehr unterliegt und daher die aus der Perspektive der Autonomiesicherung bestehenden Gefährdungslagen unbewältigt bleiben, die den Gesetzgeber 2015 zur Einführung des Verbots der geschäftsmäßigen Förderung der Selbsttötung veranlasst haben. Das Urteil selbst stellt diesbezüglich ausdrücklich klar, dass der Gesetzgeber „aus den ihm obliegenden Schutzpflichten für die Autonomie bei der Entscheidung über die Beendigung des eigenen Lebens in verfassungsrechtlich nicht zu beanstandender Weise einen Handlungsauftrag abgeleitet [habe]" und aus der Nichtigerklärung des § 217 StGB nicht etwa folge, „dass der Gesetzgeber sich einer Regulierung der Suizidhilfe vollständig zu enthalten hat".[27] Für eine entsprechende Regulierung, so das Bundesverfassungsgericht weiter, stehe dem Gesetzgeber „ein breites Spektrum an Möglichkeiten offen", das „von der positiven Regulierung prozeduraler Sicherungsmechanismen, etwa gesetzlich festgeschriebener Aufklärungs- und Wartepflichten, über Erlaubnisvorbehalte, die die Zuverlässigkeit von Suizidhilfeangeboten sichern, bis zu Verboten besonders gefahrträchtiger Erscheinungsformen der Suizidhilfe entsprechend dem Regelungsgedanken des § 217 StGB [reiche]". Entsprechende Regelungen könnten „mit Blick auf die Bedeutung der zu schützenden Rechtsgüter auch im Strafrecht verankert oder jedenfalls durch strafrechtliche Sanktionierung von Verstößen abgesichert werden."[28]

Vor diesem Hintergrund sowie angesichts der fundamentalen gesellschaftlichen Bedeutung der Thematik besteht ein mehrfacher Anlass, den mit dem Urteil vom 26. Februar 2020 verbundenen Fragestellungen im Rahmen der Essener Gespräche unter dem Titel „Entgrenzte Autonomie? – Die assistierte Selbsttötung nach der bundesverfassungsgerichtlichen Entscheidung vom 26. Februar 2020" nachzuspüren. Auch wenn die eigentliche Tagung angesichts der pandemiebedingten Einschränkungen nicht in der gewohnten Form stattfinden konnte, versammelt der vorliegende Band die ursprünglich vorgesehenen Vorträge.

26 *Steffen Augsberg*, „Heteronome Fremdbestimmung". Ungereimtheiten und problematische Konsequenzen des Urteils des Bundesverfassungsgerichts zu § 217 StGB, vorgänge Nr. 229 (1/2020), S. 23ff. (24). Siehe auch *Lang*, Strafbarkeit des assistierten Suizids (Fn. 5), S. 1565.

27 BVerfGE 153, 182 (308 Rn. 338).

28 BVerfGE 153, 182 (309 Rn. 339).

Die nachfolgend abgedruckten Abhandlungen nähern sich zunächst dem Begriff der Autonomie aus der für die Essener Gespräche charakteristischen interdisziplinären Perspektive. Demgemäß wird hier der Autonomiebegriff aus philosophischer und theologischer Perspektive entfaltet. Im Anschluss daran widmen sie sich einer kritischen Reflexion der in der bundesverfassungsgerichtlichen Entscheidung vom 26. Februar 2020 zum Ausdruck kommenden Autonomiekonzeption sowie der Frage, inwiefern sich ein Autonomieschutz am Lebensende auch durch strafrechtliche Regelungen gewährleisten lässt. Schließlich richten sie den Blick auf eine Analyse der nach dieser Entscheidung noch bestehenden Handlungs- und Gestaltungsspielräume des Gesetzgebers. Einbezogen wird eine rechtsvergleichende Analyse einschlägiger Regelungen in anderen Ländern und Rechtskreisen. Ein besonderes Augenmerk gilt hierbei der Euthanasie-Gesetzgebung der Niederlande, die namentlich seit der Einführung des sog. Sterbehilfegesetzes von 2002 ein eindringliches Beispiel für die Regelungsansätze anderer Staaten darstellt.

Prof. Dr. theol. Franz-Josef Bormann

Der Autonomiebegriff aus philosophischer und theologischer Perspektive

In der immer wieder aufflammenden Debatte um die Sterbehilfe im Allgemeinen und die Suizidassistenz im Besonderen spielen zwar eine ganze Reihe verschiedener Erwägungen eine Rolle,[1] doch kommt dem Verweis auf die *Autonomie* des Sterbewilligen dabei aus wenigstens zwei Gründen ein besonderes Gewicht[2] zu: Zum einen resultiert die zentrale Bedeutung des Autonomie-Argumentes aus dem freiheitlichen Selbstverständnis des modernen Menschen, der sich in immer mehr Lebensbereichen aus vorgegebenen Zwängen emanzipiert hat und nun im Begriffe ist, auch die Art und Umstände des Sterbens seinem Gestaltungswillen zu unterwerfen. Zum anderen führen verschiedene Veränderungen technischer, sozialer, ökonomischer und kultureller Art dazu, das eigene Lebensende immer stärker als plan- und optimierba-

[1] Vgl. *Franz-Josef Bormann*, Ärztliche Suizidbeihilfe – für und wider, Stimmen der Zeit 2015, S. 3 ff.; *ders.*, Ärztliche Suizidbeihilfe aus Sicht der katholischen Moraltheologie, ZfmE 2015, S. 199 ff.; *ders.*, Ärztliche Suizidbeihilfe: Eine kritische Analyse der wichtigsten *pro*-Argumente, ThQ 2015, S. 215 ff. sowie *ders.*, Wie wollen wir sterben? Die Debatte um die verschiedenen Formen der Sterbehilfe, ThQ 2018, S. 261 ff.

[2] Vgl. *Eberhard Schockenhoff*, Selbstbestimmtes Sterben? Zur Funktion des Autonomieargumentes in der Debatte um die Sterbehilfe, in: Walter Schaupp/Wolfgang Kröll (Hrsg.), Medizin – Macht – Zwang. Wie frei sind wir angesichts des medizinischen Fortschritts?, 2016, S. 71 ff.

res Projekt zu begreifen. Vor allem die Ambivalenz des medizinischen Fortschrittes mit seinen bislang ungeahnten Möglichkeiten der Lebensverlängerung scheint es nahezulegen, sich individuell gegen mögliche Gefahren einer medizinischen Über- oder Unterversorgung im Umkreis des Sterbens durch möglichst differenzierte Vorausverfügungen abzusichern. Daneben gibt es aber auch eine Reihe weiterer Einflussfaktoren – vom schon heute bestehenden Pflegenotstand über die wachsende Vereinsamung alter Menschen durch die Schwächung familialer Netzwerke bis hin zur abnehmenden Bindungskraft der Religionen –, die die Suche nach einem persönlichen Ausweg aus einer zunehmend prekären Lebenslage für immer mehr Menschen attraktiv erscheinen lässt.[3] Die verschiedenen Entwicklungen konvergieren in der ebenso diffusen wie verbreiteten Annahme, der Einzelne sei gerade am Lebensende gut beraten, sein Schicksal selbst in die Hand zu nehmen, um in größtmöglicher Freiheit jene Form der Lebensbeendigung[4] zu wählen, die seinen subjektiven Überzeugungen am besten entspricht.

Die unübersehbare Prominenz des Autonomiebegriffs auf dem besonders sensiblen Gebiet der Sterbehilfe kann jedoch nicht darüber hinwegtäuschen, dass nach wie vor erhebliche Meinungsverschiedenheiten über seinen genauen Sinngehalt, seine Reichweite und die aus ihm ableitbaren normativen Konsequenzen bestehen. Die kontroverse rechtswissenschaftliche und ethische Debatte um das Urteil des Bundesverfassungsgerichts vom 26.2.2020[5], mit dem das erst seit 2015 geltende strafrechtliche Verbot der geschäftsmäßigen Suizidbeihilfe für nichtig erklärt wurde, belegt dies eindrücklich. Während die *einen* das Urteil als längst überfälligen Durchbruch für ein liberales Sterbehilferecht in Deutschland, das der Autonomie des Einzelnen endlich zum Sieg verholfen habe, freudig begrüßen, sehen die *anderen* darin eine höchst problematische Zäsur, die einen „Einschnitt in unsere auf Bejahung und Förderung des Lebens ausgerichtete Kultur dar[stellt]“[6]. Wer in solchen kritischen Einlassungen nur das im Grunde anachronistische Ressentiment eines notorisch autonomiefeindlichen und latent paternalistischen

[3] Welche Bedeutung die von der Soziologie seit längerem beschriebene fortschreitende Individualisierungs- bzw. Singularisierungstendenz für die Normwissenschaften hat, wäre im Blick auf die jeweils spezifische Funktion des Verfassungs- und des Strafrechts einerseits und der Ethik andererseits differenziert zu betrachten, um krude naturalistische Fehlschlüsse ebenso zu vermeiden wie ein ungeschichtliches Denken, das der Zeitgebundenheit mancher normativer Standards keinen Raum zu geben vermag.

[4] Vgl. *Franz-Josef Bormann* (Hrsg.), Lebensbeendende Handlungen. Ethik, Medizin und Recht zur Grenze von ‚Töten‘ und ‚Sterbenlassen‘, 2017.

[5] BVerfGE 153, 182.

[6] Gemeinsame Erklärung der Vorsitzenden der Evangelischen Kirche Deutschlands (EKD) und der Deutschen Bischofskonferenz (DBK) zum Verbot der geschäftsmäßigen Förderung der Selbsttötung, 26.2.2020.

Denkens erblickt, der irrt. Denn es geht ihnen nicht darum, die grundsätzliche Legitimität und Bedeutung des Grundwertes der Autonomie selbst in Zweifel zu ziehen. Vielmehr zielen solche Einwände darauf ab, eine notwendige Debatte über unterschiedliche Verständnisweisen dieser ebenso wichtigen wie mehrdeutigen Kategorie und ihrer Beziehung zu anderen normwissenschaftlich bedeutsamen Begriffen zu führen, die durch die spezifische Sichtweise des höchsten deutschen Gerichtes in eine gefährliche Schieflage geraten sein könnte.

Die folgenden Überlegungen wollen einen Beitrag zu dieser Debatte leisten, indem sie zunächst die markantesten Facetten des sehr speziellen Gebrauchs des Autonomiebegriffes im Urteil des Bundesverfassungsgerichts rekonstruieren. Kontrastierend dazu sind sodann die Konturen des philosophischen Autonomieverständnisses *I. Kants* zu bestimmen, dessen moralphilosophische Reflexionen maßgeblich zur Profilierung des Autonomiegedankens in der modernen Ethik beigetragen haben. Im Anschluss daran soll nach dem moraltheologischen Umgang mit dem Autonomiebegriff gefragt werden, wobei in exemplarischer Form zunächst der kognitivistische Grundansatz katholischer Moraltheologie in Gestalt der klassischen *lex naturalis*-Lehre, das nachkonziliare Konzept einer ‚autonomen Moral' sowie seine Transformation in eine ‚Moral der Autonomie' nachzuzeichnen ist. Einige kurze Reflexionen zum Grund der besonderen Strittigkeit des Rekurses auf die Autonomie im Kontext der Sterbehilfediskussion beschließen diese Überlegungen.

I. Die Verwendung des Autonomiebegriffs im Urteil des Bundesverfassungsgerichts vom 26.2.2020

Die zentrale Bedeutung des Autonomiebegriffs für dieses Urteil erhellt bereits aus dem ersten programmatischen Leitsatz, demgemäß das allgemeine Persönlichkeitsrecht (Art. 2 Abs. 1 i.V.m. Art. 1 Abs. 1 GG) als „Ausdruck persönlicher Autonomie ein Recht auf selbstbestimmtes Sterben" umfasse, das als solches die Freiheit einschließe, „sich selbst das Leben zu nehmen" und „hierfür bei Dritten Hilfe zu suchen und Hilfe, soweit sie angeboten wird, in Anspruch zu nehmen". Zwar stehe das so verstandene Recht auf Selbsttötung grundsätzlich nur „zur freien Selbstbestimmung und Eigenverantwortung fähigen Menschen"[7] zu, doch profiliert das Gericht dieses Recht in einer Art und Weise, die gleich in doppelter Hinsicht außergewöhnlich erscheint: zum einen in seinem Verhältnis zu anderen Rechtsgütern, zum anderen hinsichtlich der näheren Bestimmung seines Sinngehalts und seiner Reichweite. Der Zweite Senat stand bei seiner Prüfung des § 217 StGB vor der Aufgabe, die Span-

[7] BVerfGE 153, 182 (260 Rn. 204).

nung zwischen dem Selbstbestimmungsrecht der zur Selbsttötung Entschlossenen und der staatlichen Schutzpflicht für das Leben und die Autonomie Sterbender aufzulösen. Diese Aufgabe erfüllt das Gericht aber keineswegs durch einen möglichst schonenden Ausgleich zwischen beiden relevanten Rechtsgütern, sondern durch die „handstreichartige" Proklamation einer *„neue[n] Letztbegründung der Freiheit zum Suizid*"[8], der zufolge die „selbstbestimmte Verfügung über das eigene Leben [...] unmittelbarer Ausdruck der der Menschenwürde innewohnenden Idee autonomer Persönlichkeitsentfaltung"[9] sei. Dieser argumentationslogische Kunstgriff soll nicht nur den prinzipiellen Vorrang des Selbstbestimmungsrechtes vor dem Lebensschutz, sondern auch ein inhaltlich extrem entgrenztes Autonomieverständnis plausibilisieren.

Besonders aufschlussreich ist in diesem Zusammenhang ein Vergleich mit dem Urteil des Bundesverwaltungsgerichtes in Leipzig vom 2.3.2017, das damals vor allem wegen seiner mangelnden Konsistenz mit § 217 StGB in die Kritik geraten war.[10] Die Leipziger Richter erklärten in den Leitsätzen ihres Urteilsspruchs, der Erwerb eines Betäubungsmittels zum Zwecke der Selbsttötung sei zwar „grundsätzlich nicht erlaubnisfähig"[11], doch umfasse das allgemeine Persönlichkeitsrecht aus Art. 2 Abs. 1 i.V.m. Art. 1 Abs. 1 GG „auch das Recht eines schwer und unheilbar kranken Menschen, zu entscheiden, wie und zu welchem Zeitpunkt sein Leben enden soll"[12], sodass § 5 Abs. 1 Nr. 6 des BtMG dahingehend auszulegen sei, dass „der Erwerb eines Betäubungsmittels für eine Selbsttötung mit dem Zweck des Gesetzes ausnahmsweise vereinbar ist, wenn sich der suizidwillige Erwerber wegen einer schweren und unheilbaren Erkrankung in einer extremen Notlage befindet"[13]. Eine solche ‚extreme Notlage' sahen die Richter dann gegeben, „wenn – erstens – die schwere und unheilbare Erkrankung mit gravierenden körperlichen Leiden, insbesondere starken Schmerzen verbunden ist, die bei dem Betroffenen zu einem unerträglichen Leidensdruck führen und nicht ausreichend gelindert werden können, – zweitens – der Betroffene entscheidungsfähig ist und sich frei und ernsthaft entschieden hat, sein Leben beenden zu wollen, und ihm – drittens – eine andere zumutbare Möglichkeit zur Verwirklichung des Sterbewunsches nicht zur Verfügung steht"[14]. Zwar

8 *Eberhard Schockenhoff*, Selbstbestimmtes Sterben als unmittelbarer Ausdruck der Menschenwürde?, IKaZ Communio 2020, S. 408ff. (409).

9 BVerfGE 153, 182 (264 Rn. 211).

10 Vgl. dazu die Ad-hoc-Empfehlung des *Deutschen Ethikrates* „Suizidprävention statt Suizidunterstützung. Erinnerung an eine Forderung des Deutschen Ethikrates anlässlich einer Entscheidung des Bundesverwaltungsgerichts", 2017.

11 BVerwGE 158, 142 (Leitsatz 1, 142).

12 BVerwGE 158, 142 (Leitsatz 2, 142).

13 BVerwGE 158, 142 (Leitsatz 3, 142f.).

14 BVerwGE 158, 142 (Leitsatz 4, 143).

findet sich bereits hier die Verkoppelung des allgemeinen Persönlichkeitsrechtes mit der Menschenwürdegarantie, die auch im Urteil des Bundesverfassungsgerichts vom 26.2.2020 anzutreffen ist, doch gewinnt man den Eindruck, dass der entscheidende Sachgrund für die ausnahmsweise Erlaubnis des Zugangs zu den tödlichen Substanzen hier nicht in einem bestimmten Autonomieverständnis besteht, sondern in der seltenen Konstellation einer besonders belastenden Leidenssituation, deren Vorliegen mittels materieller Kriterien eigens zu begründen ist und die Legitimität der einschlägigen Form der Suizidassistenz damit von vorneherein auf wenige Konstellationen begrenzt.

Im Urteil des Bundesverfassungsgerichts spielen dagegen alle diese Einschränkungen keine Rolle mehr. Die Entscheidung, das eigene Leben zu beenden, wird nicht nur sprachlich als „grundlegender Ausdruck der zur Selbstbestimmung und Eigenverantwortung fähigen Person“[15] und als „unmittelbarer Ausdruck der der Menschenwürde innewohnenden Idee autonomer Persönlichkeitsentfaltung“[16] eigentümlich überhöht, sondern auch von allen inhaltlichen Eingrenzungen befreit. So bestehe das Recht auf ein selbstbestimmtes Sterben „in jeder Phase der menschlichen Existenz“[17] und sei „insbesondere nicht auf schwere oder unheilbare Krankheitszustände oder bestimmte Lebens- und Krankheitsphasen beschränkt“[18]. Eine Bewertung des Suizidwunsches durch „materielle Kriterien“[19] gleich welcher Art verbiete sich ebenso wie dessen Beurteilung durch „Maßstäbe […] objektiver Vernünftigkeit“[20]. Bezeichnend für die hier propagierte Autonomievorstellung ist auch der Hinweis, der Suizidwillige unterliege keinesfalls der „autonomiefeindliche[n] Pflicht“[21], palliativmedizinische Angebote in Anspruch zu nehmen und dadurch von seinem Suizidverlangen Abstand zu nehmen. Zwar unterliegen palliativmedizinische Interventionen wie alle anderen medizinischen Maßnahmen auch selbstverständlich der Einwilligung des Patienten, doch befremdet es, dass ausgerechnet die gegenwärtig noch keineswegs überall verfügbare Palliativmedizin, deren Sinn gerade darin besteht, die Symptomlast zu mindern und dadurch die Autonomie des Betroffenen zu schützen bzw. wiederherzustellen, hier indirekt unter den Verdacht der Autonomiefeindlichkeit gestellt wird. Nimmt man all diese Aussagen zusammen, dann drängt sich der Eindruck auf, dass die Argumentation des Gerichtes über weite Strecken von einem Autonomieverständnis geprägt ist, das insofern stark *privatistische* Züge trägt,

15 BVerfGE 153, 182 (261 Rn. 209).
16 BVerfGE 153, 182 (264 Rn. 211).
17 BVerfGE 153, 182 (263 Rn. 210).
18 BVerfGE 153, 182 (262 Rn. 210).
19 BVerfGE 153, 182 (309 Rn. 340).
20 BVerfGE 153, 182 (309 Rn. 340; vgl. auch 262 f. Rn. 210).
21 BVerfGE 153, 182 (295 Rn. 299).

als es den „höchstpersönlichen Charakter“[22] der Suizidentscheidung als integralen Bestandteil der „Privatsphäre“[23] betont und das suizidale Begehren ausdrücklich „einer Bewertung anhand allgemeiner Wertvorstellungen, religiöser Gebote, gesellschaftlicher Leitbilder für den Umgang mit Leben und Tod oder Überlegungen objektiver Vernünftigkeit entzieht“[24]. Dem Gericht zufolge gehört die Selbstbestimmung über das eigene Lebensende nicht nur „zum ‚ureigensten Bereich der Persönlichkeit‘ des Menschen, in dem er frei ist, seine Maßstäbe zu wählen und nach ihnen zu entscheiden“[25], sie sei sogar „letzter Ausdruck von Würde“[26], der von Staat und Gesellschaft zu respektieren sei, weshalb sich jede gesetzliche Regelung verbiete, „die die Entscheidung des mit autonomem Willen handelnden Grundrechtsträgers, sich mit Unterstützung Dritter bewusst und gewollt selbst zu töten, als solche missbilligt, tabuisiert oder mit einem Makel belegt“[27]. Im Blick auf diese, die Autonomie in Richtung einer reinen Willkürfreiheit (i.S. einer *libertas indifferentiae*) verschiebende Argumentationslinie drängt sich zwangsläufig die Frage auf, wie sich unter diesen Bedingungen eigentlich noch ein Verbot der Tötung auf Verlangen i. S. des § 216 StGB rechtfertigen ließe. Denn wenn das von seinem Kern als negatives Abwehrrecht zum Schutz einer freiheitlichen Lebensgestaltung konzipierte ‚allgemeine Persönlichkeitsrecht‘ tatsächlich eine derart unbegrenzte Verfügungsmacht über Art und Umfang des eigenen Sterbens sogar durch die Mitwirkung Dritter beinhaltet, wie hier im Blick auf die Suizidassistenz behauptet wird, dann ist schwer verständlich, aus welchem Grund die ausdrücklich vom Betroffenen frei verlangte Tötung durch eine von ihm beauftragte Person noch länger strafrechtlich verboten bleiben sollte. Ist das dem Wortlaut der Verfassung zufolge lediglich von der „Freiheit Dritter“ und dem „Sittengesetz“ begrenzte „Recht auf die freie Entfaltung der Persönlichkeit“[28] erst einmal so weit entgrenzt, dass es auch ein Recht auf die Inanspruchnahme der Hilfe Dritter zur Selbsttötung einschließt, dürfte es nur eine Frage der Zeit sein, bis genau diese Deutung zur Rechtfertigung eines im Selbstbestimmungsrecht verankerten Rechts auf die ‚Tötung auf Verlangen‘ ins Feld geführt wird.

Fairerweise wird man allerdings auch darauf hinweisen müssen, dass das Urteil des Bundesverfassungsgerichts neben der bislang geschilder-

[22] BVerfGE 153, 182 (267 Rn. 222).
[23] BVerfGE 153, 182 (267 Rn. 221).
[24] BVerfGE 153, 182 (263 Rn. 210).
[25] BVerfGE 153, 182 (263 Rn. 210).
[26] BVerfGE 153, 182 (264 Rn. 211).
[27] BVerfGE 153, 182 (271 Rn. 234).
[28] Art. 2 Abs. 1 GG: „Jeder hat das Recht auf die freie Entfaltung seiner Persönlichkeit, soweit er nicht die Rechte anderer verletzt und nicht gegen die verfassungsmäßige Ordnung oder das Sittengesetz verstößt.“

ten Hauptargumentationslinie auch noch eine zweite, deutlich anders akzentuierte gedankliche Strömung aufweist, die allerdings begriffspolitisch weniger programmatisch ausgerichtet ist. So wird zum einen ausdrücklich betont, dass sich aus dem „Recht auf selbstbestimmtes Sterben [...] kein Anspruch gegenüber Dritten darauf ab[leitet], bei seinem Selbsttötungsvorhaben unterstützt zu werden“[29], und folglich von einer wie auch immer gearteten Pflicht zur Unterstützung eines suizidalen Begehrens keine Rede sein kann. Zum anderen enthält das Urteil im Wissen um Manipulationsgefahren der freiheitlichen Selbstbestimmung besonders verletzlicher Personengruppen auch bestimmte Anforderungen an den Sterbewunsch des Betroffenen. So sei nur dann davon auszugehen, dass der Suizidentschluss auf einen „autonom gebildeten, freien Willen“ zurückgehe, wenn „der Einzelne seine Entscheidung auf der Grundlage einer realitätsbezogenen, am eigenen Selbstbild ausgerichteten Abwägung des Für und Wider trifft“[30] und nicht durch eine „akute psychische Störung“[31] beeinträchtigt ist. Zudem müssten dem Betroffenen „alle entscheidungsrelevanten Gesichtspunkte tatsächlich bekannt sein“, so dass er in der Lage sei, „auf einer hinreichenden Beurteilungsgrundlage realitätsgerecht das Für und Wider abzuwägen“, was wiederum voraussetze, dass der Entscheidungsträger „Handlungsalternativen zum Suizid erkennt, ihre jeweiligen Folgen bewertet und seine Entscheidung in Kenntnis aller erheblichen Umstände und Optionen trifft“[32]. Eine wirklich freie Entscheidung setze „daher zwingend eine umfassende Beratung und Aufklärung hinsichtlich möglicher Entscheidungsalternativen voraus, um sicherzustellen, dass der Suizidwillige nicht von Fehleinschätzungen geleitet, sondern tatsächlich in die Lage versetzt wird, eine realitätsbezogene, rationale Einschätzung der eigenen Situation vorzunehmen“[33]. Zusammen mit der zusätzlich geforderten „gewissen ‚Dauerhaftigkeit‘ und ‚inneren Festigkeit‘“[34] entsteht hier das Bild einer zwar individuell getönten, aber gleichwohl rationalen Willensbestimmung, deren Anforderungsprofil sich deutlich von der zuvor artiku-

[29] BVerfGE 153, 182 (292 Rn. 289). Diese Einschränkung wird *de facto* aber wieder dadurch relativiert, dass die Ausübung des Rechts auf selbstbestimmte Selbsttötung nicht durch weitreichende Verbote von Suizidassistenzangeboten eingeschränkt werden darf, sondern der Sterbewillige seine Selbsttötungsabsicht ‚in zumutbarer Weise‘ realisieren können muss, was offenbar nach Auffassung des Gerichts den Zugang zu bestimmten Dienstleistungsangeboten in diesem Bereich zwingend erfordert: vgl. BVerfGE 153, 182 (264 f. Rn. 213).

[30] BVerfGE 153, 182 (273 Rn. 240).

[31] BVerfGE 153, 182 (273 Rn. 241).

[32] BVerfGE 153, 182 (273 f. Rn. 242).

[33] BVerfGE 153, 182 (275 Rn. 246).

[34] BVerfGE 153, 182 (274 Rn. 244).

lierten Absage an alle „Überlegungen objektiver Vernünftigkeit“[35] unterscheidet.

In der Gesamtschau hat man den Eindruck, dass die Gedankenführung der Urteilsbegründung zwischen zwei gegensätzlichen Polen oszilliert, ohne eine kohärente Orientierung zu bieten: Einerseits sollen sich die einem individuellen Suizidentschluss zugrundeliegenden Motive „einer Beurteilung nach Maßstäben objektiver Vernünftigkeit“ entziehen, so dass es sich „verbietet [...], die Zulässigkeit einer Hilfe zur Selbsttötung materiellen Kriterien zu unterwerfen“[36]. Andererseits wird eine akribische Überprüfung des individuellen Sterbewunsches nach den Kriterien der Realitätsnähe, Wohlinformiertheit und Rationalität verlangt und ein „prozedurales Schutzkonzept“[37] angemahnt, für dessen Ausgestaltung dem Gesetzgeber ein „breites Spektrum an Möglichkeiten“[38] offenstehe. Je nachdem welcher gedanklichen Linie man folgt, lassen sich daher ganz unterschiedliche Schlussfolgerungen aus dem Text der Urteilsbegründung ableiten.

Die gleiche Spannung kennzeichnet auch die Aussagen zum Würdebegriff, der als Wurzelgrund des Rechts auf selbstbestimmtes Sterben ins Feld geführt wird. Auch hier findet sich zum einen die auf Entgrenzung angelegte Aussage, die Würde des Menschen sei „nicht Grenze der Selbstbestimmung der Person, sondern ihr Grund“[39], wobei es für den Einzelnen allein darauf ankomme, „über seine Existenz nach eigenen, selbstgesetzten Maßstäben bestimmen“[40] zu können. Dieser allein auf den *authentischen* Ausdruck von „Selbstbild und Selbstverständnis“[41] ausgerichteten Konzeption steht zum anderen der Gedanke gegenüber, das legislative Schutzkonzept habe sich an der „Vorstellung vom Menschen als einem *geistig-sittlichen* Wesen auszurichten“, das darauf angelegt sei, „sich in Freiheit zu bestimmen und zu *entfalten*“[42].

Auch wenn es der rechtswissenschaftlichen Diskussion überlassen bleiben muss, die Hintergründe der inneren Spannungen und Inkonsistenzen der Urteilsbegründung im Einzelnen aufzuhellen und die Angemessenheit der darin vorgetragenen Interpretation von Sinngehalt und Reichweite sowohl des ‚allgemeinen Persönlichkeitsrechtes‘ als auch des Begriffs der ‚Menschenwürde‘ zu überprüfen, sollte doch deutlich geworden sein, dass das Gericht seinem Urteil ein sehr eigentümliches Autonomieverständnis zugrunde gelegt hat, das in wenigstens dreifacher

35 BVerfGE 153, 182 (263 Rn. 210).
36 BVerfGE 153, 182 (309 Rn. 340).
37 BVerfGE 153, 182 (309 Rn. 340).
38 BVerfGE 153, 182 (309 Rn. 339).
39 BVerfGE 153, 182 (264 Rn. 211).
40 BVerfGE 153, 182 (264 Rn. 211).
41 BVerfGE 153, 182 (261 Rn. 207).
42 BVerfGE 153, 182 (308 Rn. 338; Kursivierung durch den Verfasser).

Hinsicht auffällig konturiert ist: Eine erste Eigentümlichkeit besteht in der stark *negativ-freiheitlichen* Imprägnierung des Autonomiebegriffs. Obwohl man in einer Urteilsbegründung keine tieferen freiheitstheoretischen Reflexionen erwarten darf, fällt doch insofern die stark emanzipatorische Stoßrichtung der Gedankenführung ins Auge, als die positive Dimension des Freiheitsgebrauchs (i. S. der ‚Freiheit zu etwas') hier ganz hinter die negative Freiheitsdimension (i. S. der ‚Freiheit von etwas') zurücktritt. So fehlt nicht nur ein positiver Bezug auf den notorisch unbestimmten Begriff des ‚Sittengesetzes', der ja immerhin in Art. 2 Abs. 1 GG als objektive Grenze des individuellen Freiheitsvollzuges ausdrücklich genannt wird. Auch sonst dominieren die Aussagen darüber, welchen Bewertungskriterien und Bindungen – von ‚allgemeinen Wertvorstellungen' über ‚religiöse Gebote' und ‚gesellschaftliche Leitbilder' bis hin zu ‚Überlegungen objektiver Vernünftigkeit' – sich die autonome Willensbestimmung des Grundrechtsträgers von Rechts wegen entziehe. Eng damit verbunden ist eine zweite Eigentümlichkeit, die im rein *voluntaristischen* Charakter des Autonomieverständnisses besteht. Die Freisetzung des Willens aus allen normativen Bindungen führt zur Identifikation von Autonomie mit faktischer Selbstbestimmung. Etwas wird allein deswegen für autonom und beachtlich erklärt, weil es faktisch gewollt wird. Das aber mündet drittens in einen rein *privatistischen* Charakter der Autonomie, die ihr Fundament in „höchstpersönlichen Vorstellungen und Überzeugungen"[43] hat, die als solche zur Privatsphäre eines Menschen gehören und sich intersubjektiv gültigen Beurteilungsmaßstäben entziehen. Damit degeneriert die *Autonomie* letztlich zur bloßen *Authentizität*[44], bei der es nur noch darum geht, die jeweilige individuelle Selbstbestimmung möglichst unverfälscht zum Ausdruck zu bringen.

II. Zur philosophischen Verwendung des Autonomiebegriffs

Nähert man sich der Kategorie der Autonomie aus einer begriffsgeschichtlichen Perspektive, dann fällt auf, dass der bereits im 5. Jahrhundert v. Chr. nachweisbare Ausdruck αὐτονομία in der Antike vor allem im *politischen* Kontext verwendet wurde. Ihr Subjekt war ursprünglich nicht der einzelne Mensch, sondern die Polis, sofern sie „die eigenen inneren Angelegenheiten unabhängig von einer anderen Macht bestimmen"[45]

[43] BVerfGE 153, 182 (262 Rn. 209).

[44] Die immer wieder zu lesende Behauptung, die Verfechter sog. liberaler Sterbehilfegesetze verwechselten die *Autonomie* mit der *Autarkie* des Sterbewilligen, scheint mir insofern abwegig, als die Betroffenen ja ausdrücklich die Beihilfe Dritter zur leichteren Realisierung ihres Selbsttötungswunsches einfordern.

[45] *Rosemarie Pohlmann*, Art. Autonomie, in: Joachim Ritter (Hrsg.), Historisches Wörterbuch der Philosophie, Bd. 1, 1971, S. 701 ff. (701).

konnte. Ausgehend von der Vorstellung einer begrenzten politischen Freiheit von Stadtstaaten ist der Autonomiebegriff dann sekundär – vermittelt durch die aristokratische Privilegiengesellschaft des Mittelalters – ins Rechtsdenken eingewandert und von der neuzeitlichen Jurisprudenz im Sinne einer *potestas vivere propriis legibus*[46] bzw. *libertas suis utendi legibus*[47] auf das Individuum übertragen worden. Während dabei im Anschluss an die Konfessionskriege zunächst vor allem die Religions- und Gewissensfreiheit im Vordergrund stand, verbreiterte sich deren Anwendungsbereich nachfolgend immer weiter, so dass der rechtliche Autonomiebegriff zu einer „systemabhängigen Variable[n] der jeweiligen Rechtstheorie und ihrer Auffassung von der Möglichkeit freier Selbstbestimmung im Rahmen einer rechtlich vorgegebenen Ordnung“[48] wurde. Der eigentliche Ursprung eines dezidiert *philosophischen* Autonomieverständnisses ist demgegenüber in der Moralphilosophie *I. Kants* zu suchen[49], dessen wesentliche Kennzeichen nachfolgend kurz zu rekonstruieren sind.

1. Die Deutung der Autonomie bei *I. Kant*

Um zu verstehen, warum *I. Kant* nach jahrzehntelanger Beschäftigung mit moralphilosophischen Fragen im Jahre 1785 in seiner *Grundlegung zur Metaphysik der Sitten* schließlich eine ethische Konzeption entwickelte, in deren Zentrum erstmalig der Autonomiebegriff steht, dürfte es hilfreich sein, sich zunächst noch einmal das Ziel und den Kontext dieser Schrift zu vergegenwärtigen. Bereits in der Vorrede verweist *Kant* auf die „äußerste […] Notwendigkeit, einmal eine reine Moralphilosophie zu bearbeiten, die von allem, was nur empirisch sein mag und zur Anthropologie gehört, völlig gesäubert wäre“[50]. Diese Notwendigkeit resultiere insofern „aus der gemeinen Idee der Pflicht und der sittlichen Gesetze“, als jedermann eingestehen müsse, „daß ein Gesetz, wenn es moralisch, d. i. als Grund einer Verbindlichkeit, gelten soll, absolute Notwendigkeit bei sich führen müsse“[51]. Da moralische Forderungen *Kant* zufolge „nicht etwa bloß für Menschen“, sondern auch „für andere vernünftige Wesen“ gelten, stehe von vorneherein fest, dass „der Grund der Verbindlichkeit […] nicht in der Natur des Menschen, oder den Umständen in der Welt, darin er gesetzt ist, gesucht werden müsse, sondern a priori lediglich in

[46] Vgl. *Johannes Micraelius*, Lexicon philosophicum terminorum philosophis usitatorum, 2. Aufl. Stettin 1662, S. 204.

[47] Vgl. *Basilius Faber*, Thesaurus Eruditionis Scholasticae, Leipzig 1726, S. 278.

[48] *Pohlmann*, Autonomie (Fn. 45), S. 703.

[49] Vgl. *Jerome B. Schneewind*, The Invention of Autonomy. A History of Modern Moral Philosophy, 1998 sowie *Stefano Bacin/Oliver Sensen* (Hrsg.), The Emergence of Autonomy in Kant's Moral Philosophy, 2019.

[50] *Immanuel Kant*, Grundlegung zur Metaphysik der Sitten (GMS), BA VIII.

[51] *Kant*, GMS (Fn. 50), BA VIII.

Begriffen der reinen Vernunft“[52]. Es ist vor allem diese *unbedingte kategorische Geltung* moralischer Ansprüche, der traditionelle Ethikmodelle s. E. nicht gerecht werden. Diese Defizitdiagnose gilt sowohl für den seit der Antike immer wieder propagierten Eudämonismus mit seinen ebenso vagen wie vielgestaltigen Glücksvorstellungen als auch für die verschiedenen religiösen Moralsysteme, die sich auf unterschiedliche Offenbarungen eines göttlichen Gesetzgebers berufen. Vor allem aber gilt sie für den empiristischen Ansatz *D. Humes*, dessen *Treatise of Human Nature* von 1739 einen Generalangriff auf den Kognitivismus der abendländischen Ethiktradition darstellte und die praktische Vernunft zur bloßen Dienerin subjektiver Neigungen depotenzierte.[53] In dieser misslichen Lage bedarf es laut *Kant* einer grundsätzlichen Neubestimmung des Verhältnisses von Freiheit, Wille und Vernunft unter dem Vorzeichen der Autonomie, um die beiden Grundfragen der Ethik – sc. nach dem Beurteilungskriterium sittlich richtigen Handelns (*principium diiudicationis*) und nach dessen Ausführungsprinzip (*principium executionis*) – auf überzeugende Weise beantworten zu können.

Der Freiheitsbegriff ist für *Kant* dabei der entscheidende „Schlüssel zur Erklärung der Autonomie des Willens“[54]. Da nur freie Wesen Adressaten moralischer Forderungen sein können und ein gebotenes ‚Handeln aus Pflicht‘ zwingend die Freiheit des Akteurs voraussetzt, ist zunächst das Verhältnis zwischen Freiheit und Kausalität zu betrachten. *Kant* unterscheidet zwei Formen der Kausalität voneinander: eine ‚Kausalität nach der Natur‘, die im Bereich der vernunftlosen Wesen anzutreffen ist, und eine ‚Kausalität aus Freiheit‘, die die willentlichen Vollzüge vernunftbegabter Entitäten charakterisiert. Entsprechend bestimmt er den Willen als „eine Art von Kausalität lebender Wesen, sofern sie vernünftig sind“, und Freiheit als eine „Eigenschaft dieser Kausalität“[55]. Eine erste – rein negative – Bestimmung der Freiheit besteht nun darin, dass die Kausalität des Willens „unabhängig von fremden sie bestimmenden Ursachen wirkend sein kann“[56]. Selbstverständlich weiß auch *Kant*, dass der menschliche Wille verschiedenen äußeren Einflussfaktoren ausgesetzt ist, doch legt er Wert auf die Feststellung, dass damit noch keine Determination verbunden ist. Anders als bei der durch Naturnotwendigkeit bestimmten Kausalität im Bereich der vernunftlosen Wesen, die vollständig „durch

[52] *Kant*, GMS (Fn. 50), BA VIII.

[53] *David Humes* provozierende Aussage „Reason is, and ought only to be the slave of the passions, and can never pretend to any other office than to serve and obey them“ (A Treatise of Human Nature, hrsg. von L. A. Selby Bigge, 2. Aufl. 1978, S. 415) dürfte im Hintergrund von *Kants* Kritik an empiristischen Positionen stehen: vgl. *Kant*, GMS (Fn. 50), BA 26.

[54] *Kant*, GMS (Fn. 50), BA 97.

[55] *Kant*, GMS (Fn. 50), BA 97.

[56] *Kant*, GMS (Fn. 50), BA 97.

den Einfluß fremder Ursachen zur Tätigkeit bestimmt"[57] werden, vermag sich der menschliche Wille s. E. insofern von solchen Fremdeinflüssen unabhängig zu machen, als es eines eigenen reflexiven Entschlusses bedarf, um solche Wirkfaktoren in die eigene Maxime aufzunehmen und damit handlungswirksam werden zu lassen[58]. Diese rein negative Charakterisierung der Freiheit hält *Kant* jedoch insofern für „unfruchtbar"[59], als sie zwingend der Ergänzung durch eine positive Bestimmung bedarf, um Freiheit von bloßem Zufall, persönlicher Beliebigkeit oder regelloser Anomie abzugrenzen. Ausgehend vom Kausalitätsbegriff, der den Gedanken des Gesetzes enthalte, erklärt *Kant*, dass die Freiheit „ob sie zwar nicht eine Eigenschaft des Willens nach Naturgesetzen ist, darum doch nicht gar gesetzlos, sondern vielmehr eine Kausalität nach unwandelbaren Gesetzen, aber von besonderer Art, sein"[60] muss. Diesen positiven Sinngehalt der Freiheit bezeichnet *Kant* als ‚Autonomie'. Während die Naturkausalität zwangsläufig in die *Heteronomie* führt, bildet die Einsicht, dass der Wille in allen Handlungen sich selbst ein Gesetz ist, den Kern der *Autonomie*. Da sich Freiheit und Gesetzgebung *Kant* zufolge keineswegs ausschließen, kann er auch programmatisch feststellen, dass „ein freier Wille und ein Wille unter sittlichen Gesetzen einerlei"[61] sind. Entgegen dem heute verbreiteten Vorurteil, dass Freiheit primär negativ als Akt der Emanzipation aus vorgegebenen Regeln zu bestimmen sei, war *Kant* offenbar davon überzeugt, dass es vorrangig darauf ankommt, die positive Dimension der Freiheit als innere reflektierte Selbstbindung an das Sittengesetz zu betonen.[62]

Dieses anspruchsvolle Freiheitsverständnis erweist sich nun aber auch als folgenreich für *Kants* Deutung des menschlichen Willens, der das nur in vernünftigen Wesen anzutreffende Vermögen ist, „der Vorstellung gewisser Gesetze gemäß sich selbst zum Handeln zu bestimmen"[63]. Diese noch sehr allgemeine Beschreibung ist in wenigstens zweifacher Hinsicht konkretisierungsbedürftig: zum einen bezüglich der Art der Gesetze und zum anderen hinsichtlich des konkreten Modus der Bestimmung. Dass es

[57] *Kant*, GMS (Fn. 50), BA 97.

[58] So gesehen ist die menschliche Willkür zwar durchaus als ein *arbitrium sensitivum*, aber nicht *brutum*, sondern *liberum* zu bestimmen. Zur kantischen Unterscheidung von ‚Willkür' und ‚Wille' vgl. *Andrews Reath*, Agency and Autonomy in Kant's Moral Theory, 2006, S. 96 f., 161 und 170 sowie *ders.*, Kant's conception of autonomy of the will, in: Oliver Sensen (Hrsg.), Kant on Moral Autonomy, 2013, S. 32 ff.

[59] *Kant*, GMS (Fn. 50), BA 97.

[60] *Kant*, GMS (Fn. 50), BA 98.

[61] *Kant*, GMS (Fn. 50), BA 99.

[62] Vgl. *Dieter Schönecker*, „A free will and a will under moral laws are the same": Kant's concept of autonomy and his thesis of analyticity in Groundwork III, in: Oliver Sensen (Hrsg.), Kant on Moral Autonomy, 2013, S. 225 ff.

[63] *Kant*, GMS (Fn. 50), BA 64.

sich bei den ‚gewissen Gesetzen' grundsätzlich um Vernunftgesetze handeln muss, ergibt sich bereits daraus, dass der Wille genau jenes Vermögen ist, „nur dasjenige zu wählen, was die Vernunft, unabhängig von der Neigung, als praktisch notwendig, d.i. als gut erkennt"[64]. Wenn es aber eigentümlich für vernünftige Wesen ist, willentlich „nach der Vorstellung von Gesetzen, d.i. nach Prinzipien, zu handeln"[65], stellt sich die Frage, wie diese Prinzipien näherhin aussehen. *Kant* beantwortet diese Frage mit seiner Lehre vom *kategorischen Imperativ*. Denn die „Vorstellung eines objektiven Prinzips, sofern es für einen Willen nötigend ist, heißt ein Gebot (der Vernunft) und die Formel des Gebots heißt Imperativ"[66]. Da ein von bestimmten Voraussetzungen abhängiger, bedingter oder hypothetischer Imperativ niemals eine unbedingte moralische Verpflichtung begründen könnte, ist es von entscheidender Bedeutung, „die Möglichkeit eines kategorischen Imperativs gänzlich a priori zu untersuchen"[67]. Ein solcher Imperativ darf keinerlei kontingente materiale Bestimmungen, sondern nur die „Allgemeinheit eines Gesetzes überhaupt" – also die strikte Universalisierbarkeit der subjektiven Maxime – enthalten, die *Kant* in der sog. Grundformel[68] und in der Naturgesetzformel[69] zum Ausdruck bringt. Ein „schlechterdings guter Wille, dessen Prinzip ein kategorischer Imperativ sein muß, wird also, in Ansehung aller Objekte unbestimmt, bloß die Form des Wollens überhaupt enthalten, und zwar als Autonomie, d.i. die Tauglichkeit der Maxime eines jeden guten Willens, sich selbst zum allgemeinen Gesetze zu machen, ist selbst das alleinige Gesetz, das sich der Wille eines jeden vernünftigen Wesens selbst auferlegt, ohne irgendeine Triebfeder und Interesse derselben als Grund unterzulegen"[70].

Kant erprobt die Leistungskraft dieser Einsicht sogleich an verschiedenen praktischen Beispielen, wobei für unsere Thematik vor allem die erste Konstellation eines suizidalen Begehrens von Interesse ist. Man stelle sich einen Menschen vor, der „Überdruß am Leben empfindet", aber „noch soweit im Besitze seiner Vernunft [ist], dass er sich selbst fragen kann, ob es auch nicht etwa der Pflicht gegen sich selbst zuwider sei, sich das Leben zu nehmen"[71]. Die entscheidende Frage lautet nun, ob sich die subjektive Maxime, sich das eigene Leben dann abzu-

64 *Kant*, GMS (Fn. 50), BA 37.
65 *Kant*, GMS (Fn. 50), BA 37.
66 *Kant*, GMS (Fn. 50), BA 37.
67 *Kant*, GMS (Fn. 50), BA 49.
68 Vgl. *Kant*, GMS (Fn. 50), BA 52: „handle nur nach derjenigen Maxime, durch die du zugleich wollen kannst, daß sie ein allgemeines Gesetz werde".
69 Vgl. *Kant*, GMS (Fn. 50), BA 52: „handle so, als ob die Maxime deiner Handlung durch deinen Willen zum allgemeinen Naturgesetze werden sollte".
70 *Kant*, GMS (Fn. 50), BA 96.
71 *Kant*, GMS (Fn. 50), BA 54.

kürzen, wenn ihm „bei seiner längeren Frist mehr Übel droht, als es Annehmlichkeit verspricht“, in dem Sinne universalisieren lässt, dass sie die Form eines allgemeinen Naturgesetzes annehmen kann. *Kant* ist der Überzeugung, dass dies nicht der Fall ist, weil „eine Natur, deren Gesetz es wäre, durch dieselbe Empfindung, deren Bestimmung es ist, zur Beförderung des Lebens anzutreiben, das Leben selbst zu zerstören, ihr selbst widersprechen und also nicht als Natur bestehen würde, mithin jene Maxime unmöglich als allgemeines Naturgesetz stattfinden könne, und folglich dem obersten Prinzip aller Pflicht gänzlich widerstreite“[72]. Unabhängig davon wie man die Leistungsfähigkeit des reinen Universalisierungskriteriums im Allgemeinen[73] und die naturphilosophischen Voraussetzungen der hier diagnostizierten Inkonsistenz der suizidalen Maxime im Besonderen beurteilt,[74] fällt auf, dass *Kant* nicht bei dieser ersten, an der bloßen Verallgemeinerbarkeit ansetzenden Bestimmung des die Autonomie des Willens verbürgenden Prinzips stehenbleibt. Obwohl er behauptet, dass der kategorische Imperativ „nur ein einziger“[75] ist, münden seine weiteren Überlegungen zum „absoluten Werte“[76] vernünftiger Wesen über die Einsicht in die ‚Selbstzwecklichkeit‘ personaler Existenz und den Zusammenhang aller Vernunftwesen in einem idealen ‚Reich der Zwecke‘ schließlich zu zwei weiteren Formulierungen des kategorischen Imperativs, wobei *Kant* vor allem die Selbstzwecklichkeitsformel[77] dazu verwendet, noch einmal die moralische Unzulässigkeit des Suizids nachzuweisen. Wenn der Suizident, „um einem beschwerlichen Zustande zu entfliehen, sich selbst zerstört, so bedient er sich einer Person, bloß als eines Mittels, zu Erhaltung eines erträglichen Zustandes bis zu Ende des Lebens“[78]. Da der „Mensch aber [...] keine Sache, mithin nicht etwas [ist], das bloß als Mittel gebraucht werden kann, sondern [...] bei allen seinen Handlungen jederzeit als Zweck an sich selbst betrachtet werden“ muss, „kann ich über den Menschen in meiner Person *nichts* disponieren, ihn zu verstümmeln, zu verderben, oder zu töten“[79]. Das Verbot der Totalinst-

[72] *Kant*, GMS (Fn. 50), BA 54.

[73] Vgl. *Reiner Wimmer*, Universalisierung in der Ethik. Analyse, Kritik und Rekonstruktion ethischer Rationalitätsansprüche, 1980, bes. S. 122–206.

[74] Vgl. dazu auch *Ulrich Klug*, Kontradiktionen in der Suizidverbotslehre von Kant, in: Werner Krawietz/Georg H. von Wright (Hrsg.), Öffentliche oder private Moral? Vom Geltungsgrunde und der Legitimität des Rechts. Festschrift für Ernesto Garzón Valdés, 1992, S. 127ff.

[75] *Kant*, GMS (Fn. 50), BA 52.

[76] *Kant*, GMS (Fn. 50), BA 66.

[77] Vgl. *Kant*, GMS (Fn. 50), BA 67: „Handle so, daß du die Menschheit, sowohl in deiner Person, als in der Person eines jeden andern, jederzeit zugleich als Zweck, niemals bloß als Mittel brauchest“.

[78] *Kant*, GMS (Fn. 50), BA 67.

[79] *Kant*, GMS (Fn. 50), BA 67.

rumentalisierung personaler Entitäten setzt also einer autonomen Willensbestimmung nicht nur im Verhältnis zu Dritten eine kategorische Grenze, sondern hat auch Konsequenzen für den Umgang des Menschen mit sich selbst.[80]

In die gleiche Richtung einer strikt ausnahmslosen, auch das menschliche Selbstverhältnis umfassenden Geltung des kategorischen Imperativs weisen auch die eng miteinander zusammenhängenden Begriffe der ‚Menschheit' und des ‚Reichs der Zwecke', die daran erinnern, dass aus der Unterwerfung aller vernünftigen Wesen unter objektive Moralprinzipien „eine systematische Verbindung vernünftiger Wesen durch gemeinschaftliche objektive Gesetze"[81] entspringt. Die kantische Vorstellung der Autonomie hat folglich nichts mit einem privatistischen Residuum reiner Individualität zu tun, sondern verweist ganz im Gegenteil auf einen „allgemein-gesetzgebenden Willen"[82], der gerade wegen seiner strikten Vernunftbindung „nur seiner eigenen und dennoch allgemeinen Gesetzgebung unterworfen"[83] ist und es gerade dadurch ermöglicht, „daß alle Maximen *aus* eigener Gesetzgebung zu einem möglichen Reiche der Zwecke, als einem Reiche der Natur, zusammenstimmen"[84]. Trotz der unterschiedlichen Facetten, die in den einzelnen Formulierungen des kategorischen Imperativs hervortreten,[85] war *Kant* selbst der Überzeugung, dass das zugrundeliegende Prinzip insofern „im Grunde einerlei" sei, als die Forderung, „daß ich meine Maxime im Gebrauche der Mittel zu jedem Zwecke auf die Bedingung der Allgemeingültigkeit, als eines Gesetzes für jedes Subjekt einschränken soll, [...] eben so viel [sagt], als: das Subjekt der Zwecke, d.i. das vernünftige Wesen selbst, muß niemals bloß als Mittel, sondern als oberste einschränkende Bedingung im Gebrauche aller Mittel, d.i. jederzeit zugleich als Zweck, allen Maximen der Handlungen zum Grunde gelegt werden"[86]. Unabhängig davon, wie man das Verhältnis der verschiedenen Formulierungen des kategorischen Imperativs zueinander beurteilt, dürfte unbestreitbar sein, dass der kategorische Imperativ für *Kant* engstens mit der Funktion der Autonomie als *Kriterium der sittlichen Richtigkeit* verbunden ist: „Die Handlung, die mit der Autonomie des Willens zusammen bestehen kann, ist erlaubt; die nicht damit stimmt, ist unerlaubt. Der Wille, dessen Maximen notwendig mit den Gesetzen der Autonomie zusammenstim-

[80] Vgl. *Vicente Duràn Casas*, Die Pflichten gegen sich selbst in Kants „Metaphysik der Sitten", 1996.
[81] *Kant*, GMS (Fn. 50), BA 75.
[82] *Kant*, GMS (Fn. 50), BA 72.
[83] *Kant*, GMS (Fn. 50), BA 73.
[84] *Kant*, GMS (Fn. 50), BA 81.
[85] Vgl. hierzu *Herbert J. Paton*, Der Kategorische Imperativ. Eine Untersuchung über Kants Moralphilosophie, 1962.
[86] *Kant*, GMS (Fn. 50), BA 83f.

men, ist ein heiliger, schlechterdings guter Wille“[87]. *Kant* betont diese unmittelbare Verbindung ausdrücklich, indem er feststellt, dass das Prinzip der Sittlichkeit „ein kategorischer Imperativ sein müsse, dieser aber nichts mehr oder weniger als gerade diese Autonomie gebiete“[88].

Über diese kriteriologische Funktion hinaus kommt der Autonomie aber noch eine zweite systematisch wichtige Bedeutung zu, die die *Motivation* zum richtigen Handeln betrifft. *Kants* Suche nach einer reinen Moralphilosophie speiste sich ja nicht nur aus dem Bedürfnis, ein plausibles Moralprinzip zu formulieren, das der Unbedingtheit des sittlichen Anspruchs gerecht zu werden und die Vielzahl der moralischen Ge- und Verbote auf ihre tatsächliche Plausibilität zu überprüfen vermag. Es ging ihm auch darum, die für ein moralisch qualifiziertes Handeln aus Pflicht erforderliche Motivation näher zu bestimmen. Eine „vermischte Sittenlehre, die aus Triebfedern von Gefühlen und Neigungen und zugleich aus Vernunftbegriffen zusammengesetzt ist“, ist dazu s. E. allein schon deswegen nicht in der Lage, weil sie „das Gemüt zwischen Bewegursachen, die sich unter kein Prinzip bringen lassen, die nur sehr zufällig zum Guten, öfters aber auch zum Bösen leiten können, schwankend machen muß“[89]. *Kants* eigener Ansatz beinhaltet zwei Elemente: zum einen die „Lossagung von allem Interesse beim Wollen aus Pflicht“[90] sowie die Abweisung aller subjektiven Neigungen und Affekte als potentiell unzuverlässige Triebfedern des Handelns; und zum anderen den Verweis auf die eng mit dem Gefühl der Erhabenheit verbundene „reine und mit keinem fremden Zusatze von empirischen Anreizen vermischte Vorstellung der Pflicht, und überhaupt des sittlichen Gesetzes“, die s. E. „auf das menschliche Herz durch den Weg der Vernunft allein (die hiebei zuerst inne wird, daß sie für sich selbst auch praktisch sein kann) einen so viel mächtigern Einfluß, als alle andere Triebfedern, die man aus dem empirischen Felde aufbieten mag, [hat], daß sie im Bewußtsein ihrer Würde die letzteren verachtet, und nach und nach ihr Meister werden kann“[91]. Es ist hier weder möglich, die Gründe für *Kants* pessimistischen Umgang mit den menschlichen Neigungen näher auszuleuchten, noch die tatsächliche Plausibilität dieses stark rationalistischen Lösungsmodells der Motivationsproblematik eingehender zu diskutieren.[92] Vielmehr kommt es in diesem Zusammenhang ausschließlich darauf an, die enge Verflech-

[87] *Kant*, GMS (Fn. 50), BA 87.
[88] *Kant*, GMS (Fn. 50), BA 88.
[89] *Kant*, GMS (Fn. 50), BA 34.
[90] *Kant*, GMS (Fn. 50), BA 72.
[91] *Kant*, GMS (Fn. 50), BA 34.
[92] Vgl. dazu *Franz-Josef Bormann*, Was sind religiöse Handlungsgründe? Ein moraltheologischer Blick auf die Motivationsproblematik, ThPh 2012, S. 334ff. (bes. 338–341).

tung des Autonomiebegriffs mit zentralen Grundanliegen der kognitivistischen Moralphilosophie *Kants* insgesamt zu verdeutlichen. Die Autonomie stellt nämlich *Kant* zufolge vor allem deswegen das „alleinige Prinzip der Moral“[93] dar, weil sie im Gedanken der vernunftförmigen Selbstbindung nicht nur den Inhalt des Sittengesetzes und seine unbedingte kategorische Verbindlichkeit zu erklären vermag, sondern auch den entscheidenden „Grund der Würde der menschlichen und jeder vernünftigen Natur“[94] benennt. Die aus diesen wichtigen Funktionen resultierende herausgehobene Stellung des Autonomiebegriffs in der Gesamtarchitektur der von *Kant* intendierten reinen Moralphilosophie dürfte auch erklären, warum er diese bislang vor allem im politischen Kontext verwendete Kategorie überhaupt in seine Ethik übernommen hat. Denn es scheint eine strukturelle Analogie zwischen der herausgehobenen Stellung der Verfassung eines politischen Gemeinwesens als Quellgrund für die positive Gesetzgebung und dem kategorischen Imperativ als apriorischem Prinzip vernünftiger Autonomie für die Genese und Überprüfung verschiedener moralischer Einzelregeln zu bestehen, die *Kant* dazu veranlasst haben könnte, die Autonomie zum Leitbegriff seines moralphilosophischen Neuansatzes zu erheben[95] und in seinen späteren Schriften sukzessive für die Deutung der kognitiven Einzelvermögen des Verstandes, der Vernunft und der Urteilskraft fruchtbar zu machen. Er hat dem Autonomiebegriff dabei ein klassisches Gepräge verliehen, das sich mit einem *positiv* konnotierten Freiheitsverständnis, der strikten Vernunftbindung der Willenskonzeption und einem auf die Verteidigung kategorischer Geltungsansprüche ausgerichteten *kognitivistischen* Moralverständnis gleich in mehrfacher Hinsicht markant von zeitgenössischen Autonomievorstellungen unterscheidet, die vor allem die Aspekte des individuellen Selbstausdrucks, der persönlichen Selbstbestimmung und des Rechts auf Privatheit der eigenen Lebensführung akzentuieren.[96]

2. Die Entwicklung des Autonomieverständnisses nach *Kant*

Kants Versuch, die Ethik auf der Grundlage reiner praktischer Vernunft unter dem Vorzeichen der Autonomie zu erneuern, hat bekanntlich im Laufe der beiden letzten Jahrhunderte sehr unterschiedliche Reaktionen ausgelöst, die von euphorischer Zustimmung und Rezeption über weit-

[93] *Kant*, GMS (Fn. 50), BA 88.

[94] *Kant*, GMS (Fn. 50), BA 79.

[95] Vgl. *Pauline Kleingeld*, Moral Autonomy as Political Analogy: Self-Legislation in Kant's Groundwork and the Feyerabend Lectures on Natural Law (1784), in: Stefano Bacin/Oliver Sensen (Hrsg.), The Emergence of Autonomy in Kant's Moral Philosophy, 2019, S. 158ff.

[96] Vgl. *Onora O'Neill*, Postscript: Heteronomy as the clue to Kantian autonomy, in: Oliver Sensen (Hrsg.), Kant on Moral Autonomy, 2013, S. 282ff.

gehende Ignorierung bis hin zur radikalen Zurückweisung wesentlicher Grundannahmen seiner Position reichen. Während einige Vertreter des deutschen Idealismus wie etwa *J. G. Fichte*[97] und *F. W. J. Schelling*[98] *Kants* Gedanken enthusiastisch aufgriffen und dadurch sogar noch radikalisierten, dass sie die Autonomie zur ‚absoluten' bzw. ‚ursprünglichen' Gesetzgebung der Vernunft weiterentwickelten[99], lehnten andere Denker die kantische Konzeption aus verschiedenen Gründen ab, weil sie entweder – wie *F. H. Jacobi*, *C. L. Reinhold*, *F. Schlegel* oder *F. von Baader* – der Überzeugung waren, dass *Kant* die Bindung des Menschen an Gott verneine und eine im Grunde religionsfeindliche Position vertrete, oder aber – wie die Vertreter einer materialen Werteethik – Anstoß am Formalismus und übersteigerten Rationalismus seiner Argumentation nahmen bzw. – wie in jüngerer Zeit etwa *A. MacIntyre* – dem gesamten aufklärerischen Projekt einer rationalen Moralbegründung kritisch gegenüberstanden.[100] Zwischen diesen Extrempositionen liegen wiederum vielfältige Versuche, den Autonomiebegriff zwar aufzugreifen, ihm aber andere Facetten beizulegen als dies bei *Kant* selbst der Fall war. Da es völlig unmöglich ist, dieses buchstäblich weite Feld verschiedenster Einzelpositionen im Rahmen dieses kurzen Beitrages auch nur in groben Umrissen zu rekonstruieren, seien lediglich einige Beobachtungen zu den drei hier besonders hervorgehobenen Differenzmerkmalen zwischen dem kantischen und dem gegenwärtig verbreiteten Autonomieverständnis angedeutet, deren jeweilige Erklärung wiederum eine Vielzahl unterschiedlicher Einflussfaktoren zu berücksichtigen hat.

Im Blick auf den Transformationsprozess von *Kants* positivem Freiheitsverständnis hin zu einer primär negativ imprägnierten Freiheitskonzeption dürften neben immanenten Problemen von *Kants* enger Verzahnung des Freiheits- und des Autonomiebegriffs, die den Verdacht nährten, nur das moralisch richtige Wollen sei wirklich frei und zurechenbar,[101] vor allem zwei Faktoren von Bedeutung sein: Erstens die generelle Krise des Teleologie-Gedankens in der neuzeitlichen Philosophie,

[97] Zu *Fichtes* These von der „absolute[n] Unbestimmbarkeit durch irgend etwas außer dem Ich" vgl. *Johann Gottlieb Fichte*, System der Sittenlehre nach den Prinzipien der Wissenschaftslehre, Jena/Leipzig 1798, S. 56.

[98] Vgl. *Friedrich Wilhelm Joseph von Schelling*, Abhandlung zur Erläuterung des Idealismus der Wissenschaftslehre, in: ders., Werke, hrsg. von Otto Weiß, Bd. 1, 1907, S. 414; *Friedrich Wilhelm Joseph von Schelling*, System des transzendentalen Idealismus, in: ders., Werke, hrsg. von Otto Weiß, Bd. 2, 1907, S. 535.

[99] Vgl. *Henry E. Allison*, Autonomy in Kant and German Idealism, in: Oliver Sensen (Hrsg.), Kant on Moral Autonomy, 2013, S. 129ff.

[100] Vgl. *Alasdair MacIntyre*, After Virtue. A Study in Moral Theory, 1981, chap. 5.

[101] Vgl. dazu *Gerold Prauss*, Kant über Freiheit als Autonomie, 1983; *Henry E. Allison*, Kant's Theory of Freedom, 1995; *Jochen Bojanowski*, Kants Theorie der Freiheit. Rekonstruktion und Rehabilitierung, 2006; *ders.*, Kant und das Problem der Zurechenbarkeit, ZphF 2007, S. 207ff.

die sich innerhalb der Ethik etwa in der Dominanz kausalistischer Handlungstheorien[102] sowie in der langen Verdrängung der Glücksthematik auswirkte, und zweitens die mit den neuzeitlichen Emanzipationsbewegungen einhergehende generelle Skepsis gegenüber positiv-integrativen Gesellschaftsvisionen, deren Vertrauenswürdigkeit vor allem durch die Katastrophen des politischen Totalitarismus in der ersten Hälfte des 20. Jahrhunderts nachhaltig erschüttert wurde und die einer zunehmenden Akzentuierung der negativen Freiheitsdimension Auftrieb verlieh.[103]

Noch wesentlich komplexerer Natur dürften diejenigen Prozesse sein, die im Ergebnis dazu geführt haben, dass die kognitivistische Einkleidung der tendentiell universalistisch ausgerichteten kantischen Autonomievorstellung im Zuge emotivistischer, relativistischer oder postmoderner Interpretationen moralischer Phänomene immer stärker abgeschmolzen und einer entgrenzten, letztlich rein voluntaristischen Selbstbestimmungskonzeption gewichen ist. Zwar hat es non-kognitivistische Positionen in der Moralphilosophie schon immer gegeben, doch stellt es ein ebenso erklärungsbedürftiges wie beunruhigendes Datum dar, dass offenbar ausgerechnet die liberalen Gesellschaften des Westens dazu neigen, starken objektivistischen Geltungsansprüchen in der Ethik mit zunehmender Skepsis zu begegnen und einen Denkstil zu entwickeln, der zwischen einer bloß instrumentellen Zweckrationalität[104] auf der einen und einem expressiven Authentizitätskult[105] auf der anderen Seite oszilliert. Es dürfte jedenfalls zu kurz greifen, sich damit beruhigen zu wollen, dass eine Korrektur des übersteigerten Rationalismus *Kants* eben nur um den Preis prononciert alternativer Konzeptionen zu haben sei, die im Übrigen den Autonomiebegriff ja keineswegs aufgegeben, sondern lediglich transformiert hätten. So sei nicht nur in *F. Nietzsches* Idee einer ‚Vernunft des Leibes' und seinem Plädoyer für eine von allen etablierten Moralvorstellungen emanzipierte und damit erst wirklich freie und autonome Selbstbestimmung,[106] sondern auch in *M. Foucaults* dekonstruktivistischer Version eines postmodernen Denkens ein kritisches Reflexionspotenzial angelegt, das letztlich durch die Destruktion

[102] Vgl. *Christoph Horn/Guido Löhrer* (Hrsg.), Gründe und Zwecke. Texte zur aktuellen Handlungstheorie, 2010.

[103] Vgl. *Isaiah Berlin*, Two Concepts of Liberty, 1958. Zur Kritik an dieser Entwicklung vgl. *Charles Taylor*, Negative Freiheit? Zur Kritik des neuzeitlichen Individualismus, 1992.

[104] Vgl. *Max Horkheimer/Theodor W. Adorno*, Dialektik der Aufklärung. Philosophische Fragmente, 1986, S. 97.

[105] Vgl. *Andreas Reckwitz*, Die Gesellschaft der Singularitäten. Zum Strukturwandel der Moderne, 2017.

[106] Vgl. *Friedrich Nietzsche*, Jenseits von Gut und Böse, in: ders., Sämtliche Werke, hrsg. von Giorgio Colli/Mazzino Montinari, Bd. 5, 1999, S. 207f. sowie *Friedrich Nietzsche*, Morgenröte, in: ders., Sämtliche Werke, hrsg. von Giorgio Colli/Mazzino Montinari, Bd. 3, 1999, S. 22.

illusionärer Ganzheitsvorstellungen auf einen „Gewinn an Autonomie" und die „Befreiung der Vielen"[107] abziele. Eine solche harmonisierende Betrachtung übersieht jedoch, dass der Angriff auf die kognitivistische Interpretation der Moral auch den zentralen Sinngehalt des Autonomiebegriffs selbst nicht unberührt lässt, sondern einem verhängnisvollen Erosionsprozess aussetzt, dessen fatale Konsequenzen für das Gesamtgefüge ethischer Kategorien kaum zu überschätzen sein dürften.

Vielleicht am interessantesten für unsere Thematik ist der dritte Aspekt, der die sukzessive Verwandlung des ursprünglich am Gedanken der ‚Menschheit' und eines ‚Reichs der Zwecke' orientierten kantischen Autonomieverständnisses in ein quasi privatistisches Authentizitätskonzept betrifft. Denn diese Sinnverschiebung war nicht nur von teilweise sehr grundsätzlichen Kontroversen begleitet, sondern hat im mittlerweile vor allem im medizinethischen Bereich zunehmend populären Konzept einer sog. *relationalen Autonomie* auch zu einigen produktiven Neuakzentuierungen geführt. Zu erinnern ist in diesem Zusammenhang vor allem an die Kontroverse zwischen Liberalismus und Kommunitarismus in den 1980er Jahren im Umkreis verschiedener Ansätze einer kantisch inspirierten, kontraktualistischen Gerechtigkeitsbegründung, deren prominenteste Version zweifellos *J. Rawls'* Fairnesskonzeption darstellte.[108] Es waren vor allem vier Argumente, mit denen kommunitaristische Denker wie *M. Sandel*[109] das Menschenbild des Liberalismus zu widerlegen versuchten[110]: Die typisch liberale Konzentration auf das einzelne Individuum stehe erstens in eindeutigem Widerspruch zu unserer elementaren Selbstwahrnehmung, ignoriere zweitens unsere Einbettung in gemeinschaftliche Bezüge und Praktiken, übersehe drittens die Notwendigkeit der sozialen Bestätigung und Unterstützung individueller Entscheidungen und operiere schließlich viertens mit einer im Grunde inhaltsleeren Konzeption des Selbst. Es ist genau dieses von allen sozialen Beziehungen befreite, völlig „unbelastete Selbst"[111] (*unencumbered self*), in dem *Sandel* das anthropologische Herzstück des Liberalismus gefunden zu haben glaubt. Seines Erachtens entpuppen sich *Rawls'* vermeintlich freie und unabhängige Urzustandsbewohner, die in möglichst ungeschmälerter Autonomie souverän ihre Entscheidungen treffen, bei näherer Betrach-

[107] *Wolfgang Welsch* (Hrsg.), Wege aus der Moderne. Schlüsseltexte der Postmoderne-Diskussion, 2. Aufl. 1994, S. 12.

[108] Vgl. *John Rawls*, Justice as Fairness, The Philosophical Review 1958, S. 164ff.; *ders.*, A Theory of Justice, 1971 sowie *ders.*, Kantian Constructivism in Moral Theory, The Journal of Philosophy 1980, S. 515ff.

[109] Vgl. *Michael Sandel*, Liberalism and the Limits of Justice, 1982.

[110] Vgl. dazu *Franz-Josef Bormann*, Soziale Gerechtigkeit zwischen Fairness und Partizipation, 2006, S. 202–217.

[111] Vgl. *Sandel*, Liberalism (Fn. 109), S. 120f. sowie *ders.*, The Procedural Republic and the Unencumbered Self, Political Theory 1984, S. 81ff. (83).

tung als charakterlose Personhüllen, denen jede moralische Tiefe fehlt. Aller für die eigene Identitätsbildung konstitutiven Beziehungen und Zielsetzungen beraubt, erweise sich das derart zurecht gestutzte Selbst liberalen Zuschnitts weniger als befreites Subjekt denn als der völligen Ohnmacht preisgegebenes, metaphysisches Gespenst, mit dem wegen seiner notorischen Beziehungsunfähigkeit buchstäblich kein Staat und keine Gesellschaft zu machen sei. Da ähnlich fundamentale Einwände gegen den Liberalismus auch von anderen kommunitaristischen Autoren wie z. B. *A. MacIntyre*[112] und *C. Taylor*[113] erhoben wurden, ist es nicht verwunderlich, dass zahlreiche Repräsentanten eines liberalen Denkansatzes zu einem Gegenangriff ansetzten und dem Kommunitarismus ein folgenschweres Missverständnis der liberalen Position ankreideten, das in der Verwechselung des begründungstheoretischen Anliegens einer vertragstheoretischen Rekonstruktion des objektiven moralischen Standpunktes mit dem Projekt einer deskriptiven Anthropologie besteht. In diesem Sinne hat *W. Kersting* den Kommunitaristen insofern eine „Perspektivenkonfusion" vorgeworfen, als sie „nicht hinreichend deutlich eine sozialontologische und eine moralepistemologische Perspektive voneinander [unterscheiden] und [...] ein unhaltbares logisches Abhängigkeitsverhältnis zwischen der deskriptiven Ebene der Sozialanthropologie und der normativen Ebene der gesellschaftlichen Prinzipien der Handlungskoordinierung"[114] konstruieren. Obwohl das liberale Rechtfertigungsprinzip, das nur solche Normen für zulässig erachtet, die von den jeweiligen Normadressaten aus rationalen Gründen auch akzeptiert werden können, als solches aus begründungstheoretischer Perspektive nicht zu beanstanden ist, hat die kommunitaristische Kritik am keineswegs nur methodischen Individualismus verschiedener Spielarten des Liberalismus[115] doch immerhin dazu geführt, die vielfältigen Voraussetzungen, Gefährdungen und Ermöglichungsbedingungen näher in den Blick zu nehmen, an die ein wirklich selbstbestimmtes, autonomes Handeln *in concreto* gebunden ist. Tatsächlich ist nämlich mit dem abstrakten Verweis auf die sittliche Subjektivität von Personen noch nicht die notwendige Berücksichtigung jenes vielschichtigen Beziehungs- und Bedingungsgefüges abgegolten, die im Alltag darüber entscheidet, ob und in welchem Maße ein Akteur tatsächlich dazu in der Lage ist, in der gebotenen Unabhängigkeit Informationen zu verarbeiten und zu bewerten, persönliche Überzeugungen auszubilden, eigenständig Abwägungen vorzunehmen und den schlussendlich getroffenen individuellen Entscheidungen entsprechend zu

112 Vgl. *MacIntyre*, After Virtue (Fn. 100), chap. 17.

113 Vgl. *Charles Taylor*, Atomism, in: Shelomoh Avineri/Avner De-Shalit (Hrsg.), Communitarianism and Individualism, 1992, S. 29ff.

114 *Wolfgang Kersting*, John Rawls zur Einführung, 1993, S. 195f.

115 Zur Vielgestaltigkeit des Liberalismus vgl. *Michael G. Festl*, Handbuch Liberalismus, 2021 sowie *Helena Rosenblatt*, The Lost History of Liberalism, 2018.

handeln.[116] Zwar wird man im Blick auf die zeitgenössische Rede von der sog. *relationalen Autonomie* feststellen müssen, dass es sich dabei um einen typischen *umbrella term* handelt, unter dem faktisch ganz unterschiedliche Einzelphänomene von der Unabhängigkeit und Selbstbestimmung über das Selbstbewusstsein bis hin zum Selbstinteresse und der Eigenständigkeit abgehandelt werden.[117] Doch hat die intensive Diskussion ungeachtet der verschiedenen Akzentuierungen, Zugänge und Zielperspektiven inzwischen dazu geführt, vor allem im medizinethischen Bereich Diskurse über die spezifischen Bedürfnisse und Vulnerabilitäten verschiedener Personengruppen in besonderen Lebenslagen wie Alter, akuter Krankheit oder chronischer Behinderung etc. anzustoßen[118] und ein Bewusstsein dafür zu schaffen, dass Autonomie nicht einfach als statische Konstante gedacht und als immer schon gegeben vorausgesetzt werden darf, sondern eine überaus dynamische und verletzliche Größe darstellt, die infolge vielfältiger Gefährdungen nicht selten verteidigt und bisweilen sogar durch geeignete Assistenz Dritter überhaupt erst einmal errungen werden muss.[119] Diese generelle Einsicht trifft zwar auf viele prekäre Lebenssituationen zu, dürfte aber am Lebensende insofern noch einmal erheblich an Bedeutung gewinnen, als die betroffenen Personen hier oftmals nicht nur durch langwierige Krankheitsverläufe physisch besonders geschwächt sind, sondern auch zunehmend von erheblicher sozialer Desintegration bedroht werden und damit gerade jene Ressourcen entbehren, die für die eigene Lebensbindung und ein gesundes Selbstbewusstsein unverzichtbar erscheinen.

III. Zur theologischen Auseinandersetzung mit dem Autonomiebegriff

Das theologische Nachdenken über die Autonomie des Menschen vollzieht sich – zumindest im Raum der christlichen Tradition – im Span-

[116] Vgl. *Harald Stelzer*, Autonomie und Determiniertheit. Konzeption einer sozial integrierten Autonomie, in: Elisabeth List/Harald Stelzer (Hrsg.), Grenzen der Autonomie, 2010, S. 71 ff.

[117] Vgl. *Holger Baumann*, Reconsidering Relational Autonomy. Personal Autonomy for Socially Embedded and Temporally Extended Selves, Analyse & Kritik 2008, S. 445 ff. sowie *Carlos Gómez-Virseda/Yves de Maeseneer/Chris Gastmans*, Relational autonomy: what does it mean and how is it used in end-of-life-care? A systematic review of argument-based ethics literature, in: BMC Medical Ethics 2019, doi.org/10.1186/s12910-019-0417-3.

[118] Vgl. *Lutz Bergemann/Andreas Frewer* (Hrsg.), Autonomie und Vulnerabilität in der Medizin. Menschenrechte – Ethik – Empowerment, 2019.

[119] Vgl. *Sigrid Graumann*, Assistierte Freiheit. Autonomie und Gerechtigkeit für behinderte Menschen, in: Elisabeth List/Harald Stelzer (Hrsg.), Grenzen der Autonomie, 2010, S. 215 ff.

nungsfeld zwischen grundlegenden schöpfungs- und offenbarungstheologischen Annahmen einerseits und verschiedenen partikularen, teils konfessionalistisch gefärbten Konfliktkonstellationen andererseits, in denen nicht nur die Plausibilität und Vielschichtigkeit des christlichen Ethos selbst zur Debatte steht, sondern auch die methodischen Grundanforderungen an kirchliche Identitätssicherungsprozesse sowohl im Gegenüber von Gläubigen und Lehramt als auch im Verhältnis zwischen Christen und Nichtchristen verhandelt werden. Diese komplexe Gemengelage sei nachfolgend anhand einiger Beispiele illustriert, die erstens die Ausbildung einer naturrechtlichen Konzeption als Basis eines moraltheologischen Kognitivismus und zweitens die stark binnenkirchlich motivierte Entwicklung von einer ‚autonomen Moral' als Reaktion auf eine problematische lehramtliche Normensetzung hin zu einer weithin entgrenzten ‚Moral der Autonomie' betreffen.

1. Die *lex naturalis*-Lehre als Basis einer kognitivistischen Moraltheologie

Obwohl *Paulus* bereits im Römer-Brief betont hatte, dass „die Heiden, die das [von Gott den Juden geoffenbarte] Gesetz nicht haben, von Natur aus das tun, was im Gesetz gefordert ist" und sich so „selbst Gesetz"[120] sind, sollte es noch bis ins 13. Jahrhundert dauern, ehe der Gedanke der Selbstgesetzgebung des Menschen von Seiten der christlichen Theologie wenn schon nicht dem Begriff, so doch der Sache nach in einer umfassenden Gesetzeslehre systematisch entfaltet wurde. Es ist das unbestrittene Verdienst des sog. Lex-Traktates der theologischen Summe des *Thomas von Aquin*[121], ein Denkmodell vorgelegt zu haben, das die zentralen religiösen Vorstellungen der göttlichen Vorsehung, der Heiligkeit Gottes und seines gesetzgeberischen Wirkens auf Grundlage der Analogie des Gesetzesbegriffs so mit der Anerkennung der moralischen Selbstaufgegebenheit und Eigenverantwortung des Menschen verband, dass Gott und Mensch nicht in ein Konkurrenz-, sondern in ein Bedingungsverhältnis zueinander treten. Die ideengeschichtliche Herausforderung bestand darin, die bereits in der antiken Philosophie erarbeiteten Grundlagen eines naturrechtlich inspirierten ethischen Kognitivismus für den Entwurf einer kohärenten Moraltheologie fruchtbar zu machen, die nicht nur der Mehrstufigkeit des christlichen Ethos gerecht wird, sondern auch die voluntaristischen Restbestände des christlichen Gottesbildes[122] zu zähmen vermag. *Thomas* löst

[120] Röm 2,14.

[121] Vgl. *Thomas von Aquin*, STh I II q. 90–108.

[122] Zur wirkungsgeschichtlich besonders bedeutsamen Geschichte der Opferung Isaaks in Gen 22,1-19 vgl. *Isabelle Mandrella*, Das Isaak-Opfer: Historisch-systematische Untersuchung zu Rationalität und Wandelbarkeit des Naturrechts in der mittelalterlichen Lehre vom natürlichen Gesetz, 2002, sowie *Johann*

diese Aufgabe dadurch, dass er zunächst den generellen Vernunftcharakter des Gesetzesbegriffs verteidigt, sodann mittels des Teilhabegedankens eine die Eigenart von Gott und Mensch wahrende Verhältnisbestimmung von *lex naturalis* und *lex aeterna* vorlegt und schließlich innerhalb der menschlichen Vernunft die Unabhängigkeit der praktischen von der spekulativen Vernunft in einer Weise sichert, die mit ihrer Einbindung in eine ganzheitliche Anthropologie verträglich erscheint.

Bereits mit der initialen Bestimmung der Vernunft als „Regel und Maß menschlicher Handlungen“[123] und des Gesetzes als „Anordnung der Vernunft“[124] markiert *Thomas* den kognitiven Ansatz seiner gesamten Gesetzeslehre und verleiht der für den späteren Autonomiegedanken grundlegenden Überzeugung Ausdruck, dass „kein Anspruch als sittlich verbindlich betrachtet werden kann, der nicht von der Vernunft als solcher erkannt [...] worden ist“[125]. In der näheren Verhältnisbestimmung des natürlichen Gesetzes einerseits zum sog. ewigen Gesetz, unter dem die für die christliche Vorsehungslehre basale Vorstellung der göttlichen Allwissenheit zu verstehen ist, und andererseits zum sog. göttlichen Gesetz, das das geoffenbarte Gesetz des alten und neuen Bundes umfasst, wird dieser moraltheologische Kognitivismus sodann näher entfaltet. Da die *lex vetus* in Gestalt des Dekalogs *Thomas* zufolge inhaltlich weitgehend mit der *lex naturalis* identisch ist, so dass sich deren Offenbarung als bloße heilspädagogische Maßnahme zur Verstärkung rein rational erkennbarer Normen deuten lässt,[126] und die *lex nova* aufgrund ihres Gnadencharakters gar kein geschriebenes Gesetz im eigentlichen Sinne darstellt,[127] kommt es entscheidend darauf an, die Beziehung der *lex naturalis* zur *lex aeterna* in einer Weise zu interpretieren, die das Gefälle zwischen göttlicher und menschlicher Vernunft wahrt, ohne deswegen in einen theologischen Voluntarismus abzugleiten. *Thomas* bedient sich hierzu eines Partizipationsmodells. Da der Mensch anders

A. Steiger/Ulrich Heinen, Isaaks Opferung (Gen 22) in den Konfessionen und Medien der Frühen Neuzeit, 2006.

[123] *Thomas von Aquin*, STh I II q. 90 a. 1: „regula autem et mensura humanorum actuum est ratio, quae est primum principium actuum humanorum“.

[124] Vgl. *Thomas von Aquin*, STh I II q. 90 a. 4: „Et sic [...] potest colligi definitio legis, quae nihil est aliud quam quaedam rationis ordinatio ad bonum commune, ab eo qui curam communitatis habet, promulgata.“

[125] *Ludger Honnefelder*, Art. Autonomie, in: Walter Kasper/Konrad Baumgartner/Horst Bürkle/Klaus Ganzer/Karl Kertelge/Wilhelm Korff/Peter Walter (Hrsg.), Lexikon für Theologie und Kirche, Bd. 1, 1993, S. 1295.

[126] Vgl. *Thomas von Aquin*, InSent III 37, 1, 3; *Thomas von Aquin*, ScG III c. 118 sowie *Thomas von Aquin*, STh I II q. 100 a. 1. Zur Entwicklung des thomanischen Standpunktes in dieser Frage vgl. *Franz-Josef Bormann*, Natur als Horizont sittlicher Praxis. Zur handlungstheoretischen Interpretation der Lehre vom natürlichen Sittengesetz bei Thomas von Aquin, 1999, S. 256–265.

[127] Vgl. *Thomas von Aquin*, STh I II q. 106 a. 1.

als die unfreien vernunftlosen Geschöpfe nicht nur auf passive Weise der göttlichen Vorsehung unterworfen ist, sondern kraft seiner Vernunft aktiv für sich und andere vorsorgen kann,[128] lässt sich das natürliche Sittengesetz als „Teilhabe am ewigen Gesetz im vernunftbegabten Geschöpf“[129] bestimmen, womit ein für Gott und Mensch gleichermaßen zugänglicher Rationalitätsbereich etabliert ist. Entgegen einer vor allem in der Neuscholastik verbreiteten Deutung darf die Teilhabebeziehung nicht als ein logisches Ableitungsverhältnis missverstanden werden.[130] Als Ergebnis einer nachträglichen theologisch-spekulativen Interpretation gehört die gesamte *lex aeterna*-Lehre zu einer Metaphysik des Handelns, die keinen unmittelbar praktisch-handlungsleitenden Sinn hat, sondern das Ziel verfolgt, die religiöse Vorstellung der göttlichen Weltregierung mit der praktischen Selbsterfahrung unvertretbarer menschlicher Eigenverantwortung zusammenzudenken. Da die Vernunft einem jeden Menschen gebietet, „gemäß der Vernunft zu handeln“[131], und der Verpflichtungsgrund sittlicher Weisungen *Thomas* zufolge „aus der Weisung der Vernunft selbst“[132] stammt, ist der Gottesbegriff für die Beantwortung der epistemologischen Frage nach der Einsicht in die normative Geltung einer sittlichen Weisung letztlich entbehrlich.[133] Die schon in der Antike vom platonischen Sokrates aufgeworfene Frage, ob etwas gut sei, weil es von Gott geboten werde, oder ob etwas von Gott geboten werde, weil es gut und richtig sei,[134] wird also von *Thomas* eindeutig kognitivistisch beantwortet, um die Integrität sowohl des christlichen Gottesbegriffs als auch der Moral zu schützen. Obwohl die praktische Vernunft des Menschen bezüglich der Einsicht in die Verpflichtungskraft

[128] Vgl. *Thomas von Aquin*, STh I II prologus.

[129] *Thomas von Aquin*, STh I II q. 91 a. 2.

[130] Vgl. dazu auch *Wolfgang Kluxen*, Philosophische Ethik bei Thomas von Aquin, 1980 sowie *Franz-Josef Bormann*, Art. Naturrecht II, in: Görres-Gesellschaft (Hrsg.), Staatslexikon, Bd. 4, 8. Aufl. 2020, Sp. 244–246 sowie *Bormann*, Natur (Fn. 126), bes. S. 244–246.

[131] *Thomas von Aquin*, STh II II q. 47 a. 7: „naturalis enim ratio dictat unicuique ut secundum rationem operetur“.

[132] *Thomas von Aquin*, STh I II q. 104 a. 1: „praeceptorum cuiuscumque legis quaedam habent vim obligandi ex ipso dictamine rationis, quia naturalis ratio dictat hoc esse debitum fieri vel vitari.“

[133] Vgl. dazu auch *Peter Geach*, The Moral Law and the Law of God, in: ders., God and the Soul, 1969, S. 117ff. (117); *Ludger Honnefelder*, Ethik und Theologie. Thesen zu ihrer Verhältnisbestimmung, in: Adrian Holderegger (Hrsg.), Fundamente der Theologischen Ethik. Bilanz und Neuansätze, 1996, S. 113ff. (116) sowie *Eberhard Schockenhoff*, Die Moraltheologie zwischen Glaubensethik und autonomer Moral. Wege zur Überwindung einer falsch gestellten Alternative, in: L'antropologia della teologia morale secondo l'enciclica „Veritatis splendor“. Atti del Simposio promosso dalla Congregazione per la Dottrina della Fede, 2006, S. 120ff. (123).

[134] Vgl. *Platon*, Euthyphron 10a.

moralischer Normen uneingeschränkt für sich selbst aufzukommen vermag, behauptet *Thomas* im Wissen um die Mehrstufigkeit des christlichen Ethos weder, dass die Vernunft die alleinige Quelle sämtlicher sittlicher Ansprüche ist, noch stellt seine schöpfungstheologische Konzeption in Abrede, dass die in sich vielschichtige Begründungsfrage in der Ethik neben der epistemologischen auch eine ontologische Dimension aufweist. Er wendet sich lediglich gegen eine Vermischung dieser Dimensionen etwa in dem Sinne, dass man entweder unterstellt, der Verbindlichkeitsgrad einer sittlichen Norm ließe sich dadurch steigern, dass man sie auf Gott zurückführt,[135] oder annimmt, ein Ungläubiger könne *per se* keinen epistemischen Zugang zur Erfahrung kategorischer moralischer Verpflichtungen haben. Beide Annahmen werden der Rolle der natürlichen praktischen Vernunft als der alleinigen Prüfinstanz der *vis obligandi* alladressierter Normen nicht gerecht. *Thomas* zufolge verfügt die *ratio practica* mit der Kategorie des ‚Guten' über einen unableitbaren Erstbegriff, der ihrem obersten Prinzip „bonum est faciendum [...] et malum vitandum"[136] zugrunde liegt und die Eigenständigkeit der Ethik als distinkter Einzelwissenschaft verbürgt. Ein wesentlicher Unterschied zur kantischen Konzeption *reiner* praktischer Vernunft, die letztlich auf ein antagonistisches Verhältnis von Vernunft und Neigung verweist,[137] besteht jedoch darin, dass die *ratio practica* hier mit einer komplexen Willens- und Neigungslehre verbunden ist und daher einen integralen Bestandteil einer ganzheitlichen Anthropologie bildet. Interpretiert man die kurzen Ausführungen in STh I II q. 94 a. 2 vor dem Hintergrund der meist übersehenen Lehre vom ‚natürlichen Wollen' des Menschen,[138] die das einende Band seiner Glücks-, Handlungs- und Gesetzeslehre bildet, dann zeigt sich, dass *Thomas* unter dem *bonum*, das als Erstbegriff der praktischen Vernunft s. E. von allen Menschen spontan erkannt und gewollt wird, das *bonum simpliciter* versteht, das mit der Vorstellung einer umfassenden, durch vernünftiges Handeln zu erwirkenden Vervollkommnung des Menschen über einen komplexen, allerdings nur allgemein bestimmten Sinngehalt verfügt, der mit der *ratio communis* des Glücksbegriffs zusammenfällt.[139] Von der abs-

[135] Zur berechtigten Kritik an dieser z. B. noch bei *Franz Böckle* (Fundamentalmoral, 1985, S. 91) anzutreffenden Deutung vgl. *Thomas Pröpper*, Theologische Anthropologie, Bd. 2, 2012, S. 722 f.

[136] *Thomas von Aquin*, STh I II q. 94 a. 2.

[137] Vgl. *Immanuel Kant*, Kritik der praktischen Vernunft (KpV), A 128, A 129 und A 213.

[138] Vgl. dazu *Bormann*, Natur (Fn. 126), S. 80–143.

[139] Vgl. *Thomas von Aquin*, STh I q. 5 a. 1; STh I II q. 3 a. 2 sowie STh I II q. 18 a. 1; zum abstrakten bzw. formalen Charakter des *bonum simpliciter* vgl. STh II II q. 47 a. 4 sowie *Christian Schröer*, Praktische Vernunft bei Thomas von Aquin, 1995, S. 88.

trakten Ebene des Guten zu unterscheiden ist die konkretere Ebene der verschiedenen partikularen Einzelgüter, denen sog. natürliche Neigungen entsprechen. Eine angemessene Deutung des Verhältnisses von *ratio practica* und *inclinationes naturales* muss die beiden komplementären Extreme eines Rationalismus auf der einen und eines Naturalismus auf der anderen Seite vermeiden. Weder ist es zulässig, die natürlichen Neigungen in rationalistischer Manier zur amorphen, unbegrenzt formbaren Materie herabzuwürdigen, noch darf die praktische Vernunft auf naturalistische Weise zum bloßen Ableseorgan in sich unveränderbarer Strebungen degradiert werden. Das Spezifikum der thomanischen *lex naturalis*-Lehre besteht vielmehr gerade darin, dass sie die Vernunftnatur und die körperlich-affektive Dimension des Menschseins nicht gegeneinander ausspielt, sondern in ihrer wechselseitigen Verschränktheit so zusammendenkt, dass „die Vernunft des Subjekts [...] zugleich auch als Vernunft einer mannigfaltig bedingten, empirisch verfaßten Natur begriffen wird“[140]. Aufgrund der Unbeliebigkeit und Gestaltungsoffenheit[141] der *inclinationes naturales* obliegt es der praktischen Vernunft, den im Begriff der *natura hominis* angedachten normativen Horizont einer ganzheitlichen menschlichen Wesensvollendung dadurch näher auszugestalten, dass sie die unterschiedlichen spontanen Handlungsimpulse zu einem realitätsadäquaten Handlungsentwurf konkretisiert, in einem mittel- und langfristig kohärenten Handlungszusammenhang integriert, zwischen konfligierenden Neigungszielen vermittelt, defizitäre oder pervertierte Tendenzen korrigiert und so auf dem Fundament vielfältiger artspezifischer Dispositionen ein individuell stimmiges und situationsadäquates Handlungsgebäude errichtet.[142]

Obwohl die Bedeutung der thomanischen *lex naturalis*-Lehre aufgrund ihrer begrifflichen Differenziertheit und ihres anthropologisch ausgewogenen Charakters für die Grundlegung eines moraltheologischen Kognitivismus in struktureller Hinsicht kaum zu überschätzen ist und bis heute eine wichtige Inspirationsquelle für einen um Kommunikabilität bemühten prinzipienethischen Ansatz in der katholischen Moraltheologie bildet, weist seine Konzeption auch verschiedene zeitbedingte Grenzen auf, die nicht übersehen werden dürfen. Diese betreffen zum einen den Umstand, dass *Thomas* seiner Deutung der *ratio practica* ein erkenntnistheoretisches Modell unterlegt, das stark intuitionistische Züge trägt und hinsichtlich der konkreten Normenbe-

140 *Wilhelm Korff*, Der Rückgriff auf die Natur. Eine Rekonstruktion der thomanischen Lehre vom natürlichen Gesetz, Philosophisches Jahrbuch 1987, S. 285 ff. (286).

141 Vgl. *Wilhelm Korff*, Norm und Sittlichkeit. Untersuchungen zur Logik der normativen Vernunft, 1973, S. 44.

142 Vgl. *Bormann*, Natur (Fn. 126), S. 236.

gründung primär deduktiv ausgerichtet ist,[143] und zum anderen die Tatsache, dass die Deutung der Beziehung des Einzelnen zur Gesellschaft insgesamt einem typisch vorneuzeitlichen Ordo-Gedanken verpflichtet bleibt, der von statischen Bezügen und einer sozialen Homogenität durch eine einheitliche Werteordnung ausgeht.

Für die weitere moraltheologische Entwicklung sind im Blick auf die Autonomie-Thematik vor allem zwei Dynamiken von Bedeutung: Die erste besteht in einer *sukzessiven Entkopplung von Vernunft und Natur*, die langfristig zu einem wachsenden Antagonismus von naturalistischen und rationalistischen Ansätzen innerhalb der Ethik mit jeweils dramatischen Konsequenzen für das menschliche Selbst- und Weltverhältnis führt und in den gegensätzlichen Entwürfen von *D. Hume* und *I. Kant* exemplarisch Gestalt gewinnt. Ein erster folgenreicher Schritt in diese Richtung erfolgt bereits bei *Johannes Duns Scotus* (1266–1308), der das Verhältnis von Vernunft und Wille anders bestimmt als in der aristotelisch-thomanischen Tradition. Für *Scotus* stellt der Wille ein Vermögen der *freien Selbstbestimmung* dar, das ohne die Voraussetzung einer natürlichen Neigung allein durch sich selbst Ursache seiner Handlungen ist,[144] sich auch von der Glückseligkeit abwenden kann und allein der Verpflichtung zur freien Selbstbestimmung im Umgang mit den um ihrer selbst willen gewollten Handlungsobjekten unterliegt, unter denen Gott als das *summum bonum* s. E. das primär zu Liebende ist. Die hier eingeleitete Freisetzung des Willens aus einem limitierenden Horizont natürlicher Strebungen hin zu einer *libertas indifferentiae* wird sich in der Neuzeit in dem Maße verschärfen, wie sich der Mensch durch die Entwicklung immer wirkmächtigerer Formen der technischen Naturbeherrschung immer weiter von einem normativen Naturverständnis entfernt.

Die zweite Dynamik besteht in einer zunehmenden *Binnenorientierung* des innerkatholischen Autonomiediskurses, der in Folge fragwürdiger lehramtlicher Einzelentscheidungen von zunehmenden Polarisierungen und einer damit einhergehenden thematischen Verengung der Theoriebildung gekennzeichnet ist, was abschließend exemplarisch noch kurz verdeutlich werden soll.

2. Von der ‚autonomen Moral' zur ‚Moral der Autonomie'?

Obwohl das systematische Grundanliegen des Kognitivismus mit seinen geltungstheoretischen Implikationen die kath. Moraltheologie von Anfang an begleitet, wird der Begriff der ‚Autonomie' hier auch deswegen lange gemieden, weil er wegen seiner Verwurzelung im neuzeitlich-aufklärerischen Rationalismus anfänglich als religionsfeindliches, mit dem theonom überformten christlichen Ethos unvereinbares Kon-

[143] Vgl. *Thomas von Aquin*, STh I II q. 94 a. 2 und a. 5.
[144] Vgl. *Johannes Duns Scotus*, Met. IX q. 15.

zept gedeutet wurde,[145] und eine unvoreingenommenere Auseinandersetzung mit der kantischen Ethik katholischerseits erst spät und verhalten einsetzte.[146] Dies änderte sich erst dadurch, dass sich das Zweite Vatikanische Konzil ausdrücklich zu einer *iusta rerum terrenarum autonomia*[147] bekannte, der zufolge „die geschaffenen Dinge und auch die Gesellschaften ihre eigenen Gesetze und Werte haben, die der Mensch schrittweise erkennen, gebrauchen und gestalten muss"[148]. Mit dieser methodischen Freisetzung der verschiedenen Natur- und Sozialwissenschaften sollten vor allem jene latenten Spannungen zwischen Glaube und Vernunft endgültig überwunden werden, die in der Vergangenheit durch diverse lehramtliche Verdikte entstanden waren und nicht nur zahlreiche Gläubige in belastende Gewissenskonflikte verstrickt, sondern auch dem katholischen Lehramt selbst den Vorwurf der Wissenschaftsfeindlichkeit eingetragen hatten. Bedauerlicherweise sollte die berechtigte Einsicht, dass „alle Einzelwirklichkeiten" durch ihr Geschaffensein „ihren festen Eigenstand, ihre eigene Wahrheit, ihre eigene Gutheit sowie ihre Eigengesetzlichkeit und ihre eigenen Ordnungen [haben], die der Mensch unter Anerkennung der den einzelnen Wissenschaften und Techniken eigenen Methoden achten muß"[149], schon auf dem Konzil selbst einer harten Bewährungsprobe ausgesetzt werden. Tatsächlich hat *Paul VI.* der Konzilsversammlung nämlich in einer einzigartigen Intervention die Zuständigkeit dafür entzogen, die damals aktuelle Frage der näheren Regelung der Geburtenkontrolle einer verbindlichen Lösung zuzuführen,[150] weil er fürchtete, eine Konzilsmehrheit könne eine Entscheidung auf der Grundlage des zuvor entwickelten Konzepts ‚verantworteter Elternschaft'[151] treffen, die die früheren Einlassungen seiner Vorgänger zu diesem Thema ins Unrecht setzen würde. Nicht genug damit, dass er die Konzilsväter durch dieses autoritäre Vorgehen brüskierte, er setzte sich anschließend auch über den Mehrheitsentscheid der von ihm selbst eingesetzten Exper-

145 Vgl. z. B. *Viktor Cathrein*, Die sittliche Autonomie, Stimmen aus Maria Laach 1900, S. 129 ff.; *Hans-Eduard Hengstenberg*, Autonomismus und Transzendentalphilosophie, 1950; *ders.*, Grundlegung der Ethik, 1969, sowie *Richard Bruch*, Die Stellungnahme zur Eigenständigkeit des Sittlichen bei deutschen katholischen Autoren im vorkonziliaren Zeitraum des 20. Jahrhunderts, in: ders., Moralia varia. Lehrgeschichtliche Untersuchungen zu moraltheologischen Fragen, 1981, S. 63–81.

146 Vgl. *Johannes Reich*, Heiligkeit und Gottes Beistand. Ein moraltheologischer Blick auf die Ethikvorlesungen und die Religionsschrift Immanuel Kants, 2019, S. 10–18.

147 *Zweites Vatikanisches Konzil*, Die pastorale Konstitution über die Kirche in der Welt von heute „Gaudium et spes" (GS), Nr. 36.

148 *Zweites Vatikanisches Konzil*, GS Nr. 36.

149 *Zweites Vatikanisches Konzil*, GS Nr. 36.

150 Vgl. *Zweites Vatikanisches Konzil*, GS Nr. 51 Fn. 14.

151 Vgl. *Zweites Vatikanisches Konzil*, GS Nr. 50.

tenkommission für das Studium des Bevölkerungswachstums, der Familie und der Geburtenhäufigkeit hinweg, um in seiner Enzyklika *Humanae vitae* vom 25. Juli 1968 mit dem kategorischen Verbot der sog. künstlichen Empfängnisverhütung[152] schließlich eine Norm zu propagieren, deren Begründung insofern auf einem naturalistischen Missverständnis der eigenen naturrechtlichen Tradition beruhte,[153] als sie auf eine Natur rekurrierte, „die einerseits ganz abstrakt gesehen ist, als Funktion der Gattung, andererseits aber geradezu krass physiologisch und naturalistisch gedeutet wird"[154]. Es waren genau diese argumentativen Defizite, die den Tübinger Moraltheologen *A. Auer* dazu motivierten, sein Theoriemodell einer ‚autonomen Moral im christlichen Kontext'[155] zu entwickeln. Das wesentliche Ziel seines Neuansatzes bestand darin, den starken Deduktionismus des neuscholastisch inspirierten lehramtlichen Vorgehens durch eine stärker induktive Normenbegründung zu ersetzen, um auf diese Weise sicherzustellen, dass der jeweils für eine bestimmte normative Frage relevante empirische Wissensstand auch tatsächlich angemessen berücksichtigt wird. Es gehört m. E. zu den bleibenden Verdiensten *Auers*, mit seinem klaren Bekenntnis zu Rationalität und Kommunikabilität von Normenbegründungsprozessen den an sich keineswegs neuen Gedanken der rationalen Selbstbindung des Menschen wieder in sein Recht eingesetzt zu haben und mit der bewussten Übernahme des Autonomiebegriffs einen theologischen Positivismus zu überwinden, der sich gerade vor dem Hintergrund der prekären Beziehung des kirchlichen Lehramtes zur neuzeitlichen Freiheitsgeschichte[156] in einer weithin säkularisierten Gesellschaft als zunehmend ruinös erweisen musste.[157] Indem *Auer*

[152] Vgl. *Paul VI.*, Enzyklika über die rechte Ordnung der Weitergabe menschlichen Lebens „Humanae vitae" (HV), Nr. 14 und Nr. 16.

[153] Vgl. *Paul VI.*, HV Nr. 10. Statt die *natura hominis* bilden hier „die biologischen Gesetze", die den weiblichen Fertilitätszyklus regulieren, den normativen Bezugspunkt, so dass der zur Absicherung des Gedankengangs in Fn. 9 angeführte Verweis auf STh I II q. 94 a. 2 ins Leere geht.

[154] *Joseph Ratzinger*, Zur Theologie der Ehe, in: Gerhard Krems/Reinhard Mumm (Hrsg.), Theologie der Ehe, 1969, S. 81 ff. (98).

[155] Vgl. *Alfons Auer*, Autonome Moral und christlicher Glaube, 2. Aufl. 1989.

[156] Vgl. *Ernst-Wolfgang Böckenförde*, Über die Autorität päpstlicher Lehrenzykliken am Beispiel der Äußerungen zur Religionsfreiheit, ThQ 2006, S. 22 ff.

[157] Vgl. *Franz-Josef Bormann*, Theologie und „autonome Moral". Anmerkungen zum Streit um Universalität und Partikularität moralischer Aussagen in theologischer und philosophischer Ethik, ThPh 2002, S. 481 ff.

zur Begrenzung lehramtlicher Zuständigkeiten strikt zwischen Welt- und Heilsethos unterschied, die unersetzliche Funktion der humanwissenschaftlich informierten praktischen Vernunft für die normative Ethik unterstrich und dem christlichen Sinnhorizont bei der Statuierung weltethischer Weisungen eine „integrierende“, „stimulierende“ und „kritisierende Funktion“[158] zuwies, hoffte er, die Grundkoordinaten einer *theonom unterfangenen Autonomie* sichern zu können, die sich nicht nur dem Verdacht einer schlechten Heteronomie zu entziehen, sondern auch künftigen lehramtlichen Konflikten vorzubeugen vermag. Jedoch sollte sich diese Hoffnung schon bald als illusionär erweisen. Obwohl die generelle Stoßrichtung von *Auers* Ansatz durchaus überzeugend und vor dem Hintergrund der neuzeitlichen Geistesgeschichte vom Grundansatz her auch konsequent erschien,[159] hat dessen konkrete Durchführung eine ganze Reihe gravierender Einwände auf sich gezogen. Während Verfechter eines glaubensethischen Gegenmodells[160] schon der Verwendung des Autonomiebegriffs aus ideengeschichtlichen und moralpsychologischen Gründen ablehnend gegenüberstanden und zudem die Angemessenheit der Trennung von Welt- und Heilsethos sowie der Rekonstruktion des christlichen Propriums in *Auers* Ansatz in Zweifel zogen, zielten die kritischen Rückfragen derer, die das Projekt einer von religiösen Prämissen unabhängigen, rationalen Moralbegründung grundsätzlich begrüßten, vor allem auf die Konsistenz und historische Zuverlässigkeit der von *Auer* rekonstru-

[158] Vgl. *Auer*, Autonome Moral (Fn. 155), S. 189–197.

[159] Vgl. *Wolfgang Göbel*, Okzidentale Zeit. Die Subjektgeltung des Menschen im Praktischen nach der Entfaltungslogik unserer Geschichte, 1996.

[160] Vgl. *Bernhard Stoeckle*, Autonome Moral. Kritische Befragung des Versuchs zur Verselbständigung des Ethischen, Stimmen der Zeit 1973, S. 723ff.; *ders.*, Grenzen der autonomen Moral, 1974, sowie *Konrad Hilpert*, Ethik und Rationalität: Untersuchungen zum Autonomieproblem und zu seiner Bedeutung für die theologische Ethik, 1980.

ierten Ahnentafel seiner ‚autonomen Moral' sowie die Plausibilität des dabei vorausgesetzten Vernunft-[161] und Autonomiebegriffs[162].

Obwohl man im historischen Rückblick feststellen muss, dass zentrale Anliegen *Auers* trotz anfänglicher Kritik in der deutschsprachigen Moraltheologie durchaus breit rezipiert wurden,[163] hat sich die moraltheologische Theoriebildung in den letzten Jahrzehnten immer stärker ausdifferenziert.[164] Selbst dort, wo versucht wird, das Projekt der ‚autonomen Moral' weiterzuentwickeln und in eine ‚Moral der Autonomie' zu überführen, scheinen die Vorstellungen im Einzelnen weit auseinanderzuliegen. So sieht etwa *T. Pröpper* in der Autonomieproblematik „geradezu den Testfall dafür, ob man die anthropologische Wende des neuzeitlichen Denkens wirklich bejaht hat und ihren Herausforderun-

[161] *Hans Schelkshorn* stellte in diesem Sinne fest: „Allerdings ist nach der Entdeckung der Geschichtlichkeit und kulturellen Bedingtheit menschlicher Vernunft zu fragen, in welchem Sinne heute überhaupt noch von einer universalen ethischen Vernunft gesprochen werden kann. Vor diesem Hintergrund steht die Konzeption einer ‚autonomen Moral im christlichen Kontext' plötzlich in der Gefahr, die Kompetenz menschlicher Vernunft zu überschätzen" (Christliche Ethik im Sog argumentativer Vernunft, in: Adrian Holderegger [Hrsg.], Fundamente der Theologischen Ethik. Bilanz und Neuansätze, 1996, S. 237ff. [246]) und: „Es verstärkt sich heute der Eindruck, daß die philosophischen Instrumentarien, mit denen sowohl die ‚autonome Moral' als auch glaubensethische Entwürfe das enge Korsett einer neuscholastischen Naturrechtsethik gesprengt haben, den aktuellen Herausforderungen nicht mehr gerecht werden" (S. 238). Noch schärfer urteilt *Klaus Demmer*: „Die autonome Moral stellt sich die Verhältnisbestimmung von Glaube und Vernunft zum Thema, dies geschah mit dem Instrumentarium der Manualistik, wiewohl mit der Absicht kritischer Distanznahme. Leitend blieben die Prämissen des erkenntnistheoretischen Realismus [...]. Und den unhinterfragten wahrheitstheoretischen Grund lieferte die Korrespondenztheorie. In diesen geradezu klassischen Rahmen wurde eine neuzeitliche Problematik eingetragen. So mag sich der Verdacht regen, ein methodischer Fehlbedarf sei anzumelden, die Form halte mit der Sache nicht Schritt und es bedürfe methodenkritischer Überlegungen, um des anstehenden Problems Herr zu werden" (Die autonome Moral – eine Anfrage an die Denkform, in: Adrian Holderegger [Hrsg.], Fundamente der Theologischen Ethik. Bilanz und Neuansätze, 1996, S. 261ff. [263]).

[162] Vgl. *Hans Hirschi*, Moralbegründung und christlicher Sinnhorizont. Eine Auseinandersetzung mit Alfons Auers moraltheologischem Konzept, 1992, S. 126ff. und 149ff.; *Göbel*, Okzidentale Zeit (Fn. 159), S. 303f.; *Thomas Pröpper*, Autonomie und Solidarität, in: Adrian Holderegger (Hrsg.), Fundamente der Theologischen Ethik. Bilanz und Neuansätze, 1996, S. 168ff. (178f.) sowie *Hansjürgen Verweyen*, Offenbarung und Begründung der Moral, in: Adrian Holderegger (Hrsg.), Fundamente der Theologischen Ethik. Bilanz und Neuansätze, 1996, S. 154ff. (163ff.).

[163] Vgl. *Hirschi*, Moralbegründung (Fn. 162), S. 113–195.

[164] Vgl. *Franz-Josef Bormann*, Paradigm lost? Überlegung zur Vielgestaltigkeit moraltheologischer Theoriebildung seit dem Zweiten Vatikanum, 2020, S. 285ff.

gen nicht ausweicht"[165]. Während *Auers* Konzeption „eigentlich nur den überfälligen und sachlich eher harmlosen Versuch dar[stellte], [...] die der Welt selbst eingestiftete Rationalität für die materiale Normfindung zur Geltung zu bringen"[166], müsse s. E. die entscheidende Frage lauten, „ob der Mensch einsehen kann, daß er gerade darin sich *selber* entspricht, daß er von Gott sich beanspruchen läßt"[167]. Weit davon entfernt, einer „willkürlichen, gänzlich bindungslosen Freiheit jenseits von Gut und Böse"[168] das Wort zu reden, habe die Theologie allein schon deswegen für ein Denken zu optieren, „das sich [...] der Unbedingtheit der Freiheit verpflichtet", weil „diese Freiheit in philosophischer Perspektive als zur Theonomie finalisierte [...] erkannt werden kann"[169]. Während hier noch unübersehbar der Versuch unternommen wird, die freiheitstheoretischen Implikationen sowohl des Glaubensvollzuges als auch der moralischen Beanspruchung in ihrem gegenseitigen Verweisungszusammenhang freizulegen und geltungstheoretisch differenziert auszudeuten, nutzen andere Autoren den Autonomiebegriff inzwischen vor allem dazu, im Blick auf die weit fortgeschrittenen Pluralisierungs- bzw. Individualisierungsdynamiken moderner westlicher Gesellschaften entweder einer generellen Entkoppelung von Glaubensüberzeugungen und Moralvorstellungen das Wort zu reden,[170] oder aber um der größeren Anschlussfähigkeit des moraltheologischen Diskurses an die spezifischen Wertoptionen einer weithin säkularisierten Mehrheitsgesellschaft den „Anspruch [...] des Subjekts auf freie Selbstbestimmung"[171] und die Legitimität einer „emanzipierten Moral"[172] in einer Weise zu entfalten, die unter weitgehender Ausblendung der Propiumsfrage im materialethischen Bereich unter anderem auch die Anerkennung des individuellen Rechtes der Menschen einschließt, „in für sie unter Umständen ausweglosen Situationen über das eigene

165 *Pröpper*, Theologische Anthropologie (Fn. 135), S. 720.

166 *Pröpper*, Theologische Anthropologie (Fn. 135), S. 721.

167 *Pröpper*, Theologische Anthropologie (Fn. 135), S. 731.

168 *Pröpper*, Theologische Anthropologie (Fn. 135), S. 721.

169 *Pröpper*, Theologische Anthropologie (Fn. 135), S. 733.

170 Vgl. *Reiner Anselm et al.*, Pluralismus als Markenzeichen, FAZ vom 23.1.2002, Nr. 19, S. 8; kritisch dazu *Eberhard Schockenhoff*, Gibt es eine ethische Grunddifferenz zwischen den Konfessionen? Eine Nachfrage bei Friedrich Schleiermacher, in: Peter Walter/Klaus Krämer/George Augustin (Hrsg.), Kirche in ökumenischer Perspektive. Festschrift für Kardinal Walter Kasper, 2003, S. 504ff.

171 *Stephan Goertz*, Autonomie im Disput. Moraltheologische Überlegung zum Anspruch auf Selbstbestimmung, JCSW 2014, S. 105ff. (113).

172 *Goertz*, Autonomie im Disput (Fn. 171), S. 125.

Leben zu verfügen"[173]. Bemerkenswert an solchen Einlassungen ist nicht allein die erstaunliche Blindheit für die inhaltliche Verflachung des dabei propagierten Autonomieverständnisses, dessen Unvereinbarkeit mit der theologischen Tradition hier regelmäßig durch eine holzschnittartige Gegenüberstellung von Natur- und Vernunftbegriff rhetorisch überspielt wird. Noch viel besorgniserregender ist der komplette Verzicht darauf, die Implikationen des solchermaßen emanzipativ gewendeten Autonomiekonzeptes auf dem Niveau des zeitgenössischen metaethischen Gründediskurses für das Verständnis normativer und motivierender Gründe zu entfalten und auf ihre tatsächliche Kompatibilität einerseits mit den geltungstheoretischen Mindestanforderungen eines kognitivistischen Standpunktes in der normativen Ethik und andererseits mit der Mehrstufigkeit des christlichen Ethos zu untersuchen.[174] Statt das ursprünglich eng mit dem Autonomiebegriff verbundene kantische Ringen um die kriteriologische und motivationale Bedeutung der autonomen Vernunfteinsicht zum Anlass dafür zu nehmen, auch innerhalb der moraltheologischen Theoriebildung die verschiedenen Dimensionen der Begründungsfrage differenziert zur Geltung zu bringen, um so einen Rückfall in heteronome Denkformen zu vermeiden, begegnet uns hier ein flächiges Freiheitspathos, dessen Undifferenziertheit bei näherer Betrachtung hinter den Erfordernissen einer zeitgemäßen ethischen Begründungstheorie zurückbleibt.

IV. Fazit

An der Autonomie scheiden sich die Geister – nicht nur im Blick auf die Frage, welche Bedeutung ihr in der Gesamtschau der ethisch relevanten Güter und Rechte zukommt, sondern noch weit fundamentaler im Blick auf den genauen Sinngehalt dieses schillernden Begriffs. Im Rahmen seiner sehr grundsätzlichen Überlegungen zum sog. *Faktum eines vernünftigen Pluralismus*[175] liberaler Gesellschaften, zu denen auch seine „Idee der Bürden des Urteilens"[176] gehört, hat sich der späte *J. Rawls* mit verschiedenen Ursachen von Meinungsverschiedenheiten zwischen vernünftigen Personen auseinandergesetzt, von denen zwei Faktoren auch für unsere Thematik von Bedeutung sein dürften: Der

[173] *Goertz*, Autonomie im Disput (Fn. 171), S. 123; vgl. auch *Reiner Anselm/Isolde Karle/Ulrich Lilie*, Den assistierten professionellen Suizid ermöglichen, FAZ vom 12.1.2021, Nr. 8, S. 6; kritisch dazu: *Peter Dabrock/Wolfgang Huber*, Selbstbestimmt mit der Gabe des Lebens umgehen, in: FAZ vom 25.1.2021, Nr. 20, S. 6.

[174] Vgl. dazu *Bormann*, Was sind religiöse Handlungsgründe? (Fn. 92), S. 334ff.

[175] Vgl. *John Rawls*, Politischer Liberalismus, 1998, S. 13, 22, 68, 106f., 221–223, 317.

[176] Vgl. *Rawls*, Politischer Liberalismus (Fn. 175), S. 127–132.

erste Faktor besteht s. E. darin, dass in „gewissem Umfang [...] alle unsere Begriffe – und nicht nur die moralischen und politischen – vage und auf Grenzfälle schwierig anzuwenden“[177] sind. Beide Beobachtungen treffen zweifellos auch auf den Autonomiebegriff zu. Seine Vagheit resultiert nicht zuletzt aus dramatischen Sinnverschiebungen, die sich seit dem 18. Jahrhundert im Raum von Philosophie, Rechtswissenschaft und Theologie ereignet und im Ergebnis dazu geführt haben, dass insbesondere seine Eignung zur Rechtfertigung suizidaler Handlungen bis heute notorisch umstritten ist. Während *Kant* als Urheber des klassischen Autonomiebegriffs noch der Überzeugung war, dass recht verstandene Autonomie ein kategorisches Verbot des Suizids zu begründen vermag, bildet der Rekurs auf das individuelle Selbstbestimmungsrecht als Kern einer voluntaristisch und privatistisch verformten Autonomievorstellung heute das Hauptargument für die Rechtfertigung von Suizidhandlungen und deren Unterstützung durch Dritte. Und genau hier kommt der zweite von *Rawls* genannte Aspekt ins Spiel, demzufolge „jedes System gesellschaftlicher Institutionen [...] im Bereich der Werte, die es zulassen kann, begrenzt [ist], so daß irgendeine Auswahl aus dem Gesamtbereich aller realisierbaren moralischen und politischen Werte getroffen werden muß“[178]. Da sich suizidale Konstellationen in der Regel durch eine erhebliche Komplexität auszeichnen und daher nur durch die Einbeziehung verschiedener Werte auf überzeugende Weise bewältigt werden können, ist es bedauerlich, dass sich ausgerechnet das Bundesverfassungsgericht so einseitig zum Anwalt nur eines einzigen, in seiner konkreten Ausdeutung zudem hochgradig verarmten Wertgesichtspunktes gemacht hat und damit aus ideologischen Gründen hinter den Erfordernissen eines möglichst schonenden Ausgleichs verschiedener Grundwerte unserer Verfassung zurückgeblieben ist. Es ist daher aus ethischer Perspektive zu wünschen, dass der Gesetzgeber einen Weg findet, diesen Reduktionismus wieder durch eine komplexere, fairere und damit weniger umstrittene Betrachtung zu korrigieren.

[177] *Rawls*, Politischer Liberalismus (Fn. 175), S. 130.
[178] *Rawls*, Politischer Liberalismus (Fn. 175), S. 131.

Leitsätze
zum Beitrag von Prof. Dr. theol. Franz-Josef Bormann:

„Der Autonomiebegriff aus philosophischer und theologischer Perspektive“

1. Die prominente Stellung des Autonomie-Argumentes in der zeitgenössischen Diskussion um die Sterbehilfe kann nicht darüber hinwegtäuschen, dass der genaue Sinngehalt und die Reichweite des Begriffs der ‚Autonomie‘ ethisch hochgradig umstritten sind.
2. Im Urteil des Bundesverfassungsgerichts vom 26.2.2020 begegnet uns ein extrem entgrenztes Autonomieverständnis, das in wenigstens dreifacher Hinsicht konturiert ist: erstens durch sein negativ-emanzipatorisches Freiheitsverständnis, zweitens durch seine voluntaristische Grundausrichtung und drittens durch seinen privatistischen Charakter, der im Ergebnis dazu führt, Autonomie auf individuelle Authentizität zu reduzieren.
3. Demgegenüber zeichnet sich die maßgeblich von *I. Kant* geprägte klassisch-philosophische Deutung des Autonomiebegriffs vor allem dadurch aus, dass sie erstens auf einem positiven Freiheitsbegriff basiert, durch die Bindung an das vernünftiger Einsicht zugängliche Sittengesetz zweitens kognitivistisch ausgerichtet ist und drittens infolge seines Bezuges auf ein alle Vernunftwesen umfassendes Reich der Zwecke einen universalen Charakter aufweist. *Kant* zufolge ist die Autonomie als das „alleinige Prinzip der Moral“ nicht nur Kriterium sittlicher Richtigkeit, sondern auch entscheidender Motivationsfaktor für ein moralisch gebotenes Handeln aus Pflicht, das der kategorischen Geltung des Sittengesetzes entspricht. Den Suizid hält *Kant* wegen seiner fehlenden Universalisierbarkeit und des Verstoßes gegen die Selbstzwecklichkeit der Person für moralisch unzulässig.
4. Die Auseinandersetzung mit dem Autonomiebegriff in nachkantischer Zeit ist überaus vielgestaltig und lässt sich nicht auf einen einheitlichen Nenner bringen: Rezeption und Radikalisierung kantischer Denkmotive stehen neben fundamentaler Kritik und verschiedenen Sinnverschiebungen, die vor allem durch unterschiedliche Formen der Vernunftkritik motiviert waren. Während in jüngster Zeit mehrheitlich eine zunehmende Individualisierung des Autonomieverständnisses i.S. reiner Selbstbestimmung zu beobachten war, gab es auch gegenläufige Versuche zur Begründung einer ‚relationalen Autonomie‘, um der vielfältigen Bedingtheit und sozialen Situiertheit individueller Präferenzen Rechnung zu tragen.

5. Im Blick auf das Verhältnis der katholischen Moraltheologie zum Autonomiebegriff ist zwischen dem systematischen Grundanliegen des Gedankens vernünftiger Selbstbindung einerseits und dem konkreten Wortgebrauch andererseits zu unterscheiden. Die Einsicht, dass die Verpflichtungskraft moralischer Normen von ihrer Begründbarkeit vor dem Forum der natürlichen praktischen Vernunft abhängt, begleitet die moraltheologische Reflexion von Anfang an und hat ihren Niederschlag in einer langen naturrechtlichen Denktradition gefunden. Demgegenüber ist eine ausdrücklich positive Begriffsverwendung lehramtlicherseits erst spät auf dem II. Vatikanischen Konzil in der Vorstellung einer *iusta rerum terrenarum autonomia* festzustellen.
6. Defizite lehramtlicher Normenbegründung im Umfeld der päpstlichen Enzyklika *Humanae vitae* führten in den 1970er Jahren zunächst zum Entwurf einer ‚autonomen Moral' im christlichen Kontext, um die Rationalität und methodische Transparenz normativer Ethik gegenüber dem Lehramt zu verteidigen. Spätere Versuche einer Weiterentwicklung hin zu einer ‚Moral der Autonomie' folgen unterschiedlichen Denkmotiven, die von der fundamentaltheologischen Glaubensbegründung bis hin zur radikalen Individualisierung der Moral reichen.

Prof. Dr. iur. Thomas Lobinger

Ein Recht auf Suizid?

Zur Rechtskreation des Bundesverfassungsgerichts

I. Die Rechtskreation des Bundesverfassungsgerichts in der Suizidhilfe-Entscheidung

1. Die Kernaussagen des Gerichts

a) Nach dem Urteil des Bundesverfassungsgerichts vom 26. Februar 2020 zur Strafbarkeit der geschäftsmäßigen Suizidhilfe[1] soll das allgemeine Persönlichkeitsrecht (Art. 2 Abs. 1 i.V.m. Art. 1 Abs. 1 GG) ein Recht auf selbstbestimmtes Sterben umfassen, das auch die rechtlich geschützte Freiheit zur Selbsttötung einschließe.[2] Dieses Recht bestehe unabhängig von fremddefinierten objektiven Voraussetzungen wie etwa einer schweren unheilbaren Krankheit.[3] Zudem erstrecke sich der durch dieses Recht vermittelte Schutz nicht nur auf die eigentliche, gegen sich selbst gerichtete Handlung. Er umfasse ebenso die Inanspruchnahme der von Dritten freiwillig angebotenen Hilfe.[4]

b) Gedanklicher Ausgangspunkt ist dem Gericht bei seinen Ableitungen die selbstbestimmte Wahrung personaler Individualität, Identität und Integrität als Bestandteil der Menschenwürdegarantie und Gewährleistungsgehalt des darauf fußenden allgemeinen Persönlichkeitsrechts.[5] Namentlich die selbstbestimmte Wahrung der eigenen Persönlichkeit setze voraus, dass der Mensch über sich nach eigenen Maßstäben verfügen könne; er dürfe nicht in Lebensformen gedrängt werden, die in unauflösbarem Widerspruch zum eigenen Selbstbild und Selbstverständnis stehen.[6] Ausgehend hiervon soll sich das Recht auf selbstbestimmtes Sterben nicht nur auf die Befugnis beschränken, lebenserhaltende Maßnahmen abzulehnen und einem zum Tod führenden Krankheitsgeschehen seinen Lauf zu lassen. Es umfasse gleichermaßen das Recht, sich aktiv das Leben zu nehmen, weil nur dies sicherstelle, dass der Einzelne entsprechend dem eigenen Selbstbild autonom über sich bestimmen und damit seine Persönlichkeit wahren könne.[7]

1 BVerfGE 153, 182.
2 BVerfGE 153, 182 (Leitsatz 1a und 1b, 261 ff. Rn. 209 f.).
3 BVerfGE 153, 182 (262 f. Rn. 210).
4 BVerfGE 153, 182 (Leitsatz 1c, 264 Rn. 212).
5 BVerfGE 153, 182 (260 f. Rn. 206 f.).
6 BVerfGE 153, 182 (261 Rn. 207).
7 BVerfGE 153, 182 (262 f. Rn. 210).

Weil das Bundesverfassungsgericht das „Verfügungsrecht über das eigene Leben“[8] zentral aus dem der Menschenwürdegarantie immanenten Selbstbestimmungsrecht ableitet, sieht es auch keinen Raum für eine situative Beschränkung dieses Rechts. Eine Bewertung der Beweggründe des zur Selbsttötung Entschlossenen sei dem Freiheitsgedanken des Grundgesetzes fremd.[9] Die Entscheidung über das eigene Lebensende bedürfe keiner weiteren Begründung oder Rechtfertigung.[10] Maßgeblich sei allein der Wille des Grundrechtsträgers. Das Recht zur Selbsttötung bestehe in jeder Phase menschlicher Existenz.[11] Die Entscheidung des Einzelnen, dem eigenen Leben aufgrund seiner Vorstellungen von Lebensqualität und Lebenssinn ein Ende zu setzen, sei im Ausgangspunkt als Akt autonomer Selbstbestimmung von Staat und Gesellschaft zu respektieren.[12]

c) Dass es dem Bundesverfassungsgericht in seiner Suizidhilfe-Entscheidung nicht lediglich um ein Pönalisierungsverbot, sondern um die Schaffung einer vollwirksamen eigenständigen Rechtsposition geht, belegt in aller Deutlichkeit die Einbeziehung der Inanspruchnahme von Dritthilfe in den Schutzbereich.[13] Hierdurch will das Gericht sicherstellen, dass das Recht zur Selbsttötung nicht nur auf dem Papier steht, sondern auch tatsächlich ausgeübt, um nicht zu sagen „gelebt“, werden kann. Wer sich in Ausübung seiner Autonomie für die Beendigung des eigenen Lebens entschieden hat, muss dies, so das Bundesverfassungsgericht, auf eine für ihn zumutbare, schmerzfreie und sichere Weise umsetzen können;[14] nicht *Ker* also als grausame Schwester, sondern *Thanatos* als sanfter Bruder des *Hypnos* prägen hier das Leitbild. Sofern dem Lebensmüden eine solche Beendigung seines Lebens alleine nicht möglich oder zumutbar erscheint, soll ihn die Rechtsordnung nicht auf Alternativen, wie etwa eine palliativmedizinische Behandlung im Inland oder Sterbehilfe im Ausland, verweisen dürfen.[15] Vielmehr müsse sie die freiwillig angebotene Hilfe Dritter zulassen, um den Weg in den eigenen Tod als Alternative zum Weiterleben in zumutbarer Weise gangbar zu machen.[16] Gefahren, die von einer solchen Zulassung gerade für die Autonomie (potentieller) Suizidenten ausgingen, dürften zwar bekämpft werden. Das Recht auf Selbsttötung soll diesem Kampf aber Grenzen setzen, sofern sonst

[8] BVerfGE 153, 182 (262f. Rn. 210).
[9] BVerfGE 153, 182 (262f. Rn. 210).
[10] BVerfGE 153, 182 (262f. Rn. 210).
[11] BVerfGE 153, 182 (262f. Rn. 210).
[12] BVerfGE 153, 182 (262f. Rn. 210).
[13] S. BVerfGE 153, 182 (Leitsatz 1c, 264ff. Rn. 212ff.).
[14] S. BVerfGE 153, 182 (264f. Rn. 213, 266 Rn. 218).
[15] BVerfGE 153, 182 (287 Rn. 277, 295f. Rn. 299).
[16] S. BVerfGE 153, 182 (287 Rn. 277).

eine realistische Möglichkeit verbaut würde, den autonom gefassten Entschluss zur Selbsttötung in zumutbarer, schmerzfreier und sicherer Weise umzusetzen.

2. Die weitreichenden rechtlichen Folgewirkungen der Entscheidung

a) Strafrecht

Die über ihren eigentlichen Anlass hinausgehenden Konsequenzen der Entscheidung des Bundesverfassungsgerichts sind noch nicht annähernd ausgemessen. Sie betreffen zunächst das Strafrecht als das unmittelbar betroffene Feld des Urteils. Denkt man die Aussagen des Gerichts konsequent zu Ende, werden nicht nur Garantenstellungen und Garantenpflichten im Rahmen unechter Unterlassungsdelikte gegen das Leben ebenso wie die allgemeine Hilfeleistungspflicht gemäß § 323c StGB überprüft und zurückgeschnitten werden müssen.[17] Es wankt mit der Entscheidung auch die uneingeschränkte Strafbarkeit der Tötung auf Verlangen gemäß § 216 StGB.[18] Die Vorschrift wird bekanntlich schon länger gerade unter dem Aspekt des Autonomieprinzips als äußerst problematisch angesehen.[19] Kaum verwundern kann deshalb, dass sie sich in ersten wissenschaftlichen Reformentwürfen auf das Urteil des Bundesverfassungsgerichts hin ebenfalls sogleich aufgeweicht sieht. So soll etwa nach § 6 des Augsburg-Münchner-Halleschen Entwurfs eines Sterbehilfegesetzes auch die aktive ärztliche Sterbehilfe nach Beratung und Begutachtung nicht mehr rechtswidrig sein, sofern der Getötete diese ausdrücklich und ernsthaft verlangt hatte, um einen schwersten, von ihm nicht zu ertragenden und nicht anders abwendbaren Leidenszustand zu beenden, wobei als andere Art der Abwendbarkeit aber nicht etwa eine lebenserhaltende palliativmedizinische Behandlung gemeint ist, sondern lediglich die indirekte

[17] Vgl. hierzu nur etwa *Thomas Hillenkamp*, Strafgesetz „entleert“ Grundrecht – das Urteil des BVerfG zu § 217 StGB, JZ 2020, S. 618 ff. (620); *Tobias Ceffinato*, Die Beendigung von Garantenstellungen, NStZ 2021, S. 65 ff. (66); *Georg Freund*, in: Wolfgang Joecks/Klaus Miebach (Hrsg.), Münchener Kommentar zum Strafgesetzbuch, Bd. 5, 3. Aufl. 2019, § 323c Rn. 59 ff.; *Michael Heuchemer*, in: Bernd von Heintschel-Heinegg (Hrsg.), BeckOK StGB, 49. Edition (Stand: 01.02.2021), § 13 Rn. 85.1 f.; sowie auch schon *Friedhelm Hufen*, Selbstbestimmtes Sterben – Das verweigerte Grundrecht, NJW 2018, S. 1524 ff. (1527).

[18] *Tatjana Hörnle*, Der niederländische Hoge Raad und das BVerfG zu Fragen der Sterbehilfe, JZ 2020, S. 872 ff. (873).

[19] S. hierfür nur die auch vom Bundesverfassungsgericht herangezogene Schrift von *Christian Tenthoff*, Die Strafbarkeit der Tötung auf Verlangen im Lichte des Autonomieprinzips, 2008, passim; *Andrew von Hirsch/Ulfrid Neumann*, „Indirekter“ Paternalismus im Strafrecht am Beispiel der Tötung auf Verlangen (§ 216 StGB), GA 2007, S. 671 ff. (694); *Bernd Müssig*, Mord und Totschlag, 2005, S. 351; *Kristian Kühl*, in: Kristian Kühl/Karl Lackner (Hrsg.), StGB, 29. Aufl. 2018, § 216 Rn. 1, m. w. N.

Sterbehilfe oder der ärztlich assistierte Suizid als alternative Wege in den Tod.[20]

b) Öffentliches Recht

aa) Polizeirecht

Im öffentlichen Recht beseitigt das Urteil des Bundesverfassungsgerichts zuvörderst überkommene polizeirechtliche Gewissheiten. Maßnahmen zur Verhinderung eines Suizids werden hier bislang weitgehend unabhängig von einer Prüfung der Frage für zulässig gehalten, ob die drohende Selbsttötung auf einer ungestörten autonomen Entscheidung des Suizidenten beruht.[21] So lässt etwa auch noch das neue baden-württembergische Polizeigesetz vom 6. Oktober 2020 die Ingewahrsamnahme zum eigenen Schutz einer Person gemäß § 33 Abs. 1 Nr. 2 c) allein deshalb zu, weil sie „Selbsttötung begehen will". Nach der Suizidhilfeentscheidung des Bundesverfassungsgerichts dürfte gerade der dem Text exakt entsprechende Fall in der Ermächtigungsgrundlage nicht genannt werden. Zwar hat auch bisher schon der sächsische Verfassungsgerichtshof für die gleichlautende Regelung in § 22 Abs. 1 Nr. 2 b) sächs. PolizeiG angenommen, die Regelung gelte nur für Fälle, in denen Ungewissheit darüber bestehe, ob sich der Betroffene

20 S. *Carina Dorneck/Ulrich M. Gassner/Jens Kersten/Josef Franz Lindner/Kim Philip Linoh/Henning Lorenz/Henning Rosenau/Birgit Schmidt am Busch*, Gesetz zur Gewährleistung selbstbestimmten Sterbens und zur Suizidprävention. Augsburg-Münchner-Hallescher-Entwurf (AMHE-SterbehilfeG), 2021, S. 4f.; § 6 AMHE-SterbehilfeG lautet: „*Die täterschaftliche Herbeiführung des Todes eines anderen Menschen auf dessen ausdrückliches und ernsthaftes Verlangen (aktive Sterbehilfe), um einen schwersten, von der betroffenen Person nicht zu ertragenden und nicht anders abwendbaren Leidenszustand zu beenden, ist nicht rechtswidrig, wenn 1. sie von einer ärztlichen Person vorgenommen wird, 2. eine unabhängige ärztliche Person hinzugezogen wurde und diese den Leidenszustand sowie dessen nicht anderweitige Abwendbarkeit bestätigt hat, 3. eine Beratung nach § 8 Abs. 1 erfolgt ist, 4. die nach § 9 zuständige Kommission die Freiverantwortlichkeit des Sterbewilligen bestätigt hat und 5. die Dokumentation nach § 8 Abs. 2 erfolgt ist. Anders abwendbar ist der Leidenszustand, sofern die indirekte Sterbehilfe (§ 7) möglich ist oder wenn die betroffene Person in der Lage ist und ihr zugemutet werden kann, einen ärztlich assistierten Suizid (§ 5 Abs. 2) in Anspruch zu nehmen.*"

21 S. hierfür nur etwa *Udo di Fabio*, in: Theodor Maunz/Günter Dürig (Hrsg.), GG, Stand der 93. Erg.-Lfg. (Oktober 2020), Art. 2 Abs. 2 Satz 1 Rn. 47; *Thorsten Kingreen/Ralf Poscher*, Polizei- und Ordnungsrecht, 11. Aufl. 2020, § 7 Rn. 27f. (regelmäßig mindestens Gefahrerforschungseingriff); *Thomas Holzner*, in: Markus Möstl/Thomas Schwabenbauer (Hrsg.), BeckOK Polizei- und Sicherheitsrecht Bayern, 16. Edition (Stand: 15.03.2021), PAG Art. 11 Rn. 226; *Udo Fink*, Recht auf Leben und körperliche Unversehrtheit, in: Detlef Merten/Hans-Jürgen Papier (Hrsg.), HGR Bd. IV, 1. Aufl. 2011, § 88 Rn. 50; *Ralf Müller-Terpitz*, Recht auf Leben und körperliche Unversehrtheit, in: Josef Isensee/Paul Kirchhof (Hrsg.), HStR VII, 3. Aufl. 2009, § 147 Rn. 104.

in einem die freie Willensbildung ausschließenden Zustand befinde.[22] Im Wortlaut der Norm findet das allerdings keinerlei Anhalt. Zudem wird man, nachdem das Bundesverfassungsgericht den Schutz der autonomen Entscheidung für einen Suizid nunmehr eindeutig über den Schutz des Lebens gestellt hat, darüber nachdenken müssen, ob nicht die Grenzen, von welchen an Zweifel an einer autonomen Entscheidung erlaubt sind, neu zu definieren sind. Klar scheint nach der inneren Logik der Entscheidung jedenfalls, dass polizeiliche Maßnahmen nicht mehr in erster Linie darauf zielen dürfen, den Suizid als solchen zu verhindern, sondern vor allem darauf, die Freiwilligkeit der zugrundeliegenden Entscheidung festzustellen. Eine suizidverhindernde Maßnahme wäre hiernach deshalb immer schon dann zu beenden, sobald die Polizei zu der Überzeugung eines freiwilligen Entschlusses gelangt ist, selbst wenn sie davon auszugehen hätte, dass dieser Entschluss sogleich oder bei nächster Gelegenheit erneut und „erfolgreich" in die Tat umgesetzt werden wird.[23] Gleichermaßen wird der pauschale Hinweis auf eine Rechtfertigung suizidverhindernder polizeilicher Maßnahmen im Fall einer Gefährdung oder Verletzung von Rechten Dritter überdacht werden müssen.[24] Besteht kein Zweifel an der Freiwilligkeit der beabsichtigten Selbsttötung, geht es nach dem Bundesverfassungsgericht um die Ausübung eines höchstrangigen Grundrechts. Damit aber muss auch die Verhältnismäßigkeit von Maßnahmen fraglich werden, die den Suizid nicht um seiner selbst willen unterbinden wollen, sondern um etwa eine Traumatisierung von Beobachtern und Entdeckern oder die Vernichtung fremden Eigentums (entwendete Schlafmittel, Gifte, Werkzeuge, Waffen, Fahrzeuge etc.) zu verhindern.

bb) Arznei- und Betäubungsmittelrecht

Weiteren Druck löst die Suizidhilfe-Entscheidung des Bundesverfassungsgerichts auch auf das Arznei- und Betäubungsmittelrecht aus. Hier war das Bundesverwaltungsgericht mit seinem Urteil vom 2. März 2017 über die Möglichkeit eines Erwerbs von Betäubungsmitteln zum Zwecke des Suizids[25] bereits vorangeschritten – allerdings nur für schwer und unheilbar Kranke in einer extremen Notlage.[26] Solche Einschränkungen

[22] S. VerfGH Sachsen, Urteil vom 10.07.2003 – Vf. 43-II-00, unter G. I.

[23] Vgl. hierzu nur auch *Stephan Rixen*, Suizidale Freiheit?, BayVBl. 2020, S. 397ff. (402).

[24] S. für diese pauschale Rechtfertigung nur etwa *Kingreen/Poscher*, Polizei- und Ordnungsrecht (Fn. 21), § 7 Rn. 27; *Christoph Gusy/Christoph Worms*, in: Markus Möstl/Dieter Kugelmann, BeckOK Polizei- und Ordnungsrecht Nordrhein-Westfalen, 17. Edition (Stand: 01.03.2021), PolG NRW § 1 Rn. 79; *Erhard Denninger*, Polizeiaufgaben, in: Matthias Bäcker/Erhard Denninger/Kurt Graulich, Handbuch des Polizeirechts, 6. Aufl. 2018, D Rn. 31f.

[25] BVerwGE 158, 142.

[26] S. BVerwGE 158, 142 (Leitsatz 2, 153ff. Rn. 28ff.).

und mit ihnen die engen Begrenzungen durch §§ 3 Abs. 1; 5 Abs. 1 Nr. 6; 13 Abs. 1 BtMG aber werden auf den Prüfstand gestellt, sofern man mit dem Bundesverfassungsgericht davon ausgeht, dass das Recht auf selbstbestimmtes Sterben nicht auf fremddefinierte Situationen wie eben schwere und unheilbare Krankheitszustände beschränkt werden darf, sondern „in jeder Phase menschlicher Existenz" besteht.[27] Auch dieser Ball wurde mit Blick auf die künftige Neugestaltung der Sterbehilfe bereits aufgenommen. So ist etwa in dem schon erwähnten Augsburg-Münchner-Halleschen Entwurf eines Sterbehilfegesetzes in § 10 ebenfalls eine Spezialvorschrift für die Verschreibung, Verabreichung und Abgabe von Betäubungsmitteln, die einen ärztlich assistierten Suizid ermöglichen sollen, vorgesehen. Dabei ist für diesen in Aussicht genommenen Suizid lediglich das erfolgreiche Durchlaufen eines Prüfverfahrens zur Feststellung der Freiwilligkeit erforderlich, nicht aber auch das Vorliegen zusätzlicher fremddefinierter objektiver Voraussetzungen wie etwa ein unerträglicher Leidenszustand.[28]

cc) Sozialrecht

Nicht zuletzt adressieren die Kernaussagen des Bundesverfassungsgerichts zum Recht auf Suizid auch die leistungsrechtliche Dimension des öffentlichen Rechts. Die Verankerung in der Menschenwürdegarantie wirft die Frage auf, ob seine Realisierung in einer für den Einzelnen zumutbaren, insbesondere schmerzfreien und sicheren Art und Weise von den bestehenden finanziellen Möglichkeiten abhängig gemacht werden darf. So ist die heute von Sterbehilfevereinen angebotene Sui-

27 BVerfGE 153, 182 (262f. Rn. 210).

28 S. *Dorneck/Gassner/Kersten/Lindner/Linoh/Lorenz/Rosenau/Schmidt am Busch*, Sterbehilfegesetz (Fn. 20), S. 7f. § 10 AMHE-SterbehilfeG lautet: „*(1) Eine ärztliche Person darf ein in Anlage III des Betäubungsmittelgesetzes in der Fassung der Bekanntmachung vom 1. März 1994 (BGBl. I S. 358), das zuletzt durch Art. 1 der Verordnung vom 10. Juli 2020 (BGBl. I S. 1691) geändert worden ist, bezeichnetes Betäubungsmittel zum Zweck des Suizids verschreiben, wenn die Voraussetzungen eines zulässigen ärztlich assistierten Suizids nach § 5 Abs. 2 oder einer rechtmäßigen aktiven Sterbehilfe nach § 6 vorliegen. Liegen die Voraussetzungen einer rechtmäßigen aktiven Sterbehilfe nach § 6 vor, darf die ärztliche Person ein Betäubungsmittel gemäß Satz 1 auch verabreichen. (2) Im Falle eines ärztlich assistierten Suizids nach § 5 Abs. 2 kann die ärztliche Person bestimmen, dass die Verschreibung nicht dem Suizidenten ausgehändigt wird. In diesem Falle darf die Verschreibung nur von ihr selbst oder durch von ihr angewiesenes oder beauftragtes Personal ihrer Praxis in der Apotheke vorgelegt werden. Die ärztliche Person darf die Betäubungsmittel des Suizidenten unter ihrer Verantwortung lagern und ihm auf dessen Nachfrage überlassen.*"; vgl. ferner etwa auch noch *Ulfrid Neumann*, in: Urs Kindhäuser/Ulfrid Neumann/Hans-Ulrich Paeffgen (Hrsg.), Strafgesetzbuch, 5. Aufl. 2017, Vorb. zu § 211 Rn. 46aff.; *Beatrice Brunhöber*, in: MüKoStGB (Fn. 17), § 217 Rn. 55; *Mustafa Temmuz Oglakcioglu*, in: BeckOK StGB (Fn. 17), § 217 Rn. 3 sowie zuvor bereits *Hufen*, Selbstbestimmtes Sterben (Fn. 17), S. 1528.

zidassistenz bekanntlich nicht günstig und erfordert zusätzlich zu den Mitgliedsbeiträgen regelmäßig erhebliche Vorauszahlungen,[29] die namentlich die Leistungsfähigkeit etwa von Arbeitslosengeld II-, Grundsicherungs- und Sozialhilfeempfängern deutlich übersteigen. Angesichts der zentralen Funktion der Sozialhilfe, „den Leistungsberechtigten die Führung eines Lebens zu ermöglichen, das der Würde des Menschen entspricht" (§ 1 Satz 1 SGB XII), wird man deshalb in Konsequenz der Suizidhilfe-Entscheidung ernsthaft darüber nachdenken müssen, ob nicht ein nachhaltiger Todeswunsch eine „sonstige Lebenslage" im Sinne von § 73 SGB XII begründen kann, in der dann auch Leistungen zur Vorbereitung und Durchführung eines assistierten Suizids zu erbringen sein können. So sind entsprechende Leistungen von den benannten Bedarfslagen des SGB XII erkennbar nicht erfasst, womit die Auffangfunktion dieser Norm im Rahmen der generellen Zielsetzung, menschenwürdewidrigen Zuständen zu begegnen,[30] ohne weiteres greift, sofern man nur dem Bundesverfassungsgericht folgt. Kaum scheitern dürfte dabei eine Leistungsgewährung an der fehlenden Rechtfertigung des Einsatzes öffentlicher Mittel. Denn es geht hier kaum um Bagatellbedarfe.[31] Und auch fiskalische Erwägungen[32] dürften regelmäßig nicht durchschlagen, wenn man in Rechnung stellt, welche finanziellen Folgen ein erfolgreicher Suizid von Leistungsempfängern für die Träger der Sozialhilfe hat.

[29] S. hierfür nur folgenden Auszug aus der hinsichtlich der Kosten durchaus repräsentativen *Dignitas*-Informations-Broschüre (http://www.dignitas.ch/index.php?option=com_content&view=article&id=22&Itemid=5&lang=de; zuletzt aufgerufen am 25.05.2021): „*Mitglieder, welche einen Termin für die Durchführung einer Freitod-Begleitung vereinbaren, erhalten deshalb eine Vorkasse-Rechnung mit den entsprechenden besonderen Mitgliederbeiträgen. Eine Freitod-Begleitung kann nur erfolgen, wenn die DIGNITAS erwachsenden Kosten und Auslagen sichergestellt sind. Im Regelfall benötigt DIGNITAS somit für die Durchführung einer Freitod-Begleitung einen Vorschuss von insgesamt CHF 10'500.–, wenn DIGNITAS auch die Bestattungsfragen regelt, und von insgesamt CHF 7'500.–, wenn DIGNITAS weder mit Behördengängen noch mit Bestattungsfragen zu tun hat. Alle Beträge exklusiv Mehrwertsteuer.*"

[30] S. hierzu nur etwa *Jörg Deckers*, in: Thomas Flint (Hrsg.), Grube/Wahrendorf/Flint SGB XII, 7. Aufl. 2020, § 73 Rn. 5; *Kirsten Kaiser*, in: Christian Rolfs/Richard Giesen/Ralf Kriekebohm/Miriam Meßling/Peter Udsching (Hrsg.), BeckOK Sozialrecht, 60. Edition (Stand: 01.03.2021), SGB XII § 73 Rn. 1; *Walter Böttiger*, in: Rainer Schlegel/Thomas Voelzke (Hrsg.), jurisPK SGB XII, 3. Aufl. 2020 (Stand: 30.04.2020), § 73 Rn. 19.

[31] Vgl. hierzu nur BSG, Urteil vom 15.12.2010 – B 14 AS 44/09 R, Rn. 19; *Deckers*, in: Grube/Wahrendorf/Flint (Fn. 30), § 73 Rn. 14; *Böttinger*, in: Schlegel/Voelzke (Fn. 30), § 73 Rn. 27; *Volker Schlette*, in: Karl Hauck/Wolfgang Noftz (Hrsg.), SGB XII, Stand: April 2020, § 73 Rn. 7.

[32] Vgl. hierzu nur *Deckers*, in: Grube/Wahrendorf/Flint (Fn. 30), § 73 Rn. 14; *Kaiser*, in: BeckOK Sozialrecht (Fn. 30), SGB XII § 73 Rn. 3; *Böttinger*, in: Schlegel/Voelzke (Fn. 30), § 73 Rn. 37.

c) Zivilrecht

aa) Die grundsätzliche zivilrechtliche Bedeutung der Kernaussagen des Bundesverfassungsgerichts

Die Anerkennung eines in der Menschenwürdegarantie wurzelnden Rechts auf Suizid als Ausprägung des allgemeinen Persönlichkeitsrechts hat erhebliche Auswirkungen auch auf das Zivilrecht. Denn diese dogmatische Anknüpfung führt mindestens über Schutzpflichterwägungen dazu, dass es sich hierbei nicht allein um ein subjektives öffentliches Recht handeln kann, sondern gleichermaßen um ein subjektives Privatrecht handeln muss.[33] Dem widerspricht auch nicht, dass das Bundesverfassungsgericht in seiner Suizidhilfeentscheidung explizit festgehalten hat, niemand könne verpflichtet werden, Suizidhilfe zu leisten.[34] Denn auch unter Privaten steht mit Blick auf die Anerkennung (absoluter) subjektiver Rechte regelmäßig die mit diesen Positionen verbundene Abwehrfunktion im Vordergrund und damit hier das Recht auf einen – auch durch private Dritte – ungestörten Suizid.

bb) Geschäftsführung ohne Auftrag und Aufopferung

Im Zivilrecht provoziert die Entscheidung des Bundesverfassungsgerichts mit diesem Ausgangspunkt eine Akzentverschiebung vor allem bei der Betrachtung der Suizidverhinderung. Diese war bislang überwiegend ein Thema für die Geschäftsführung ohne Auftrag und wurde demgemäß vornehmlich mit Blick auf einen Aufwendungsersatzanspruch des Retters gemäß §§ 677, 683, 670 BGB problematisiert.[35] Hier muss insbesondere beantwortet werden, ob und unter welchen Voraus-

[33] Vgl. zur grundsätzlichen Bedeutung der Menschenwürdegarantie im Zivilrecht, die über die allgemeine Grundrechtswirkung hinausgeht, nur etwa *Jörg Neuner*, Allgemeiner Teil des Bürgerlichen Rechts, 12. Aufl. 2020, § 5 Rn. 4ff.; *ders.*, Das BVerfG im Labyrinth der Drittwirkung, NJW 2020, S. 1851ff. (1852); *Christian Hillgruber*, in: Volker Epping/Christian Hillgruber (Hrsg.), BeckOK Grundgesetz, 46. Edition (Stand: 15.02.2021), Art. 1 Rn. 8, Rn. 72.2; *Peter Häberle*, in: Josef Isensee/Paul Kirchhof (Hrsg.), HStR II, 3. Aufl. 2004, § 22 Rn. 59; *Klaus Stern*, in: Josef Isensee/Paul Kirchhof (Hrsg.), HStR IX, 3. Aufl. 2011, § 184 Rn. 7; *Reinhard Singer*, Die Grundrechte im deutschen Arbeitsrecht, in: Jörg Neuner (Hrsg.), Grundrechte und Privatrecht aus rechtsvergleichender Sicht, 2007, S. 245ff. (261); s. auch schon den „Bericht über den Verfassungskonvent auf Herrenchiemsee vom 10. bis 23. August 1948", S. 21: „Artikel 1 soll auch Privatpersonen verpflichten."

[34] BVerfGE 153, 182 (Leitsatz 6, 290f. Rn. 285, 309f. Rn. 342).

[35] S. dazu *Andreas Bergmann*, in: Julius von Staudinger (Begr.), Kommentar zum Bürgerlichen Gesetzbuch mit Einführungsgesetz und Nebengesetzen, Neubearbeitung 2020, § 683 Rn. 17; *Frank L. Schäfer*, in: Franz Jürgen Säcker/Roland Rixecker/Hartmut Oetker/Bettina Limperg (Hrsg.), Münchener Kommentar zum Bürgerlichen Gesetzbuch, Bd. 6, 8. Aufl. 2020, § 683 Rn. 23; *Tim W. Dornis*, in: Barbara Grunewald/Georg Maier-Reimer/Harm Peter Westermann (Hrsg.), Erman BGB, 16. Aufl. 2020, § 679 Rn. 3; *Manfred Wandt*, Gesetzliche

setzungen ein der Rettung entgegenstehender Wille des Suizidenten für die Annahme einer berechtigten Geschäftsführung unbeachtlich sein kann. Überlegungen, die dafür auf § 134 oder § 138 Abs. 1 BGB zurückgreifen wollen,[36] erscheinen mit den Aussagen des Bundesverfassungsgerichts zur grundrechtlichen Fundierung eines Rechts auf Suizid kaum mehr haltbar.[37] Aber auch der Rückgriff auf § 679 BGB, eine im öffentlichen Interesse bestehende Pflicht, wird deutlich erschwert – und dies selbst dann, wenn man nicht an eine Pflicht des Suizidenten zur Lebenserhaltung denkt, sondern an eine Verkehrspflicht von im öffentlichen Raum agierenden Selbstmördern, keine Rettungsmaßnahmen zu veranlassen, die aufgrund der regelmäßigen Ungewissheit über die wahre Willens- und Motivlage von Suizidenten als gerechtfertigt erscheinen.[38] Denn unabhängig von dem inneren Bruch einer solchen Argumentation, dass der Retter ja gerade nicht die Verkehrspflicht des Suizidenten, sondern just die Rettung vollzieht, die durch die Erfüllung der Verkehrspflicht verhindert werden soll, wirft die Entscheidung des Bundesverfassungsgerichts die Frage auf, wie apodiktisch oder auch nur streng man die einen Suizidenten treffenden Verkehrspflichten fassen darf, wenn es bei ihm um die Ausübung eines höchstrangigen subjektiven Rechts gehen soll. Eine solche Ausgangsperspektive drängt gegenläufige Rücksichtnahmepflichten naturgemäß zurück. Sie kann im Gegenteil in Ausnahmesituationen sogar das Nachdenken über Duldungs- und Aufopferungspflichten erzwingen, falls etwa der gewünschte schmerzfreie und sichere Vollzug einer ernsthaften, festen und nachhaltigen Selbsttötungsabsicht am mangelnden Zugang zu den hierfür erforderlichen Mitteln zu scheitern droht. Sollte in einer derartigen Lage zum Beispiel das für den Suizid benötigte Natrium-Pentobarbital aus purer Not schließlich entwendet werden, wird man angesichts der höchstrangigen Verankerung des Suizidrechts durch das Bundesverfassungsgericht sogar darüber nachdenken müssen, ob der darin liegende Zugriff auf fremdes Eigentum durch § 904 Satz 1 BGB gerechtfertigt sein kann.

Schuldverhältnisse, 10. Aufl. 2020, § 8 Rn. 27; *Hans Brox/Wolf-Dietrich Walker*, Besonderes Schuldrecht, 45. Aufl. 2021, § 36 Rn. 35.

[36] S. hierfür nur etwa *Erich Steffen*, in: Mitglieder des Bundesgerichtshofes (Hrsg.), Das Bürgerliche Gesetzbuch, Bd. II, 4. Teil, 12. Aufl. 1978, Vor § 677 Rn. 71; *Hartwig Sprau*, in: Otto Palandt (Begr.), Bürgerliches Gesetzbuch mit Nebengesetzen, 80. Aufl. 2021, BGB § 679 Rn. 6; *Roland Wittmann*, Begriff und Funktion der Geschäftsführung ohne Auftrag, 1981, S. 129f.

[37] Kritisch auch schon bisher etwa *Schäfer*, in: MüKoBGB (Fn. 35), § 679 Rn. 13; § 683 Rn. 23; *Christoph Thole*, in: Beate Gsell/Wolfgang Krüger/Stephan Lorenz/Christoph Reymann (Gesamthrsg.), beck-online.GROSSKOMMENTAR BGB, Stand: 15.04.2021, § 679 Rn. 27.

[38] So etwa *Thole*, in: BeckOGK BGB (Fn. 37), § 679 Rn. 27.

cc) Schadensersatz

(1) Am deutlichsten sichtbar werden die zivilrechtlichen Folgen der Anerkennung eines Rechts auf Suizid als Ausprägung des allgemeinen Persönlichkeitsrechts zweifellos im Haftungsrecht. Direkt übersetzt in die zentrale Norm der deliktischen Schadensersatzhaftung (§ 823 Abs. 1 BGB) gilt nach der Suizidhilfe-Entscheidung des Bundesverfassungsgerichts: „*Wer vorsätzlich oder fahrlässig die freiwillige Selbsttötung eines anderen widerrechtlich verhindert, ist dem anderen zum Ersatz des daraus entstehenden Schadens verpflichtet.*" Dabei würde mit Blick auf den haftungsbegründenden Tatbestand die Widerrechtlichkeit theoretisch-dogmatisch regelmäßig kein Problem darstellen. Im Fall der Freiwilligkeit des Suizidversuchs wäre diese durch den erfolgsverhindernden Effekt der eingreifenden Handlung indiziert. Rechtfertigungsgründe könnten sich hier allenfalls aus Drittinteressen ergeben, etwa wenn das für die Selbsttötung gewählte Mittel eine erhebliche Gefahr für Rechte und Rechtsgüter anderer mit sich bringt. Fehlt es hieran im konkreten Fall, bleibt dem Retter gegenüber dem gescheiterten Suizidenten auf dieser Ebene der Prüfung allenfalls noch ein mehr als zynischer, auf dem vom Bundesverfassungsgericht eingeschlagenen Weg aber kaum zu verwehrender Einwand: Er mag den Umstand, dass der Suizident nach der Verhinderung nicht sogleich noch einen weiteren Versuch unternommen hat und deshalb nach wie vor am Leben ist, als maßgebliches Indiz dafür heranziehen, dass es auch bei dem von ihm verhinderten Versuch an echter Freiwilligkeit gefehlt hat, sodass diese Verhinderung schon tatbestandlich keine Verletzung des Rechts auf Suizid darstellen konnte.

Hat der Suizident die Ernsthaftigkeit seines Entschlusses demgegenüber durch einen auf die erste Verhinderung folgenden weiteren Versuch unterstrichen, sodass eine rechtswidrige Tatbestandsverwirklichung nach den Vorgaben des Bundesverfassungsgerichts nicht mehr zweifelhaft erscheint, hängt die Haftungsbegründung maßgeblich von der Verschuldensfrage ab. Hier wird man bei Anerkennung eines höchstrangigen Rechts auf Suizid, das zentral auf dem Autonomiegedanken aufbaut, kaum mehr pauschal darauf verweisen können, dass es in den allermeisten Fällen von Suizidversuchen an einer echten Freiwilligkeit im Rechtssinne fehle, weil es sich entweder um einen sogenannten Appell-Selbstmord handele oder aber sich der Suizident in einem pathologischen psychischen Zustand befunden habe.[39] Vielmehr wird man Anzeichen echter Freiwilligkeit ernst nehmen und – je nach der in der konkreten Situation verbleibenden Zeit – auch überprüfen müssen. Damit aber sind nicht nur Vorsatz-Fälle denkbar, in denen etwa nahe-

[39] Dass diese beiden Konstellationen allerdings in der Tat die Rechtswirklichkeit prägen, sieht auch das Bundesverfassungsgericht; vgl. hierzu nur BVerfGE 153, 182 (274 f. Rn. 245).

stehende Personen trotz Kenntnis der Freiwilligkeit aus tiefer innerer Überzeugung den Suizid nicht allein durch Zureden, sondern schließlich auch aktiv durch sabotierende Maßnahmen zu verhindern suchen. Es sind ebenso Fahrlässigkeitsfälle denkbar, in denen Hinweise auf eine echte Freiwilligkeit übersehen oder nicht hinreichend geprüft wurden. Dabei genügt nach § 823 Abs. 1 BGB bekanntlich bereits leichteste Fahrlässigkeit.

(2) Lässt sich damit im Fall einer erfolgreichen Suizidverhinderung mit den Kernaussagen des Bundesverfassungsgerichts eine deliktische Schadensersatzhaftung des Retters wegen Verletzung des Rechts auf Suizid gemäß § 823 Abs. 1 BGB dem Grunde nach jedenfalls theoretisch unschwer bejahen, verbleiben Schwierigkeiten mit Blick auf den Inhalt und Umfang der Haftung. Insoweit wird man zunächst in Betracht ziehen müssen, dass der rechtswidrig und schuldhaft handelnde Retter dem Suizidenten im Wege der Naturalrestitution (§ 249 Abs. 1 BGB) eine neue Gelegenheit zur Selbsttötung zu verschaffen hat. Wurde etwa das für teures Geld und mit viel Aufwand erworbene Natrium-Pentobarbital vernichtet, müsste grundsätzlich neues beschafft und zur Verfügung gestellt werden. Der mit Blick auf einen Schadensersatzanspruch wegen Eigentumsverletzung aufgrund der Differenzhypothese (§ 249 Abs. 1 BGB) bestehende Einwand eines wegen der geplanten Einnahme des Mittels fehlenden Schadens kann mit Blick auf ein Recht zum Suizid naturgemäß nicht greifen, wenn dieser gerade verhindert wurde und deshalb in Ausübung des Rechts erneut unternommen werden soll.

(3) (a) Daneben ist aber gleichermaßen an den Ersatz derjenigen Kosten zu denken, die durch das Weiterleben bis zu einem nächsten und möglicherweise erfolgreichen Selbsttötungsversuch verursacht wurden. Das reicht von den infolge der Rettung weiterhin bestehenden Lebenshaltungs- sowie gegebenenfalls Pflege- und Betreuungskosten bis hin zu zusätzlichen Krankenbehandlungskosten, die infolge des Suizidversuchs und/oder der eingesetzten Rettungsmaßnahmen entstanden sind. Ebenso ist der Ersatz eines immateriellen Schadens wegen des mit dem ungewollten Weiterleben verbundenen Leids in Betracht zu ziehen. Das Bundesverfassungsgericht konfrontiert die Zivilistik damit erneut mit der vom Bundesgerichtshof erst 2019 auch für ein möglicherweise ungewolltes Weiterleben behandelten *wrongful-life*-Problematik.[40]

(b) Für einen Ersatz des immateriellen Schadens hielt der zuständige Sechste Senat des Bundesgerichtshofs in der genannten Entscheidung explizit fest, dass menschliches Leben als höchstrangiges Rechtsgut

[40] S. BGHZ 221, 352; grundlegend mit Blick auf Ansprüche eines schwerstgeschädigten Kindes wegen eines verhinderten Schwangerschaftsabbruchs BGHZ 86, 240 („Röteln").

absolut erhaltungswürdig sei, weshalb das Urteil über seinen Wert keinem Dritten zustehen könne.[41] Es verbiete sich deshalb, das Leben und auch ein leidensbehaftetes Weiterleben als Schaden anzusehen.[42] Dabei stellt der Senat das Selbstbestimmungsrecht des Patienten durchaus in Rechnung.[43] Gleichwohl geht er auch für den Fall, dass der Patient selbst sein Leben als lebensunwert erachten mag, davon aus, dass die Verfassungsordnung aller staatlichen Gewalt ein solches Urteil über das Leben des Patienten mit der Schlussfolgerung, dieses sei ein Schaden, verbiete.[44]

In der Literatur wird die Suizidhilfeentscheidung des Bundesverfassungsgerichts bereits zum Anlass genommen, eine Revision dieser Rechtsprechung des Bundesgerichtshofs zu fordern.[45] Dabei beruft man sich – zivilrechtsdogmatisch allerdings gerade höchst zweifelhaft – vor allem auf ein Präventions- und Sanktionsbedürfnis im Hinblick auf die Verletzung der Autonomie von Sterbewilligen.[46] Dass der spezifische Aspekt einer Missachtung des Selbstbestimmungsrechts eventuell bereits unabhängig von der Anerkennung des Weiterlebens als Schaden über § 823 Abs. 1 BGB in Verbindung mit dem allgemeinen Persönlichkeitsrecht zur Begründung eines Entschädigungsanspruchs herangezogen werden kann,[47] soll nicht ausreichen.[48] Klar zu sehen ist, dass in der Konsequenz solcher Forderungen die Rechtsordnung gezwungen wäre, die subjektive Negativbewertung des künftigen eigenen Lebens durch den Sterbewilligen zu übernehmen und auch gegenüber Dritten wirksam zu machen. Sie dürfte sich nicht mehr nur darauf beschränken, ungewollte körperliche Zuführungen oder Eingriffe,

41 BGHZ 221, 352 (357 Rn. 14).

42 BGHZ 221, 352 (357 Rn. 14).

43 S. BGHZ 221, 352 (358f. Rn. 18f.).

44 BGHZ 221, 352 (359f. Rn. 20).

45 S. *Lorenz Leitmeier*, Neubewertung des „Lebens als Schaden"?, NJW 2020, S. 2844ff. (2846ff.); bereits zuvor krit. etwa *Sebastian Omlor*, Schuldrecht AT: Haftung wegen Lebenserhaltung durch künstliche Ernährung. BGH vom 02.04.2019 (VI ZR 13/18), JuS 2019, S. 577ff. (578f.); *Oliver Brand*, in: BeckOGK BGB (Fn. 37), § 253 Rn. 37.4; *Wagner*, in: MüKoBGB (Fn. 35), § 630e Rn. 17; vgl. auch noch in der Vorinstanz OLG München, FamRZ 2018, S. 723 (726f.) sowie hierzu die Kontroverse zwischen *Jens Prütting*, Lebenserhaltung als Haftungsmoment – Eine kritische Analyse, ZfL 2018, S. 94ff. und *Anton Zimmermann*, Schmerzensgeld für lebensverlängernde Maßnahmen aus haftungsrechtlicher Perspektive - Anmerkung zu OLG München v. 21.12.2017, Az. 1 U 454/17 -, ZfL 2018, S. 104ff.

46 S. *Leitmeier*, Neubewertung (Fn. 45), S. 2846 Rn. 22.

47 Vgl. hierzu nur BGHZ 221, 352 (360 Rn. 23).

48 So *Leitmeier*, Neubewertung (Fn. 45), S. 2848 Rn. 38; krit. zuvor etwa auch schon *Andreas Spickhoff/Silvia Deuring*, Haftung wegen Lebenserhaltung? Zugleich Besprechung von BGH, Urteil v. 2.4.2019 – VI ZR 13/18, JZ 2019, S. 815ff. (820).

Freiheitsberaubungen sowie auch Zugriffe auf fremdes Eigentum etc. mit negatorischen Ansprüchen zu unterbinden und speziell hierdurch entstandene materielle und immaterielle Einbußen auszugleichen. Sie müsste darüber hinaus bei zweifelsfrei selbstbestimmter Suizidabsicht auch jede noch so abseitige Ansicht über den Wert des infolge der Suizidverhinderung zunächst fortzuführenden Lebens verteidigen und als ausgleichsfähigen Schaden ausweisen. Denn wer sich für eine Revision der zivilrechtlichen *wrongful-life*-Rechtsprechung nunmehr auf die Suizidhilfeentscheidung des Bundesverfassungsgerichts beruft, darf nicht übergehen, dass hiernach das Recht auf Suizid nicht von bestimmten fremddefinierten Situationen wie etwa einer schweren unheilbaren Krankheit abhängt,[49] sodass grundsätzlich jedes Leben unabhängig davon, ob es intersubjektiv vermittelbar als leidvoll erscheinen mag, von Rechts wegen als leidvoll und beendigungswürdig anzuerkennen wäre, sofern ihm nur freiwillig ein Ende gesetzt werden sollte. Unterscheidungen und Stufungen dürften mit Blick auf einen Ersatz des immateriellen Schadens nicht erfolgen. Denn andernfalls würde die Rechtsordnung nun ihrerseits gleichsam im Negativen den Wert eines Lebens taxieren, sollte sie etwa demjenigen, der Erlösung von einer schmerzhaften unheilbaren Krankheit gesucht hat, im Fall der Suizidverhinderung ein höheres Schmerzensgeld zusprechen als demjenigen, der nach einer Firmenpleite wohlüberlegt und im Einklang mit dem eigenen ererbten Ehrbegriff einen Bilanzselbstmord zu unternehmen im Begriff war. Unter Berufung auf die Suizidhilfe-Entscheidung des Bundesverfassungsgerichts käme somit eine Aufgabe der Rechtsprechung des Bundesgerichtshofs zum Schmerzensgeld für das unerwünschte eigene Fortleben – wenn überhaupt – nur unter der Bedingung einer „Einheitstaxe“ in Betracht, die man allenfalls noch nach „Tagessätzen“, nicht aber etwa auch nach qualitativen Leidensgesichtspunkten bemessen dürfte.

(c) Was die wirtschaftlichen Belastungen betrifft, die mit einem unerwünschten Weiterleben verbunden sind, hat der Bundesgerichtshof den Weg zur rechtlichen Anerkennung eines ersatzfähigen Schadens nicht gänzlich versperrt. Anders als bei der Frage nach einem immateriellen Schaden und anders als auch noch in der grundlegenden Röteln-Entscheidung[50] hält es der Sechste Senat in seinem Urteil vom 2. April 2019 nicht für grundsätzlich ausgeschlossen, die wirtschaftlichen Belastungen der Fortexistenz gedanklich von dieser Existenz selbst zu trennen und so ein Unwerturteil über das Leben durch die rechtliche Anerkennung eines ersatzfähigen materiellen

[49] BVerfGE 153, 182 (262f. Rn. 210).

[50] Vgl. BGHZ 86, 241 (250ff.), wo allerdings noch nicht spezifisch am Schadensbegriff angesetzt wird.

Schadens zu vermeiden.[51] Das Gericht bemüht damit eine ihrerseits hoch umstrittene Überlegung im Rahmen der *wrongful-birth*-Problematik, bei der Schadensersatzansprüche von Eltern wegen ungeplanter oder unerwünschter Nachkommenschaft verhandelt werden.[52] Festgelegt hat sich der Bundesgerichtshof in diesem Punkt allerdings noch nicht, weil für ihn in der Entscheidung über eine ärztliche Ersatzpflicht bei nicht hinreichend hinterfragten lebenserhaltenden Maßnahmen die Anerkennung eines ersatzfähigen Schadens bereits aus Schutzzweckerwägungen nicht in Betracht kam.[53] Sollte es mit Blick auf materielle Schäden bei dieser Schranke bleiben, wäre das Tor für den Ersatz der wirtschaftlichen Belastungen eines unerwünschten Fortlebens infolge der Verhinderung eines freiwilligen Suizids allerdings aufgestoßen. Denn das allgemeine Persönlichkeitsrecht, in dem das Bundesverfassungsgericht das Recht auf Suizid verankert sieht, weist als subjektives Privatrecht nicht etwa ausschließlich eine ideelle Dimension auf. Ihm kann, je nach Ausprägung, auch ein Vermögenswert zukommen.[54] Verknüpft man das mit der vom Bundesverfassungsgericht propagierten situativen Voraussetzungslosigkeit des Rechts auf Suizid, lassen sich Schutzzweckerwägungen aber kaum noch gegen die Anerkennung eines ersatzfähigen materiellen Schadens ins Feld führen.[55] Denn wenn sich die Einengung des Schutzbereichs auf bestimmte Ursachen und Motive verbieten soll,[56] kann das Recht auf Suizid jedenfalls immer *auch* gerade zu dem Zweck wahrgenommen werden, den Mühen einer materiellen Misere zu entfliehen, oder aber, um nicht mehr zur Last zu fallen, insbesondere, um keine Behandlungs- und Pflegekosten mehr zu verursachen und das Erbe für die Nachkommen zu erhalten. Vom Schutzzweck der Norm wäre deshalb ein Ersatz der

[51] S. BGHZ 221, 352 (361f. Rn. 29).

[52] S. BGHZ 221, 352 (361f. Rn. 29); für die wohl herrschende Anerkennung eines ersatzfähigen Schadens in diesen Fällen s. nur BGHZ 86, 241 (246ff.); 124, 128 (139ff.); 151, 133 (145); BVerfGE 96, 375 (399); *Jörg Neuner*, Das Recht auf reproduktive Selbstbestimmung, AcP 214 (2014), S. 459ff. (463ff.); dagegen mit den besseren Gründen aber etwa BVerfGE 88, 203 (296); BVerfG, NJW 1998, S. 523 (524); *Eduard Picker*, Schadensersatz für das unerwünschte Kind („Wrongful birth"). Medizinischer Fortschritt als zivilisatorischer Rückschritt?, AcP 195 (1995), S. 483ff. (503ff.).

[53] BGHZ 221, 352 (362f. Rn. 30ff.).

[54] S. aus der Rechtsprechung nur etwa BGHZ 20, 345 (353f.); 30, 7 (15f.); 143, 214 (219); allgemein *Louisa Specht-Riemenschneider*, in: BeckOGK BGB (Fn. 37), § 823 Rn. 1152; *Wagner*, in: MüKoBGB (Fn. 35), § 823 Rn. 418; *ders.*, Geldersatz für Persönlichkeitsverletzungen, ZEuP 2000, S. 200ff. (210ff.); *Johannes Hager*, in: Staudinger (Fn. 35), § 823 C 47c m.w.N.

[55] S. für die Anerkennung eines materiellen Schadens etwa auch *Petra Baltz*, Lebenserhaltung als Haftungsgrund, 2010, S. 157; zustimmend *Prütting*, Lebenserhaltung (Fn. 45), S. 102.

[56] So BVerfGE 153, 182 (262f. Rn. 210).

materiellen Fortlebenskosten wegen schuldhafter Verhinderung eines freiwilligen Suizids nach den Aussagen des Bundesverfassungsgerichts in der Suizidhilfe-Entscheidung ohne weiteres erfasst.

dd) Negatoria, Notwehr und Nothilfe

Mit Blick auf das Zivilrecht sei abschließend noch bemerkt, dass sich die haftungsrechtlichen Folgewirkungen keinesfalls auf das Schadensersatzrecht beschränken. Die Neuschöpfung eines subjektiven Privatrechts tangiert grundsätzlich alle auf solche Substanzrechte ausgerichteten Schutzsysteme und damit noch vor der schadensersatzrechtlichen und der bereicherungsrechtlichen Haftung auch die auf Rechtsverwirklichung zielende negatorische Haftung (insbesondere § 1004 Abs. 1 BGB [analog]). Diese wird in unseren Zusammenhängen vielfach sogleich in ihrer privatvollzugsrechtlichen Erscheinung als Notwehr oder Nothilfe (§ 227 BGB) angesprochen.[57] Speziell in solchen Konstellationen zeigt sich die Akzentverschiebung, wie sie durch die Suizidhilfeentscheidung des Bundesverfassungsgerichts auch im Zivilrecht bewirkt werden könnte, noch einmal in aller Deutlichkeit. Denn im Fall der Freiwilligkeit eines geplanten Suizids wird jeder Rettungsakt zum rechtswidrigen Akt. Er verletzt objektiv ein nach der Lesart des Bundesverfassungsgerichts höchstrangiges subjektives Recht und ist damit, materiellrechtlich gedeckt von § 1004 BGB (analog), über § 227 BGB auch von Dritten im Wege der Nothilfe mit äußerst robusten Mitteln abwehrbar.[58] Nach der heute herrschenden Notwehrdogmatik dürfte angesichts der Verortung, wie sie das Bundesverfassungsgericht vorgenommen hat, das Recht, sich selbst das Leben zu nehmen, schließlich wohl sogar gegen das Lebensrecht dessen durchgesetzt werden, der sich anschickt, das der Selbstgefährdung ausgesetzte Leben zu retten.

3. Zwischenfazit

Die vorstehende Skizze belegt, welche gravierenden und auch irritierenden, wenn nicht gar befremdlichen rechtlichen Folgewirkungen mit der Anerkennung eines Rechts auf Suizid im Sinne der Entscheidung des Bundesverfassungsgerichts vom 26. Februar 2020 verbunden sind. Der Staat muss im Sozialrecht darüber nachdenken, ob und unter welchen Voraussetzungen er das todbringende Gift möglicherweise sogar selbst zur Verfügung zu stellen hat. Vor allem aber werden Dritte, die

57 *Leitmeier*, Neubewertung (Fn. 45), S. 2846 Rn. 22; *Spickhoff/Silvia*, Haftung (Fn. 48), S. 820.

58 Vgl. hierzu nur etwa BGH, NJW 1976, S. 41 (42); OLG Zweibrücken, VersR 2007, S. 1088; *Joachim Dennhardt*, in: Wolfgang Hau/Roman Poseck (Hrsg.), BeckOK BGB, 57. Edition (Stand: 01.02.2021), § 227 Rn. 17; *Klaus Rövekamp*, in: BeckOGK BGB (Fn. 37), § 227 Rn. 57; *Helmut Grothe*, in: MüKoBGB (Fn. 35), § 227 Rn. 17.

sich mit einem Suizidversuch unmittelbar konfrontiert sehen, seien es Polizisten oder auch Private, mit erheblichen Unsicherheiten und Risiken belastet. Ob die Rechtsordnung von ihnen die Verhinderung der Selbsttötung verlangt oder gerade dies als ein rechtswidriger Akt zu unterlassen ist, lässt sich *ex ante* kaum mehr erschließen, weil die Frage, wann von einer dem Autonomieprinzip gerecht werdenden freiwilligen Selbsttötung gesprochen werden kann, alles andere als geklärt ist. Zwar hat das Bundesverfassungsgericht eine – schon für sich nicht unproblematische – Formel entwickelt, nach der ein Suizidentschluss auf einen autonom gebildeten, freien Willen zurückgehen soll, wenn der Einzelne seine Entscheidung auf der Grundlage einer realitätsbezogenen, am eigenen Selbstbild ausgerichteten Abwägung des Für und Wider trifft.[59] Allerdings verbietet diese Formel jede Typisierung und ist darüber hinaus derart voraussetzungsreich und mit Einzelfallprüfungen belastet,[60] dass für einen außenstehenden Dritten eine eigene Einschätzung der rechtlich akut gebotenen Handlung vielfach ein Ding der Unmöglichkeit sein muss. Mit der Rechtskreation des Bundesverfassungsgerichts finden sich die mit einem Suizidversuch konfrontierten Dritten folglich zwischen *Skylla* und *Charybdis.* Die Vornahme einer intuitiv gebotenen Rettungshandlung birgt hiernach das grundsätzlich gleiche Risiko einer schwerwiegenden Rechtsverletzung in sich wie bislang nur deren Unterlassen. Damit aber verfehlt diese Kreation bereits ein grundlegendes Ziel jeder rechtlichen Anerkennung und Neuschöpfung subjektiver Rechte. Sie klärt nicht die Freiheitssphären und Handlungsoptionen der Einzelnen in ihrem Umgang miteinander wie auch mit dem Staat, sondern sie verunklart diese Sphären und Optionen. Korrigieren lässt sich dies nur auf zwei diametral entgegengesetzten Wegen: Man kann die Anerkennung eines subjektiven Rechts auf Suizid als Verfügungsrecht über das eigene Leben grundsätzlich hinnehmen, muss dann aber spürbar allgemeine Hilfeleistungspflichten und spezielle Garantenpflichten für die mit einem Suizidversuch konfrontierten Dritten reduzieren. Konsequenterweise dürften hiernach solche Pflichten nur noch in Fällen positiv bekannter, objektiv klar erkennbarer oder auch typischer Autonomiedefizite bestehen – mit den entsprechenden Folgen für den Lebensschutz. Der entgegengesetzte Weg besteht darin, die aufgezeigten Irritationen und Verwerfungen zum Anlass zu nehmen, die Grundkonzeption des Bundesverfassungsgerichts noch einmal zu überprüfen und in Frage zu stellen. Dieser Weg soll im Folgenden beschritten werden. Das kann diejenigen kaum zufriedenstellen, die nach der Entscheidung des Bundesverfassungsgerichts vor allem die für den Gesetzgeber noch verbleibenden Regelungsspielräume

[59] BVerfGE 153, 182 (273 Rn. 240).
[60] S. hierfür nur BVerfGE 153, 182 (273 ff. Rn. 241–247).

und Regulierungsoptionen untersucht sehen wollen. Aufgabe der Wissenschaft ist es allerdings nicht weniger, die Tragfähigkeit und die innere Schlüssigkeit der Vorgaben, die das Bundesverfassungsgericht dem Gesetzgeber macht, zu überprüfen. Denn auch ein höchstes Gericht ist bekanntlich nicht unfehlbar und muss sich deshalb der Kritik aussetzen, um sich in dem ihm aufgetragenen Dienst am Recht gegebenenfalls auch selbst korrigieren zu können.

II. Die Sollbruchstellen in den Ableitungen des Bundesverfassungsgerichts

1. Die unzureichende Reflexion des Freiwilligkeitsbegriffs

a) Zentraler Anknüpfungspunkt für die Anerkennung eines Rechts auf Suizid ist dem Bundesverfassungsgericht der „in der Würde des Menschen wurzelnde Gedanke autonomer Selbstbestimmung“[61]. Dieser setze voraus, dass der Mensch über sich nach eigenen Maßstäben verfügen könne.[62] Und er verbiete es, dass dieses Verfügungsrecht an bestimmte fremddefinierte Ursachen, Situationen oder Motive gebunden werde.[63] Auch mit Blick auf das eigene Lebensende sei der Mensch frei, seine Maßstäbe zu wählen und nach ihnen zu entscheiden.[64]

b) Es liegt auf der Hand, dass eine solche Anknüpfung nur sinnvoll ist und folglich auch dogmatisch tragen kann, sofern eine im Rechtssinne hinreichend freiwillige Entscheidung zur Selbsttötung überhaupt in Betracht kommt. Mit dieser Grundvoraussetzung der eigenen Ableitungen befasst sich das Gericht allerdings überhaupt nicht, obwohl es in der Literatur durchaus gewichtige Stimmen gibt, die bereits an dieser Stelle Zweifel anmelden und die Möglichkeit einer freiwilligen Entscheidung zur Selbsttötung im Rechtssinne von vornherein bestreiten.[65] Zwar konzediert auch das Urteil, dass man bei rund 90 % der töd-

[61] BVerfGE 153, 182 (261 Rn. 207).

[62] BVerfGE 153, 182 (261 Rn. 207).

[63] BVerfGE 153, 182 (262f. Rn. 210).

[64] BVerfGE 153, 182 (262ff. Rn. 210 f.).

[65] S. *Peter Bringewat*, Unbeachtlicher Selbsttötungswille und ernstliches Tötungsverlangen – ein Widerspruch?, in: Albin Eser (Hrsg.), Suizid und Euthanasie als human- und sozialwissenschaftliches Problem, 1976, S. 368ff. (375); *Winfried Hassemer*, Theorie und Soziologie des Verbrechens, 1973, S. 188f.; *Franz Ludwig Knemeyer*, Der Schutz der Allgemeinheit und der individuellen Rechte durch die polizei- und ordnungsrechtlichen Handlungsvollmachten der Exekutive, VVDStRL 35 (1977), S. 221ff. (254); *Gerd Geilen*, Suizid und Mitverantwortung, JZ 1974, S. 145ff. (152f.); *Dieter Lorenz*, Recht auf Leben und körperliche Unversehrtheit, in: Josef Isensee/Paul Kirchhof (Hrsg.), HStR VI, 2. Aufl. 2001, § 128 Rn. 62; dem wird der knappe und pauschale Vorwurf des Bundesverfassungsgerichts, § 217 StGB unterstelle den Entschluss zur Selbsttötung

lichen Suizidhandlungen von psychischen Störungen ausgehen müsse, die eine freie Suizidentscheidung gefährdeten.[66] Und es sieht ebenso über solche pathologischen Fälle hinaus erhebliche Gefährdungen für die Freiverantwortlichkeit eines Selbsttötungsentschlusses, denen insbesondere durch Beratung und Aufklärung sowie auch mit der Anforderung einer gewissen Dauerhaftigkeit und Festigkeit des Willens zur Selbsttötung zu begegnen seien.[67] Die prinzipielle Möglichkeit einer freiwilligen Suizidentscheidung aber wird nicht in Zweifel gezogen.[68]

c) An der Unterstellung des Bundesverfassungsgerichts ist rein logisch insofern nichts auszusetzen, als Freiwilligkeit im Rechtssinne immer auch ein normativer Begriff ist. Ein der Rechtsordnung gleichsam vorgegebenes Ideal des freien Willens gibt es nicht. Rechtlich relevante und verbindliche Entscheidungen sind stets von zahlreichen Faktoren beeinflusst und werden nicht selten auch nur deshalb getroffen, weil sie einer äußeren oder innerlich empfundenen Notwendigkeit entspringen, der man entsprechen zu müssen glaubt. Aufgabe der Rechtsordnung ist es deshalb immer gerade auch, das für die Annahme einer autonomen Entscheidung noch erträgliche Maß heteronomer Einflüsse auf diese Entscheidungen zu bestimmen und so den rechtlich jeweils relevanten Freiwilligkeitsbegriff zu definieren. Dogmatisch bedenklich wird es allerdings, wenn sich die Begriffsbildung hierbei punktuell isoliert und nicht mehr in einen größeren und allgemeineren Zusammenhang rechtlicher Freiwilligkeitsprobleme einfügt oder doch jedenfalls in Beziehung zu setzen versucht.

Nimmt man eine solche weitere Perspektive ein, wird sehr schnell deutlich, dass Freiwilligkeit im Rechtssinne nicht nur dort in Zweifel gezogen wird, wo es um klassische Konstellationen der rechtsgeschäftsrechtlichen Pathologie geht (fehlende Fähigkeit zur freien Willensbildung, fehlende Informationen und falsche oder unvollständige Entscheidungsgrundlagen, mangelnde Beratung und Überlegungszeit etc.).[69] Entsprechende Zweifel können, darüber hat speziell das Bundesverfassungsgericht die Zivilistik mehrfach belehrt, auch bereits dort begründet sein, wo sich die handelnde Person strukturell in einer Zwangslage sieht, die ihr mit Blick auf die getroffene Entscheidung

einem unwiderleglichen Generalverdacht mangelnder Freiheit und Reflexion (s. BVerfGE 153, 182 [288 Rn. 279]), kaum gerecht.

66 BVerfGE 153, 182 (274f. Rn. 245).

67 S. BVerfGE 153, 182 (273ff. Rn. 240ff., insbesondere Rn. 244, 246).

68 Ausführlich auch schon *Tenthoff*, Strafbarkeit der Tötung auf Verlangen (Fn. 19), S. 118ff.; s. in Reaktion auf das BVerfG auch *Felix Herzog/Georgios Sotiriadis*, Terminale Selbstbestimmung, NK 2020, S. 221ff. (227f.).

69 S. für die Behandlung solcher Konstellationen BVerfGE 153, 182 (273ff. Rn. 241ff.).

keine echte Wahl zu lassen scheint.[70] Gerade solche Situationen aber adressiert das Bundesverfassungsgericht in seiner Suizidhilfe-Entscheidung, wenn es als zentrale Begründung für die Anerkennung des Verfügungsrechts über das eigene Leben anführt, es solle so verhindert werden, dass der Mensch in Lebensformen gedrängt werde, die in unauflösbarem Widerspruch zum eigenen Selbstbild und Selbstverständnis stehen.[71] Die eigentliche Funktion des Rechts zur Selbsttötung besteht hiernach aber gerade nicht mehr in der Ermöglichung von Wahlfreiheit bei der Gestaltung der eigenen Rechts- und Lebensverhältnisse im ursprünglichen und überkommenen Sinn. Dieses Recht erscheint vielmehr als ein Fluchtmittel für Lagen, in denen der Handelnde keinen anderen Ausweg mehr sieht, weil das, was er eigentlich will: ein Leben in Übereinstimmung mit dem eigenen Selbstbild und Selbstverständnis, an der Unabänderlichkeit der Umstände scheitert. Das Hohelied der Autonomie des Einzelnen,[72] wie es die Suizidhilfeentscheidung des Bundesverfassungsgerichts in weiten Teilen singt, erscheint damit aber bereits nach ihren eigenen zentralen Zielsetzungen verfehlt. Denn es geht von vornherein um Situationen prekärer Freiheit, um subjektive Zwangs- und Verzweiflungslagen, die den Betroffenen nicht mehr gestaltend auflösbar, sondern nur noch durch Flucht in den Tod zu beenden erscheinen.[73] Dass die Rechtsordnung diesen Weg ebnen darf, steht außer Frage. Ob und unter welchen Voraussetzungen sie dies gegebenenfalls sogar muss, lässt sich aus dem Autonomieprinzip jedoch kaum ableiten, sobald man nur die situativ bedingten strukturellen Freiwilligkeitsdefizite in Rechnung stellt, wie sie neben den ohnehin schon weit überwiegenden pathologischen Fällen einer Suizidentscheidung eben immer auch in den nicht-pathologischen Fällen bestehen. Der vom Bundesverfassungsgericht in seinem Urteil so betont ins Zentrum gerückte Rekurs auf das Autonomieprinzip stellt die Dinge deshalb in gewisser Weise auf den Kopf. Näher liegt es, die Freiheit zum Suizid nicht als selbstverständliche und deshalb auch grundsätzlich situativ ungebundene rechtsförmige Ausprägung der dem Einzelnen zukommenden Autonomie zu erfassen, sondern gerade umgekehrt nach besonderen positiven Gründen zu suchen, welche trotz des Wissens um die typischerweise prekäre Freiwilligkeit einer Suizidentscheidung die rechtliche Hinnahme dieser Entscheidung erfordern.

[70] S. insbes. BVerfGE 81, 242 (255f.); 89, 214 (232); 103, 89 (100f.); für eine inhaltlich ähnliche Kritik an der Suizidhilfe-Entscheidung vgl. auch *Rixen*, Suizidale Freiheit? (Fn. 23), S. 400.

[71] BVerfGE 153, 182 (261 Rn. 207).

[72] Vgl. hierzu nur auch *Rixen*, Suizidale Freiheit? (Fn. 23), S. 399.

[73] Vgl. auch den eigenen knappen Hinweis des Gerichts BVerfGE 153, 182 (285f. Rn. 272).

2. Die unzureichende Reflexion der Möglichkeiten zur Persönlichkeitswahrung

a) Die Untauglichkeit des Suizids als Mittel zur „Wahrung" der Persönlichkeit

Nach dem Bundesverfassungsgericht ist das Recht auf Suizid ein für den Einzelnen unverzichtbares Mittel zur „Wahrung" seiner Persönlichkeit.[74] Diese mehrfach wiederholte Feststellung ist so bemerkenswert wie irritierend. Denn durch die Selbsttötung kann man sich zwar vor einem Leben *be*wahren, das dem eigenen Selbstbild und Selbstverständnis widerspricht. *Wahren* kann man seine Persönlichkeit auf diese Weise dagegen allenfalls auf der Grundlage einer transzendenten Persönlichkeitsvorstellung und damit nach geistesphilosophischen Ansichten zum Leib-Seele-Problem, die kaum allgemein geteilt werden und derer sich deshalb ein höchstes Gericht bei der Beurteilung so grundlegender Fragen, wie sie hier zur Debatte stehen, schon prinzipiell, erst recht aber gerade dann enthalten sollte, wenn es seinerseits vom Gesetzgeber explizit fordert, das Verbot der geschäftsmäßigen Suizidhilfe nicht zum Erhalt eines tatsächlich bestehenden oder mutmaßlichen Konsenses über Wert- oder Moralvorstellungen einzusetzen.[75] Es sollte deshalb für die Bewältigung des Suizids als *Rechts*problem nicht zweifelhaft sein, dass die Selbsttötung kein Mittel zur *Wahrung* der Persönlichkeit darstellt, sondern ein solches zu deren *Beendigung*, mag auch der Achtungsanspruch des verstorbenen Menschen, wie er sich aus Art. 1 Abs. 1 GG ergibt, mit seinem Tod nicht enden.[76] Völlig zu Recht hat man der Ableitung des Bundesverfassungsgerichts deshalb bereits an dieser grundlegenden Stelle mangelnde Schlüssigkeit attestiert.[77]

b) Die Vernachlässigung der Dynamik und der Wandlungsfähigkeit des Selbstbilds und der Selbstwahrnehmung

Hinzu kommt aber noch ein weiterer schwerwiegender Mangel der Argumentation. Denn wenn es darum geht, ein Leben in unauflösbarem Widerspruch zum eigenen Selbstbild und Selbstverständnis zu

[74] S. BVerfGE 153, 182 (Orientierungssatz 1b; 261 Rn. 207, 209).

[75] BVerfGE 153, 182 (271 Rn. 234; s. ferner auch schon 262f. Rn. 210).

[76] S. hierzu nur BVerfGE 30, 173 (194); BVerfGE 115, 118 (152); *Matthias Herdegen*, in: Maunz/Dürig (Fn. 21), Art. 1 Abs. 1 Rn. 57; *Philip Kunig/Markus Kotzur*, in: Ingo v. Münch/Philip Kunig (Hrsg.), Grundgesetzkommentar, 7. Aufl. 2021, Art. 1 Rn. 28; *Wolfram Höfling*, in: Michael Sachs (Hrsg.), GG, 9. Aufl. 2021, Art. 1 Rn. 6.

[77] S. *Sven Johannsen*, Das Recht auf Selbsttötung. Verfassungsrechtliche Begrenzung der Politik oder politische Betätigung des Verfassungsgerichts?, RuP 2020, S. 167ff. (170f.); *Katarina Weilert*, Anmerkung zum Urteil des BVerfG vom 26.02.2020 (»Suizidbeihilfe«), DVBl. 2020, S. 879ff. (880).

verhindern,[78] gibt es selbst bei anzunehmender Unveränderlichkeit der äußeren Umstände oder der persönlichen Lage und Konstitution neben dem Leben immer auch noch weitere Variablen, die Spannungen zwischen Realität und Selbstbild lockern, wenn nicht gar beseitigen und so die Persönlichkeit tatsächlich – im Leben! – „wahren" können. Von diesen Variablen aber findet sich in der Entscheidung kein einziges Wort. Angesprochen ist damit insbesondere die Befähigung des Menschen, auch sein Selbstbild und sein Selbstverständnis sowie gegebenenfalls auch nur seine Selbstwahrnehmung zu reflektieren, anzupassen und zu ändern. Gerade auch das macht den zur freien Selbstbestimmung und Eigenverantwortung fähigen Menschen aus. Seine Wahrnehmung der Welt, sein Sinnverständnis und auch sein Eigenbild sind nichts Statisches, sondern wandelbar und entwicklungsfähig. Im Urteil des Bundesverfassungsgerichts schimmert dies allerdings nur dort gleichsam reflexartig und ohne eigentliche Berücksichtigung durch, wo berichtsmäßig aufgeführt wird, dass die Entscheidung für den Suizid bei Misslingen in 80–90 % der Fälle als Fehlentscheidung gewertet und revidiert werde.[79] Als ein grundlegend bedeutsamer Aspekt, der das Recht zur Selbsttötung als zwingend erforderliches Mittel zur Wahrung der Persönlichkeit in Zweifel ziehen muss, erscheint die genannte Befähigung des Menschen dagegen nicht. Das Selbstbild und das Selbstverständnis des Einzelnen werden vielmehr als ein statisches Element behandelt, an dem es nichts zu rütteln gibt und dessen innere Dynamik die Rechtsordnung in solchen Krisensituationen offenbar nicht zu aktivieren versuchen darf.

Es mag sein, dass man dem Gericht mit einer solchen Exegese seiner Entscheidung Unrecht tut, weil es all das bereits berücksichtigt und mitbedacht hat, weshalb es die Essenz schließlich nur noch in der Formel von einem „*unauflösbaren* Widerspruch"[80] zwischen der zu erwartenden Lebensform und dem eigenen Selbstbild und Selbstverständnis verdichten und im Übrigen einen Entschluss von einer gewissen „Dauerhaftigkeit" und „inneren Festigkeit" fordern[81] zu müssen meinte. Vor Augen gehabt haben mag man deshalb möglicherweise tatsächlich nur Fälle, in denen trotz intensivster Bemühungen gerade auch um die Eigenwahrnehmung, das Selbstverständnis und die Sinnsuche ein für den Betroffenen erträgliches und nach seinen Mindestmaßstäben annehmbares Leben dauerhaft ausgeschlossen erscheint. Dann hätte man das allerdings auch sagen können. Vor allem aber hätte man in diesem Fall kaum so dezidiert betont, dass die eigenverantwortliche Entscheidung

[78] So BVerfGE 153, 182 (261 Rn. 207).
[79] BVerfGE 153, 182 (274 Rn. 244).
[80] BVerfGE 153, 182 (261 Rn. 207) (Hervorhebung vom Verfasser).
[81] BVerfGE 153, 182 (274 Rn. 244).

über das eigene Lebensende keiner weiteren Begründung oder Rechtfertigung bedürfe, weil der Mensch hier frei sei, seine Maßstäbe zu wählen und nach ihnen zu entscheiden.[82] Diese klare Akzentuierung legt doch eher nahe, dass das Selbstbild und das Selbstverständnis eines zum Suizid Entschlossenen für das Gericht geradezu sakrosankt und deshalb auch von äußeren, auf eine Reflexion oder gar Änderung abzielenden Einflüssen freizuhalten sind. Die Tür in den Tod darf deshalb auch nicht möglichst lange verschlossen bleiben, um die inneren lebensbejahenden Kräfte des Menschen zu aktivieren und ihnen eine Chance zur wirksamen Entfaltung zu geben. Die Tür in den Tod muss vielmehr von Anfang an weit offenstehen.

c) Die Zulässigkeit einer Aktivierung der inneren lebensbejahenden Kräfte

Nimmt man den Menschen anders als das Bundesverfassungsgericht nicht nur als Träger eines bestimmten, gleichsam statischen Selbstbildes und Selbstverständnisses wahr, sondern gerade auch in seiner Befähigung, beides zu hinterfragen, dynamisch zu entwickeln und zu ändern, und hält deshalb die Tür in den Tod nicht gänzlich, aber doch möglichst lange geschlossen, um die inneren lebensbejahenden Kräfte zu aktivieren, wird man dem Achtungs- und Schutzgebot der Menschenwürdegarantie nicht weniger gerecht als durch eine sofortige weite Öffnung der Tür, im Gegenteil. Denn auch eine so verfahrende Rechtsordnung spricht den Menschen gerade als ein zur freien Selbstbestimmung und Eigenverantwortung befähigtes Wesen an. Sie tritt mit ihm gleichsam in einen Dialog, in dem sie ihm den ungeschmälerten Wert seines Lebens in jeder Phase seiner Existenz versichert und mit dem sie ihn zweifellos auch fordert, allerdings ergebnisoffen und einzig und allein mit dem Ziel, ihm einen frei gewählten Weg zu sich selbst *in diesem Leben* zu bahnen.[83] Die Freiheit, schließlich doch den Weg in den Tod zu gehen, darf auch hiernach nicht verwehrt oder selbst nur mit einem rechtlichen Unwerturteil versehen werden. Für die Rechtsordnung kann dieser Weg allerdings immer nur als *ultima ratio*, nicht aber als eine normale und möglichst belastungsfrei vollziehbare Handlungsoption hinnehmbar sein, die gleichermaßen Schutz und Förderung verdient wie die aus herkömmlichen höchstrangigen Rechtspositionen resultierenden Handlungsoptionen.

[82] BVerfGE 153, 182 (262ff. Rn. 210, 211).

[83] Vgl. zur grundsätzlichen Zulässigkeit eines solchen aktivierenden Vorgehens ohne paternalistische Zielsetzung in anderem Zusammenhang nur BVerfGE 152, 68 (116f. Rn. 126f.).

3. Die unzureichende Reflexion der Reichweite der rechtlichen Autonomie des Einzelnen

a) Das Bundesverfassungsgericht hält es für unproblematisch, die dem Einzelnen zukommende Autonomie auch auf deren Selbstbeseitigung zu erstrecken. Hierin liege keine immanente Grenze, obgleich der Suizident mit seinem Leben die vitale Basis seiner Selbstbestimmung und damit zugleich seine Subjektstellung aufgebe.[84] Eine solche Erstreckung sei entgegen anderslautenden Stimmen[85] vielmehr gerade von der Menschenwürdegarantie gefordert, weil der Mensch nur als selbstverantwortliche Persönlichkeit, als Subjekt anerkannt bleibe, wenn er über seine Existenz nach eigenen, selbst gesetzten Maßstäben bestimmen könne.[86]

b) Diese Feststellung lässt sich logisch kaum angreifen, erscheint jedoch – zumal auch die gegenteilige Feststellung logisch kaum angreifbar wäre – juristisch alles andere als zwingend.[87] So wird das Problem, ob die dem Einzelnen zukommende Autonomie auch deren Selbstbeseitigung beinhalten kann, in anderen, sehr viel weniger existenziellen Zusammenhängen deutlich zurückhaltender und differenzierter diskutiert, selbst wenn dabei regelmäßig nur begrenzte Zeiträume und auch nur enge, nicht die gesamte Person erfassende Regelungsgegenstände zur Debatte stehen. Im Zivilrecht etwa wird die Frage, ob der Einzelne einer anderen Person eine unwiderrufliche verdrängende Vollmacht für bestimmte Geschäftsbereiche erteilen kann, heute im Grundsatz nach wie vor verneint.[88] Ebenso wird die Frage, ob man sich zum eigenen Schutz – etwa wegen einer drohenden Spielsucht – für bestimmte Geschäfte seiner eigenen Privatautonomie begeben kann, allenfalls ver-

[84] BVerfGE 153, 182 (263 Rn. 211).

[85] S. hierfür nur etwa *Ernst-Wolfgang Böckenförde*, Menschenwürde und Lebensrecht am Anfang und Ende des Lebens, in: Stimmen der Zeit 2008, S. 245ff. (255f.); *Lorenz*, in: Isensee/ Kirchhof (Fn. 65), § 128 Rn. 62; *ders.*, Aktuelle Verfassungsfragen der Euthanasie, JZ 2009, S. 57ff. (60); *Christa Niestroj*, Die rechtliche Bewertung der Selbsttötung und die Strafbarkeit der Suizidbeteiligung, 1983, S. 75; vgl. ferner jetzt auch *Weilert*, Anmerkung BVerfG (Fn. 77), S. 880.

[86] BVerfGE 153, 182 (263f. Rn. 211).

[87] Unerfindlich ist bereits, wie man als Beleg dafür, dass sich der Suizident nicht gleichsam selbst zum Objekt mache, sondern auch bei der Selbsttötung als Subjekt handle, auf die Entscheidung zum Flugsicherheitsgesetz verweisen kann, in der es an der zitierten Stelle um die Subjektstellung der auf das Leben *anderer* zielender Terroristen geht (s. den Verweis auf BVerfGE 115, 118 [160f.] in BVerfGE 153, 182 [263f. Rn. 211]).

[88] *Claudia Schubert*, in: MüKoBGB (Fn. 35), § 168 Rn. 30; *Werner Flume*, Das Rechtsgeschäft, 4. Aufl. 1992, § 53 6, S. 883f.; *Eberhard Schilken*, in: Staudinger (Fn. 35), § 168 Rn. 15 m.w.N.; a. A. *Wolfram Müller-Freienfels*, Die Vertretung beim Rechtsgeschäft, 1955, S. 124ff.

einzelt und auch dann nur sehr vorsichtig bejaht.[89] Auch würde man wohl kaum so schnell und schlicht wie das Bundesverfassungsgericht bei der Selbsttötung auf das in der Menschenwürdegarantie wurzelnde Autonomieprinzip verweisen, wollte man zu begründen versuchen, dass etwa die Entscheidung eines gesunden Menschen zur Versetzung in ein dauerhaftes Koma oder zur operativen Beseitigung seiner Befähigung zur freien Willensbildung rechtlichen Schutz verdiene, sofern nur die dadurch entstehenden Lasten für Dritte mittels entsprechender Vorauszahlungen und Sicherheitsleistungen abgedeckt seien.

c) Das Bundesverfassungsgericht dürfte sich einen differenzierteren Blick auf die Frage der Reichweite der Autonomie vor allem deshalb verbauen, weil es übersieht, dass die Anerkennung der Subjektstellung des Einzelnen im Zusammenhang einer Selbsttötung keineswegs erfordert, diesen Akt als einen solchen der Rechtsausübung zu begreifen. Die Subjektstellung wäre erst dann berührt und in Frage gestellt, wenn die Rechtsordnung die Selbsttötung als rechtswidrig einordnen würde, etwa aufgrund der Annahme einer der Gemeinschaft gegenüber bestehenden Pflicht zur Selbsterhaltung. Eine solche Einordnung – und damit gegebenenfalls auch die implizite Anerkennung einer entsprechenden Selbsterhaltungspflicht – ist aber keineswegs die zwangsläufige Konsequenz einer Nichtanerkennung des Rechts auf Suizid. Die Rechtsordnung kann den gegen das eigene Leben gerichteten Akt ohne weiteres als einen gleichsam neutralen, weder rechtsausübenden noch rechtsverletzenden Akt ansehen, der sich den sonst üblichen Kategorisierungen menschlichen Verhaltens entzieht.[90] Sie muss dies wohl sogar, will sie nicht die ganz überwiegende Zahl der materiell unfreiwilligen suizidalen Akte als objektiv rechtswidrige Akte ausweisen, deren Sanktionierung nur deshalb nicht erfolgt, weil es regelmäßig an den subjektiven Zurechnungsvoraussetzungen fehlt.

Sieht man näher hin, erscheint eine solche neutrale Einordnung des Suizids aber nicht nur wegen der andernfalls drohenden Folgen, sondern auch dogmatisch geboten. Für eine rein verhaltensbezogene Sichtweise begründet sich das damit, dass der Suizid unabhängig von seiner moralischen Bewertung jedenfalls ein sozial uner-

[89] Vgl. hierzu nur etwa BGHZ 191, 205; *Florian Wagner-von Papp*, Die privatautonome Beschränkung der Privatautonomie, AcP 205 (2005), S. 342ff.

[90] Vgl. im Ergebnis etwa auch *Niestroj*, Selbsttötung (Fn. 85), S. 78ff., die hiermit allerdings zu Unrecht das Problem „rechtsfreier Räume" verbindet, weil die Selbsttötung ja insbesondere für andere Rechtsverhältnisse eine rechtlich relevante Tatsache bleibt; vgl. ferner nur auch noch *Wilhelm Gallas*, Strafbares Unterlassen im Fall einer Selbsttötung, JZ 1960, S. 649ff. (654f.); *Claus Roxin*, Die Mitwirkung beim Suizid – ein Tötungsdelikt?, in: Hans-Heinrich Jescheck/ Hans Lüttger (Hrsg.), Festschrift für Eduard Dreher zum 70. Geburtstag am 29. April 1977, S. 331ff. (339).

wünschtes Verhalten darstellt, das folgerichtig nicht als eine Rechtsausübung zu erfassen ist, das aber ebenso wenig als rechtswidrig angesehen werden darf, weil damit implizit eine mit dem menschenwürdebedingten Achtungsanspruch unvereinbare Fortlebens- bzw. Selbsterhaltungspflicht statuiert würde. Nichts anderes ergibt sich, wenn man für die Einordnung eines Verhaltens als rechtmäßig oder rechtswidrig primär von der Denkfigur des subjektiven Rechts ausgeht. Denn die Sinnhaftigkeit der Anerkennung und Zuordnung von Rechtspositionen ist im Akt der Selbsttötung erschöpft. Weil sich das Verhalten hier allein gegen die eigene Person richtet, ist ein und dieselbe Person hier auch Inhaberin sämtlicher konfligierender Rechtsgüter und Interessen, die für eine Beurteilung des Verhaltens als rechtswidrig oder rechtmäßig herangezogen werden könnten. Folgerichtig macht sie das im Hinblick auf diese Positionen immer auch zugleich zur Störerin und zur Gestörten. Das Recht auf Leben, verstanden als das generelle individuelle Interesse, den natürlichen Lebenswillen – gegebenenfalls auch nach einer Krise – im eigenen Körper entfalten zu können, steht im Konflikt mit dem Recht auf Führung eines Lebens in Übereinstimmung mit dem eigenen Selbstbild und Selbstverständnis und dem damit verbundenen Interesse an einer möglichst umfassenden Selbstbestimmung. Der Rechtszustand, in dem der Suizid erfolgt, erscheint folglich mit Blick auf die Person des Suizidenten selbst als ein solcher der Konfusion. Im Akt der Selbsttötung verwirklichen sich folgerichtig aber gerade auch aus rechtsdogmatischer Sicht nicht mehr Recht oder Unrecht, sondern nur noch Glück oder Unglück. Der Suizident handelt deshalb nie rechtswidrig. Es bedarf damit aber eben auch keiner Anerkennung eines Verfügungsrechts über das eigene Leben, um die Subjektstellung und den in seiner Würde begründeten Achtungsanspruch desjenigen zu wahren, dessen Entscheidung zur Beendigung des eigenen Lebens als im Rechtssinne freiwillig zu werten sein mag. Denn ohne Rechtswidrigkeitsurteil wird ihm auch keine mit diesem Achtungsanspruch unvereinbare Fortlebens- oder Selbsterhaltungspflicht zugunsten Dritter oder der Gemeinschaft auferlegt.

III. Suizid, Suizidverhinderung und Suizidhilfe im Recht

1. Suizid

Fügt man die Erkenntnisse, die sich in Auseinandersetzung mit den Ausführungen des Bundesverfassungsgerichts in seiner Suizidhilfeentscheidung ergeben haben, zusammen, ist zunächst festzuhalten: Entgegen der Annahme des Gerichts findet ein weitgehend freies und materiell voraussetzungsloses Recht auf Suizid in jeder Phase menschlicher Existenz in unserer Rechts- und Verfassungsordnung keine Grundlage. Namentlich die Menschenwürdegarantie und das Persönlichkeitsrecht verlangen lediglich, dass der suizidale Akt nicht als rechtswidrig eingestuft und damit implizit eine Fortlebens- und Selbsterhaltungspflicht des Einzelnen gegenüber Dritten oder der Gemeinschaft statuiert wird. Zu Recht nicht erwogen hat das Bundesverfassungsgericht ein Recht auf Suizid als gleichsam „negative" Ausprägung des Rechts auf Leben aus Art. 2 Abs. 2 Satz 1 GG.[91] Ob entsprechende Anleihen bei der allgemeinen Dogmatik der Freiheitsrechte überhaupt genommen werden können, muss bereits angesichts des von solchen speziell auf die Einräumung von Handlungsoptionen zielenden Rechten durchaus verschiedenen Gewährleistungsgehalts des Rechts auf Leben und körperliche Unversehrtheit bezweifelt werden. So geht es hier primär um die Sicherung eines Zustands, um ein „Voraussetzungsgrundrecht"[92], mit dessen Abwehrfunktion zwar fraglos auch Selbstbestimmungsrechte und Handlungsoptionen verknüpft sind.[93] Allerdings speisen sich diese Rechte und Optionen eben auch aus dem spezifischen Ziel der Grundrechtsgewährleistung, die Verteidigung des eigenen Lebens und der körperlichen Unversehrtheit gegen Beeinträchtigungen zu ermöglichen. Anders als bei den Freiheitsrechten im engeren Sinn geht es folglich nicht um die Sicherung von Handlungsoptionen allein um ihrer selbst willen. Aber auch wenn man sich auf eine Parallelisierung des Rechts auf Leben aus Art. 2 Abs. 2 GG mit den Freiheitsgrundrechten im engeren Sinn einlässt, kann ein Recht auf Suizid hieraus nicht abgeleitet werden. Denn soweit mit grundrechtlichen Freiheitsgarantien immer auch die Nichtausübung oder Nichtwahrnehmung dieser Freiheiten geschützt ist, gründet dies in der Erkenntnis, dass die zu ermöglichende Handlung nur dann auch wirklich frei ist, wenn man sie ebenso lassen kann. Als „negative" Ausprägung eines Freiheitsrechts ist deshalb stets der unveränderte *status quo* geschützt, der nach positiver Ausübung des Rechts durch eine korrigierende Entscheidung regelmäßig auch wieder herstellbar ist. Damit aber ist die Selbsttötung nicht als negative Seite des Rechts auf Leben darstellbar, die Freiheitsrechte im engeren

[91] So aber etwa *Wolfram Höfling*, Selbsttötung und Selbsttötungsassistenz. Einige grundrechtsdogmatische Überlegungen, in: Martin Kment (Hrsg.), Das Zusammenwirken von deutschem und europäischem Öffentlichen Recht. Festschrift für Hans D. Jarass zum 70. Geburtstag, 2015, S. 195 ff. (201); *ders.*, „Autonome Selbstbestimmung" – und was nun?, ZME 2020, S. 245 ff. (249); *Heinrich Lang*, in: BeckOK GG (Fn. 33); *ders.*, Das BVerfG und die Strafbarkeit des assistierten Suizids, NJW 2020, S. 1562 ff. (1563); *Fink*, in: Merten/Papier (Fn. 21), § 88 Rn. 48.

[92] So *Lang*, in: BeckOK GG (Fn. 33), Art. 2 Rn. 56; *Rixen*, in: Sachs (Fn. 76), Art. 2 Rn. 171.

[93] *Höfling*, in: FS Jarass (Fn. 91), S. 200 spricht deshalb sogar von einer „Doppelstruktur" des Grundrechts.

Sinn und das Recht auf Leben sind insoweit inkommensurabel. Denn der unveränderte *status quo* besteht beim Recht auf Leben gerade im Fort- bzw. Weiterleben, das bis zu dessen unentrinnbarem Ende auch nicht etwa aufgrund einer permanenten Willensentschließung erfolgt, sondern schlicht schicksalhaft geschieht und das weiterhin durch eine korrigierende Entscheidung auch nicht einfach fortzusetzen wäre.[94]

2. Suizidverhinderung

Kann ein Recht auf Suizid keine Anerkennung finden, kann sich eine Suizidverhinderung folgerichtig auch nicht wegen der Verletzung eines solchen Rechts als rechtswidrig erweisen. Das bedeutet indes nicht, dass eine suizidverhindernde Handlung nicht aus einem anderen Grund rechtswidrig sein könnte. Denn der verhindernde Akt wird regelmäßig sonstige allgemeine Rechte und Rechtsgüter des Suizidwilligen beeinträchtigen müssen: seine körperliche Integrität, seine Bewegungsfreiheit, seine Handlungs- und Entschließungsfreiheit, sein Eigentum, seinen berechtigten Besitz etc. Alle diese Rechte und Rechtsgüter aber bleiben auch für ihren zur Selbsttötung entschlossenen Inhaber voll verteidigungsfähig. Im Schatten der so gespannten Schirme entsteht deshalb ganz von selbst ein geschützter Raum für den Vollzug einer Suizidabsicht. Das Eindringen in diesem Raum lässt sich dabei auch nicht etwa mit dem pauschalen Verweis auf den Lebensschutz und dessen Höchstrangigkeit rechtfertigen, solange es nicht um das Leben des Eindringlings selbst oder Dritter geht. Denn aus welchem Grund der Inhaber der genannten allgemeinen Rechte und Rechtsgüter auf die Beachtung der durch diese Positionen für Dritte gezogenen Grenzen beharrt, spielt keine Rolle. Seine Rechtsinhaberschaft entlastet ihn insoweit gerade von jeder besonderen Rechtfertigungspflicht. Entscheidend für die Rechtmäßigkeit einer in die genannten allgemeinen Rechte und Rechtsgüter des Suizidwilligen eingreifenden Rettungshandlung ist deshalb grundsätzlich allein dessen wirklicher oder mutmaßlicher Wille (arg. § 678 BGB). Dies unter Verweis auf den Lebensschutz kurzerhand beiseite zu wischen, hieße implizit, doch wieder eine Fortlebens- bzw. Selbsterhaltungspflicht zu statuieren, die es, wie gesehen, in unserer Rechtsordnung aber nicht geben kann.[95] Unbenommen bleibt allerdings, in Anknüpfung an die

[94] S. hierzu auch *Ekkehart Reimer*, Suizidbeihilfe: Der verfassungsrechtliche Rahmen bundesgesetzlicher Regelungen, ZfL 2015, S. 66ff. (70); ablehnend ferner auch die h. M., s. nur etwa *Weilert*, Anmerkung BVerfG (Fn. 77), S. 880 bei und in Fn. 14; *Dieter Lorenz*, in: Wolfgang Kahl/Christian Waldhoff/Christian Walter (Hrsg.), Bonner Kommentar zum Grundgesetz, Stand der 211. Erg.-Lfg. (April 2021), Art. 2 Abs. 2 Rn. 420; *Philip Kunig/Jörn Axel Kämmerer*, in: v. Münch/Kunig (Fn. 76), Art. 2 Rn. 97.

[95] S. o. II. 3. c).

Erkenntnisse der empirischen Suizidforschung in den weit überwiegenden Fällen zur Annahme eines wirklichen oder doch jedenfalls mutmaßlichen Einverständnisses mit der in die allgemeinen Rechte und Rechtsgüter eingreifenden Rettungshandlung zu gelangen, weil es sich von vornherein um einen Appell-Selbstmord (dann wirklicher Wille) oder einen Suizid auf mangelhafter bzw. gestörter Willensgrundlage (dann mutmaßlicher Wille) handelt.

Eine Schadensersatzhaftung des Retters ist mit diesen Vorgaben nicht gänzlich ausgeschlossen, wird aber bereits dem Grunde nach nur in äußerst seltenen Fällen in Betracht kommen. Wo die Freiwilligkeit des Suizidentschlusses ausnahmsweise tatsächlich zu bejahen ist und somit weder ein wirkliches noch ein mutmaßliches Einverständnis mit der Rettungshandlung angenommen werden kann, muss dies aufgrund des Verschuldensprinzips des deutschen Haftungsrechts für den Retter auch erkennbar gewesen sein (§ 678 BGB).[96] Spätestens hier werden folglich aber die Erkenntnisse der empirischen Suizidforschung regelmäßig haftungshindernd durchschlagen. Ohne klare und eindeutige Anhaltspunkte für die ausnahmsweise Freiverantwortlichkeit der Selbsttötung wird deshalb ein Verschulden des Retters regelmäßig zu verneinen sein. Wo selbst diese Hürde noch zu nehmen und deshalb eine Haftung dem Grunde nach zu bejahen ist, bleibt schließlich für die Schadensbestimmung und -berechnung zu beachten: Schuldhaft verletzt wurde mit der Rettungshandlung nie ein Recht auf Suizid, sondern immer nur eine der oben genannten allgemeinen Rechtspositionen. Das speziell mit dem unerwünschten Weiterleben verbundene Leid und die in diesem Weiterleben gründenden wirtschaftlichen Belastungen können deshalb aber auch nie den relevanten und zu ersetzenden Schaden darstellen. Denn der Schutzzweck dieser Rechtspositionen erfasst solche besonderen Folgen gerade nicht mehr.

3. Suizidhilfe

a) Der eigenständige Unwertgehalt der Suizidhilfe

Kommt es in unserer Rechtsordnung nicht in Betracht, den Suizid als rechtswidrig anzusehen, bedeutet das nicht, dass auch die Suizidhilfe grundsätzlich von einem rechtlichen Unwerturteil freigestellt sein müsste. Das für die strafrechtliche Teilnahme geltende Akzessorietätsprinzip stellt keine zwingende Vorgabe für die Gesamtrechtsordnung dar und

[96] Ob auch im Fall eines tatsächlich freiwilligen Suizids von einer Rettung zur Gefahrenabwehr im Sinne von § 680 BGB gesprochen werden kann oder ob darin, weil nach überwiegender Meinung eine objektive Gefahrenlage erforderlich ist (s. nur *Frank Schäfer*, in: MüKoBGB [Fn. 35], § 680 Rn. 5 ff.; *Tim Dornis*, in: Erman [Fn. 35], BGB § 680 Rn. 3; *Andreas Bergmann*, in: Staudinger [Fn. 35], § 680 Rn. 13), nicht bereits ein unzulässiges rechtliches Unwerturteil über den Suizid liegt, soll hier nicht weiter verfolgt werden.

hindert den Gesetzgeber selbst im Strafrecht nicht an einer eigenständigen Strafbewehrung reiner Unterstützungshandlungen mit Unwertgehalt. Das hat auch das Bundesverfassungsgericht in seiner Suizidhilfe-Entscheidung nicht in Frage gestellt.[97] Der Gesetzgeber ist deshalb grundsätzlich frei, Suizidhilfe als rechtswidrig einzuordnen. Denn die unterstützenden Handlungen des Helfers zielen auf die Beendigung eines *fremden* Lebens und sind damit einem rechtlichen Unwerturteil jedenfalls im Ausgangspunkt ohne weiteres zugänglich.

b) Die für eine Regelung der Suizidhilfe maßgeblichen Leitfragen

Sieht sich eine Rechtsgemeinschaft vor die Frage gestellt, ob und in welchem Umfang sie Suizidhilfe für rechtswidrig oder gar strafwürdig erklären sollte, verzerrt es den Blick auf die eigentlichen Sachfragen, wenn man, wie das Bundesverfassungsgericht, die Frage nach einem Recht auf Suizid und dessen Rang in der Gesamtrechtsordnung ganz ins Zentrum rückt. Denn um dem Suizid als solchem einen geschützten Raum zu verschaffen und von jedem Unwerturteil freizuhalten, bedarf es keiner Anerkennung eines höchstrangigen subjektiven Rechts auf Beendigung des eigenen Lebens. Es genügt hierfür, wie gesehen, der schlichte Verzicht auf ein Rechtswidrigkeitsurteil. Mit Blick auf die Suizidhilfe geht es deshalb von vornherein um eigenständige, mit der Selbsttötung als Bezugspunkt zwar zwangsläufig verbundene, von ihr aber gedanklich wie sachlich zu trennende Fragen. Die Rechtsgemeinschaft muss sich Gewissheit darüber verschaffen, wie leicht sie dem Einzelnen den Tod durch die eigene Hand machen will, welche Gefahren damit für die Betroffenen sowie auch das Sozialwesen verbunden sind und wo gegebenenfalls sogar eine Unterstützung gefordert sein kann, weil sich deren Versagung in der konkreten Situation nur noch als ein unbarmherziger, jede Humanität und Anteilnahme vermissenlassender Akt erweisen könnte.

c) Suizidhilfe als *ultima ultima ratio* in Fällen eines unwiederbringlich verlorenen Lebenswillens

aa) Stellt man die genannten Fragen ganz ins Zentrum und nähert man sich ihnen nicht nur mittelbar über die Frage nach einem subjektiven Recht zur Selbsttötung, bedeutet das nicht etwa eine Vernachlässigung der Verfassung und der von ihr anerkannten Grundrechte als entscheidungsleitende rechtliche Daten. Ohne die Fixierung auf ein vermeintlich in der Menschenwürdegarantie ruhendes Recht auf den eigenhändig herbeigeführten Tod wird der Blick allerdings frei auf das, was die Verfassung für die Ausgestaltung des Rechtssystems zweifellos in erster Linie vorgibt, nämlich die Schaffung einer Ordnung, in

[97] S. BVerfGE 153, 182 (284ff. Rn. 268ff.).

der Würdeschutz und Lebensschutz nicht gegeneinander in Stellung gebracht und gegebenenfalls sogar gegeneinander ausgespielt werden, sondern die Schaffung einer Ordnung, die beides so weit wie möglich miteinander verbindet. Der Achtungs- und Schutzauftrag aus Art. 1 Abs. 1 GG zielt nicht auf eine vom Leben losgelöste, hiervon gleichsam unabhängige Würde, sondern zuallererst auf ein *Leben* in Würde.[98] Von den hiermit für eine Rechtsgemeinschaft verbundenen Anstrengungen kann sich diese aber nicht etwa dadurch entlasten, dass sie eine allgemein zugängliche, möglichst niederschwellige und von schmerz- und angstbedingten Hürden weitgehend befreite „Exit-Option" schafft.

bb) Ausgehend hiervon ist bei der rechtlichen Ausgestaltung der Suizidhilfe nicht nur zu berücksichtigen, welche Gefahren für die Autonomie des lebensbeendenden Aktes dadurch entstehen können, dass es eigeninteressierte Helfer mit der Überprüfung der Freiwilligkeit möglicherweise nicht so genau nehmen oder auch Einflussnahmen auf die Willensbildung, von der Verharmlosung bis hin zu Druck und Drängen, drohen, sei es durch die Helfer selbst, sei es insbesondere aufgrund einer in Aussicht gestellten schmerzfreien und sanften Hilfe auch durch ein weiteres Umfeld.[99] Es ist ebenso zu berücksichtigen, welche Rückwirkungen die Erleichterung der Selbsttötung bis hin zur Gewährleistung einer zumutbaren, schmerzfreien und sicheren Beendigung des eigenen Lebens[100] auf die Bereitschaft und die Anstrengungen des Gemeinwesens haben kann, möglichst menschenwürdige Zustände für jeden in jeder Lebenslage zu schaffen, um einen in der Bewertung der weiteren Lebensaussichten gründenden Todeswunsch gar nicht erst entstehen, aber doch jedenfalls nicht die Oberhand gewinnen zu lassen. Eine Rechtsordnung, welche die Tür in den Tod von eigener Hand nicht sogleich weit öffnet, sondern grundsätzlich ge-, wenn auch nicht verschlossen hält, um so den lebensbejahenden inneren Kräften Gefährdeter eine Chance zur Entfaltung zu geben, bindet sich hierdurch immer auch selbst. Sie darf nicht nachlassen in ihren Bemühungen, die Welt mit den ihr zur Verfügung stehenden Mitteln auch tatsächlich lebenswert zu gestalten. Öffnet sie die Tür

[98] Grundlegend zu den Gefahren einer Trennung von Lebens- und Würdeschutz in anderem Zusammenhang *Eduard Picker*, Menschenwürde und Menschenleben – Das Auseinanderdriften zweier fundamentaler Werte als Ausdruck der wachsenden Relativierung des Menschen, 2002, bes. S. 59ff., 139ff.; vgl. zur dogmatisch notwendigen (partiellen) Verkoppelung von Würdeschutz und Lebensschutz ferner nur *Wolfram Höfling*, Die Würde des Menschen am Lebensbeginn und Lebensende, in: Burkhard Kämpfer/Klaus Pfeffer (Hrsg.), Essener Gespräche zum Thema Staat und Kirche. Die Menschenwürde als Verfassungsgrundlage, Bd. 51, 2019, S. 61ff. (65) m.w.N.

[99] Vgl. hierzu nur BVerfGE 153, 182 (276ff. Rn. 248ff.).

[100] S. BVerfGE 153, 182 (266 Rn. 218; 288ff. Rn. 280ff.).

dagegen von Anfang an weit und sorgt noch dazu für einen möglichst sicheren Zugang, vermindert sie stets auch ein Stück weit diesen Druck auf sich selbst. Das nur mit großem und nachhaltigem Aufwand zu erreichende Ziel der Gewährleistung einer möglichst humanen Realität für das Leben droht durch das mit nur wenigen Federstrichen zu erreichende Ziel einer möglichst humanen Realisierbarkeit selbstbestimmten Sterbens partiell substituiert zu werden. Dass dies keineswegs nur eine abstrakte, auf Spekulationen gründende Gefahr darstellt, sondern vielmehr einem urwüchsigen sozialen Mechanismus entspricht, wird, gestützt auf empirische Erhebungen, gerade auch in der Suizidhilfe-Entscheidung des Bundesverfassungsgerichts eindrucksvoll belegt.[101]

cc) Dem Kernauftrag der Verfassung entspricht es mit all dem aber ohne weiteres, wenn die Suizidhilfe nur in engsten Grenzen und als Ausnahme zugelassen wird. Der Staat muss die Selbsttötung nicht generell leicht, d. h. in den Worten des Bundesverfassungsgerichts zumutbar, schmerzfrei und sicher machen.[102] Er darf die bestehenden Hürden, die sich für eine Person aus ihrer inneren und äußeren Konstitution sowie auch aus ihrer Situation für den Vollzug einer Selbsttötungsabsicht ergeben, grundsätzlich bestehen lassen, um so den inneren lebensbejahenden Kräften eine Chance zur Entfaltung zu geben.[103] Er erinnert damit Gefährdete nicht nur an den Wert des Lebens. Er unterstreicht so immer auch seine ureigene Verantwortung für die Gewährleistung der notwendigen Bedingungen für ein Leben in Würde. Diese beiden Aspekte haben sich erst dort erschöpft und es erscheint eine Zulassung der Suizidhilfe deshalb auch erst dort angezeigt, wo die Verweigerung jeder Hilfe umschlagen müsste in einen geradezu unbarmherzigen, gänzlich inhumanen und von völliger Anteilslosigkeit geprägten Akt. Hieran ist insbesondere dort zu denken, wo ein zweifelsfrei selbstbestimmter Wunsch, das eigene Leben zu beenden, ohne fremde Hilfe nicht (mehr) zu realisieren ist und es zudem so gut wie ausgeschlossen erscheint, dass der erloschene Lebenswille des Betroffenen während seiner noch absehbaren Lebenszeit zurückkehren wird. Zulässige Suizidhilfe wäre auch hiernach nicht notwendigerweise auf schwere oder unheilbare Krankheitszustände bzw. bestimmte Lebens- und Krankheitsphasen beschränkt.[104] Sie fände in derartigen Situationen, in denen ein endgültiges und unwiederbringliches Erlöschen des Lebenswillens am ehesten plausibel und nachvollziehbar erscheinen kann und in denen weiterhin auch ein gänzlich eigenständiger, ohne

[101] S. insbes. BVerfGE 153, 182 (270f. Rn. 257).

[102] S. BVerfGE 153, 182 (266 Rn. 218); zurückhaltend in diesem Punkt etwa auch *Hillenkamp*, Strafgesetz „entleert" Grundrecht (Fn. 17), S. 622 unter Hinweis auf EGMR, NJW 2011, S. 3773 (3774) – *Haas v. Schweiz.*

[103] S. hierzu auch schon o. unter II. 2. c); III. 3. c) bb).

[104] Vgl. BVerfGE 153, 182 (262f. Rn. 210).

jede fremde Hilfe erfolgender Vollzug des Tötungswunsches regelmäßig ausgeschlossen sein wird, wohl aber ihren wichtigsten und sozial auch drängendsten Anwendungsbereich.

IV. Ausblick

Das Thema dieses Beitrags ist der Suizid, die eigenhändige Herbeiführung des Todes. Es wurde bereits deutlich, dass in Gefolgschaft der Suizidhilfe-Entscheidung des Bundesverfassungsgerichts allerdings auch der Ruf nach einer Reform der Tötung auf Verlangen (§ 216 StGB) noch lauter werden wird, weil die Anerkennung eines Rechts auf selbstbestimmte Lebensbeendigung und dessen Verankerung im menschenwürdebasierten Persönlichkeitsrecht kaum mehr erklärbar machen, warum man demjenigen, der sein Leben beenden möchte, hierzu aber selbst körperlich überhaupt nicht (mehr) in der Lage ist, die Verwirklichung eines solchen höchstrangigen Rechts verwehren sollte.[105] Die hier herausgearbeiteten Thesen vermögen eine solche innere Sogwirkung nicht zu entfalten. Der prinzipielle Unwert einer gegen fremdes Leben gerichteten Handlung bleibt vielmehr klar benannt und wird nicht verschleiert durch die Integration in einen rechtlich grundsätzlich positiv bewerteten Akt der Autonomieverwirklichung. Sämtliche gegen eine weiträumige Zulassung der Suizidhilfe angeführten Gründe sprechen auch und erst recht gegen eine Zulassung der Tötung auf Verlangen, zumal sich hier das Problem einer freiwilligen Entscheidung in besonders zugespitzter Weise stellt.[106] Gleichwohl erscheint es auch nach den hier entwickelten Thesen nicht gänzlich ausgeschlossen, die Tötung auf Verlangen in extremen Ausnahmefällen zuzulassen. Denn wo die oben genannten Voraussetzungen für eine ausnahmsweise Zulassung der Suizidhilfe vorliegen,[107] der unzweifelhafte und nicht mehr revisible Wille zu sterben aber etwa wegen einer vollständigen Bewegungsunfähigkeit mit keinem Mittel mehr selbst in die Tat umgesetzt werden kann, dort vermag sich auch die ausnahmslose Verweigerung einer Tötung auf Verlangen schließlich zu einem gänzlich unbarmherzigen, von jeder Humanität freien und durch Anteilslosigkeit geprägten Akt auszuwachsen. Wann dies konkret der Fall sein könnte und welche Sicherungsmaßnahmen und -verfahren eine solche vorsichtige Öffnung begleiten müssten,

[105] S. o. I. 2. a).

[106] Vergleiche hierzu nur *Ralf Eschelbach*, in: BeckOK StGB (Fn. 17), § 216 Rn. 11; *Albin Eser/Detlev Sternberg-Lieben*, in: Adolf Schönke/Horst Schröder (Begr.), Strafgesetzbuch, 30. Aufl. 2019, § 216 Rn. 8; *Hartmut Schneider*, in: MüKo StGB (Fn. 17), § 216 Rn. 19ff.; s. ferner auch *Dorneck/Gassner/Kersten/Lindner/Linoh/Lorenz/Rosenau/Schmidt am Busch*, Sterbehilfegesetz (Fn. 20), S. 57.

[107] S. o. III. 3. c) cc).

ist hier nicht mehr zu verfolgen. Anzusprechen ist jedoch ein Aspekt, dem bei der Suizidhilfe regelmäßig keine Bedeutung zukommt, der aber bei der Zulassung einer Tötung auf Verlangen von immenser Wichtigkeit ist. Es geht um die Frage, ob eine Freistellung der Tötung auf Verlangen auch dann in Betracht kommen kann, wenn im Zeitpunkt der Tötungshandlung eine freie Willensbildung nicht mehr möglich ist, zu einem früheren Zeitpunkt, als dies noch möglich war, aber etwa in einer Patientenverfügung ein solches ausdrückliches und ernsthaftes Verlangen für gerade die im Tötungszeitpunkt vorliegende Situation formrichtig geäußert wurde. Das niederländische Recht etwa bejaht diese Frage.[108] Im Augsburg-Münchner-Halleschen Entwurf eines Sterbehilfegesetzes wird sie dagegen explizit verneint.[109]

Wollte man die Tötung auf Verlangen tatsächlich für Extremfälle vorsichtig öffnen, könnte hierbei nur der letztgenannte Standpunkt akzeptabel sein, mag auch das Prinzip der lebensrelevanten Vorausverfügung mit § 1901a Abs. 1 BGB in gewissem, allerdings schon für sich nicht unproblematischem Umfang bereits Eingang in unsere Rechtsordnung gefunden haben. Wer die Vorausverfügung über das eigene Leben bis hin zur aktiven Tötung durch Dritte zulässt, parallelisiert die Selbstbestimmung über das eigene Menschsein weitgehend mit der Selbstbestimmung über Vermögensrechte[110] und gerät damit unweigerlich in den Einzugsbereich der eine Menschenwürdeverletzung markierenden Objekt-Formel. Das Existenzrecht des künftigen, in seinem Wesen veränderten Ich wird zum Gegenstand einer Willensentscheidung des heutigen Ichs. Misst man dann auch noch nicht einmal späteren abweichenden oder gar abwehrenden Wünschen und Präferenzbekundungen maßgebliche Bedeutung zu, weil hier allenfalls noch ein natürlicher, nicht aber mehr ein freier und im Rechtssinne selbstverantwortlicher Wille vorliege, treibt man diese Entwicklung noch auf die Spitze.[111] Nicht viel anders

[108] S. Art. 293 Abs. 2 nl. StGB i.V.m. Art. 2 Abs. 2 nl. G. zur Überprüfung von Lebensbeendigung, (https://wetten.overheid.nl/jci1.3:c:BWBR0001854&boek=Tweede&titeldeel=XIX&artikel=293&z=2021-05-01&g=2021-05-01, zuletzt aufgerufen am 04.06.2021; sowie https://wetten.overheid.nl/jci1.3:c:BWBR0012410&hoofdstuk=II&artikel=2&z=2020-03-19&g=2020-03-19, zuletzt aufgerufen am 04.06.2021); dargestellt etwa bei *Hörnle*, Hoge Raad (Fn. 18), S. 873.

[109] S. § 6 i.V.m. § 2 Abs. 3 AMH-E und dazu *Dorneck/Gassner/Kersten/Lindner/Linoh/Lorenz/Rosenau/Schmidt am Busch*, Sterbehilfegesetz (Fn. 20), S. 38f.

[110] Vgl. aus geistesgeschichtlicher Sicht und ohne Kritik pointiert etwa *Hartmut Kreß*, Anmerkung zum Urteil des BVerfG vom 26.02.2020, 2 BvR 2347/15, u.a. zur Verfassungswidrigkeit des § 217 StGB, MedR 2020, S. 572ff. (573).

[111] S. hierfür nur etwa *Ronald Dworkin*, Life's Dominion: An Argument about Abortion, Euthanasia, and Individual Freedom, 1993, S. 226ff.; *Thomas Steenbreker*, Zivilrechtliche Unbeachtlichkeit eines „natürlichen Willens" für den Widerruf der Patientenverfügung, NJW 2012, S. 3207ff. (3210f.); *Bettina Schöne-Seifert/Marco Stiehr*, Zur Autorität von Demenzverfügungen. Merkels Vorschlag einer

stellt es sich dar, wenn man dem aktuellen, abweichenden Verhalten nur dann Bedeutung zukommen lassen will, sollte das Gesamtverhalten des Betroffenen im wesensveränderten Zustand einen erheblichen Irrtum bei der Antizipation dieses Zustands in der Patientenverfügung erweisen.[112] Denn auch hiernach bleibt es bei einem grundsätzlichen Vorrang der früheren Entscheidung.[113] Die Folgen einer solchen Parallelisierung der Selbstbestimmung über das eigene Leben mit der Selbstbestimmung über Vermögensrechte sind in den Niederlanden bereits eindrücklich sichtbar geworden. Dort ist unter Verweis auf eine entsprechende Patientenverfügung in beiden maßgeblichen Instanzen eine Ärztin freigesprochen worden, die bei vollständiger formaler Wahrung der einschlägigen gesetzlichen Sterbehilferegelung und in Absprache mit dem Hausarzt und den Angehörigen einer schwer demenzkranken Heimpatientin eine tödliche Injektion verabreicht hatte, obwohl diese Patientin jeweils mit *„nicht jetzt“* geantwortet hatte, wenn sie auf ihren in der Verfügung geäußerten Sterbewunsch angesprochen wurde, und obwohl die Patientin weiterhin trotz vorangehender Sedierung bei der Injektion des tödlichen Mittels unruhig wurde und festgehalten werden musste.[114] Bemerkenswert ist die Begründung für die angenommene Unbeachtlichkeit der zurückweisenden Äußerungen und das kaum auf eine natürliche Übereinstimmung mit dem Geschehen hindeutende Verhalten der Patientin. Der *Hoge Raad* lässt es genügen, dass der Zustand und die Situation der Patientin jedenfalls im Übrigen doch dem entsprechen, was in der Patientenverfügung antizipiert und für lebensbeendigungswürdig erachtet worden sei.[115] *Hörnle* stützt dies noch mit dem Argument, dass angesichts der Verwirrtheit und der weitgehend verlorenen kognitiven Fähigkeiten der Patientin mit Blick auf deren zurückweisende Äußerungen nicht unterstellt werden könne, „dass sie zu diesem Zeitpunkt erklärt habe, keine Sterbehilfe zu wollen“[116].

notstandsanalogen Interessenabwägung, in: Jan Christoph Bublitz/Jochen Bung/Anette Grünewald/Dorothea Magnus/Holm Putzke/Jörg Scheinfeld (Hrsg.), Recht – Philosophie – Literatur. Festschrift für Reinhard Merkel zum 70. Geburtstag, Bd. II, 2020, S. 1545 ff. (1560 ff.).

112 So etwa *Hörnle*, Hoge Raad (Fn. 18), S. 876.

113 Zutr. *Christian Hillgruber*, „Jetzt nicht“ heißt „jetzt nicht“!, JZ 2020, S. 1159 ff. (1160).

114 S. nur den Bericht bei *Hörnle*, Hoge Raad (Fn. 18), S. 874.

115 S. *Hoge Raad* v. 21.04.2020 – 19/04910 (abrufbar unter https://uitspraken.rechtspraak.nl/inziendocument?id=ECLI:NL:HR:2020:712&showbutton=true&keyword=ECLI%3aNL%3aHR%3a2020%3a712, zuletzt aufgerufen am 04.06.2021), u. 5.5.2 der Entscheidung; ebenso *Hörnle*, Hoge Raad (Fn. 18), S. 875.

116 So *Hörnle*, Zu Christian Hillgruber, „Jetzt nicht“ heißt „jetzt nicht“!, JZ 2020, S. 1161, die damit allerdings der Kritik von *Hillgruber*, „Jetzt nicht“ (Fn. 113), S. 1160 f., kaum den Boden entzieht; so hatte *Hillgruber* gerade die unangemessen

Selbst für die Frage einer aktiven Lebensbeendigung durch Dritte wird damit aber der Patientenverfügung nicht nur die Funktion beigemessen, einen mit diesem Geschehen im Vollzugszeitpunkt übereinstimmenden „natürlichen Willen" gleichsam zu verifizieren. Diese Verfügung wird vielmehr zu einem Mittel, um das Lebensrecht der späteren, wesensveränderten und zu einer freien Willensbildung nicht mehr fähigen Person in die Hand einer so zu diesem Zeitpunkt nicht mehr existierenden, früheren, in ihren kognitiven Fähigkeiten, ihren Wahrnehmungen, Empfindungen und Bewertungen grundverschiedenen Person zu legen. Die Frage, welchen Zurechnungsgrund es hierfür geben kann, wird dabei allerdings nicht gestellt. Dass die rein körperliche Kontinuität angesichts der gerade die Fähigkeit zur freien Willensbildung und damit ein zentrales Persönlichkeitselement betreffenden Wesensveränderung hierfür allenfalls eine brüchige Begründung abgeben könnte, liegt auf der Hand. Speziell in Fällen schwerer Demenz muss man Transformationsprozesse in Rechnung stellen, die gravierende Zweifel daran aufkommen lassen, ob die ursprünglich verfügende und die später von der Verfügung betroffene Person für die hier verfolgten Fragen überhaupt noch als identische Personen angesehen werden dürfen.[117] Wird dies, wie etwa vom *Hoge Raad*, nicht hinreichend berücksichtigt und deshalb nicht schon bei bloßen Zweifeln an einem aktuellen unbedingten Sterbewunsch eine zur aktiven Tötung auffordernde Patientenverfügung in ihrer Anwendung gesperrt, nimmt man bei Lichte betrachtet nichts anderes als eine fundamentale rechtliche und auch ethische Grenzüberschreitung in Kauf. Denn man unterwirft die Bewertung des Lebens einer Person und die Entscheidung über den Fortbestand dieses Lebens aus der im Zeitpunkt des Vollzugs der Patientenverfügung maßgeblichen Sicht der Sache nach einem Dritten, der zu diesem Zeitpunkt noch nicht einmal mehr ein Interesse am Vollzug der Verfügung haben kann.[118] Um dies von vornherein zu verhindern, müsste deshalb im Zuge einer vorsichtigen Öffnung der

hohen Anforderungen an ein den Vollzug der Patientenverfügung sperrendes Verhalten kritisiert: „*Von einer dementen Person ein „konsistentes" Verhalten dafür zu verlangen, dass ihre wiederholte mündliche Erklärung „jetzt nicht" als Ausdruck ihres aktuellen, gegenläufigen natürlichen Willens ernst genommen und sie nicht an einem in einer früheren schriftlichen Vorausverfügung enthaltenen, konditionierten Tötungsverlangen mit unentrinnbarer Konsequenz festgehalten wird, ist das Gegenteil von Selbstbestimmung: Fremdbestimmung in ihrer radikalsten Form – Fremdtötung*" (s. a.a.O., S. 1161).

117 S. hierzu nur auch *Reinhard Merkel*, Zur Frage der Verbindlichkeit von Patientenverfügungen, Ethik Med 2004, S. 298ff. (303ff.); vgl. ferner aus jüngerer Zeit *Emily Walsh*, Cognitive Transformation, Dementia, and the Moral Weight of Advance Directives, American Journal of Bioethics, Vol. 20, Issue 5 (2020), S. 54ff.

118 S. nur auch *Merkel*, Patientenverfügungen (Fn. 117), S. 304.

Tötung auf Verlangen für Extremfälle die Beachtlichkeit einer entsprechenden Patientenverfügung kategorisch ausgeschlossen sein. Das gilt nicht zuletzt auch deshalb, weil die Bedeutung dieser Frage weit über die Tötung auf Verlangen hinausweist. So wäre nur mit einem solchen kategorischen Ausschluss im Weiteren auch dem Bau einer gedanklichen Brücke hin zur allgemeinen Anerkennung von Verfügungsrechten Dritter über fremdes Leben verlässlich die Grundlage entzogen.

Leitsätze
zum Beitrag von Prof. Dr. iur. Thomas Lobinger:

„Ein Recht auf Suizid? Zur Rechtskreation des Bundesverfassungsgerichts"

1. Das Bundesverfassungsgericht zielt in seiner Suizidhilfe-Entscheidung vom 26. Februar 2020 nicht nur auf ein Pönalisierungsverbot, sondern auf die Anerkennung eines vollwirksamen subjektiven Rechts auf Suizid als Ausprägung des menschenwürdebasierten allgemeinen Persönlichkeitsrechts (Art. 1 Abs. 1 i. V. m. Art. 2 Abs. 1 GG).
2. Das vom Bundesverfassungsgericht anerkannte Recht auf Suizid soll unabhängig von fremddefinierten objektiven Voraussetzungen in jeder Phase menschlicher Existenz bestehen. Es soll ferner die Inanspruchnahme der von Dritten angebotenen freiwilligen Hilfe zum Suizid beinhalten.
3. Die Auswirkungen eines solchen Rechts auf Suizid in allen Rechtsgebieten sind erheblich.
   a) Im Strafrecht müssen Garantenpflichten zugunsten des Lebens sowie allgemeine Hilfeleistungspflichten im Rahmen von § 323c StGB überprüft werden. Die strikte Strafbarkeit einer Tötung auf Verlangen gerät noch stärker unter Druck als bisher schon.
   b) Im Polizeirecht sind Eingriffsbefugnisse gegenüber Suizidenten zu überdenken und ggf. neu auszurichten. Im Arzneimittel- und Betäubungsmittelrecht müssen die Möglichkeiten zum Erwerb suizidgeeigneter Mittel folgerichtig auch über die Fälle einer extremen Notlage wegen schwerer und unheilbarer Krankheit hinaus erweitert werden. Im Sozialrecht sind staatliche Unterstützungsleistungen insbesondere nach § 73 SGB XII in Betracht zu ziehen.
   c) Aufgrund der Verankerung in der Menschenwürdegarantie fordert das vom Bundesverfassungsgericht anerkannte Recht auf Suizid mindestens über die Schutzpflichtenlehre auch Anerkennung im Zivilrecht. Hier steht sodann insbesondere die Rechtfertigung von Rettungshandlungen nach den Vorschriften der Geschäftsführung ohne Auftrag auf dem Prüfstand. Es ist sogar an Aufopferungspflichten zugunsten Suizidwilliger zu denken. Eine Rettungshandlung kann in der weiteren Konsequenz auch Schadensersatzpflichten in unmittelbarer Anwendung von § 823 Abs. 1 BGB nach sich ziehen. Hier wäre bei der Frage der Haftungsfolgen insbesondere die sog. *wrongful-life*-Problematik im Hinblick auf materielle und immaterielle Schäden wegen unerwünschten Weiterlebens neu zu verhandeln. Der negato-

rische Schutz des Rechts auf Suizid im Rahmen von Notwehr und Nothilfe könnte aufgrund der vom Bundesverfassungsgericht angenommenen Höchstrangigkeit dieses Rechts erhebliche und schwerwiegende Eingriffe in Rechtsgüter von Rettern rechtfertigen.

4. Der Rechtswissenschaft kommt nicht nur die Beurteilung der Folgen verfassungsgerichtlicher Entscheidungen zu, sondern ebenso die Überprüfung ihrer Schlüssigkeit und Tragfähigkeit. Das entspricht nicht nur dem Selbstverständnis der Wissenschaft, sondern ist im Rechtsstaat unverzichtbar, um auch höchsten Gerichten in ihrem Dienst am Recht eine Selbstkorrektur zu ermöglichen.
5. Die Suizidhilfe-Entscheidung des Bundesverfassungsgerichts zeichnet sich durch eine unzureichende Reflexion des Problems der Freiwilligkeit eines Suizids aus. Die vom Gericht selbst adressierten Situationen sind stets solche prekärer Freiheit, weshalb sich die Frage stellt, ob hier nicht durchgehend strukturelle Selbstbestimmungsdefizite vorliegen, wie sie das Gericht in anderen Zusammenhängen für ausreichend angesehen hat, um die ungeschmälerte Wirksamkeit willensbasierter Entscheidungen zu verneinen.
6. Der Suizid ist entgegen der Annahme des Bundesverfassungsgerichts kein taugliches Mittel zur „Wahrung“ der Persönlichkeit. Die Persönlichkeit endet vielmehr mit dem Tod, auch wenn der würdebedingte Achtungsanspruch über den Tod hinausreicht.
7. Das Bundesverfassungsgericht vernachlässigt die Dynamik und die Wandlungsfähigkeit des Selbstbildes, des Selbstverständnisses und der Selbstwahrnehmung des Menschen und übersieht damit alternativ zum Suizid bestehende Möglichkeiten einer Wahrung der Persönlichkeit *im Leben*. Es übergeht deshalb auch die rechtliche Zulässigkeit einer Aktivierung der inneren lebensbejahenden Kräfte durch den Verzicht auf eine positive wertbasierte subjektivrechtliche Erfassung des Suizids.
8. Das Bundesverfassungsgericht erstreckt die Autonomie des Einzelnen auch auf deren Beseitigung, was mit anderen Konstellationen, in denen die eigene Autonomie ohne Selbsttötung freiwillig (partiell) beseitigt werden soll, nicht hinreichend abgestimmt erscheint. Die Erstreckung der Autonomie auf ihre eigene Beseitigung erfolgt aber auch ohne Not. Denn die Subjektstellung des Suizidenten bleibt ebenso gewahrt, wenn ein Recht auf Suizid nicht anerkannt wird. Es genügt hierfür, die Selbsttötung von jedem Rechtswidrigkeitsurteil frei zu halten und damit insbesondere Fortlebens- und Selbsterhaltungspflichten zugunsten Dritter oder der Gemeinschaft klar zurückzuweisen.
9. Die mangelnde Tragfähigkeit der Ableitungen des Bundesverfassungsgerichts führt zur Verneinung eines Rechts auf Suizid als Aus-

prägung des allgemeinen Persönlichkeitsrechts (Art. 1 Abs. 1 GG i.V.m. Art. 2 Abs. 1 GG). Ein solches Recht ergibt sich auch nicht als gleichsam „negative" Seite des Rechts auf Leben aus Art. 2 Abs. 2 Satz 1 GG.

10. Eine Suizidverhinderung kann auch ohne Anerkennung eines Rechts auf Suizid rechtswidrig sein, weil die entsprechende Rettungshandlung regelmäßig in die allgemeinen Rechte und Rechtsgüter des Suizidwilligen eingreifen muss. Das hat der Suizidwillige als Inhaber dieser Rechte nicht etwa aus Gründen der Höchstrangigkeit des Lebensschutzes zu dulden. Entscheidend für die Rechtmäßigkeit entsprechender Eingriffe bleibt seine Einwilligung, die aber etwa bei einem Apell-Selbstmord durchaus gegeben sein kann. Bei einer Selbsttötungsabsicht auf defizitärer Willensgrundlage kann sich eine Rechtfertigung aus mutmaßlichem Willen ergeben. Fehlt bei tatsächlich freiwilliger Selbsttötungsabsicht eine entsprechende Einwilligung und wurde dies vom Retter schuldhaft übersehen oder missachtet, kann bei einer hierauf gestützten Schadensersatzhaftung gleichwohl nie ein Ersatz des durch das unerwünschte Weiterleben erlittenen Schadens in Betracht kommen.
11. Die Suizidhilfe hat gegenüber dem Suizid einen eigenständigen Unwertgehalt. Über ihre rechtliche Zulassung ist deshalb unabhängig von der Frage eines Rechts auf Suizid zu entscheiden. Dabei kann es nicht nur um die Gefahren für die Autonomie der lebensbeendenden Entscheidung des Suizidenten gehen. Es müssen auch die Rückwirkungen auf die Anstrengungen der Rechtsgemeinschaft zur Gewährleistung würdegerechter und vorzeitige Sterbewünsche möglichst verhindernder *Lebens*bedingungen bedacht werden. Von diesen Anstrengungen darf sich die Gemeinschaft nicht durch Schaffung einer möglichst niederschwelligen, von schmerz- und angstbedingten Hürden weitgehend befreiten „Exit-Option" entlasten. Hiernach sollte die Suizidhilfe nur als *ultima ultima ratio* zugelassen werden, wo die Verweigerung jeder Hilfe umschlagen müsste in einen geradezu unbarmherzigen, gänzlich inhumanen und von völliger Anteilslosigkeit geprägten Akt. Daran ist insbesondere dort zu denken, wo ein zweifelsfrei selbstbestimmter Wunsch, das eigene Leben zu beenden, ohne fremde Hilfe nicht (mehr) zu realisieren ist und es zudem so gut wie ausgeschlossen erscheint, dass der erloschene Lebenswille des Betroffenen während seiner noch absehbaren Lebenszeit zurückkehren wird.
12. Anders als bei Anerkennung eines höchstrangigen Rechts zum Suizid, wie sie das Bundesverfassungsgericht vorgenommen hat, entsteht mit den hier entwickelten Thesen keine automatische Sogwirkung auf die Tötung auf Verlangen (§ 216 StGB). Eine vorsichtige Öffnung in allerengsten Grenzen für Extremfälle ist gleich-

wohl auch hiernach nicht ausgeschlossen. Sollte man sich zu ihr durchringen, müsste allerdings die Beachtlichkeit einer Patientenverfügung für den Fall der im Tötungszeitpunkt verlorenen Fähigkeit zur freien Willensbildung kategorisch ausgeschlossen sein. Eine solche Anerkennung würde sich, wenn sie nicht schon bei leisesten Zweifeln am Fehlen einer natürlichen Übereinstimmung mit dem Tötungsgeschehen gesperrt wäre, in der Sache als Verfügungsrecht eines Dritten über das Leben des Betroffenen darstellen. Um dies zu verhindern und um damit auch keine gedankliche Brücke zur allgemeinen Anerkennung eines Verfügungsrechts Dritter über fremdes Leben zu bauen, dürfte einer entsprechenden Patientenverfügung hier deshalb von vornherein keine Beachtung zukommen.

Prof. Dr. iur. Gunnar Duttge

Autonomieschutz durch strafrechtliche Autonomiebegrenzung?

Zur Relevanz des Strafrechts im Kontext des (assistierten) Suizids

I. Rechtsphilosophische Präliminarien

In einer freiheitlich verfassten Rechtsordnung stehen nicht das Kollektiv und die „gute Ordnung"[1], sei sie als göttliche oder „vernunftgemäß natürliche" gedacht, sondern steht der Einzelne mit seinem Anspruch auf schöpferische Selbstentfaltung, Emanzipation und Selbstverantwortung seiner Lebensziele im Mittelpunkt. Im Zuge der neuzeitlichen Aufklärung ist es daher das Individuum als Subjekt seiner selbst, das „nach dem Schwinden der vorgegebenen absoluten Ordnungen das [für sich][2] Richtige entwirft."[3] Aufrechten Ganges sucht und konstituiert er selbst seinen Platz in dieser Welt und erlangt ihn nicht kraft heteronomer Zuweisung durch einen „Vormund". Die Ordnungsfunktion des Rechts, die dem Menschen als Teil der *societas* auf- und nicht mehr vorgegeben ist, legitimiert sich aus der Notwendigkeit des Zusammentreffens einer Vielzahl prinzipiell gleichberechtigter Individuen mit ihrem je eigenen, die anderen aber potentiell bedrohenden Macht- und Geltungsanspruch. Politisch-rechtliche Ordnung ist strukturgebende „Konfigurati-

[1] Dazu näher in historischen Anwendungskontexten die Beiträge im Band von Irene Dingel/Armin Kohnle (Hrsg.), Gute Ordnung. Ordnungsmodelle und Ordnungsvorstellungen in der Reformationszeit, 2014.

[2] Zusatz durch Verf.

[3] *Hans Ryffel*, Rechts- und Staatsphilosophie. Philosophische Anthropologie des Politischen, 1969, S. 303.

on"[4] im Angesicht von (potentiellen) Gegensätzen – oder in der Diktion des Bonner Rechtsphilosophen *Günther Jakobs*: „Der Gewalthaber muss der Welt der nur eigene Präferenzen maximierenden Wesen das Muster einer Welt gruppentauglicher Wesen aufprägen."[5]

Einer jeden „Ordnung" ist *per definitionem* die Unterordnung immanent; offen ist allein deren Zweck und Ausmaß: In einer absoluten Ordnung verkommt der Einzelne zu einer vernachlässigbaren Größe, die eben dieser Ordnung geopfert wird. Demgegenüber besteht die Pointe einer demokratisch legitimierten, den gemeinsamen politischen Willen aller Rechtsgenossen repräsentierenden Ordnung darin, dass eine über sich selbst disponierende Rechtsgemeinschaft gar nicht anders kann, als die Eigenwertigkeit ihrer einzelnen Mitglieder als „Personen" (jedenfalls in einem existentiellen Kern) anzuerkennen und als unverfügbaren Bestandteil des „Allgemeininteresses" auszuzeichnen. Die Setzung allgemeinverbindlicher Rechtsregeln kann aus dieser Warte daher – mit *Volker Gerhard* – nur überzeugen, „solange sie ihre prinzipielle [...] Bedingung, nämlich die zur selbstbewussten Individualität gesteigerte Verfassung des Einzelnen, mit allen Mitteln zu sichern versucht."[6] Die verfassungsrechtliche Verankerung von Grund- und Menschenrechten auf der Basis einer unverfügbaren und unverlierbaren Rechtssubjektivität („Menschenwürde") war in der jüngeren Geschichte der Rechtsentwicklung der erfolgreiche Modus zur Etablierung eines „(rechts-) normativen Individualismus", der das einzelne Individuum als „letzte Legitimationsquelle und letzten Zweck" allen Rechts ansieht.[7] In diesem Sinne setzte der Herrenchiemseer Entwurf eines Grundgesetzes an die Spitze bekanntlich die programmatische Festlegung, dass „der Staat um des Menschen willen da [ist], nicht der Mensch um des Staates willen."[8] Als eine zentrale Konkretisierung desselben artikuliert das Autonomieprinzip: „Jeder einzelne Mensch darf über das, was ihn betrifft, selbst entscheiden."[9]

4 *Georg Wieland*, Die Ordnung des Kosmos und die Unordnung der Welt, in: Bernd Schneidmüller/Stefan Weinfurter (Hrsg.), Vorträge und Forschungen: Ordnungskonfigurationen im hohen Mittelalter, 2006, S. 19ff.

5 *Günther Jakobs*, Norm, Person, Gesellschaft. Vorüberlegungen zu einer Rechtsphilosophie, 3. Aufl. 2008, S. 31.

6 *Volker Gerhard*, Individualität. Das Element der Welt, 2000, S. 162.

7 *Dietmar von der Pfordten*, Normativer Individualismus und das Recht, JZ 2005, S. 1069ff. (1080).

8 JöR n.F. 1 (1951), S. 42ff.; s. auch den Bericht des Unterausschusses I des Verfassungskonvents, in: Der Parlamentarische Rat 1948–1949, Akten und Protokolle, Bd. 2 (1981), S. 217: „An die Spitze sollte eine Bestimmung gestellt werden, welche die grundverschiedene Auffassung eines freiheitlich-demokratischen Staates gegenüber der des totalitären Diktaturstaates der jüngsten Vergangenheit in aller Schärfe hervorhebt".

9 *Dietmar von der Pfordten*, Rechtsethik, 2001, S. 446.

Die hiermit dem Einzelnen je individuell garantierte „normative Autorität“[10] zur Selbstgesetzgebung (von potentiell praktischer Wichtigkeit für die je eigenen Lebensziele) meint keine beliebige *ad hoc*-„Selbstbestimmung“, sondern die schöpferische Etablierung und Konkretisierung eines selbstgesetzten Rahmens von Regeln,[11] nach denen sich mittels *individuell* „guter Gründe“[12] das eigene Handeln und Entscheiden ausrichten soll. Daraus resultieren zwei hochbedeutsame Konsequenzen: Zum einen ist damit *a principio* ausgeschlossen, dass der normative Grund für den geschuldeten Respekt gegenüber „autonomen“ Entscheidungen von einer externen Instanz nach Maßgabe einer extern geprägten inhaltlichen „Richtigkeit“, „Vernünftigkeit“ oder Vorstellung vom „gelungenen Leben“ gesetzt werden könnte. Damit ginge eine Konfundierung von Autonomie und Moral einher, die bereits der Karlsruher Philosoph *Christian Seidel* treffend zur Anschauung gebracht hat: „Wer seine Kollegin belügt oder als Mafioso Geld eintreibt, macht zwar etwas moralisch falsch, aber wir sprechen beiden nicht auch ihre Autonomie ab.“[13] Zudem geben autonome Entscheidungen des Einzelnen im Unterschied zu deren „Vernünftigkeit“ oder „Moralität“ keinen Grund, dass andere ebenso handeln oder leben; vielmehr appelliert das Autonomieprinzip an diese gerade, sich ihres eigenen Verstandes zu bedienen.

Zum zweiten ist die Anbindung dieses nur für den je Einzelnen Geltung beanspruchenden Ordnungsrahmens an eine je individuelle Werthaltung und Vernünftigkeit gerade der Grund für die hohe Wertigkeit des Autonomieanspruchs: Akte der Missachtung stellen nicht bloß die jeweils singuläre Entscheidung, sondern die Person als Ganzes in Frage. Denn erst aus seinem Bezug zu dem gesamten Selbst- und Weltverständnis einer Person gewinnt der einzelne Lebensakt seine besondere Ernsthaftigkeit und Nachdrücklichkeit; deshalb „steht dort, wo uns eine Entscheidung wichtig ist, der ganze Erwartungskontext des eigenen Daseins mindestens im Hintergrund; [...] indem ich mich konkret auf eine Handlung festlege und mit ihr deutlich mache, als wer ich darin erkannt werden will, optiere ich nicht nur für einen Selbstbegriff, sondern zugleich für eine Lebensform.“[14]

10 *Catriona Mackenzie*, Relational Autonomy, Normative Authority and Perfectionism, JOSP 39 (2008), S. 512ff. (512).

11 *Marina A. L. Oshana*, Personal Autonomy and Society, JOSP 29 (1998), S. 81ff. (101f.): „framework of rules one sets for oneself“.

12 *Beate Rösler*, Bedingungen und Grenzen der Autonomie, in: Herlinde Pauer-Studer/Herta Nagl Docekal (Hrsg.), Freiheit, Gleichheit, Autonomie, 2003, S. 327ff. (328).

13 *Stefan Seidel*, Personale Autonomie als praktische Autorität, DZPh 59 (2011), S. 897ff. (905).

14 *Volker Gerhard*, Selbstbestimmung. Das Prinzip der Individualität, 1999, S. 407 und 409.

II. Autonomieschutz im Strafrecht

Die besondere Werthaftigkeit dieses Anspruchs auf größtmögliche „Selbstlenkung“[15] und selbstverantwortete Lebensgestaltung verlangt nach rechtlichem, auch strafrechtlichem Schutz vor Übergriffen. Das geltende Strafrecht kommt dieser Aufgabe in differenzierender, nach den verschiedenen Dimensionen personaler Entfaltung und deren funktionaler Basis unterscheidender Weise nach: So soll die Strafandrohung beispielhaft im Kontext der Tötungsdelikte (§§ 211 ff. StGB) von Angriffen auf das Lebensrecht des Einzelnen abschrecken, der Körperverletzungsdelikte (§§ 223 ff. StGB) von Übergriffen in die körperliche Integrität, der Sexualdelikte (§§ 174 ff. StGB) von einem gewaltsam erzwungenen Sexualverhalten oder einer aufgedrängten Konfrontation hiermit (§§ 183, 183a, 184 ff. StGB),[16] der Freiheitsdelikte (§§ 232 ff. StGB) von nötigendem Zwang in Bezug auf die Fortbewegungs- und Willensentschließungsfreiheit des Menschen und anderes mehr. Stets manifestiert sich in jenen Straftatbeständen, die jeweils typisierend das als strafwürdig ausgezeichnete Verhalten mit Kriminalstrafe bedrohen, eine besondere Wertschätzung für jene „Rechtsgüter“ (wie Leben, körperliche Unversehrtheit, sexuelle Selbstbestimmung u.a.m.), die entweder unmittelbar oder vermittelt durch die Funktionalität sozialer Systeme oder Institutionen die „freie Entfaltung des Einzelnen [und] die Verwirklichung seiner Grundrechte“[17] ermöglichen (sog. „personaler Rechtsgutsbegriff“).[18] Dies wiederum resultiert aus der rechtsimmanenten Inkorporierung des Strafrechts in die normenhierarchisch vorgelagerte verfassungsrechtliche Werteordnung auf dem Fundament der Menschenwürdegarantie und – als ihr Korrelat – der individualbezogenen Autonomieidee als tragende Konstitutionsprinzipien der geltenden Rechtsordnung.[19] Mit den Worten des argentinischen Strafrechts-

[15] *Charles Taylor*, Negative Freiheit? Zur Kritik des neuzeitlichen Individualismus, 1988, S. 122.

[16] Dazu näher *Luís Greco*, Strafbare Pornographie im liberalen Staat – Grund und Grenzen der §§ 184, 184a-d StGB, RW 2011, S. 275 ff. (292 ff.).

[17] *Claus Roxin/Luís Greco*, Strafrecht Allgemeiner Teil, Bd. I, 5. Aufl. 2020, § 2 Rn. 7.

[18] *Winfried Hassemer*, Strafen im Rechtsstaat, 2000, S. 166; s. auch *Detlev Sternberg-Lieben*, Die Sinnhaftigkeit eines gesetzgebungskritischen Rechtsgutsbegriffs, in: Carl-Friedrich Stuckenberg/Klaus Ferdinand Gärditz (Hrsg.), Strafe und Prozess im freiheitlichen Rechtsstaat. Festschrift für Hans-Ullrich Paeffgen, 2015, S. 31 ff. (31 f.); *Thomas Weigend*, Bewältigung von Beweisschwierigkeiten durch Ausdehnung des materiellen Strafrechts?, in: Kurt Schmoller (Hrsg.), Festschrift für Otto Triffterer, 1996, S. 695 ff. (711).

[19] Statt vieler nur *Ioannis Gkountis*, Autonomie und strafrechtlicher Paternalismus, 2011, S. 201 f.; s. auch *Claus Roxin*, Der gesetzgebungskritische Rechtsgutsbegriff auf dem Prüfstand, GA 2013, S. 433 ff. (449 ff.); krit. dagegen *Armin*

wissenschaftlers *Edgardo Donna*: Aus der Perspektive eines liberalen Strafrechts sollten die zur Strafverfolgung berufenen Justizorgane „nur dann einschreiten, wenn die Lebensplanung der Individuen aus individueller oder gesellschaftlicher Sicht *gegen deren Willen* zerstört oder gestört wird."[20]

Damit die Rechtsgutslehre, vorrangig für die strafgesetzliche (tatbestandliche) Vertypung (und deren Interpretation) bedeutsam, nicht in eine „Tyrannei des Rechtsguts gegen dessen Inhaber"[21] mündet, steht das Unrechtsurteil rechtsgutsverletzender/-gefährdender Taten (im Kontext von Strafnormen zum Schutz von Individualrechtsgütern) grundsätzlich unter dem Vorbehalt der Disposition durch den „an sich"[22] Verletzten: Er kann den eigentlichen Rechtsbruch mittels wirksamer Einwilligung zu einem rechtlichen Nullum machen, denn einem Zustimmenden widerfährt kein Unrecht: „Nulla iniuria est, quae in volentem fiat."[23] Man kann daher im Rechtsinstitut der Einwilligung – straftatsystematisch je nach konkreter Ausgestaltung des betreffenden Tatbestandes entweder schon als Tatbestandsausschluss- oder aber als Rechtfertigungsgrund relevant – den „wichtigsten Ausdruck" einer Anerkennung des Autonomiegedankens im Strafrecht sehen.[24] Dieser rechtsnormativ weichenstellende Charakter der Einwilligung zeigt sich nicht zuletzt auch im Kontext des ärztlichen Heileingriffs: Hier ist seit langem unbestritten, dass der „mündige" Patient selbst bei vitaler Indikation ein Therapieangebot folgenreich ablehnen wie umgekehrt mit seinem „informed consent"[25] (vgl. §§ 630d, e BGB) die vorübergehende Preisgabe seiner körperlichen Integrität (bei Wahrung der ärztlichen Professionalität) ebenso legitimieren kann. Dieses Anschauungsbeispiel verdeutlicht

Engländer, Revitalisierung der materiellen Rechtsgutslehre durch das Verfassungsrecht?, ZStW 127 (2015), S. 616ff. (624ff.).

20 *Edgardo Alberto Donna*, Ethische Autonomie des Menschen als wesentliches Rechtsgut, in: Roland Hefendehl/Tatjana Hörnle/Luís Greco (Hrsg.), Streitbare Strafrechtswissenschaft. Festschrift für Bernd Schünemann, 2014, S. 17ff. (25) (Hervorhebung vom Verfasser).

21 *Ulfrid Neumann*, „Alternativen: keine" – Zur neueren Kritik an der personalen Rechtsgutslehre, in: Ulfrid Neumann/Cornelius Prittwitz (Hrsg.), „Personale Rechtsgutslehre" und „Opferorientierung im Strafrecht", 2007, S. 85ff. (93).

22 Innerhalb der sozialen Lebenswelt bleibt die Verletzung natürlich unangetastet, aber normativ entfällt bei (wirksamer) Einwilligung des Betroffenen dessen Status als Opfer begangenen Unrechts.

23 *Ulpian*, Dig. 47.10.1.5. – näher zur Historie dieses Rechtssatzes: *Richard M. Honig*, Die Einwilligung des Verletzten, 1919; klassisch *Arthur Schopenhauer*, Preisschrift über die Grundlage der Moral, 1840, § 5.

24 So *Dorothea Magnus*, Philosophische und strafrechtliche Begründungen der Autonomie der Person, ZRph 2017, S. 225ff. (226).

25 Grundlegend *Ruth R. Faden/Tom L. Beauchamp*, A History and Theory of Informed Consent, 1986; *Tom L. Beauchamp/James F. Childress*, Principles of Biomedical Ethics, 5. Aufl. 2001, S. 77ff.

dabei zugleich: Die Idee individueller Selbstbestimmung als verfassungsrechtlich-rechtsethischer Grundlage des Einwilligungsprinzips schließt unvermeidlich – als Kehrseite – die Selbst*verantwortung* des Zustimmenden ein: „Der Einzelne wird an seinem einmal geäußerten Willen festgehalten, ihm wird [...] die ursprünglich mögliche Berufung auf die Normwidrigkeit der Handlung abgeschnitten."[26] Aus diesem Grund drängt es sich geradezu auf, dass die „wahrheitsgemäße Ermittlung" – oder realitätsgerechter: konsistente Rekonstruktion – des Patientenwillens der besonderen Sorgfalt bedarf, und eben deshalb wird um diesen *in praxi* – etwa bei der Interpretation von Patientenverfügungen (§ 1901a Abs. 1 BGB) sowie der Frage nach der rollenspezifischen „Zuständigkeit" hierfür[27] – mit besonderer Intensivität gerungen.

Das Beispiel des „ärztlichen Heileingriffs" sensibilisiert zugleich für die spezifische Eigengesetzlichkeit des Strafrechts: Art und Intensität des in Frage stehenden Rechtsgutsangriffs bilden den zentralen Fokus für die rahmenartige Kategorisierung des dem überführten Täter abverlangten, durch die Begehung strafwürdigen Unrechts verwirkten „Strafschmerzes."[28] Eben deshalb lässt sich im Falle der „eigenmächtigen Heilbehandlung" (bei ansonsten beherzigter Beachtung der *leges artes*) nicht mit der Körperverletzungsdoktrin der höchstrichterlichen Rechtsprechung[29] abfinden; denn die Missachtung der Patientenautonomie beinhaltet keinen Verstoß gegen das körperspezifische Schädigungsverbot, sondern eine Herabwürdigung des Patienten als Person, oder anders formuliert: kategorial betroffen ist nicht die biologische, sondern die persönlichkeitsrechtliche Dimension des Menschen.[30] Die Legitimität der späteren Bestrafung im konkreten Einzelfall, aber ebenso bereits der zuvor *in abstracto* an die Allgemeinheit adressierten Strafandrohung steht und fällt jedoch mit deren Korrelation zu einem „passenden" strafwürdigen Unrecht, resultierend aus der ihm inhärenten (vermeidbar-pflichtwidrigen) Verletzung oder Gefährdung eines hinreichend werthaltigen Rechtsguts. Kriminalstrafe ist also begriffsnotwendig die Reaktion[31] der Rechtsgemeinschaft auf den vorausge-

[26] *Ansgar Ohly*, „Volenti non fit iniuria". Die Einwilligung im Privatrecht, 2002, S. 65.

[27] Kritisch zu der in der klinischen Praxis – in Widerspruch zu § 1901a Abs. 1 Satz 2 BGB – weithin beanspruchten „ärztlichen Deutungshoheit": *Gunnar Duttge*, Patientenverfügungen unter ärztlicher Deutungshoheit?, Intensiv- und Notfallmedizin 2011, S. 34 ff.

[28] *Günther Jakobs*, Staatliche Strafe: Bedeutung und Zweck, 2004, S. 32.

[29] Seit RGSt 25, 375 (380 ff.), insbes. BGHSt 11, 111 (112); BGH, NStZ 1996, S. 34; BGH, NJW 2000, S. 885.

[30] Eine strafgesetzliche Reform fordert daher jüngst auch der *Kriminalpolitische Kreis*, Für eine sachgerechte Regelung der eigenmächtigen Heilbehandlung, medstra 2021, S. 65 ff.

[31] Wie hier bereits grdl. *Michael Pawlik*, Person, Subjekt, Bürger, 2004, S. 89 ff.

gangenen (schuldhaften) Regelbruch, der nach Einschätzung des Normgebers (in der Regel) einen negativ fühlbaren, namens des „Volkes" tadelnden und zugleich die weitere Normgeltung[32] klarstellenden „Schuldausgleich" (vgl. §§ 46 Abs. 1, 57a Abs. 1 Nr. 2 StGB)[33] erforderlich macht. Sollte dabei die Verhängung und ggf. Vollstreckung einer Kriminalstrafe in der Folge auch präventive, die Erwartung künftiger Legalität stabilisierende Wirkungen zeitigen, sei es auf den Delinquenten selbst oder auf potentielle Nachahmer gerichtet, sei es im Sinne einer Stärkung der Rechtstreue oder der Abschreckung: So sehr solche Wirkungen zweifelsohne erwünschte Begleiteffekte einer Bestrafung sind, bilden sie nicht deren genuinen Anlass und Zweck.[34] Wollte man dagegen auf den fundamentalen Legitimationszusammenhang von personalem Unrecht und Strafe verzichten und die Setzungen des Strafgesetzgebers anstelle dessen ganz auf die erhoffte Prävention ausrichten, so hört dieses Strafrecht auf, noch „Straf"-Recht zu sein; es würde vielmehr zu einem nur noch unselbstständigen, beliebig instrumentalisierbaren Teil eines allgemeinen „Sicherheitsrechts."[35]

III. Grenzen des Strafrechts im Lichte des Autonomieprinzips

Das Erfordernis eines rechtsgutsbezogenen Unrechts (von hinreichendem Gewicht) als Basis für die Androhung und Verhängung einer Kriminalstrafe bildet in letzter Konsequenz nur mehr eine bereichsspezifische Konkretisierung des allgemeinen verfassungsrechtlichen Verhältnismäßigkeitsgrundsatzes: Die strafrechtstheoretische Aufklärung von Bezugs-

[32] Welche durch die „normative Selbstüberhöhung" des Täters in Frage gestellt ist: *Michael Pawlik*, Normbestätigung und Identitätsbalance. Über die Legitimation staatlichen Strafens, 2017, S. 30; zur Funktion der Strafe als einer klärenden Reaktion des Rechts auch *Wolfgang Frisch*, Strafkonzept, Strafzumessungstatsachen und Maßstäbe der Strafzumessung, in: Claus-Wilhelm Canaris, Andreas Heldrich u.a. (Hrsg.), 50 Jahre Bundesgerichtshof. Festgabe aus der Wissenschaft, Bd. IV, 2000, S. 269ff. (279).

[33] Siehe auch BVerfGE 45, 187 (253f.); 109, 133 (173); 120, 224 (253f.); 128, 326 (374); 133, 168 (198 Rn. 55); BGH, StV 2014, S. 611; BGH, NStZ 2018, S. 276; BGH, NStZ 2019, S. 601 (601 Rn. 14); BGH, NStZ-RR 2019, S. 105 und mehr.

[34] Überzeugend gegen eine Trennung von „Begriff" und „Zweck" der Kriminalstrafe: *Tonio Walter*, Strafe und Vergeltung – Rehabilitation und Grenzen eines Prinzips, 2016, S. 12; bezeichnend *Benno Zabel*, Welche Freiheit schützt das Strafrecht?, ZStW 133 (2021), S. 358ff. (373f.): „*schuldbezogene* Kontingenzbewältigung".

[35] Zu dieser längst im Gange befindlichen „Funktionalisierung" des Strafrechts statt vieler nur: *Ulrich Sieber*, Der Paradigmenwechsel vom Strafrecht zum Sicherheitsrecht, in: Ulrich Sieber/Klaus Tiedemann/Helmut Satzger/Christoph Burchard/Dominik Brodowski (Hrsg.), Die Verfassung moderner Strafrechtspflege – Erinnerung an Joachim Vogel, 2016, S. 349ff.

punkt und Angriffsdimension eines typisierten Verstoßes gegen das Gebot des „neminem laedere“ erlaubt es, die übergreifende Idee vom Strafrecht als „ultima ratio“[36] durch Typenbildungen besser operationabel zu machen: In Bezug auf das „Inwieweit“ wecken vor allem abstrakte Gefährlichkeitsdelikte[37] und Vorfeldtatbestände Legitimitätszweifel, in Bezug auf das „Ob“ sind es im Wesentlichen Tatbestände, die ohne erkennbares sozialschädliches Potential allenfalls „Unsittlichkeiten“ (bspw. abweichende Moralvorstellungen in eigenen Angelegenheiten, etwa hinsichtlich der sexuellen Orientierung), „rein ideologisch motivierte Zwecksetzungen“ oder eine bloß „bekenntnishaft-symbolische Demonstration“ gesellschaftlich erwünschter Werthaltungen (sog. „Klimadelikte“) zum Gegenstand haben (ein vieldiskutiertes Beispiel ist die Auschwitzlüge, § 130 Abs. 3 StGB).[38] Ebenso liegt es, wenn Schutzobjekte von „unangreifbarer Abstraktheit“[39] (wie insbesondere der „öffentliche Friede“[40]) die Strafnorm rechtfertigen sollen, ohne dass die postulierte „Beeinträchtigung des friedlichen Zusammenlebens“ sachbezogen und empirisch-lebensweltlich greifbar wird. Zu letztgenanntem wird man vom Gesetzgeber um der rechtsstaatlichen Rationalität willen daher verlangen müssen, dass die einer Verbotsregelung zugrundeliegende Gefahrenprognose auf zureichender Faktenbasis plausibilisiert und der gesamten Rechtsgemeinschaft transparent gemacht wird.[41]

Dies gewinnt umso größere Bedeutung, als die Behauptung einer zu besorgenden Drittschädigung (in Bezug auf andere Individuen, gesellschaftsrelevante Institutionen oder umgrenzte Bereiche der sozialen

36 Überblick zu den verschiedenen konzeptionellen Ansätzen mit eigener – freiheitsrechtlich fundierter – „relativ-relationaler Schrankenbestimmung“ *Matthias Jahn/Dominik Brodowski*, Das Ultima-Ratio-Prinzip als strafverfassungsrechtliche Vorgabe zur Frage der Entbehrlichkeit von Straftatbeständen, ZStW 129 (2017), S. 363ff.

37 Zur Begrifflichkeit – abweichend vom tradierten „abstrakten Gefährdungsdelikt“ – näher *Hans Joachim Hirsch*, Systematik und Grenzen der Gefahrdelikte, in: Ulrich Sieber/Gerhard Dannecker/Urs Kindhäuser/Joachim Vogel/Tonio Walter (Hrsg.), Strafrecht und Wirtschaftsstrafrecht. Festschrift für Klaus Tiedemann zum 70. Geburtstag, 2008, S. 145ff. (148ff.).

38 Zu dieser Typenbildung näher *Roxin/Greco,* Strafrecht (Fn. 17), § 2 Rn. 13ff.

39 *Roxin/Greco,* Strafrecht (Fn. 17), § 2 Rn. 45cff.

40 Krit. zu den sog. „Friedensschutzdelikten“ z.B. *Roland Hefendehl,* Kollektive Rechtsgüter im Strafrecht, 2002, S. 284ff.; *Tatjana Hörnle,* Grob anstößiges Verhalten, 2005, S. 90ff.

41 Eine Verfassungspflicht des Gesetzgebers zur Vornahme und Offenlegung eines „plausiblen Prognoseschlusses im Sinne eines stochastischen Wahrscheinlichkeitsurteils“ hat jüngst eingehend *Simone Ruf* begründet, in: *dies.,* Die legislative Prognose, 2021, insbes. S. 83ff., 117ff., 125; s. auch *Gunnar Duttge,* „Streitobjekt Cannabis“: Anforderungen an eine rationale Gesetzgebung, in: Gunnar Duttge/Rainer M. Holm-Hadulla/Jürgen L. Müller/Melanie Steuer (Hrsg.), Verantwortungsvoller Umgang mit Cannabis, 2017, S. 179ff. (183ff.).

Welt *in toto*[42]) vortrefflich geeignet ist, das Autonomieprinzip auszuhebeln: Denn dieses findet notwendig seine Grenze (und öffnet den Raum für rechtliche Regulierung), wenn sich das menschliche Handeln schädigend im sozialen Raum auswirkt bzw. ernstlich auswirken kann (vgl. Art. 2 Abs. 1 GG: Grundprinzip der gleichen Handlungsfreiheit aller Mitglieder der Rechtsgemeinschaft). Und darüber hinaus kommt dem Autonomieprinzip natürlich seine normative Geltungskraft nur insoweit zu, als beim jeweiligen Rechtssubjekt auch vom Vorhandensein der notwendigen Autonomiebefähigung ausgegangen werden darf. Fehlt es hingegen an einem „autonomen" Handlungsentschluss, so ist Rechtszwang – nach Maßgabe des *Ultima-Ratio*-Prinzips u. U. auch das „Schwert des Strafrechts" – grundsätzlich legitim: zwar weniger in Bezug auf den unfrei sich selbst Schädigenden (vgl. § 20 StGB bzw. § 827 BGB), wohl aber adressiert an jeden Beförderer dieser Selbstschädigung bis hin zu jenem, der den Handelnden als „Werkzeug gegen sich selbst"[43] instrumentalisiert (vgl. § 25 Abs. 1 Alt. 2 StGB: mittelbare Täterschaft). Ein unfreier, etwa durch Täuschung oder Zwang verzerrter Wille erfüllt nicht die Bedingungen seiner unbedingten Beachtlichkeit, sondern rückt anstelle dessen das Prinzip der Fürsorge (auf verfassungsrechtlich-institutioneller Ebene: die staatliche Schutzverpflichtung) in den Vordergrund.[44]

Besonderes Augenmerk beanspruchen daher zwei zentrale Weichenstellungen, an denen sich rechtsethisch entscheidet, ob der betreffenden Tatkonstellation regelungsbedürftiges Unrecht (zu Lasten Dritter oder des Handelnden selbst) oder aber eine „autonome" und deshalb respektpflichtige Entscheidung in eigenen Angelegenheiten inhärent ist: Fehlt es in letzterem Sinne an einem (hinreichend gewichtigen) Fremdschädigungspotential, so dass sich die aus dem „Harm Principle"[45] speisende Schutz- und Kompatibilitätsaufgabe mit Blick auf kollidierende Freiheitsansprüche gar nicht erst stellt, und bestehen auch keine begründeten Zweifel an der kognitiven Kapazität der Betroffenen zur Selbstreflexion und Umsetzung einer subjektiv rationalen Richtigkeitsvorstellung (unabhängig von deren Überzeugungskraft für andere), so wäre einem hoheitlichen Eingriff freiheitsrechtlich die Illegitimität geradezu auf die Stirn geschrieben: denn er missachtet „die Selbstständigkeit des

42 Wie z.B. den Straßenverkehr (§§ 315bff. StGB) oder die Umwelt (§§ 324ff. StGB).

43 Vgl. BGHSt 32, 38 (41f.); 59, 150 (168 Rn. 73), BGH, NStZ 2011, S. 341 (342 Rn. 10); BGH, MedR 2014, S. 812; BGH, NJW 2019, S. 3089 (3090 Rn. 16).

44 Statt vieler nur *Dieter Birnbacher*, Paternalismus im Strafrecht – ethisch vertretbar?, in: Andreas von Hirsch/Ulfrid Neumann/Kurt Seelmann (Hrsg.), Paternalismus im Strafrecht, 2010, S. 11ff. (13).

45 *John Stuart Mill*, On Liberty, 1985 (Original: London, 1859), S. 68f.

Daseins eines sich autonom [...] verstehenden Subjekts“[46]. Eine „väterliche Regierung (imperium paternale)“, die selbst den mündigen Rechtsunterworfenen eine eigenverantwortliche Entscheidung darüber, wie sie glücklich werden sollen, verweigert und anstelle dessen in die Passivität verweist, um die Antwort „von dem Urteile des Staatsoberhaupts [...] zu erwarten“: dies ist nach den klassischen Worten *Kants* „der größte denkbare Despotismus, d.h. eine Verfassung, die alle Freiheit der Untertanen, die alsdann gar keine Rechte haben, aufhebt.“[47] Oder anders formuliert: „Paternalistische Eingriffe dienen [allein] zum Schutz gegen unsere eigene Unvernunft [nach unserem Urteil und Reflexionsvermögen]; sie sind keinerlei Erlaubnis für Angriffe auf jemandes Überzeugungen und Charakter.“[48]

Aus der Perspektive der rechtsethischen Paternalismusdebatte gelangt das Recht (und umso mehr: das Strafrecht) somit immer dann an seine Legitimationsgrenzen, wenn das jeweilige Gesetz die folgenden drei Bedingungen erfüllt:[49]

1. Es schränkt die Freiheit der betroffenen Bürger ein;
2. und dies zwangsweise, d.h. ohne Zustimmung der betroffenen Bürger bzw. gar gegen deren Willen;[50]
3. dabei besteht die gesetzgeberische Intention und Rechtfertigung primär darin, das Wohlergehen der betroffenen Bürger zu fördern oder zu erhalten und insbesondere die Wahrscheinlichkeit ernster Schädigungen beim Handelnden zu verringern.[51]

Die erstgenannte Voraussetzung dürfte so lange keine größeren Interpretationsschwierigkeiten aufwerfen, wie die Verbotsnorm unmittelbar an die Betroffenen adressiert ist („direkter Paternalismus“). Unscharf wird sie jedoch, wenn der freiheitsbegrenzende Effekt nur mehr mittelbar spürbar wird: Dieser „indirekte Paternalismus“ begrenzt primär die Handlungsspielräume eines Dritten und wirkt sich in der Folge auf den eigentlich als schutzbedürftig Gemeinten nur insofern freiheitsbegrenzend aus, als dieser zur Verfolgung seiner Ziele der Unterstützung

46 *Michael Kahlo*, Paternalismus im deutschen Strafrecht der Sterbehilfe?, in: Michael Anderheiden/Hans M. Heinig/Peter Bürkli/Stephan Kirste/Kurt Seelmann (Hrsg.), Paternalismus und Recht, 2006, S. 259ff. (264).

47 *Immanuel Kant*, Über den Gemeinspruch: Das mag in der Theorie richtig sein, taugt aber nicht für die Praxis, in: Wilhelm Weischedel (Hrsg.), Werkausgabe Bd. XI, 1977, S. 125ff. (145f.).

48 *John Rawls*, Eine Theorie der Gerechtigkeit, 1975, S. 281f. [Klammerzusätze vom Verfasser].

49 In Anlehnung an: *Markus Stepanians*, Paternalismus in der Rechtsphilosophie: Die moralischen Grenzen des Strafrechts, JWE Bd. 14 (2009), S. 129ff. (130f.).

50 Für eine Beschränkung des Paternalismusbegriffs auf Interventionen gegen den Willen des Betroffenen: *Birnbacher*, Paternalismus (Fn. 44), S. 12.

51 Letztgenannte Konkretisierung entspricht insbesondere dem Standpunkt von *Herbert Lionel Adolphus Hart*, Law, Liberty and Morality, 1963.

bedarf. Man könnte auch sagen, dass hier der Ansatzpunkt für den Schutz des eigentlichen Adressaten gleichsam „vorverlagert" wird.[52] Während die Illegitimität eines direkten strafrechtlichen Paternalismus heute als weithin unbestritten gelten kann,[53] ist die Beurteilung für den indirekten Paternalismus weniger eindeutig: Zwar wird mitunter postuliert, dass hierfür nichts anderes gelten kann, weil beide in einem legitimatorischen Abhängigkeitsverhältnis stünden, so dass nur bei prinzipieller Legitimität des direkten Paternalismus auch eine aus Schutz- und Fürsorgegründen notwendige Freiheitsbeschränkung Dritter gerechtfertigt sein könne.[54] Das leuchtet insofern ein, als auch eine indirekte Zwangseinwirkung von erheblich freiheitslimitierender Relevanz sein kann, indem etwa dem Konsumenten das zur Selbstschädigung benötigte Mittel effektiv unzugänglich bleibt. Allerdings widerspricht einer generellen Gleichbewertung die innerhalb der Paternalismusdebatte weithin geteilte Einschätzung, dass der indirekte Paternalismus im Verhältnis zum direkten eher rechtfertigbar sei. *Dieter Birnbacher* hat als Grund hierfür eine strukturelle Differenz dergestalt ausgemacht, dass sich indirekt paternalistische Interventionen regelmäßig nicht nur mit Hilfe des Fürsorgeprinzips, sondern ebenso mit dem Prinzip der Unzulässigkeit von Fremdschädigungen begründen ließen: „Man kann argumentieren, dass der indirekte Paternalismus insofern kein reiner Fall von Paternalismus ist, als nicht B (dem die Fürsorge gilt) an einem *selbstschädigenden oder -gefährenden* Verhalten gehindert wird, sondern ein Dritter C an einem *fremdschädigenden oder fremdgefährdenden* Verhalten."[55] Weil der indirekte Paternalismus das unmittelbare Selbstverhalten des Fürsorgeobjekts unberührt lässt und dessen Handlungsspielraum daher nur in einer spezifischen Hinsicht einschränkt, könnte er typologisch durchaus als milder betrachtet werden – und daher nach dem „Prinzip des schonendsten Paternalismus"[56] so lange als legitime Maßnahme in Betracht kommen, wie nicht noch schonendere Optio-

[52] Vgl. *Kai Möller*, Paternalismus und Persönlichkeitsrecht, 2005, S. 16.

[53] Statt vieler nur *Ulrich Schroth*, Die strafrechtlichen Tatbestände des Transplantationsgesetzes, JZ 1997, S. 1149ff. (1154): „Direkter und gleichzeitig harter Strafrechtspaternalismus wendet die schärfste Rechtsfolge, die die Gesellschaft kennt, gegen den Rechtsgutsträger an und bewertet nach Maßstäben, die nicht die des Rechtsgutsträgers sind. [...] Man darf nicht die Handlungsspielräume des Rechtsgutsträgers auf Null reduzieren".

[54] So insbes. *Dietmar von der Pfordten*, Paternalismus und die Tötung auf Verlangen, in: Andreas von Hirsch/Ulfrid Neumann/Kurt Seelmann (Hrsg.), Paternalismus im Strafrecht, 2010, S. 193ff. (193).

[55] *Birnbacher*, Paternalismus (Fn. 44), S. 19.

[56] *Anne van Aaken*, Begrenzte Rationalität und Paternalismusgefahr: Das Prinzip des schonendsten Paternalismus, in: Michael Anderheiden/Hans M. Heinig/Peter Bürkli/Stephan Kirste/Kurt Seelmann (Hrsg.), Paternalismus und Recht, 2006, S. 109ff. (133ff.).

nen zur Verfügung stehen. Auf diesen Aspekt wird im hiesigen Kontext noch zurückzukommen sein.

IV. Die Suizidassistenz vor und nach dem Bundesverfassungsgericht

Im Suizid eines Menschen, sei er planmäßig-überlegt ins Werk gesetzt oder als Resultat einer spontanen Entschließung akut drohend, zeigt sich angesichts der auf dem Spiel stehenden und miteinander kollidierenden Wertbelange eine exzeptionell zugespitzte Grenzsituation: Angesichts der Irreversibilität des Todes wird das interpersonale wie gesamtgesellschaftliche Solidaritätsprinzip auf nachdrückliche Weise aktiviert, was die enormen Anstrengungen nach einer effektiven Suizidprävention national[57] wie weltweit[58] exemplarisch belegen. Aus der Perspektive des Mitmenschen wie der Gesellschaft im Ganzen ist die Selbsttötung eines Menschen stets ein „Unglück“[59], was Bedauern und mitfühlende Teilnahme,[60] nicht selten auch Bestürzung und die Frage hervorruft, ob es nicht doch einen (auch für den Betroffenen) besseren Weg gegeben hätte. Zugleich entspricht es aber kaum dem Selbstverständnis einer freiheitlich verfassten Sozialordnung, den Einzelnen trotz Anerkennung fundamentaler grundrechtlicher Freiheiten einem Zwang zum Weiterlebenmüssen zu unterwerfen. Dies gilt umso mehr, als Suizidentschlüsse mitunter – jenseits von affektiven Spontantaten – aus einer zutiefst persönlichen, die eigene Werthaltung existentiell berührenden Haltung resultieren, so dass sich ein kategorisches Verbotsregime auf der Basis des Autonomieprinzips dem Vorwurf des Selbstwiderspruchs aussetzt. Es lässt sich unschwer erkennen, dass zwischen diesen beiden wertebezogenen Antipoden die gesamte jüngere und aktuelle Debatte um eine Neuregelung der Suizidassistenz verläuft: Wer die Unversehrtheit menschlichen Lebens priorisiert und/oder gesteigerte Anforderungen an einen „autonomen“ Suizid stellt, wird einer Liberalisierung ablehnend gegen-

[57] Zum Nationalen Suizidpräventionsprogramm näher www.suizidpraevention.de/ (zuletzt aufgerufen am 22.05.2021).

[58] www.who.int/health-topics/suicide#tab=tab_1 (zuletzt aufgerufen am 22.05.2021).

[59] Notabene: Entgegen einer neueren Positionierung des Medizinstrafrechts auch im Sinne des § 323c Abs. 1 StGB, zur Begründung näher *Gunnar Duttge*, Der Arzt als Unterlassungstäter, in: Dieter Dölling/Bert Götting/Bernd-Dieter Meier/Torsten Verrel (Hrsg.), Verbrechen – Strafe – Resozialisierung. Festschrift für Heinz Schöch zum 70. Geburtstag am 20. August 2010, 2010, S. 599ff. (613f.).

[60] Klassisch *Johann Wolfgang von Goethe*, Dichtung und Wahrheit, in: Goethes Werke (Hamburger Ausgabe), Bd. 9, 5. Aufl. 1964, 13. Buch, S. 583; zutreffend kritisch zur modernen Tendenz einer „Normalisierung“ und „Er-Nüchterung“ des Suizidproblems: *Giovanni Maio*, Medizin ohne Maß?, 2014, S. 175.

überstehen und anstelle dessen für ein (Teil-)Verbot etwa in dem Sinne des § 217 StGB a. F. („geschäftsmäßige Förderung einer Selbsttötung") votieren. Wer dagegen das Autonomieprinzip auch in Grenzsituationen zwischen Leben und Tod für vorrangig und den Einzelnen auch insoweit grundsätzlich für dispositionsbefugt hält, wird Verbotsregelungen in diesem Licht als freiheitsfeindlich und u. U. – wie zuletzt das Bundesverfassungsgericht[61] und auch der österreichische Verfassungsgerichtshof[62] – als verfassungswidrig ansehen.

Wenn man mit der heutigen Mehrheitsauffassung davon ausgeht, dass es keine überzeugenden Gründe (mehr) für die Annahme einer kategorischen moralischen Verwerflichkeit oder gar Rechtswidrigkeit des Suizides gibt,[63] dann steht der Betrachter vor einer dreifachen Fragestellung.[64] Erstens ist des Näheren zu klären, unter welchen Rationalitätsbedingungen ein Suizidentschluss überhaupt als „autonom" gefasster gelten kann und auf welche operationalisierbare Verfahrensweise deren Vorliegen im jeweiligen Einzelfall verlässlich festgestellt werden könnte. Zweitens ist zu untersuchen, welche Art von „Berechtigung" aus dem Autonomieprinzip für jenen Suizidwilligen folgt, der über die nötige Autonomiebefähigung verfügt: Erschöpft sich diese auf ein Abwehrrecht in Bezug auf das eigene Tun oder umfasst sie auch den Anspruch auf Unterstützung durch Private oder gar der öffentlichen Staatsgewalt? Drittens schließlich bedarf es einer näheren Vergewisserung, ob sämtliche der evtl. in Betracht kommenden Suizidhelfer gleichermaßen aufgrund des Autonomieprinzips toleriert werden müssen oder aber die Option besteht, einzelne Institutionen bzw. Berufsrollenträger aus Gründen anderer bedeutsamer Wertbelange zur Gänze auszuschließen bzw. nur unter bestimmten prozeduralen Bedingungen zu akzeptieren – wobei sich als Folgefrage hieran noch anschließt, ob dahingehende regulatorische Sicherungsvorkehrungen u. U. auch solche von strafrechtlicher Natur sein dürfen.

Die Mehrheitsauffassung des Deutschen Bundestages vertrat bei Verabschiedung des § 217 StGB a. F. bekanntlich die Position, dass es einen „freiverantwortlichen Suizid" zwar durchaus geben könne, die Betei-

61 BVerfG, MedR 2020, S. 563 ff. m. Anm. *Gunnar Duttge* (570 ff.) und *Hartmut Kreß* (572 ff.).

62 ÖVerfGH, MedR 2021, S. 538 ff. m. Bspr. *Erwin Bernat* (529 ff.).

63 Zu dieser Ausgangsfrage statt vieler nur *Héctor Wittwer*, Selbsttötung als philosophisches Problem, 2003, insbes. S. 396 f. zur Divergenz von „Moralität" und „Rationalität" des Suizids; umfassender Überblick zur Vielfalt philosophischer Positionen bei *Friedhelm Decher*, Die Signatur der Freiheit, 1999; zuletzt aber in diesem Sinne noch BGHSt 46, 279 (285) unter Verweis auf BGHSt 6, 157 (163): „sittenwidrig".

64 In etwas modifizierter Anlehnung an ähnliche Überlegungen bei *Johann S. Ach*, Autonomer Suizid?, Preprints of the Centre for Advanced Study in Bioethics, 20 (2011), S. 3.

ligung „geschäftsmäßig" agierender „Dienstleister", die also ihre zielgerichtete Unterstützung nicht nur in einer einmaligen Konfliktsituation ohne Wiederholungsabsicht erbringen,[65] aber Autonomie und Lebensschutz der Bevölkerung in einem nicht mehr tolerierbaren Ausmaß gefährden, so dass deren Abschreckung selbst mit dem Mittel des Strafrechts geboten sei. Letzteres hat das Bundesverfassungsgericht in seinem Urteil vom 26.2.2020 keineswegs von Grund auf bestritten; es hat vielmehr sogar weitreichend zugestanden, dass der Gesetzgeber zur Erfüllung seiner „Schutzpflicht für die Autonomie bei der Entscheidung über die Beendigung des eigenen Lebens" – innerhalb eines „breiten Spektrums an [Gestaltungs-]Möglichkeiten" – auch strafbewährte Verbote „entsprechend dem Regelungsgedanken des § 217 StGB" in Betracht ziehen dürfe, sofern hiermit „besonders gefahrenträchtige Erscheinungsformen der Suizidhilfe" unterbunden werden sollen. Nur müsse „jede regulatorische Einschränkung der assistierten Selbsttötung sicherstellen, dass sie dem verfassungsrechtlich geschützten Recht des Einzelnen [scil.: zur freiverantwortlichen Selbsttötung][66] auch faktisch hinreichenden Raum zur Entfaltung und Umsetzung belässt."[67]

Die zum Teil vehemente Kritik am bundesverfassungsgerichtlichen Urteil hat sich zentral auf die Feststellung fokussiert, dass der Entschluss zur Selbsttötung überhaupt valider Ausdruck personaler Autonomie und eigenverantwortlicher „Persönlichkeitsentfaltung"[68] sein kann und insoweit geeignet ist, einem rechtlichen „Containment" – vor allem einem solchen mit Strafandrohung – verfassungsrechtliche Grenzen zu setzen. Insoweit läuft die Kritik jedoch ins Leere, weil sie zweierlei übersieht: Zum einen ist nach Maßgabe der Grundrechtsbindung aller staatlichen Hoheitsgewalt (Art. 1 Abs. 3 GG) nicht die individuelle Freiheitsausübung, sondern die rechtliche Begrenzung rechtfertigungsbedürftig. Im vorliegenden Kontext darf dabei insbesondere nicht die Vorgeschichte übersehen werden, die dadurch gekennzeichnet war, dass suizidwillige Personen auf legale – insbesondere auch betäubungs- und arzneimittelrechtskonforme Weise – keine Chance auf Zugang zu tödlichen Wirkstoffen bzw. gar auf eine ärztliche Verordnung hatten (vgl. auch die standesrechtliche Verbotsempfehlung des § 16 S. 3 MBO-Ä), und sei es angesichts einer tödlichen Erkrankung auch nur beruhigungshalber.[69] Selbst jenen kleinen Türspalt, den das Bundesverwal-

65 Vgl. BT-Drucks. 18/5373, S. 17; aus der Literatur statt vieler *Gunnar Duttge*, in: Dorothea Prütting (Hrsg.), Fachanwaltskommentar Medizinrecht, 5. Aufl. 2019, § 217 StGB Rn. 13f. (m.w.N.).

66 Klammerzusatz durch *Verf.*

67 BVerfG, MedR 2020, S. 563 (570 Rn. 341).

68 BVerfG, MedR 2020, S. 563 (564f. Rn. 211).

69 Bekanntlich nutzen im US-Bundesstaat Oregon die Empfänger eines ärztlichen Rezepts dieses nur zu einem Teil, was überwiegend im Sinne eines bloßen

tungsgericht durch seine Leitentscheidung vom 2.3.2017 für Fälle einer „extremen Notlage“ (bei „schwerer und unheilbarer Erkrankung mit gravierenden körperlichen Leiden“ und Fehlen anderweitiger Optionen der Linderung bzw. Verwirklichung des Sterbewunsches)[70] geöffnet hatte, wurde durch ministerielle Verfügung[71] rasch wieder verschlossen. Es waren aber gerade jene normativen wie faktischen Rahmenbedingungen, die das Bundesverfassungsgericht dazu veranlasst hatten, von einer bloß „theoretischen, nicht aber tatsächlichen Aussicht auf Selbstbestimmung“ zu sprechen, wenn es denn an „verlässlichen realen Möglichkeiten“ zur Inanspruchnahme der Suizidoption (als eine von mehreren eines „selbstbestimmten Sterbens“) fehlt.[72]

Dass ein Suizid unter bestimmten Umständen und Bedingungen auch in „autonomem“ Zustand begangen werden kann, war – zum anderen – keine neue Einsicht des Bundesverfassungsgerichts, sondern entspricht – schon seit längerem – dem Forschungsstand der hierzu maßgeblich berufenen Psychowissenschaften. In einer aktuellen Stellungnahme der *Österreichischen Gesellschaft für Geriatrie und Gerontologie* wird angenommen, dass der Suizid „vielfach“ am Ende eines längeren Prozesses von „Abwägen und Entscheiden“ stehe, „unbeeinflusst von Affekten, im Glauben, am Ende eines erfüllten Lebens angelangt zu sein [...]“ – häufig auch als „Reaktion auf altersspezifische Situationen mit mehrfachen Belastungen, die als wenig oder gar nicht beeinflussbar eingeschätzt werden.“[73] Dass dies nicht den Standard-, sondern nur mehr den Ausnahmefall kennzeichnet – üblicherweise ist die Rede von einem 5–10-%igen Anteil an „freiverantwortlichen“ Selbsttötungen[74] –,

„Notausgangs“-Effekt gedeutet wird, siehe näher *Linda Ganzini*, Legalised Physician Assisted Death in Oregon – Eighteen Year`s Experience, in: Gian Domenico Borasio/Ralf J. Jox/Jochen Taupitz/Urban Wiesing (Hrsg.), Assistierter Suizid: Der Stand der Wissenschaft, 2017, S. 7ff.; s. aber auch zu den fortlaufend gestiegenen Zahlen: *Luai Al Rabadi/Michael LeBlanc/Taylor Bucy/Lee M. Ellis/Dawn L. Hershman/Frank L. Meyskens Jr./Lynne Taylor/Charles D. Blanke* (Hrsg.), Trends in Medical Aid in Dying in Oregon and Washington, in: JAMA Network Open. 2019, https://jamanetwork.com/journals/jamanetworkopen/fullarticle/2747692 (zuletzt aufgerufen am 22.5.2021).

70 Vgl. BVerwGE 158, 142ff.

71 *Wissenschaftlicher Dienst des Deutschen Bundestages*, Medikamente zur Selbsttötung, Juni 2020, WD 9 - 3000 - 020/20, S. 12.; krit. z.B. *Ullrich Wenner*, SozSich 2018, S. 335ff.

72 BVerfGE 153, 182 (288ff. sowie 309 Rn. 341): „konsistente Ausgestaltung der Rechtsordnung“, ggf. unter Einbeziehung des ärztlichen Standes-, des Arznei- und Betäubungsmittelrechts.

73 *Thomas Frühwald/Georg Pinter*, Stellungnahme der Österreichischen Gesellschaft für Geriatrie und Gerontologie zum assistierten Suizid bei älteren Menschen, Z GERONTOL GERIATR 2021, S. 390 (391).

74 *Jakov Gather/Jochen Vollmann*, Physician-assisted suicide of patients with dementia. A medical ethical analysis with a special focus on patient autonomy, Int.

hat das Bundesverfassungsgericht selbst betont: Es spricht unmissverständlich von einer hohen Zahl an Fällen, die mutmaßlich durch (z.T. schwerwiegende) psychische Erkrankungen (insbesondere eine *Major Depression*) bedingt sind.[75] Offen bleibt dabei allein, ob eine jede psychische Beeinträchtigung bereits *per se* der notwendigen Fähigkeit zu einer reflektierten Entscheidung entgegensteht; das scheint in der juristischen Welt noch immer eine weitverbreitete Vorstellung zu sein. Hiergegen hat der Züricher Psychiater *Paul Hoff* aber mit Recht eingewandt, das eine kategorische Intoleranz gegenüber Suizidbestrebungen allein deshalb, weil es eine psychiatrische Diagnose gibt, ein Akt der „Diskriminierung" wäre[76] – es gilt freilich auch: Es wäre „fatal zu verkennen, wenn ein Suizidwunsch krankheitsbedingt ist."[77] Dieses Dilemma darf insbesondere auch nicht bei einer Neuregelung des assistierten Suizids übersehen werden, und ebenso der Umstand, dass auch ein defizitärer Informationsstand über die eigene Lage und evtl. lebensfreundliche Alternativen sowie mögliche fremdbestimmende Einflüsse Dritter als Risikofaktoren für eine (ausnahmsweise) autonome Suizidentscheidung große Beachtung verdienen.[78]

Die nähere Bestimmung der einen „autonomen" Suizidentschluss konstituierenden personalen Bedingungen bereitet allerdings erhebliche Schwierigkeiten, weil der Begriff der personalen „Autonomie" bereits im Ausgangspunkt hochgradig unbestimmt ist:[79] In der philosophischen wie medizinethischen Debatte begegnet eine kaum noch überschaubare Vielfalt von miteinander konkurrierenden Theorieansätzen: individualistische versus relationale, substantielle versus prozedurale, rationalistische versus non-kognitivistische, „minimale" versus „robuste", lokale versus globale Autonomiekonzepte usw., und dies

J. Law Psychiatry 2013, S. 444ff.; *Malcolm Parker*, Defending the indefensible? Psychiatry, assisted suicide and human freedom, Int. J. Law Psychiatry 2013, S. 485ff.

75 Vgl. BVerfGE 153, 182 (274f. Rn. 245).

76 *Paul Hoff*, Kommentar zum Fall: „Unter welchen Umständen darf man psychiatrische Patienten zum Leben zwingen?", Ethik in der Medizin 2021, S. 125ff. (127).

77 Ebd.; zur Notwendigkeit einer differenzierenden Einzelfallbetrachtung näher *Ursula Baumann*, Suizid: Soziale Relevanz und ethisch-moralische Beurteilung, in: Michael Anderheiden / Wolfgang Uwe Eckart (Hrsg.), Handbuch Sterben und Menschenwürde, Bd. 1, 2012, S. 629ff. (632ff.).

78 So auch BVerfGE 153, 182 (275 Rn. 246 f.); ferner *Ulrich Schroth*, Assistierter Suizid und das Recht auf selbstbestimmtes Sterben, GesR 2020, S. 477ff. (480, 483).

79 Treffend *Bijan Fateh-Moghadam*, Grenzen des weichen Paternalismus – Blinde Flecken der Paternalismuskritik, in: Bijan Fateh-Moghadam/Stephan Sellmaier/Wilhelm Vossenkuhl (Hrsg.), Grenzen des Paternalismus, 2010, S. 21ff.: unklarer Autonomiebegriff als „blinder Fleck" des Paternalismusdiskurses.

mit jeweils nochmals divergierenden Akzentuierungen im Detail.[80] Die „liberale Standardauffassung" im Kontext der Patientenautonomie nimmt dabei direkt Bezug auf die Grundsätze des „informed consent" und verlangt – etwa mit den einflussreichen Überlegungen von *Beauchamp* und *Faden* – eine (1) absichtliche/intentionale, (2) auf Basis hinreichenden Verstehens (3) frei von (äußeren und inneren) kontrollierenden Einflüssen und Zwängen getroffene Entscheidung des Patienten.[81] Auf derselben Linie liegt die im Strafrecht zur „Freiverantwortlichkeit" eines Suizids vorherrschende „Einwilligungslösung", die – im Gegensatz zur sog. „Exkulpationslösung" – die lebensweltliche Realität regelhaft vorkommender „Appellsuizide" ernst nimmt und daher die „Fiktion"[82] einer Mündigkeit als Regelfall dezidiert zurückweist.[83] Dies liegt ungeachtet der verfassungsrechtlichen Inbezugnahme der (bürgerrechtlichen!) Freiheitsidee sowie der strafrechtssystematischen Kohärenzüberlegungen (vgl. §§ 19, 20, 35 StGB) auch deshalb nahe, weil die weit sachnähere medizinrechtliche Kategorie der Einwilligungsfähigkeit das Anforderungsniveau für die notwendige Reflexionsfähigkeit (als Basis einer wirksamen Einwilligung) komparativ an der Komplexität und Folgenträchtigkeit/Gefährlichkeit der Entscheidung orientiert (Modell der „relativen" bzw. „situativen" Einwilligungsfähigkeit"):[84] Droht die irreversible Preisgabe hochrangiger Rechtsgüter, wiegt das Gewicht des niemals restlos vermeidbaren Risikos einer menschlichen

80 Im Überblick *Holmer Steinfath/Anne-Marie Pindur*, Patientenautonomie im Spannungsfeld philosophischer Konzeptionen von Autonomie, in: Claudia Wiesemann/Alfred Simon (Hrsg.), Patientenautonomie. Theoretische Grundlagen – Praktische Anwendungen, 2013, S. 27 ff. sowie *Holmer Steinfath*, Das Wechselspiel von Autonomie und Vertrauen – eine philosophische Einführung, in: Holmer Steinfath/Claudia Wiesemann u.a. (Hrsg.), Autonomie und Vertrauen. Schlüsselbegriffe der modernen Medizin, 2016, S. 11 ff.

81 *Tom L. Beauchamp*, Who Deserves Autonomy, and Whose Autonomy Deserves Respect, in: James Taylor (Hrsg.), Personal Autonomy. New Essays on Personal Autonomy and Its Role in Contemporary Moral Philosophy, 2008, S. 310 ff.

82 Treffend *Hans-Ludwig Schreiber*, Strafbarkeit des assistierten Suizids?, in: Michael Pawlik/Rainer Zaczyk (Hrsg.), Festschrift für Günther Jakobs zum 70. Geburtstag am 26. Juli 2007, 2017, S. 615 ff. (619 f.).

83 Zum Streitstand näher *Thomas Hillenkamp*, Suizidbeihilfe im Nahfeld – Der strafrechtliche Hintergrund, in: Michael Anderheiden / Wolfgang Uwe Eckart (Hrsg.), Handbuch Sterben und Menschenwürde, Bd. 2, 2012, S. 1033 ff. (1039 ff.); *Ruth Anthea Kienzerle*, Paternalismus im Strafrecht der Sterbehilfe, 2021, S. 188 ff.; *Harro Otto*, Beihilfe zum und Hilfe beim Suizid, ZfL 2015, S. 77 ff. (82 f.), jew. m.w.N.

84 Statt vieler nur *Reinhard Damm*, Einwilligungs- und Entscheidungsfähigkeit in der Entwicklung von Medizin und Medizinrecht, MedR 2015, S. 775 ff. (777); *Gunnar Duttge*, Patientenautonomie und Einwilligungsfähigkeit, in: Claudia Wiesemann/Alfred Simon (Hrsg.), Patientenautonomie. Theoretische Grundlagen – Praktische Anwendungen, 2013, S. 77 ff. (80), jew. m.w.N.

Fehlkalkulation besonders schwer; dann legt auch das tutioristische Argument (in Anlehnung an *Hans Jonas* „Heuristik der Furcht")[85] im Sinne eines lebensschutzorientierten Probabilismus erhebliche Zurückhaltung bei der Zuerkennung individueller „Suizidfähigkeit" nahe.

Dies macht es einsichtig, warum die Grundintuition von Mensch und Gesellschaft bei spontanen Suizidtendenzen schon seit alters her zur lebensrettenden Intervention drängte. Dem entspricht es, wenn die neuere höchstrichterliche Rechtsprechung – und zuletzt auch das Bundesverfassungsgericht – für die Annahme eines freiverantwortlichen Suizids eine „gewisse Dauerhaftigkeit" als Beleg für die erforderliche „innere Festigkeit und Zielstrebigkeit" auf Basis einer hinreichenden „Reflexion" über die geplante Lebensbeendigung verlangt.[86] Klar muss dabei allerdings sein, dass die Logik eines *non-liquets* im akuten Notfall nur vorübergehende Zwangsinterventionen zugunsten eines Moratoriums rechtfertigen kann, nicht aber einen Lebenszwang *ad infinitum*, soll nicht die Möglichkeit eines autonomen Suizidentschlusses kategorisch in Abrede gestellt werden. Der Frankfurter Strafrechtslehrer *Ulfrid Neumann* hat zu Recht auf die Missbrauchsgefahr bei einzelfallunabhängiger Behauptung eines „Dauernotstands" hingewiesen und auf das Recht des Betroffenen zur Selbstbeurteilung, „was seinen langfristigen Präferenzen und seinem wirklichen Willen entspricht."[87] Eine realitätsferne autonomieidealistische Verkehrung des Regel-Ausnahme-Verhältnisses[88] ist freilich der daraus gezogene Schluss, dass jede „paternalistische Intervention" und damit bereits die erste Akutrettungshilfe *ex ante* eine positive Wahrscheinlichkeitsprognose zugunsten einer hypothetisch nachträglichen Zustimmung hierin erfordere:[89] Jedem Menschen (ab einem pauschal gesetzten Lebensalter) ohne Rücksicht auf die existentiellen Besonderheiten von Lebenslage und individuell begrenztem Vermögen *per definitionem* die Autonomiebefähigung zuzuschreiben und jedweden Akt der Fürsorge als paternalistisch zurückzuweisen, missachtet die anthropologischen Gegebenheiten und *in concreto* die Einsicht, dass der Achtungsanspruch einer Person nicht minder verletzt wird, wenn diese in ihrer vulnerablen Lage ganz auf sich allein gestellt bleibt: Die scharfe Gegenüberstellung von „Autonomie" und „Paternalismus", wie sie im Recht noch immer weithin vorherrscht (Ausnahme:

85 *Hans Jonas*, Das Prinzip Verantwortung, 1984, S. 70 ff.: „Vorrang der schlechten vor der guten Prognose".

86 BVerfGE 153, 182 (274 Rn. 244); modifiziert BGH, NJW 2019, S. 3092 (3093 f. Rn. 21): nicht „einer depressiven Augenblicksstimmung" entspringend; OLG Hamburg NStZ 2016, 530, 533 m. Anm. *Gunnar Duttge*, MedR 2017, S. 145 ff.

87 *Ulfrid Neumann*, Autonomie durch Heteronomie?, medstra 2017, S. 141 ff. (144).

88 Oben bei Fn. 74 f.

89 Ebd.

verpflichtende ärztliche Aufklärung, auf die allerdings – unter unklaren Voraussetzungen[90] – auch verzichtet werden darf), muss daher – mit der Dresdener Philosophin *Theda Rehbock* – als „autonomistischer Fehlschluss" aufgefasst werden, denn: „Wem wirklich am Wohl des Anderen liegt, darf dessen Willen nicht missachten; wer wirklich die Autonomie des Anderen achten will, dem kann auch dessen Wohl nicht gleichgültig sein."[91] In diesem Sinne dürfte wohl auch die einigermaßen überraschende Inbezugnahme einer „relationalen Selbstbestimmung" durch das Bundesverfassungsgericht[92] gemeint sein.

Die bisherigen Überlegungen beziehen sich aber ausschließlich auf die abwehrrechtliche Dimension beim Suizidenten selbst und besagen noch nichts darüber, ob dieser die eigene Autonomiesphäre um Dritte erweitern oder gar einen Anspruch auf Förderung, adressiert an die institutionell verfasste Rechtsgemeinschaft, geltend machen kann. Letzteres hat das Bundesverwaltungsgericht bekanntlich für Fälle einer „extremen Notlage"[93] angenommen, indem es – hierauf beschränkt – einen auf Erwerb tödlicher Betäubungsmittel (Natrium-Pentobarbital) gerichteten Erlaubnisanspruch gegen das BfArM zum Zwecke des Suizids in verfassungskonformer Auslegung der §§ 3, 5 Abs. 1 Nr. 6 BtMG anerkannte.[94] Bedenkt man aber, dass diese Begrenzung auf einen von außen gesetzten „objektiven Vernunftstandard" (scil.: Abwehr „gravierender Leiden" als prioritäres Bedürfnis gegenüber der Lebenserhaltung) nicht widerspruchsfrei auf Basis individueller Autonomie begründbar ist,[95] würde mit der Zubilligung eines freien Zugangs zum „Selbsttötungsmittel eigener Wahl"[96] auf Wunsch für Jedermann auf

[90] Dazu eingehend *Florian Schwill*, Aufklärungsverzicht und Patientenautonomie, 2007.

[91] *Theda Rehbock*, Personsein in Grenzsituationen, 2005, S. 312ff., 335; s. auch *Gunnar Duttge*, Die Kategorie der Einwilligungsfähigkeit im Arztrecht, Biomedical Law & Ethics 5 (2011), S. 23ff. (36f.): „inkludierendes" Verhältnis von Autonomie und Fürsorge; zust. *Damm*, Entscheidungsfähigkeit (Fn. 84), S. 783; s. auch *Wilfried Härle*, Patienten-Selbstbestimmung und Fürsorge am Lebensende, in: Michael Anderheiden / Wolfgang Uwe Eckart (Hrsg.), Handbuch Sterben und Menschenwürde, Bd. 1, 2012, S. 539ff. (548: „Fürsorge als Ermöglichung von Selbstbestimmung", 552f.: „Aufhebung des Widerspruchs").

[92] BVerfGE 153, 182 (271f. Rn. 235).

[93] Oben bei Fn. 70.

[94] BVerwGE 158, 142ff. m. zust. Anm. *Reinhard Merkel*, MedR 2017, S. 828ff.; BVerwG, NJW 2019, S. 2789ff.

[95] Zutreffend *Klaus Ferdinand Gärditz*, Natrium-Pentobarbital. Wege und Irrwege der Rechtsprechung des BVerwG, in: Klaus Ferdinand Gärditz/Gunnar Duttge/Thomas Windhöfel, Freundesgabe für Winrich Langer und Harro Otto, ZfL-Sonderausgabe 3–4/2019, S. 349ff. (364ff.).

[96] Abl. *Christian Hillgruber*, Die Erlaubnis zum Erwerb eines Betäubungsmittels in tödlicher Dosis für Sterbenskranke – grundrechtlich gebotener Zugang zu einer Therapie „im weiteren Sinne"?, JZ 2017, S. 777ff. (778f.).

eklatante Weise das berechtigte Gemeinwohlinteresse an einer effektiven Suizidprävention ignoriert, ebenso wie die soziale Verantwortung der Rechtsgemeinschaft durch Individualisierung („Outsourcing“) des gesamtgesellschaftlichen Anliegens nach einem „menschenwürdigen Sterben“. Eine „gute Ordnung“ für Entscheidungen am Lebensende muss durch die verantwortlichen Organe der Gemeinschaft geschaffen werden und ergibt sich nicht etwa automatisch aus der Grundrechtsgeltung.[97]

Mit Blick auf private, freiwillig agierende Suizidhelfer – seien es Einzelne oder Organisationen – ist das Bundesverfassungsgericht mit geradezu frappanter Selbstverständlichkeit davon ausgegangen, dass der fundamentale Autonomiebereich bei einer „Entfaltung des Menschen durch Menschen“ (*Dieter Suhr*) als insoweit erweitert gedacht werden müsse.[98] Bei näherer Betrachtung erweist sich diese Annahme aber keineswegs als so trivial, denn die Einbeziehung einer weiteren Person in die Suizidvorbereitung überschreitet das *forum internum* des zur Selbstentfaltung nach eigenem „Selbstbild“ berechtigten Individuums und gewinnt eine eigenständige soziale Relevanz:[99] Daher trifft es handlungs- und zurechnungstheoretisch durchaus zu, dass der Suizidhelfer – wie etwa der Mannheimer Medizinethiker *Axel Bauer* betont – eben nicht über sein Selbst disponiert, sondern sich „gegen das Leben eines anderen Menschen vergeht, das heißt ein fremdes Rechtsgut verletzt.“[100] Dies lässt die tradierte Berufung des Strafrechts auf das Akzessorietätsprinzip in der Tat ziemlich blass erscheinen,[101] zumal die strafrechtsdogmatische Teilnahmelehre die Eigenständigkeit des – wenn auch zugleich akzessorischen (vgl. § 27 StGB) – Rechtsgutsangriffs ohne Weiteres einräumt.[102] Ergänzend ließe sich noch mit Blick auf das positive Recht anführen, dass das Strafrecht in anderen deliktischen Kontexten durchaus verselbstständigt vertyptes Teilnahmeunrecht kennt (vgl. §§ 120, 121 Abs. 1 Nr. 3; 257–259 StGB).[103] Im Unterschied dazu fehlt es der Hilfeleistung beim Suizid, sofern dieser selbst Manifestation des Autono-

97 *Gärditz,* Natrium-Pentobarbital (Fn. 95), S. 383: „Grundrechte sind keine gute Ordnung des richtigen Sterbens“.

98 BVerfGE 153, 182 (264f. Rn. 213).

99 Insoweit zutr. *Ekkehard Reimer,* Suizidbeihilfe: Der verfassungsrechtliche Rahmen bundesgesetzlicher Regelungen, ZfL 2015, S. 66ff. (73f.).

100 *Axel Bauer,* Suizidbeihilfe und Selbstbestimmung: Wo liegen die Grenzen?, in: Axel Bauer (Hrsg.), Normative Entgrenzung, 2017, S. 264ff. (266).

101 Wie hier schon *Uwe Murmann,* Die Selbstverantwortung des Opfers im Strafrecht, 2005, S. 319ff.; *Maria Rigopoulou,* Grenzen des Paternalismus im Strafrecht, 2013, S. 196ff.

102 Z.B. *Claus Roxin,* Strafrecht Allgemeiner Teil, Bd. II, 2003, § 26 Rn. 9, 11ff.: „selbständiger Rechtsgutsangriff“.

103 So die Argumentation von *Armin Engländer,* Strafbarkeit der Suizidbeteiligung, in: Roland Hefendehl/Tatjana Hörnle/Luís Greco (Hrsg.), Streitbare

mieprinzips ist bzw. sein kann, aber am notwendigen rechtsgutsverletzenden Bezug, um die Tat als eine „rechtswidrige“ begreifen zu können: Denn die durch das Zusammenwirken begründete Sozialbeziehung ist auf dasselbe Ziel gerichtet, und diesem ordnet sich der Unterstützende unter.[104] Mit dem Freiburger Strafrechtsphilosoph *Michael Pawlik*: „Wer einen freiverantwortlich handelnden Suizidenten bei seinem Tun unterstützt, verletzt [...] nicht dessen Rechte, sondern hilft diesem bei der Organisation seines eigenen Rechtskreises.“[105] Daraus folgt: Soweit das Bezugsgeschehen ein „Akt in Freiheit“ ist, kann die Fördertätigkeit zwingend kein – noch dazu: strafwürdiges – Unrecht sein.[106]

Die Konsequenz hieraus ist aber zugleich, dass die Beteiligung am nicht-freiverantwortlichen Suizid die Zurechnungssperre des Autonomieprinzips denknotwendig beseitigt und die Annahme – objektiven – Tötungsunrechts nahelegt. Soweit der „Förderer“ die „Zwangslage, die Unerfahrenheit, den Mangel an Urteilsvermögen oder eine erhebliche Willensschwäche“ des Suizidenten (in Entsprechung zu § 291 Abs. 1 StGB) willentlich aus- und den Suizidenten als „Werkzeug gegen sich selbst“[107] benutzt, besteht jedoch kein kriminalpolitisches Bedürfnis für eine Neuregelung, weil diese Konstellation bereits nach geltendem Recht als vorsätzliches Tötungsdelikt in mittelbarer Täterschaft (§ 25 Abs. 1 Alt. 2 StGB) erfasst ist.[108] Ebenso strafbar ist auch schon die bloße Untätigkeit desjenigen, der bei einem nicht-freiverantwortlichen Selbsttötungsversuch nicht hindernd oder lebensrettend eingreift: Die Frage der „Garantenstellung“ (z.B. als Arzt, Angehöriger) entscheidet dabei nur über die Qualifizierung des Unrechts als Verbrechen (§§ 212/211, 13 StGB) oder Vergehen (§ 323c Abs. 1 StGB),[109] solange der Unterlas-

Strafrechtswissenschaft. Festschrift für Bernd Schünemann zum 70. Geburtstag, 2014, S. 583ff. (592).

104 Zuletzt wie hier auch *Ruth Anthea Kienzerle*, Paternalismus (Fn. 83), S. 206: keine „rechtlich missbilligte“ Zurechenbarkeit des Taterfolges; *Frank Saliger*, Selbstbestimmung bis zuletzt, 2015, S. 139ff.

105 *Michael Pawlik*, Erlaubte aktive Sterbehilfe? Neuere Entwicklungen in der Auslegung von § 216 StGB, in: Mark A. Zöller/Hans Hilger/Wilfried Küper/Claus Roxin (Hrsg.), Gesamte Strafrechtswissenschaft in internationaler Dimension. Festschrift für Jürgen Wolter zum 70. Geburtstag, 2013, S. 627ff. (634).

106 Bereits *Gunnar Duttge*, Die „geschäftsmäßige Suizidassistenz“ (§ 217 StGB): Paradebeispiel für illegitimen Paternalismus, ZStW 129 (2017), S. 448ff. (459); *Bijan Fateh-Moghadam*, Suizidbeihilfe: Grenzen der Kriminalisierung, Preprints and Working Papers of the Centre for Advanced Study in Bioethics 79 (2015), S. 7f.

107 BGHSt 32, 38 (41ff.): „Sirius-Fall“.

108 Bereits *Gunnar Duttge*, Der neue Straftatbestand einer geschäftsmäßigen Förderung der Selbsttötung, NJW 2016, S. 120ff. (123).

109 Statt vieler *Ulfrid Neumann*, in: Ulfrid Neumann/Urs Kindhäuser/Hans-Ullrich Paeffgen (Hrsg.), Nomos Kommentar zum StGB, 5. Aufl. 2017, Vor § 211 Rn. 87ff.

sungstäter das Risiko einer nicht-autonomen Selbsttötung als ernstzunehmende (weil unkalkulierbare) Eventualität erkannt hat, ohne sich dadurch zu einer Verhaltensänderung motivieren zu lassen.[110] Wird die Unfreiheit sorgfaltspflichtwidrig verkannt, steht des Weiteren der Verdacht einer fahrlässigen Tötung (bei einem Unterlassen allerdings nur für Garanten) im Raum.[111] Weil dies aber den Nachweis der mangelnden Freiverantwortlichkeit (jenseits ernstlicher Zweifel, § 261 StPO, in Widerlegung der Unschuldsvermutung, Art. 6 Abs. 2 EMRK) voraussetzt, plädiert *Frauke Rolstalski* für eine Ergänzung der Tötungsdelikte um ein fahrlässiges abstraktes Gefährdungsdelikt („fahrlässiger Versuch") für jenen, der an der Selbsttötung eines anderen (z.B. unterstützend) beteiligt ist, sich aber „der Freiverantwortlichkeit nicht hinreichend versichert hat."[112] Diesem kriminalpolitischen Vorschlag wird man die Legitimität angesichts der „Höchstwertigkeit" der das eigene Leben betreffenden Bestimmungsbefugnis nicht ohne Weiteres absprechen können, zumal das geltende Strafrecht mit der fahrlässigen Trunkenheitsfahrt (§ 316 Abs. 2 StGB) bereits ein normstrukturelles Äquivalent kennt. Allerdings wäre erst noch näher zu prüfen, ob das scharfe Schwert des Strafrechts zur Sicherung der Freiverantwortlichkeit etwa gegenüber polizei- und ordnungsrechtlichen Sicherungsvorkehrungen wirklich alternativlos ist[113] und insoweit überhaupt eine (praxisrelevante) kriminalpolitische Notwendigkeit der „Lückenfüllung" besteht.

Deutlich zeigt sich hier jedenfalls, dass ein evtl. Regulierungsbedarf primär mit Blick auf den Suizidwilligen bzw. -gefährdeten zwecks Implementierung eines autonomiestärkenden „Voreiligkeitsschutzes"[114] zu suchen ist; die bisherigen Gesetzesinitiativen bis zur Verabschiedung des § 217 StGB haben sich jedoch ausnahmslos auf die Seite der poten-

[110] Zu diesem Kerngedanken des dolus eventualis näher *Gunnar Duttge*, Vorsatz, in: Eric Hilgendorf/Hans Kudlich/Brian Valerius (Hrsg.), Handbuch des Strafrechts, Bd. 2, 2019, § 35 Rn. 26, 31 (m.w.N.).

[111] Vgl. BGHSt 32, 262 (263f.); BGH, NJW 2009, S. 2611 (2612 Rn. 11): „Prüfungspflicht"; BGH, BeckRS 2019, 34879 (Rn. 9); aus der Lit. statt vieler nur *Saliger*, Selbstbestimmung (Fn. 104), S. 146.

[112] Konkrete Tatbestandsfassung: „Wer […] die Selbsttötung eines anderen oder deren Versuch veranlasst oder fördert, obwohl er nach den Umständen nicht davon ausgehen darf, dass die Selbsttötung frei von wesentlichen Willensmängeln ist […]", näher *Frauke Rostalski*, Freiheit und Sterben, JZ 2021, S. 477 ff. (483); s. auch *dies.*, Vortrag vor dem Deutschen Ethikrat am 22.10.2020, www.ethikrat.org/sitzungen/2020/recht-auf-selbsttoetung/ (zuletzt aufgerufen am 22.5.2021).

[113] Daran zweifelnd: *Henning Rosenau/Igor Sorge*, Gewerbsmäßige Suizidförderung als strafbares Unrecht? Kritische Anmerkungen zum Regierungsentwurf über die Strafbarkeit der gewerbsmäßigen Förderung der Selbsttötung (§ 217 StGB-E), NK 2013, S. 108ff. (115).

[114] *Gunnar Duttge*, Lebensschutz und Selbstbestimmung am Lebensende, ZfL 2004, S. 30ff. (34).

tiellen Suizidhelfer konzentriert und trugen die Behauptung in sich, dass die „gewerbliche",[115] „organisierte"[116] oder zuletzt eben „geschäftsmäßige"[117] Suizidassistenz ungeachtet der Anerkennung einer grundrechtlichen Dispositionsfreiheit über das eigene Leben(-sende) eine Unrechtmäßigkeit begründen können. Im bilateralen Verhältnis zum jeweiligen Suizidenten ist das schlechterdings ausgeschlossen, weil die vom Autonomieprinzip geprägte Unterstützungsleistung innerhalb der Lebensplanung des Tatbeherrschenden ihren akzessorischen Charakter nicht dadurch verliert, dass sie nicht von einem Laien, nicht im singulären Einzelfall und/oder nicht gleichsam ehrenamtlich erbracht wird. Solange es daher in der Hauptsache kein Unrecht gibt, kann auch ein Mitwirken hieran, selbst wenn es „geschäftsmäßig", vereinsmäßig „organisiert" oder „gewerblich" motiviert erfolgt, keinen Rechtszwang und schon gar nicht eine Strafandrohung rechtfertigen.[118] Die Zwecksetzung der Bundestagsmehrheit im November 2015 war jedoch eine andere: Es sollte eine gesamtgesellschaftliche Ausbreitung und zunehmende praxisrelevante „Normalisierung" unerwünschter Suizidanreize (auf deutschem Territorium) unterbunden werden. Diese Zielsetzung hat das Bundesverfassungsgericht sowohl im Eil-[119] als auch am Ende des Hauptsachverfahrens in seinem Urteil vom 26.2.2020 als „nachvollziehbare" Einschätzung des Gesetzgebers akzeptiert, die im Ergebnis selbst strafbewehrte Verbote in Bezug auf „besonders gefahrträchtige Erscheinungsformen der Suizidhilfe" rechtfertigen könnten.[120]

Das Strafrecht ist aber seiner genuinen Funktion nach kein Mittel der gesamtgesellschaftlichen Gefahrenabwehr und sozialpolitischen Steuerung, solange nicht ein Verhaltensmodus in Frage steht, der in seinem typischen Erscheinungsbild rechtsgutsverletzend/-gefährdend ist (und deshalb die Etikettierung als strafwürdiges Unrecht verdient).[121] Dafür

[115] Vgl. BT-Drucks. 17/11126.

[116] Vgl. BR-Drucks. 436/08.

[117] Vor Verabschiedung des § 217 StGB (i.d.F. 2015) bereits im Kern gleichlautend der Gesetzentwurf der Länder Hessen, Saarland und Thüringen: BR-Drucks. 230/06.

[118] Wie hier auch schon *Lutz Eidam*, Nun wird es also Realität: § 217 StGB n.F. und das Verbot der geschäftsmäßigen Förderung der Selbsttötung, medstra 2016, S. 17ff. (19); *Claus Roxin*, Die geschäftsmäßige Förderung einer Selbsttötung als Straftatbestand und der Vorschlag einer Alternative, NStZ 2016, S. 185ff. (189); *Heinz Schöch*, Strafbarkeit einer Förderung der Selbsttötung?, in: Martin Heger/Brigitte Kelker/Edward Schramm (Hrsg.), Festschrift für Kristian Kühl zum 70. Geburtstag, 2014, S. 585ff. (599); *Jochen Taupitz*, Das Gesetz zur Strafbarkeit der geschäftsmäßigen Förderung des Suizids – im Widerspruch mit sich selbst, medstra 2016, S. 323ff. (325).

[119] BVerfG, NJW 2016, S. 558 (559 Rn. 14).

[120] BVerfGE 153, 182 (276ff. und 309 Rn. 339).

[121] Näher o. bei Fn. 31ff.

müsste zumindest plausibilisiert werden, dass Offerten der Hilfeleistung (durch Rat oder Tat) im Vorfeld oder beim Vollzug des Suizids durch organisierte Vereinigungen oder durch Einzelne, die solches in Wiederholungs- oder gar gewerblicher Absicht erbringen, typischerweise die Autonomie der Suizidwilligen missachten, indem sie den Taterfolg durch Zwang, Täuschung oder unter Ausnutzung von (rechtsgutsrelevanten) Irrtümern bewirken. Dafür gibt es jedoch keinerlei empirische Grundlage, wiewohl natürlich auch umgekehrt mitnichten garantiert ist, dass etwa die bekannten Suizidhilfeorganisationen in jedem Einzelfall die Freiverantwortlichkeit der Suizidwilligen – noch dazu auf Basis der hierfür zu beachtenden hohen Anforderungen[122] – in höchster Sorgfalt prüfen. Eben dies ist aber bei Privatpersonen (Laien), die in einem singulären Einzelfall in einer „schwierigen Konfliktsituation" aus „besonderer persönlicher Verbundenheit" Suizidhilfe leisten,[123] aller Wahrscheinlichkeit nach mindestens ebenso wenig der Fall und kann die mit § 217 StGB (2015) getroffene Unterscheidung nicht begründen. Mit dieser Feststellung sind die Möglichkeiten des Einsatzes eines rechtsstaatlich auf die Ahndung greifbaren Tatunrechts (vgl. Art. 103 Abs. 2 GG) eingehegten Strafrechts aber bereits erschöpft, es sei denn, man wollte Suizidhilfeangeboten im öffentlichen Raum aufgrund der befürchteten Sog- und/oder Nötigungswirkung für alte und/oder kranke Menschen[124] eine Art „Gemeingefährlichkeit" in Ergänzung zum 28. Abschnitt des StGB zuschreiben.

Selbst wenn man aber die allgemeine Möglichkeit einer „Schwächung des gesellschaftlichen Respekts vor dem menschlichen Leben"[125] für eine Strafnorm genügen und im Postulieren eines dahingehenden „Klimadelikts"[126] nicht einen Missbrauch des Strafrechts durch den sozialgestalterisch motivierten Gesetzgeber sehen wollte,[127] gibt es – wie auch das Bundesverfassungsgericht durchaus einräumt – nach derzeitigem Stand der Wissenschaften keinen Beleg für diese Annahme und auch nicht dafür, dass ein Ausbreiten von „Dienstleistern" und Entstehen einer gesamtgesellschaftlichen „Normalität" und „Gewöhnung" überhaupt

[122] Oben bei Fn. 85 ff.

[123] Und daher nach dem Willen des Gesetzgebers nicht erfasst werden sollten: BT-Drucks. 18/5373, S. 3, 12, 19.

[124] BT-Drucks. 18/5373, S. 2, 11, 17, 18.

[125] So die – unbelegte – Behauptung des *Deutschen Ethikrats*, in: Ad-hoc-Empfehlung: Zur Regelung der Suizidbeihilfe in einer offenen Gesellschaft, 2014, S. 4; zutreffend krit. *Bernd Hecker*, Das strafrechtliche Verbot geschäftsmäßiger Förderung der Selbsttötung (§ 217 StGB), GA 2016, S. 455 ff. (465).

[126] Dessen Legitimität in der rechtsgutsbezogenen Strafrechtstheorie weithin bezweifelt wird, dazu grundlegend *Günther Jakobs*, Kriminalisierung im Vorfeld einer Rechtsgutsverletzung, ZStW 97 (1985), S. 751 ff.

[127] In diesem Sinne aber wie hier auch schon *Thomas Hillenkamp*, § 217 StGB n.F.: Strafrecht unterliegt Kriminalpolitik, KriPoz 2016, S. 3 ff.

den befürchteten Erwartungsdruck samt nötigenden Effekten nach sich ziehen könnte.[128] In der Schweiz, der nächstliegende Bezugspunkt für eine vergleichende Vergegenwärtigung, gibt es derartige Effekte ganz offensichtlich nicht, und die Entwicklungen in Belgien und den Niederlanden sind besorgniserregend wegen der dort erlaubten Tötung auf Verlangen, die gerade nicht Gegenstand der hiesigen Fragestellung ist.[129] Man wird aber umgekehrt ganz gewiss auch nicht annehmen dürfen, dass eine solche gesamtgesellschaftliche Entwicklung ausgeschlossen wäre – es besteht, bei redlicher Argumentation, vielmehr ein *non-liquet* mit der Möglichkeit bloß spekulativer Zukunftsannahmen. Auf dieser Grundlage lassen sich aber wegen des rechtsstaatlichen Gebots der Sachrichtigkeit von Wirklichkeitsannahmen[130] keine grundrechtseingreifenden Vorabverbote – noch dazu mit einer Strafandrohung versehen – begründen. Vielmehr muss das – ohne jeden Zweifel berechtigte – Allgemeininteresse an der Abwehr autonomie- und lebensgefährdender Dienstleistungen und der Kontrolle entsprechender Dienstleister – jedenfalls primär (d.h. ggf. ergänzt durch Sanktionsnormen bei Missachtung) – durch öffentlich-rechtliche Regelungen (i.w.S.) erfolgen. Denn das Strafrecht versteht sich als „akzessorische Reaktionsordnung",[131] die materielle Verhaltensverbote bereits voraussetzt (und durch die Strafandrohung lediglich verstärkt). Im Rahmen der nicht-strafrechtlichen Steuerung lassen sich theoretisch die folgenden Regulierungsmodelle vorstellen:

1. Behördenmodell (z.B. BfArM) mit eigenem Prüfgremium
2. Zentrumsmodell mit Ethikkommission (Vorbild: PID)
3. Zulassungsmodell (private Anbieter wie nach AMG)
   a) ggf. nach Prüfung durch eine Konfliktberatungsstelle (wie § 218a Abs. 1 StGB)
   b) ggf. nach vorheriger Beurteilung durch eine Ethikkommission

[128] BVerfGE 153, 182 (273 Rn. 238 und 279 Rn. 256) – und dennoch mit der gegensätzlichen Schlussfolgerung, dass der Gesetzgeber aber gleichwohl habe davon ausgehen können, „dass von einem unregulierten Angebot geschäftsmäßiger Suizidhilfe Gefahren für die Selbstbestimmung in Form von sozialen Pressionen ausgehen können".

[129] *Hillenkamp*, § 217 StGB n.F. (Fn. 127), S. 7 weist überdies ganz zutreffend darauf hin, dass die Suizidbeihilfe in den Beneluxstaaten weitgehend verdrängt ist und empirisch gerade keine relevante Rolle spielt.

[130] Dazu eingehend *Simone Ruf*, Prognose (Fn. 41), insbes. S. 63ff., 74 et passim mit der Forderung, dass der Gesetzgeber selbst entsprechende Datenerhebungen veranlassen muss, statt sich auf intuitive Plausibilitäten und Denkmöglichkeiten sowie Medienberichte (anstelle der Nutzung von Primärquellen) zu beschränken; zuvor bereits *Detlev Sternberg-Lieben*, Rechtsgut, Verhältnismäßigkeit und die Freiheit des Strafgesetzgebers, in: Roland Hefendehl/Andrew von Hirsch/Wolfgang Wohlers (Hrsg.), Die Rechtsgutstheorie, 2003, S. 65ff. (81).

[131] *Klaus Ferdinand Gärditz*, Demokratizität des Strafrechts und Ultima Ratio-Grundsatz, JZ 2016, S. 641ff. (642).

   c) ggf. ergänzt um ein Verbot öffentlichkeitswirksamer Dienstleistungsangebote (mit Sanktionsdrohung als Ordnungswidrigkeit)[132]
4. Privatisierungsmodell (ohne Zulassungspflicht mit verwaltungsrechtlicher Regulierung analog zum Gewerberecht)
   a) ggf. nach Prüfung durch eine Konfliktberatungsstelle (wie § 218a Abs. 1 StGB)
   b) ggf. mit standardisierter ermittlungsbehördlicher Kontrolle (Schweiz)
5. Ärztliches Verschreibungsmodell (Oregon)
6. Ärztliches Leistungsmodell (ggf. mit standardisierter *ex post*-Prüfung, Niederlande)

Die Auswahl muss sich der Sache wegen unweigerlich zu drei Schlüsselfragen positionieren: Erstens gilt es zu klären, wie prozedural sichergestellt werden kann, dass die erhöhten Anforderungen an die notwendige Befähigung der Suizidwilligen zur autonomen Entscheidung in der sozialen Realität auch tatsächlich Beachtung finden. Dies der alltäglichen ärztlichen Beratungsroutine zu überantworten würde *de facto* einen nicht kontrollierbaren Freiraum schaffen, dessen Handhabung ganz vom Selbstverständnis der jeweiligen Arztperson abhinge. Bei Einbeziehung auch von Minderjährigen, was ein Teil der aktuellen Gesetzes- und Diskussionsentwürfe nicht ausschließt,[133] verschärft sich diese Problematik, was weiterreichende Fragen zur Einbeziehung der Sorgeberechtigten und zur Rechtsstellung des Familiengerichts aufwirft.[134] Aber auch die Idee einer „ergebnisoffenen" Pflichtberatung in Anlehnung an die Schwangerschaftskonfliktberatung nach § 219 StGB, §§ 5ff. StGB[135] dürfte unter dem Eindruck der dort zuletzt gewonnenen Erfahrungen[136] kaum Ver-

[132] Vorgeschlagen von *Roxin,* Geschäftsmäßige Förderung (Fn. 118), S. 190f.

[133] So auch der ansonsten unbelehrbar punitive Diskussionsentwurf des *BMG*, abrufbar:www.bundesgesundheitsministerium.de/fileadmin/Dateien/3_Downloads/Gesetze_und_Verordnungen/GuV/S/Suizidhilfe_Gesetz_Arbeitsentwurf.pdf (zuletzt aufgerufen am 22.5.2021), aber ebenso der Gesetzentwurf der Fraktion Bündnis 90/Die Grünen für Fälle einer „medizinischen Notlage", abrufbar: https://www.renate-kuenast.de/images/Gesetzentwurf_Sterbehilfe_Stand_28.01.2021_final_002.pdf (zuletzt aufgerufen am 22.5.2021).

[134] Zutr. betont von *Niklas Pfeifer*, Perspektiven der Suizidbeihilfe in Deutschland, KriPoz 2021, S. 172ff. (178).

[135] So ein interfraktioneller Abgeordnetenentwurf eines „Gesetzes zur Regelung der Suizidhilfe", BT-Drucks. 19/28691, abrufbar: https://kripoz.de/wp-content/uploads/2021/04/bt-drs-19-28691.pdf (zuletzt aufgerufen am 22.5.2021); ebenso der Diskussionsentwurf des BMG (Fn. 133), dort § 217 Abs. 2 Nr. 1d StGB-E, §§ 4ff. Selbsttötungshilfegesetz-E.

[136] Dazu eingehend die Befragungsstudie von *Michael Madeker*, Ethische Aspekte der Schwangerschaftskonfliktberatung. Einschätzungen staatlich anerkannter

trauen wecken, wenn die Sicherung der fundamentalen Werte nicht bloß auf dem Papier stehen soll. Vieles spricht daher für eine „Ethikkommissions-Lösung", zumal die bereits bestehenden Anwendungskontexte etwa bei der Lebendorganspende (§ 8 Abs. 3 TPG), im Rahmen klinischer Arzneimittelprüfungen (§§ 40ff. AMG) oder zuletzt bei der PID (§ 3a Abs. 3 S. 2 Nr. 2 ESchG) eines ganz sicher erwarten lassen: eine sorgfältige Einzelfallprüfung. Die Autoren des „Augsburg-Münchner-Hallescher Entwurfs" machen zudem mit Recht geltend, dass eine vorgeschaltete Begutachtung der Freiverantwortlichkeit durch ein unabhängiges Gremium für jene, welche die Suizidhilfe erbringen, die nötige Rechtssicherheit verschafft.[137] Die hiergegen formulierten Einwände[138] einer mangelnden Transparenz und der möglichen Uneinheitlichkeit der Voten bei dezentraler Institutionalisierung („Kommissionstourismus") sind keine, die der Idee als solcher anhaften, sondern von der konkreten verfahrensrechtlichen Ausgestaltung abhängen; soweit des Weiteren – und wohl in der Hauptsache – ein „Moralpaternalismus" zu Lasten der individuellen Selbstbestimmung und Privatsphäre beklagt wird,[139] dürfte damit das legitime Interesse der Gemeinschaft an der nötigen Gewissheit über das Vorliegen „autonomer" Entscheidungen zur Preisgabe des Lebens zu gering geschätzt werden.

Die zweite Schlüsselfrage hängt mit der soeben erörterten unmittelbar zusammen: Wie ist in gesamtgesellschaftlicher Perspektive institutionell zu gewährleisten, dass Suizidhilfe nur nach Maßgabe der hierfür geltenden Verfahrensregeln und nicht – offen oder versteckt – auf andere Weise erbracht wird? Wer eine effektive Kontrolle durch die Rechtsgemeinschaft angesichts der auf dem Spiel stehenden fundamentalen Wertbelange gleichsam als „Preis" für die Anerkennung eines „Rechts zur Selbsttötung" sieht, kann mit einem Toleranzmodell à la Schweiz und der bloß nachträglichen (routinemäßigen) Prüfung nicht glücklich sein. Hierin liegt der berechtigte Kern jener Sorge, welche die Bundestagsmehrheit im Jahr 2015 zur Verabschiedung des § 217 StGB a.F. motiviert hatte. Ob das Vereins- und das Gewerberecht ein hinreichendes Maß an effektiver staatlicher Aufsicht bewirken könnten[140]

Schwangerschaftskonfliktberaterinnen in Niedersachsen, 2011, abrufbar: https://d-nb.info/1043513086/34 (zuletzt aufgerufen am 22.5.2021).

137 Vgl. *Carina Dorneck/Ulrich M. Gassner/Jens Kersten/Josef Franz Lindner/Kim Philip Linoh/Henning Lorenz/Henning Rosenau/Birgit Schmidt am Busch*, Gesetz zur Gewährleistung selbstbestimmten Sterbens und zur Suizidprävention. Augsburg-Münchner-Hallescher-Entwurf (AMHE-SterbehilfeG), 2021, S. 52.

138 V.a. vom Bonner Moraltheologen *Hartmut Kreß*, in: *ders.*, Grenzziehung für Ethikkommissionen, MedR 2021, S. 1ff.

139 Ebd.

140 In diesem Sinne noch *Gunnar Duttge*, Der assistierte Suizid aus rechtlicher Sicht. „Menschenwürdiges Sterben" zwischen Patientenautonomie, ärztlichem Selbstverständnis und Kommerzialisierung, ZFME 55 (2009), S. 257ff. (266);

oder nicht doch eher ein theoretisches Konstrukt bliebe, dürfte angesichts der bemitleidenswerten Personalausstattung und strukturellen Überforderung vieler Behörden (wie die aktuelle Pandemielage überdeutlich offenbart hat) eine gänzlich offene Frage sein. Vorzugswürdig ist daher ein Zulassungsmodell, dessen gesamtgesellschaftliche Relevanz durch ein Betätigungsverbot (Ordnungswidrigkeit) für sonstige Vereinigungen oder Privatpersonen zu stärken ist. Dabei wäre natürlich eine nähere Festlegung der konkreten Anforderungen für eine Zulassung wie – hernach – eine regelhafte Überprüfung (mit dem Damoklesschwert eines evtl. Widerrufs) vonnöten, wie sie auch in anderen Kontexten einer Zulassungspflicht bekannt sind. Im Kern müsste jederzeit sichergestellt sein, dass der betreffende Anbieter „dauerhaft die Gewähr dafür bietet, die [...] geregelten Voraussetzungen für die Mitwirkung an einem freiverantwortlichen Suizid einzuhalten und auch nicht aus sonstigen Gründen unzuverlässig [ist].“[141] Dass damit verbundene „Gütesiegel“[142] ist kein Gegenargument, weil die Anerkennung des freiverantwortlichen Suizids von Verfassungs wegen geboten ist und eine staatliche Kontrolle die hierfür notwendige Sorgfalt, Qualität und die erhoffte Rechtssicherheit[143] verspricht. Im Übrigen entspricht es der gesamtgesellschaftlichen Verantwortung, sich nicht negativ auf Verbote zu beschränken und ansonsten den Dingen ihren bedauerlichen Lauf zu lassen.

Mit diesem Regelungsmodell wäre schließlich zugleich die dritte – und gewiss nicht minder bedeutsame – Schlüsselfrage lösbar, nämlich die nach den konkret Ausführenden: Nicht nur die Bevölkerung, sondern offenbar auch die Rechtspolitik und die Mehrheit der Rechtswissenschaftler halten die Ärzteschaft geradezu für „prädestinierte Freitodhelfer.“[144] Dass damit das ärztliche Selbstverständnis (mehrheitlich) geradezu vergewaltigt würde,[145] soll offenbar als „Kollateralschaden“ notgedrungen hingenommen werden (ggf. *ad personam* abgemildert

Eric Hilgendorf, Zur Strafwürdigkeit von Sterbehilfegesellschaften, in: Sharon B. Byrd/Joachim Hruschka/Jan C. Joerden (Hrsg.), Jahrbuch für Recht und Ethik 15 (2007), S. 479ff. (497ff.).

141 § 5 Abs. 3 S. 3 des „Augsburg-Münchner-Hallescher Entwurfs“ (Fn. 137, S. 50) für „geschäftsmäßig“ tätige Vereinigungen, sowie Abs. 4 für „nichtärztliche Personen“ – warum Angehörige bzw. nahestehende Personen jedoch ausgenommen bleiben und damit unkontrolliert Suizidhilfe sollen leisten dürfen, versteht sich im Lichte von „Autonomie“ und „Lebensschutz“ nicht und dürfte noch der falschen Logik des § 217 StGB a.F. verhaftet sein.

142 BT-Drucks. 18/5373, S. 13.

143 Zur Vorgeschichte des BVerfG-Urteil v. 26.2.2020 siehe bereits o. bei Fn. 69ff.

144 *Saliger*, Selbstbestimmung (Fn. 104), S. 212.

145 Siehe insbesondere die Ergebnisse der Umfrage des Allensbacher Institut für Demoskopie aus dem Jahr 2009, abrufbar unter: www.bundesaerztekammer.de/page.asp?his=0.6.5048.8668&all=true (zuletzt aufgerufen am 22.5.2021).

durch Zubilligung einer „Gewissensklausel" entsprechend § 12 Abs. 1 SchKG). Dabei geht es keineswegs allein um die bilaterale Arzt-Patienten-Beziehung, in der es durchaus als Zeichen des „Vertrauens" gelten kann, wenn auch die Option einer ärztlichen Mitwirkung beim Suizid im Raum steht. Es geht vielmehr um die professionelle Rolle eines „guten Arztes" überhaupt – und um das hierauf bezogene professionsspezifische Vertrauen der Bevölkerung. In einem neueren Positionspapier eines internationalen Autorenteams wird mit Recht zu bedenken gegeben, dass die (allgemeine) Einbeziehung der Ärzteschaft Patienten und Familien zwangsläufig misstrauisch über die Intentionen ihres behandelnden Arztes machen muss, und zwar gerade in einem Augenblick größter Vulnerabilität und Not.[146] Eben aus diesem Grund hat beispielsweise die *American Medical Association* (AMA) den tradierten ärztlichen Ethos erst in jüngerer Vergangenheit nochmals bekräftigt: „Physician-assisted suicide is fundamentally incompatible with the physician's role as healer, would be difficult or impossible to control, and would pose serious societal risks."[147] Nach Maßgabe des Art. 12 GG und der Heilberufsgesetze ist es jedoch primär der ärztlichen Selbstverwaltung aufgegeben, die eigene professionelle Rolle auszugestalten. Eine per Gesetz erfolgende Übertragung der Aufgabe zur Mitwirkung am Suizid würde das bisherige Rollenverständnis nicht etwa nur modifizieren, sondern den Kern der „eigenen Angelegenheiten"[148] betreffen und geradezu ins Gegenteil verkehren. Soweit angenommen wird, dass diese Frage ohnehin einer gesetzlichen Regelung bedürfte und das Standesrecht hierfür keine ausreichende Rechtsgrundlage biete,[149] betrifft dies allein die rechtsformale und nicht die inhaltliche Seite.

146 *Charles L. Sprung/Margaret A. Somerville/Lukas Radbruch/Nathalie Steiner Collet/Gunnar Duttge/Jefferson P Piva/Massimo Antonelli/Daniel P Sulmasy/Willem Lemmens/E Wesley Ely,* Physician-Assisted Suicide and Euthanasia: Emerging Issues from a Global Perspective, Journal of Palliative Care 20 (2018), S. 197 ff. (200); in diesem Sinne auch schon *Duttge,* Der assistierte Suizid (Fn. 140), S. 265: „Rollenkonfusion".

147 https://lozierinstitute.org/ama-affirms-the-physicians-role-as-healer-rejects-physician-assisted-suicide/ (zuletzt aufgerufen am 22.5.2021).

148 BVerfG, NJW 1972, S. 1504 (1507).

149 In diesem Sinne für „Ausnahmefälle [...], in denen der Arzt einer Person, zu der er in einer lang andauernden, engen Arzt-Patient-Beziehung oder einer längeren persönlichen Beziehung steht, auf deren Bitte hin wegen eines unerträglichen, unheilbaren und mit palliativ medizinischen Mittel nicht ausreichend zu lindernden Leidens ein todbringendes Medikament verschreibt": VG Berlin, MedR 2013, S. 58 ff.; generalisierend: *Josef Franz Lindner,* Verfassungswidrigkeit des – kategorischen – Verbots ärztlicher Suizidassistenz, NJW 2013, S. 136 ff. (137 f.). Offengelassen von BVerfGE 153, 182 (294 Rn. 295).

Davon abgesehen läge die Gesetzgebungskompetenz bei den Ländern, was einer bundesrechtlichen Regelung zwingend entgegenstünde.[150]

Den Landesärztekammern ist daher nicht zu empfehlen, die jüngste Empfehlung des Deutschen Ärztetages[151] zu befolgen und das bisherige Musterverbot des § 16 S. 3 MBO-Ä in ihren Landes-BO verbindlich zu streichen. Sofern der Eindruck nicht täuscht, ist die „Beliebtheit" der Ärzteschaft vor allem durch den damit verknüpften Zugriff auf die benötigten tödlichen Betäubungsmittel bedingt. Eben dies ließe sich aber ohne Weiteres auch durch Einbindung von Vertretern der Ärzteschaft in den institutionellen Rahmen einer besonderen – zulassungspflichtigen (s. o.) – Organisationseinheit realisieren, in welcher auch diese Ärzte nicht mehr als verwechselbare Allgemeinärzte wirken. Zugleich müsste das Betäubungsmittelrecht nur noch auf diese Sonderkonstellation hin geändert werden und nicht mehr in der beabsichtigten Allgemeinheit, die jetzt eine „begründete" Verschreibung oder Überlassung von Betäubungsmitteln (§ 13 Abs. 1 BtMG) – der Logik zuwider – auch bei fehlender medizinischer Indikation dekretieren müsste.

V. Ein knapper Ausblick

Es zeigt sich damit die immense Herausforderung der regulatorischen Aufgabe: Auf dem Boden einer freiheitlich verfassten Rechtsordnung gibt es aber keine Alternative, mag das *BMG* noch immer glauben, auf das Strafrecht keinesfalls verzichten zu können.[152] Jeder rechtliche Rahmen dürfte aber für sich allein nur unvollkommen die dringend benötigte Sicherheit und Verlässlichkeit gegenüber Missbrauch und Aushöhlung bieten. Es bedarf daher vor allem einer gesellschaftsweiten Aufklärung über und Sensibilisierung für den persönlichen und kollektiven Preis eines jeden Suizids. Ein wesentliches Momentum ist dabei die – berechtigte – Sorge vieler Menschen, in den Händen der Intensivmedizin „übertherapiert" zu werden;[153] zu allererst bedarf es daher einiger Anstrengungen, um einer weiteren Unterminierung des

[150] Zutr. betont von *Wolfgang Höfling*, „Autonome Selbstbestimmung" – und was nun? Kritische Anmerkungen und rechtspolitische Fragen zum Urteil des Bundesverfassungsgerichts zu § 217 StGB, ZFME 66 (2020), S. 245 ff. (255); *Pfeifer*, Perspektiven (Fn. 134), S. 176.

[151] https://www.aerzteblatt.de/archiv/219138/Aerztliche-Suizidassistenz-Berufsrechtliches-Verbot-entfaellt (zuletzt aufgerufen am 22.5.2021).

[152] Siehe Fn. 133.

[153] Dazu vor kurzem das Positionspapier der Sektion Ethik der Deutschen Gesellschaft für Interdisziplinäre Intensiv- und Notfallmedizin (DIVI), vgl. *Andrej Michalsen/Gerald Neitzke/Uwe Janssens/Gunnar Duttge* u.a., Medizinische Klinik – Intensivmedizin und Notfallmedizin 2021, S. 281 ff. (https://doi.org/10.1007/s00063-021-00794-4 [zuletzt aufgerufen am 22.5.2021]).

ohnehin schon brüchigen Vertrauens in die moderne Medizin und insbesondere in die Großkliniken entgegenzuwirken. Zugleich dürfen aber nicht die Augen davor verschlossen werden, dass sich eine Mehrheit der deutschen Bevölkerung auf der letzten Wegstrecke des eigenen Lebens nicht entmündigen lassen mag. In der Tat darf und kann in letzter Konsequenz niemand dem Einzelnen die höchstpersönliche Entscheidung – und Verantwortung – über das „Ob", „Wie" und „Wie lange" des eigenen Weiterlebens abnehmen: Steuermann/-frau über das eigene „Lebensschiff" bleibt stets der/die Betroffene selbst – möglichst aber eingebunden in die lebensbejahende respektvolle Fürsorge seiner empathischen Mitwelt.

Leitsätze
zum Beitrag von Prof. Dr. iur. Gunnar Duttge:

„Autonomieschutz durch strafrechtliche Autonomiebegrenzung? Zur Relevanz des Strafrechts im Kontext des (assistierten) Suizids“

1. Letzte Legitimationsquelle einer freiheitlich verfassten Rechtsordnung ist die Rechtssubjektivität des Einzelnen mitsamt seinem Existenz- und freiheitlichen Selbstgestaltungsrecht („normativer Individualismus“).
2. Der verfassungsrechtlich fundierte Anspruch auf „normative Autorität“ der individuellen Lebensgestaltung („Selbstbestimmung“) ist ungeachtet der Höchstwertigkeit menschlichen Lebens auch mit Blick auf die Frage des Weiterlebens oder Sterbens nicht suspendiert. Die geltende Rechtsordnung kennt keine Pflicht zum Leben-Müssen unter Missachtung eines entgegenstehenden „freien“ Willens des höchstpersönlich Betroffenen.
3. Nach vorherrschendem Erkenntnisstand der hierzu berufenen Psychowissenschaften kann auch das zielgerichtete Ableben durch Suizid Ausdruck eines „autonomen“ Willensentschlusses sein. Für die dazu notwendige Befähigung zur Reflexion und Urteilsbildung gelten aber im Lichte des auf dem Spiele stehenden Lebensrechts anspruchsvolle Voraussetzungen, die insbesondere eine Situation verlangen, in der nach menschlichem Ermessen ein „wohlerwogener“, irreversibler Entschluss zum Sterben vorliegt.
4. Strafrechtlicher Rechtsgüterschutz kommt nur in Betracht, wenn dem betreffenden Verhaltenstypus ein hinreichend gewichtiges Maß an sozialwidrigem Fremdschädigungspotential immanent ist. Von solchem – noch dazu: strafwürdigen – „Unrecht“ kann jedoch keine Rede sein, wenn dem Mündigen dasjenige zuteil wird, was er konsentiert oder gar für sich erstrebt.
5. Dem Grunde nach legitim ist jedoch ein „autonomiesichernder Voreiligkeitsschutz“ (ggf. auch mit dem Mittel des Strafrechts), wenn und solange die rechtsgutsspezifische Autonomiebefähigung zweifelhaft bleibt. Solche Zweifel resultieren jedoch nicht *per se* und generell aus einem besonderen Modus der Hilfeleistung zum Suizid, sei diese „geschäftsmäßig“, „gewerbsmäßig“ oder „organisiert“ verübt.
6. Das – durchaus berechtigte – Allgemeininteresse an einer Abwehr autonomie- und lebensgefährdender „Dienstleistungen“ verlangt nach primär außerstrafrechtlichen Sicherungsvorkehrungen: Die hierfür denkbaren Regelungsmodelle reichen vom Behörden- über

das Zentrums- und Zulassungsmodell bis zum Privatisierungs- und ärztlichen Verschreibungs- oder Leistungsmodell.

7. Die beiden letztgenannten Optionen scheiden allerdings aus, wenn man – richtigerweise – die Beteiligung eines Arztes als unvereinbar mit dem ärztlichen Ethos und dem ihm kraft sozialer Rollenzuschreibung geschenkten Vertrauen ansieht. Die fundamentale Zielsetzung der Heilkunst ist eine eigengesetzliche normative Größe jenseits des Patientenwillens, was eine Pflicht zur sklavischen Mitwirkung am Suizidwillen ausschließt.
8. Vorzugswürdig ist ein Zulassungsmodell, dessen gesamtgesellschaftliche Relevanz durch ein Betätigungsverbot (Ordnungswidrigkeit) für sonstige Vereinigungen oder Privatpersonen zu stärken wäre. Zudem bedarf es einer näheren Festlegung der konkreten Anforderungen für eine Zulassung wie – hernach – eine regelhafte Überprüfung (mit dem Damoklesschwert eines evtl. Widerrufs).
9. Hinsichtlich der notwendigen Vorabbegutachtung der „Freiverantwortlichkeit" sprechen gute Gründe für die Implementierung eines unabhängigen, interdisziplinär besetzten Gremiums („Ethikkommission"), dessen Prüfergebnisse zugleich jenen, die Suizidhilfe erbringen, die nötige Rechtssicherheit verschafft.
10. Suizidprävention erfordert Räume des Dialoges, der fürsorglichen und empathischen Hilfeleistung, nicht – jedenfalls nicht vorrangig – nach strafgesetzlicher Abschreckung: „Denn die einen sind im Dunkeln – Und die andern sind im Licht. Und man siehet die im Lichte – Die im Dunkeln sieht man nicht" (*Berthold Brecht*, Dreigroschenoper).

Prof. Dr. iur. Anna-Bettina Kaiser, LL.M., und Ines Reiling

Der Lebensschutz am Lebensende

Handlungsauftrag und Gestaltungsspielräume des Gesetzgebers nach dem Suizidhilfe-Urteil des Bundesverfassungsgerichts

I. Die neu entfachte Suizidhilfe-Debatte

Mit dem Suizidhilfe-Urteil vom 26.2.2020 entschied der Zweite Senat des Bundesverfassungsgerichts,[1] dass das in § 217 des Strafgesetzbuchs (StGB) a.F.[2] geregelte Verbot der geschäftsmäßigen Förderung der Selbsttötung verfassungswidrig und daher nichtig ist.[3] Ähnlich wie zuvor der Europäische Gerichtshof für Menschenrechte,[4] aber weitergehend als das Bundesverwaltungsgericht[5] und der Bundesgerichtshof[6] erkennt das

[1] BVerfGE 153, 182. Der Eilrechtsschutzantrag aus dem Jahr 2015 war hingegen aufgrund der üblichen Folgenabwägung erfolglos geblieben, BVerfG (K), NJW 2016, S. 558.

[2] § 217 StGB a.F., eingeführt durch das Gesetz zur Strafbarkeit der geschäftsmäßigen Förderung der Selbsttötung vom 3.12.2015 (BGBl. I S. 2177), lautet: „Abs. 1: Wer in der Absicht, die Selbsttötung eines anderen zu fördern, diesem hierzu geschäftsmäßig die Gelegenheit gewährt, verschafft oder vermittelt, wird mit Freiheitsstrafe bis zu drei Jahren oder mit Geldstrafe bestraft.
Abs. 2: Als Teilnehmer bleibt straffrei, wer selbst nicht geschäftsmäßig handelt und entweder Angehöriger des in Absatz 1 genannten anderen ist oder diesem nahesteht."

[3] BVerfGE 153, 182 (Tenor zu 2., 308 Rn. 337).

[4] EGMR, NJW 2002, S. 2851 (2854 Rn. 65ff.); EGMR, NJW 2011, S. 3773 (3774 Rn. 51); EGMR, NJW 2013, S. 2953 (2955 Rn. 51ff.); EGMR, NJW 2015, S. 2715 (2717 f. Rn. 98). Dazu BVerfGE 153, 182 (297 f. Rn. 304).

[5] BVerwGE 158, 142 (152 f. Rn. 24) bejaht das Recht für schwer und unheilbar kranke Menschen; über diese Fallgruppe hinaus offen gelassen in BVerwG, NJW 2019, S. 2789 (2790 Rn. 21). Zu den Urteilen auch unten S. 129.

[6] S. aus der Strafrechtsrechtsprechung der sog. „Fuldaer Fall", BGHSt 55, 191 (204 f. Rn. 35), zum Selbstbestimmungsrecht zur Abwehr nicht gewollter Eingriffe in das Leben und die körperliche Unversehrtheit, der gezielte Eingriff zur Beendigung des Lebens unabhängig vom Krankheitsprozess sei davon jedoch abgekoppelt. Dazu näher etwa *Armin Engländer*, Von der passiven Sterbehilfe zum Behandlungsabbruch, JZ 2011, S. 513ff.; *Gloria Berghäuser*, Der

Bundesverfassungsgericht in dem Urteil ein „Recht auf selbstbestimmtes Sterben" als Ausprägung des allgemeinen Persönlichkeitsrechts (Art. 2 Abs. 1 i.V.m. Art. 1 Abs. 1 GG) an.[7] Dieses Recht umfasst nach Auffassung des Senats das „Recht auf Selbsttötung"[8] sowie die Inanspruchnahme freiwillig angebotener Hilfe Dritter hierfür[9]. In das Recht werde durch § 217 StGB a.F. in unverhältnismäßiger Weise eingegriffen, da im Zusammenspiel mit anderen Regelungen in diesem Rechtsbereich das Recht auf selbstbestimmtes Sterben „in weiten Teilen faktisch entleert" werde.[10] Der Zugang zu Suizidhilfe[11] müsse dagegen eine „reale Handlungsoption" sein.[12]

Mit der Aufhebung des § 217 StGB a.F. hat das Bundesverfassungsgericht die langjährige und breite gesellschaftliche Diskussion in Deutschland erneut entfacht.[13] Daher kann heute an vergangene

„Laien-Suizid" gemäß § 217 StGB, ZStW 128 (2016), S. 741ff. (756 f.). S. auch BGHSt 64, 135 (142 f. Rn. 29 f.). Zur zivilrechtlichen Rechtsprechung des Bundesgerichtshofs *Silvia Deuring*, Die Aufwertung des Selbstbestimmungsrechts am Lebensende – neue Freiheiten für Patienten und Ärzte, medstra 2020, S. 266ff. (270 f.).

7 BVerfGE 153, 182 (259 f. Rn. 202, 262 Rn. 209). Insoweit ist das Urteil keine Überraschung, s. *Claus Roxin*, Die geschäftsmäßige Förderung einer Selbsttötung als Straftatbestand und der Vorschlag einer Alternative, NStZ 2016, S. 185ff. (186), aber durchaus hinsichtlich des von materiellen Kriterien abstrahierenden Umfangs, s. *Thomas Hillenkamp*, Strafgesetz „entleert" Grundrecht, JZ 2020, S. 618ff. (619 f.) und dazu näher III. 2. a) *in diesem Beitrag.*

8 BVerfGE 153, 182 (260 Rn. 203, 261ff. Rn. 208ff.).

9 BVerfGE 153, 182 (260 Rn. 203, 261 Rn. 208, 264 f. Rn. 212 f.).

10 BVerfGE 153, 182 (287 f. Rn. 278).

11 BVerfGE 153, 182 (199 Rn. 23) unterscheidet die Suizidhilfe von der Sterbehilfe. Unter Suizidhilfe versteht das Gericht die „nicht tatherrschaftliche Beteiligung an einer eigenverantwortlichen Selbsttötung". Demgegenüber legen andere, wie in früheren Diskussionen auch weitverbreitet, s. etwa *Jörg Antoine*, Aktive Sterbehilfe in der Grundrechtsordnung, 2004, S. 28ff.; *Ulf Kämpfer*, Die Selbstbestimmung Sterbewilliger, 2005, S. 35, einen weiten Sterbehilfebegriff zugrunde, der auch die Suizidhilfe i.S.d. Bundesverfassungsgerichts umfasst, etwa *Carina Dorneck/Ulrich M. Gassner/Jens Kersten/Josef Franz Lindner/Kim Philip Linoh/Henning Lorenz/Henning Rosenau/Birgit Schmid am Busch*, Gesetz zur Gewährleistung selbstbestimmten Sterbens und zur Suizidprävention. Augsburg-Münchner-Hallescher-Entwurf (AMHE-SterbehilfeG), 2021, S. 18; *Hillenkamp*, Strafgesetz „entleert" Grundrecht (Fn. 7), S. 618 in Rn. 8, S. 619; *Carolin Coenen*, Die Sterbehilfe bei freiverantwortlichem Sterbewillen, KriPoZ 2020, S. 67ff. (71); *Tatjana Hörnle*, Der niederländische Hooge Raad und das BVerfG zu Fragen der Sterbehilfe, JZ 2020, S. 872ff. (876), auch zum Streit um den Begriff der Euthanasie; vgl. auch *Frank Saliger*, Sterbehilfe ohne Strafrecht?, KritV 2001, S. 382ff. (383 mit Fn. 1, 432).

12 BVerfGE 153, 182 (292 Rn. 290, ähnlich 288 f. Rn. 280). Dazu näher unten III. 1. a) *in diesem Beitrag.*

13 Das Urteil wird in der Fachliteratur sehr unterschiedlich bewertet. Kritisch *Christian Hillgruber*, Die assistierte Selbsttötung – ein absolutes Freiheitsrecht?,

Diskussionen wieder angeknüpft werden. So war die für nichtig erklärte Regelung des § 217 StGB a. F. im Jahr 2015 nach einer Debatte[14] von vier fraktionsübergreifenden Entwürfen[15] durch den Bundestag beschlos-

ZfL 2019, S. 385ff. (ebd., 391); *Stephan Rixen*, Suizidale Freiheit?, BayVBl 2020, S. 397ff.; *Katarina Weilert*, Anmerkung zum Urteil des BVerfG vom 26.02.2020 („Suizidbeihilfe"), DVBl 2020, S. 879ff.; *Sabine Klostermann*, Ein Lehrbuch der Selbstbestimmung, Jura 2020, S. 664ff. (673 f.). Dagegen findet sich eine positive Bewertung bei *Ruth Andrea Kienzerle*, Paternalismus im Strafrecht der Sterbehilfe, 2021, S. 253ff.; *Rosemarie Will*, Der Bruch mit dem Bruch, Blätter 2020, S. 97ff. (98); *Hillenkamp*, Strafgesetz „entleert" Grundrecht (Fn. 7), S. 626; *Coenen*, Sterbehilfe (Fn. 11), S. 74; *Urban Wiesing*, Selbstbestimmung und Pluralität, zfmr 2020, S. 181ff. (ebd., 184); *Felix Herzog/Georgios Sotiriadis*, Terminale Selbstbestimmung, NK 2020, S. 221ff. (227 f., 232); *Hanjo Lehmann*, Sterben und Sterbehilfe nach dem Urteil von Karlsruhe, vorgänge 229 (2020), S. 101ff.; *Robert Roßbruch*, Verbot der geschäftsmäßigen Förderung der Selbsttötung verfassungswidrig, PflR 2020, S. 235ff. (241ff.); *Wiebke Holetzek*, Verfassungswidrigkeit des Verbots der geschäftsmäßigen Förderung der Selbsttötung, VR 2020, S. 296ff. (298ff.). Differenzierend *Gunnar Duttge*, Anmerkung zu BVerfG, Urt. v. 26.2.2020, MedR 2020, S. 570ff. (571); *Wolfram Höfling*, „Autonome Selbstbestimmung" – und was nun?, ZfmE, S. 245ff. (246, 248ff.); *Volker Boehme-Neßler*, Das Grundrecht auf Suizid, NVwZ 2020, S. 1012ff.; *Hartmut Kreß*, Anmerkung zu BVerfG, Urt. v. 26.2.2020, MedR 2020, S. 572ff. S. zu den teilweise sehr unsachlichen Bewertungen jenseits der Fachliteratur *Josef Franz Lindner*, Verfassungswidrigkeit des Verbotes aktiver Sterbehilfe?, NStZ 2020, S. 505ff. (505).

14 Die Debatte im Bundestag wird grundsätzlich positiv bewertet, s. nur *Dorneck et al.*, Sterbehilfegesetz AMH-Entwurf (Fn. 11), S. 21; *Anette Grünewald*, Selbstbestimmtes Sterben, JR 2021, S. 99ff. (100); *Klostermann*, Selbstbestimmung (Fn. 13), S. 673 f.; *Katarina Weilert*, Suizid und Suizidassistenz als Rechtsproblem, MedR 2018, S. 76ff. (82); *Dorothea Magnus*, Gelungene Reform der Suizidbeihilfe (§ 217 StGB)?, medstra 2016, S. 210ff.

15 BT-Drs. 18/5373 (Entwurf der Bundestagsabgeordneten *Michael Brand, Kerstin Griese, Kathrin Vogler et al.*; dieser Entwurf des § 217 StGB hat sich durchgesetzt); BT-Drs. 18/5374 (Entwurf der Bundestagsabgeordneten *Peter Hintze, Carola Reimann, Karl Lauterbach et al.*); BT-Drs. 18/5375 (Entwurf der Bundestagsabgeordneten *Renate Künast, Petra Sitte, Kai Gehring et al.*); BT-Drs. 18/5376 (Entwurf der Bundestagsabgeordneten *Patrick Sensburg, Thomas Dörflinger, Peter Beyer et al.*). Daneben gab es einen Entwurf der Bundesregierung und einen weiteren Antrag der Bundestagsabgeordneten *Katja Keul et al.* Alle Dokumente unter: www.bundestag.de/dokumente/textarchiv/2015/kw45_ak_sterbebegleitung-392446 (zuletzt aufgerufen am 22.5.2021). S. zu der Debatte näher BVerfGE 153, 182 (194ff. Rn. 10ff.); *Frank Saliger*, in: Urs Kindhäuser/Ulfrid Neumann/Hans-Ullrich Paeffgen (Hrsg.), Strafgesetzbuch Kommentar, 5. Aufl. 2017, § 217 Rn. 1; *Axel Bauer*, Suizidhilfe durch Ärzte und Angehörige?, ZfL 2016, S. 38ff. (39 f.); *Claudia Krieg/Sven Lüders/Rosemaire Will*, Die Begründung der vier Gesetzentwürfe, vorgänge 210/211 (2015), S. 17ff.; *Christian Jäger*, Der Arzt im Fadenkreuz der juristischen Debatte um assistierten Suizid, JZ 2015, S. 875ff. (879ff.); *Heinz Schöch*, Das Recht auf selbstbestimmtes Sterben, GA 2020, S. 423ff. (428 f.). Zu weiter zurückliegenden Debatten *Kallia Gavela*, Ärztlich assistierter Suizid und organisierte Sterbehilfe, 2013, S. 212ff.; *Mirja Feldmann*, Neue Perspektiven in der Sterbehilfediskussion

sen worden.[16] Am Mehrheitsentwurf zu § 217 StGB a. F. bestanden allerdings von Anfang an verfassungsrechtliche Zweifel, insbesondere in der Strafrechtswissenschaft.[17] Jedoch hätte wohl selbst der liberalste der vier Entwürfe den im Suizidhilfe-Urteil formulierten Maßstäben nicht genügt.[18]

Aktuell ist die Debatte um die Neuregelung der assistierten Selbsttötung wieder in vollem Gange. So hat etwa der Deutsche Ethikrat im Jahr 2020 zwei öffentliche Anhörungen zum Thema Selbsttötung durchgeführt[19] und auf dem Deutschen Ärztetag im Mai 2021 wurde intensiv über die ärztliche Rolle beim assistierten Suizid debattiert.[20] Auch der Bundestag hat sich erneut der Problematik angenommen; am 21. April 2021 fand eine erste Orientierungsdebatte statt,[21] die

durch Inkriminierung der Suizidalteilnahme im Allgemeinen? GA 2012, S. 498ff. (502ff.).

16 S. Fn. 2.

17 Dazu *Schöch*, Recht auf selbstbestimmtes Sterben (Fn. 15), S. 423 f.; *Kienzerle*, Paternalismus im Strafrecht der Sterbehilfe (Fn. 13), S. 230. Die Verfassungsmäßigkeit verneinten *Eric Hilgendorf/Henning Rosenau*, Stellungnahme deutscher Strafrechtslehrerinnen und Strafrechtslehrer zur geplanten Ausweitung der Strafbarkeit der Sterbehilfe, medstra 2015, S. 129ff., dort unterstützt von zahlreichen Lehrenden aus der Strafrechtswissenschaft; *Klaus F. Gärditz*, Das Verbot der geschäftsmäßigen Sterbehilfe, ZfL 2015, S. 114ff.; *Roxin*, Geschäftsmäßige Förderung einer Selbsttötung als Straftatbestand (Fn. 7), S. 190; *Elisa Hoven*, Für eine freie Entscheidung über den eigenen Tod, ZIS 2016, S. 1 ff. (8); *Berghäuser*, Der „Laien-Suizid“ (Fn. 6), S. 784; *Friedhelm Hufen*, Selbstbestimmtes Sterben – Das verweigerte Grundrecht, NJW 2018, S. 1524ff. (1527); vgl. zur Ablehnung der Regelung auch *Eric Hilgendorf*, Sterben im Schatten des Strafrechts, in: Franz-Josef Bormann (Hrsg.), Lebensbeendende Handlungen, 2018, S. 701ff. (ebd. m.w.N. in Fn. 1). Demgegenüber bejahten die Verfassungsmäßigkeit etwa *Ekkehart Reimer*, Suizidbeihilfe: Der verfassungsrechtliche Rahmen bundesgesetzlicher Regelungen, ZfL 2015, S. 66ff. (77); *Weilert*, Suizid und Suizidassistenz (Fn. 14), S. 81 f.; *Steffen Augsberg/Simone Sczerbak*, Die Verfassungsmäßigkeit des Verbots der geschäftsmäßigen Suizidassistenz (§ 217 StGB), in: Franz-Josef Bormann (Hrsg.), Lebensbeendende Handlungen, 2018, S. 727ff.

18 *Steffen Augsberg*, „Heteronome Fremdbestimmung“, vorgänge 229 (2020), S. 23ff. (24); ihm folgend *Heinrich Lang*, Das BVerfG und die Strafbarkeit des assistierten Suizids, NJW 2020, S. 1562ff. (1565).

19 S. unter:www.ethikrat.org/themen/gesellschaft-und-recht/sterbebegleitungsuizidpraevention/ (zuletzt aufgerufen am 22.5.2021).

20 S. Bundesärztekammer (Hrsg.), Beschlussprotokoll des 124. Deutschen Ärztetags vom 4.5. - 5.5.2021, S. 144ff., unter: www.bundesaerztekammer.de/fileadmin/user_upload/downloads/pdf-Ordner/124.DAET/Beschlussprotokoll_Stand_06.05.2021.pdf (zuletzt aufgerufen am 22.5.2021).

21 S. unter: www.bundestag.de/dokumente/textarchiv/2021/kw16-de--834808 (zuletzt aufgerufen am 22.5.2021). In der Debatte wurde bereits deutlich, dass mit einer Neuregelung in der 19. Wahlperiode nicht mehr zu rechnen ist, vgl. dagegen die Bundesjustizministerin *Christine Lambrecht* im Interview mit der

bereits Vorschläge zur Neuregelung thematisierte. Dem Parlament liegen mittlerweile zwei Gesetzentwürfe von parlamentarischen Gruppierungen,[22] ein noch nicht veröffentlichtes Eckpunktepapier einer sich formenden weiteren interfraktionellen Gruppierung[23] sowie ein Diskussionsentwurf des Bundesministeriums für Gesundheit (BMG)[24] vor. Auch die Zivilgesellschaft[25] sowie die Wissenschaft[26] haben bereits Regelungsentwürfe in die Debatte eingebracht. Inhaltlich reichen die Vorschläge von strafrechtlichen Verboten bestimmter Formen der Hilfe zur Selbsttötung mit flankierenden Verfahrensregelungen

Rheinischen Post, „Suizid darf keine gesellschaftliche Normalität werden", RP Online vom 6.3.2020, unter: www.rp-online.de/politik/deutschland/interview-christine-lambrecht-suizid-darf-keine-normalitaet-werden_aid-49378075 (zuletzt aufgerufen am 22.5.2021), die eine Neuregelung in der aktuellen Wahlperiode noch für machbar hielt.

22 Interfraktioneller Gesetzentwurf der Bundestagsabgeordneten *Katrin Helling-Plahr/Karl Lauterbach/Petra Sitte/Swen Schulz/Otto Fricke et al.*, Entwurf eines Gesetzes zur Regelung der Suizidhilfe, BT-Drs. 19/28691; Gesetzentwurf der Bundestagsabgeordneten *Renate Künast/Katja Keul*, Entwurf eines Gesetzes zum Schutz des Rechts auf selbstbestimmtes Sterben, Stand 28.1.2021, unter: www.renate-kuenast.de/berlin-thema/entwurf-eines-gesetzes-zum-schutz-des-rechts-auf-selbstbestimmtes-sterben (zuletzt aufgerufen am 22.5.2021).

23 S. die Darstellung bei *Cornelia Schmergal*, Wer darf Patienten in Not beim Sterben helfen?, spiegel.de vom 16.4.2021, unter: www.spiegel.de/gesundheit/reform-der-suizidhilfe-wer-darf-patienten-in-not-beim-sterben-helfen-a-72828b3d-9a27-477d-9655-63a41f48f692 (zuletzt aufgerufen am 22.5.2021).

24 Bundesministerium für Gesundheit (Hrsg.), Diskussionsentwurf, Entwurf eines Gesetzes zur Neufassung der Strafbarkeit der Hilfe zur Selbsttötung und zur Sicherstellung der freiverantwortlichen Selbsttötungsentscheidung, unter: www.bundesgesundheitsministerium.de/fileadmin/Dateien/3_Downloads/Gesetze_und_Verordnungen/GuV/S/Suizidhilfe_Gesetz_Arbeitsentwurf.pdf (zuletzt aufgerufen am 22.5.2021). S. auch die Stellungnahmen zu einer möglichen Neuregelung der Suizidhilfe unter: www.bundesgesundheitsministerium.de/service/gesetze-und-verordnungen/guv-19-lp/stellungnahmen-refe/neuregelung-der-suizidassistenz.html (zuletzt aufgerufen am 22.5.2021).

25 Deutsche Stiftung Patientenschutz (Hrsg.), § 217 StGB. Vorschlag für eine Neufassung, 19.6.2020; DGHS (Hrsg.), Gesetz zur Regelung von Freitodbegleitungen.

26 Für detailliert ausgearbeitete Regelungsvorschläge s. insbes. *Dorneck et al.*, Sterbehilfegesetz AMH-Entwurf (Fn. 11); *Gian Domenico Borasio/Ralf. J. Jox/Jochen Taupitz/Urban Wiesing*, Selbstbestimmung im Sterben – Fürsorge zum Leben. Ein verfassungskonformer Gesetzesvorschlag zur Regelung des assistierten Suizids, 2. Aufl. 2020. Regelungsvorschläge finden sich auch bei *Arthur Kreuzer*, Neuregelung der Sterbehilfe, KriPoZ 2020, S. 199 ff. (202 ff.); *Schöch*, Recht auf selbstbestimmtes Sterben (Fn. 15), S. 427 ff.; *Josef Franz Lindner*, Sterbehilfe in Deutschland – mögliche Regelungsoptionen, ZRP 2020, S. 66 ff.; *Ulrich M. Gassner/Simone Ruf*, Selbstbestimmtes Sterben qua Betäubungsmittelrecht, GesR 2020, S. 485 ff. (491 ff.).

bis hin zu näher ausgestalteten Zugangsrechten zu Medikamenten zur Selbsttötung ohne strafrechtliche Einhegung.[27]

Im Vergleich zum Jahr 2015 besteht aus regelungstechnischer Sicht jedoch ein wesentlicher Unterschied: Das Bundesverfassungsgericht macht im Suizidhilfe-Urteil mehrere Vorgaben für die Regulierung der assistierten Selbsttötung und formuliert darüber hinaus zahlreiche Anregungen. Aus dem Urteil ergibt sich aus Regulierungssicht das Folgende: Den Gesetzgeber trifft eine Pflicht zur Neuregelung der assistierten Selbsttötung (dazu II). Im Hinblick auf die Gestaltung hat das Bundesverfassungsgericht einen verbindlichen Korridor vorgegeben, innerhalb dessen sich die Regelung halten muss, der aber auch politische Spielräume lässt (dazu III.). Die inzwischen vorliegenden Gesetzentwürfe werden abschließend an der nunmehr konkretisierten Verfassungsrechtslage gemessen und eigene verfassungspolitische Vorschläge unterbreitet (dazu IV.).

II. Der Handlungsauftrag zur Regulierung der Suizidhilfe

Die Auflösung der Kollision von Freiheits- und Schutzdimension des allgemeinen Persönlichkeitsrechts ist primär Aufgabe des Gesetzgebers (dazu 1.). Zwar liegt auch ohne den für nichtig erklärten § 217 StGB a.F. bereits *de lege lata* eine – freilich lückenhafte – Regelung der Suizidhilfe vor. Doch bestehen insoweit rechtliche Unsicherheiten und das Recht ist aufgrund von anstehenden Reformen im ärztlichen Standesrecht in Bewegung (dazu 2.). Im Ergebnis ist eine Pflicht des Gesetzgebers zur Neuregelung des Phänomenbereichs Suizidhilfe anzunehmen (dazu 3.).

1. Auflösung der Kollision von Freiheits- und Schutzdimension des allgemeinen Persönlichkeitsrechts als Aufgabe des Gesetzgebers

Das Bundesverfassungsgericht steckt das grundrechtliche „Spannungsfeld“ der Regulierung der Suizidhilfe wie folgt ab: Auf der einen Seite ist das „Recht auf selbstbestimmtes Sterben“ sowie die Suche nach entsprechender Unterstützung zu achten.[28] Auf der anderen Seite sind „die Autonomie Suizidwilliger und darüber auch das hohe Rechtsgut Leben zu schützen.[29] Diese sind von Einwirkungen und Pressionen freizuhalten, welche sie gegenüber Suizidhilfeangeboten in eine Rechtfertigungslage bringen könnten“.[30] Es kommt insofern zu einem Konflikt von „Freiheits- und [...] Schutzdimension des Grundrechts“.[31] Der Gesetzgeber hat

[27] Dazu näher unter IV. *in diesem Beitrag.*

[28] Dazu näher unter III. 1. a) *in diesem Beitrag.*

[29] Dazu näher unter III. 1. b) *in diesem Beitrag.*

[30] BVerfGE 153, 182 (268 Rn. 223).

[31] BVerfGE 153, 182 (269 Rn. 225).

dieses Spannungsverhältnis aufzulösen.[32] Dabei bedarf die staatliche Schutzpflicht der „Ausgestaltung und Konkretisierung".[33]

2. Unsicherheiten *de lege lata* und Reformbestrebungen

Aktuell ist die assistierte Selbsttötung in Deutschland keineswegs ungeregelt.[34] Nach dem StGB sind der Suizid und dementsprechend auch die Beihilfe zum Suizid zwar straflos.[35] Für die Straffreiheit des Helfers muss die suizidwillige Person allerdings selbst die Tatherrschaft über die Tötungshandlung innehaben.[36] Fehlt es daran, dann ist die durch eine andere Person tatherrschaftlich ausgeübte Mitwirkung bei der Tötung[37] etwa als eine Tötung auf Verlangen gemäß § 216 StGB strafbar.[38] Straffrei sind dagegen die sog. Sterbehilfe durch Unterlassen, Begrenzung oder Abbruch (aktiv oder passiv) einer lebenserhaltenden bzw. lebensverlängernden medizinischen Behandlung bei einer lebensbedrohlich erkrankten Person in Übereinstimmung mit deren Willen[39] sowie die sog. indirekte Sterbehilfe durch Medikamente der Palliativmedizin, die der Schmerzlinderung von sterbenden Patienten

32 S. BVerfGE 153, 182 (268 Rn. 224) zu § 217 StGB a. F., wobei nichts anderes für eine zukünftige Regelung gilt.

33 BVerfGE 153, 182 (268 Rn. 224) mit Verweis auf BVerfGE 88, 203 (254) zum Untermaßverbot. Dazu *Antoine*, Aktive Sterbehilfe in der Grundrechtsordnung (Fn. 11), S. 207 ff.; *Torsten Verrel*, Patientenautonomie und Strafrecht bei der Sterbebegleitung, Gutachten C für den 66. Deutschen Juristentag, 2006, C 71 f.; *Ulrike Bernert-Auerbach*, Das Recht auf den eigenen Tod und aktive Sterbehilfe unter verfassungsrechtlichen Gesichtspunkten, 2012, S. 300.

34 *Fabian Teichmann/Madeleine Camprubi*, Regelung der Sterbehilfe in der Schweiz und in Deutschland, MedR 2021, S. 141 ff. (145); *Holetzek*, Verfassungswidrigkeit (Fn. 13), S. 300, kann daher nicht gefolgt werden, wenn sie vertreten, die Nichtigkeit von § 217 StGB a. F. lasse ein Vakuum zurück.

35 Näher zur strafrechtlichen Rechtslage *Teichmann/Camprubi*, Sterbehilfe in der Schweiz und in Deutschland (Fn. 34), S. 145 f.; *Kreuzer*, Neuregelung der Sterbehilfe (Fn. 26), S. 200 ff.; *Gloria Berghäuser/Theo A. Boer/Gian Domenico Borasio/Gerrit Hohendorf/Stephan Rixen/Johann F. Spittler*, Brauchen wir eine Neuordnung der Sterbehilfe in Deutschland?, MedR 2020, S. 207 ff. (208 f.); *Thomas Hillenkamp*, Sterbehilfe zwischen Rechtssicherheit und Chaos, ZMGR 2018, S. 289 ff.; *Berghäuser*, Der „Laien-Suizid" (Fn. 6), S. 743 ff.

36 BVerfGE 153, 182 (199 Rn. 23); *Hillenkamp*, Rechtssicherheit und Chaos (Fn. 35), S. 292.

37 Der Zusatz „Hilfe" soll implizieren, dass die Tötungshandlung nicht gegen den Willen des Betroffenen erfolgt, BVerfGE 153, 182 (199 Rn. 23) unter Verweis auf *Ulf Kämpfer*, Die Selbstbestimmung Sterbewilliger, 2005, S. 35. So gefiltert soll dann keine Strafbarkeit nach §§ 211, 212 StGB im Raum stehen.

38 BVerfGE 153, 182 (199 f. Rn. 23). Näher *Kreuzer*, Neuregelung der Sterbehilfe (Fn. 26), S. 201; *Coenen*, Sterbehilfe (Fn. 11), S. 72; vgl. auch *Teichmann/Camprubi*, Sterbehilfe in der Schweiz und in Deutschland (Fn. 34), S. 146.

39 BGHSt 55, 191 (202 ff. Rn. 30 ff.). Dazu BVerfGE 153, 182 (199 Rn. 23); *Kreuzer*, Neuregelung der Sterbehilfe (Fn. 26), S. 201 f.

dienen, aber zugleich den Eintritt des Todes beschleunigen können.[40] Im Einzelnen ist allerdings vieles umstritten.[41] Ein langjähriger Problemfall war etwa, ob eine Garantenstellung insbesondere Ärztinnen und Ärzte stets dazu verpflichtet, in ein Suizidgeschehen durch rettende Gegenmaßnahmen einzugreifen; dies hat der Bundesgerichtshof im Jahr 2019 abgelehnt.[42]

Diese auch durch die Rechtsprechung entwickelte Systematik von Suizid- und Sterbehilfe[43] veränderte § 217 StGB a.F. deutlich,[44] indem er die geschäftsmäßige, das heißt auf Wiederholung ausgerichtete[45] Förderung der Selbsttötung eines anderen unter Strafe stellte (Abs. 1).[46] Aufgrund der Nichtigerklärung des § 217 StGB a.F. können Personen die Selbsttötung wieder geschäftsmäßig fördern, soweit sie nicht tatherrschaftlich handeln (s.o.) und im Übrigen nicht gegen Ordnungsrecht, etwa das Arzneimittelgesetz, verstoßen.[47] Daher können auf geschäftsmäßige Suizidhilfe ausgerichtete Akteure, insbesondere Sterbehilfevereine und auch individuell handelnde Ärztinnen und Ärzte ihre Unterstützung grundsätzlich wieder anbieten.[48]

Dennoch ist aktuell wenig wahrscheinlich, dass tödliche Betäubungsmittel nach dem Betäubungsmittelgesetz (BtMG) für die Suizidhilfe genutzt werden können:

[40] BGHSt 42, 301 (305). Dazu BVerfGE 153, 182 (199 Rn. 23); *Kreuzer*, Neuregelung der Sterbehilfe (Fn. 26), S. 202.

[41] *Deuring*, Selbstbestimmungsrecht am Lebensende (Fn. 6), S. 268; *Hillenkamp*, Rechtssicherheit und Chaos (Fn. 35), S. 290 ff.; vgl. zur älteren, noch weniger durchschaubaren Rechtslage *Frank Saliger*, Sterbehilfe ohne Strafrecht?, KritV 2001, S. 382 ff. (385 f., 432 f.).

[42] BGHSt 64, 121 (129 ff. Rn. 29 ff., 134 Rn. 47); 64, 135 (144 f. Rn. 34 f.); vgl. zuvor noch OLG Hamburg, NStZ 2016, S. 530 (534 f.). Dazu *Berghäuser et al.*, Neuordnung der Sterbehilfe? (Fn. 35), S. 209; *Deuring*, Selbstbestimmungsrecht am Lebensende (Fn. 6), S. 269 f.; *Hillenkamp*, Rechtssicherheit und Chaos (Fn. 35), S. 292 ff.; kritisch *Schöch*, Recht auf selbstbestimmtes Sterben (Fn. 15), S. 432 f. Vgl. zur früheren Rechtslage *Christiane Schmalz*, Sterbehilfe, Rechtsvergleich Deutschland – USA, 2001, S. 34 ff.

[43] *Hillenkamp*, Rechtssicherheit und Chaos (Fn. 35), S. 289.

[44] *Kreuzer*, Neuregelung der Sterbehilfe (Fn. 26), S. 200; *Hillenkamp*, Rechtssicherheit und Chaos (Fn. 35), S. 295.

[45] BT-Drs. 18/5373, S. 16 f.; näher *Kienzerle*, Paternalismus im Strafrecht der Sterbehilfe (Fn. 13), S. 231 f. Von der Strafnorm waren also auch Ärztinnen und Ärzte erfasst, unabhängig davon, ob sie individuell oder in Sterbehilfevereinen handelten.

[46] Für den gesamten Wortlaut der Vorschrift s. Fn. 2.

[47] Für eine Störung der öffentlichen Sicherheit wegen der Beschaffung nicht zugänglicher Medikamente VG Hamburg, Beschluss vom 6.2.2009 – 8 E 3301/08 – juris Rn. 60 f.

[48] S. BVerfG (K), NJW 2021, S. 1086 (1087 Rn. 7).

Einerseits legt das Bundesinstitut für Arzneimittel und Medizinprodukte (BfArM) die Vorschriften über die Erteilung einer Erlaubnis für den Erwerb von einem letal wirkenden Medikament wie Natrium-Pentobarbital[49] auf direkten Antrag des Suizidwilligen (also ohne ärztliche Beteiligung) gemäß § 3 Abs. 1 i.V.m. § 5 Abs. 1 Nr. 6 BtMG weiterhin so aus, dass keine Erlaubnis zu Zwecken des Suizids erteilt werden kann.[50] Dies steht in einem gewissen Spannungsverhältnis zu einem freilich nur *inter partes* wirkenden Urteil des Bundesverwaltungsgerichts:[51] Das Leipziger Gericht hat in grundrechtskonformer Auslegung von § 3 Abs. 1 i.V.m. § 5 Abs. 1 Nr. 6 BtMG entschieden, dass ausnahmsweise die Erteilung der Erlaubnis zum Erwerb einer letal wirkenden Dosis von Natrium-Pentobarbital geboten sein kann, wenn sich Suizidwillige „wegen einer schweren und unheilbaren Erkrankung in einer extremen Notlage“

49 Der Wirkstoff Pentobarbital und damit auch das besser lösliche Natrium-Pentobarbital ist ein verkehrs- und verschreibungsfähiges Betäubungsmittel gemäß Anlage III zu § 1 Abs. 1 BtMG. Natrium-Pentobarbital wird beim assistierten Suizid in anderen Ländern fast ausschließlich verwendet, s. Deutscher Bundestag – Wissenschaftliche Dienste (Hrsg.), Medikamente zur Selbsttötung, WD 9 – 3000 – 020/20, 10.6.2020, S. 10; *Schöch*, Recht auf selbstbestimmtes Sterben (Fn. 15), S. 436 f.; vgl. *Deuring*, Selbstbestimmungsrecht am Lebensende (Fn. 6), S. 268.

50 So die Bundesregierung in einer Antwort auf eine Kleine Anfrage, 25.5.2020, BT-Drs. 19/19411, S. 4; s. auch die Antwort der Bundesregierung auf eine Kleine Anfrage, 12.2.2021, BT-Drs. 19/26666, S. 4ff. Auf der Homepage des BfArM heißt es entsprechend: „Nach derzeit geltendem Recht können Erlaubnisse zum Erwerb von Betäubungsmitteln zum Zwecke des Suizides nicht erteilt werden. § 5 Absatz 1 Nr. 6 BtMG schließt die Erteilung ausnahmslos aus. Stand: 19.11.2020“, unter: www.bfarm.de/DE/Service/Presse/Themendossiers/Bet%C3%A4ubungsmittel%20zum%20Zweck%20der%20Selbstt%C3%B6tung/_node.html (zuletzt aufgerufen am 22.5.2021). S. dazu auch *Gassner/Ruf*, Betäubungsmittelrecht (Fn. 26), S. 487; Wissenschaftliche Dienste, Medikamente zur Selbsttötung (Fn. 49), S. 14.

51 Der Konflikt soll durch einen (wohl) (Nichtanwendungs-)Erlass aus dem Bundesministerium für Gesundheit an das BfArM aufgelöst werden, s. die Antwort der Bundesregierung auf eine Kleine Anfrage, 2.5.2019, BT-Drs. 19/9847, S. 4; dazu *Udo Di Fabio*, Erwerbserlaubnis letal wirkender Mittel zur Selbsttötung in existenziellen Notlagen, 2017, S. 101 f., 66ff. Kritisch *Hillenkamp*, Rechtssicherheit und Chaos (Fn. 35), S. 297 f.; *Hufen*, Selbstbestimmtes Sterben (Fn. 17), S. 1528; *Lothar Knopp/Monique Hofmann*, Wider den Rechtstaat – Politik kontra Gerichtsbarkeit, NVwZ 2020, S. 982ff. (985 f.), *Detlev Sternberg-Lieben*, Ein weiterer Rechtsprechungsschritt in die richtige Richtung, medstra 2020, S. 3ff. (6); *Duttge*, Anmerkung (Fn. 13), S. 571; *Maximilian Spohr*, Der Erwerb tödlich dosierter Medikamente im Lichte des aktuellen Urteils des Bundesverfassungsgerichtes zu § 217 StGB, vorgänge 229 (2020), S. 69ff. (71); *Schöch*, Recht auf selbstbestimmtes Sterben (Fn. 15), S. 437 f.

befinden.[52] Jenseits dieser Auslegung wird die Verfassungsmäßigkeit des § 5 Abs. 1 Nr. 6 BtMG bezweifelt.[53]

Andererseits sind die Abgabe und der Erwerb einer letalen Dosis von Natrium-Pentobarbital auch aufgrund einer ärztlichen Verschreibung nach § 4 Abs. 1 Nr. 1 lit. c, Nr. 3 lit. a i.V.m. § 13 Abs. 1 BtMG[54] kaum denkbar[55]. Denn § 13 Abs. 1 BtMG wird bislang überwiegend nicht so ausgelegt, dass von der tatbestandsmäßig erforderlichen medizinisch begründeten Anwendung des Mittels[56] auch der Zweck der Selbsttötung erfasst ist.[57] Nach dieser Auslegung ist kategorisch ausgeschlossen, dass Ärztinnen und Ärzte ein Medikament wie Natrium-Pentobarbital gemäß § 13 Abs. 1 BtMG verschreiben dürfen.[58] Allerdings ist die Auslegung noch nicht höchstrichterlich geklärt.[59] Dadurch besteht für Ärztinnen

[52] BVerwGE 158, 142 (155 Rn. 28, näher 156 Rn. 31 ff., 162 Rn. 42). Dazu kritisch u.a. *Klaus Ferdinand Gärditz*, Suizidale Betäubungsmittelautonomie?, ZfL 2017, S. 38 ff.; *Christian Hillgruber*, Die Erlaubnis zum Erwerb eines Betäubungsmittels in tödlicher Dosis für Sterbenskranke, JZ 2017, S. 777 ff.; *Michael Sachs*, Zum Grundrecht auf Selbsttötung, in: Rainer Beckmann/Gunnar Duttge/Klaus Ferdinand Gärditz/Christian Hillgruber/Thomas Windhöfel (Hrsg.), Gedächtnisschrift für Herbert Tröndle, 2019, S. 641 ff.; *Höfling*, „Autonome Selbstbestimmung" (Fn. 13), S. 252: „anmaßende[r] Akt legislativer Neuschöpfung". Das Bundesverwaltungsgericht beanstandet die Erlaubnisversagung dagegen nicht, wenn schon keine schwere und unheilbare Erkrankung gegeben ist, BVerwG, NJW 2019, S. 2789 (2790 f. Rn. 19, 22).

[53] BVerfGE 153, 182 (309 Rn. 341); offen auch BVerfG (K), NJW 2020, S. 2394 (2394 f. Rn. 15), zu unzulässigen Vorlagebeschlüssen des VG Köln – 7 K 13803/17 u.a.; näher *Spohr*, Erwerb tödlich dosierter Medikamente (Fn. 51), S. 71 f.

[54] Im Rahmen des § 13 Abs. 1 Satz 1, Abs. 1a BtMG ist auch die Überlassung denkbar, wegen § 216 StGB jedoch weniger die Verabreichung, *Gassner/Ruf*, Betäubungsmittelrecht (Fn. 26), S. 492.

[55] Uneindeutig allerdings *Gassner/Ruf*, Betäubungsmittelrecht (Fn. 26), S. 487 f.

[56] Die medizinisch begründete „Anwendung im menschlichen Körper" ist gegeben, wenn „das Mittel im Rahmen einer medizinischen Behandlung zu therapeutischen Zwecken eingesetzt werden soll", BVerwGE 158, 142 (148 Rn. 16 m.w.N.); BGHSt 59,150 (156 f. Rn. 39).

[57] Etwa OLG Hamburg, NStZ 2016, S. 530 (535 f.). Dazu *Deuring*, Selbstbestimmungsrecht am Lebensende (Fn. 6), S. 268 m.w.N.; *Gassner/Ruf*, Betäubungsmittelrecht (Fn. 26), S. 486.

[58] In manchen Fällen nehmen Ärztinnen und Ärzte die mit der Verschreibung von letal wirkenden Betäubungsmitteln nach Anlage III des BtMG verbundenen Risiken allerdings in Kauf, s. BGHSt 64, 121. Sie können das Betäubungsmittel zudem nach § 13 Abs. 1a BtMG ambulant versorgten Palliativpatienten überlassen, wenn es zur nicht aufschiebbaren Bedarfsdeckung der Patienten erforderlich ist.

[59] Der Bundesgerichtshof hat sich zu der Frage nicht abschließend geäußert, s. auch *Hillenkamp*, Rechtssicherheit und Chaos (Fn. 35), S. 294. Auch die Betäubungsmittel-Verschreibungsverordnung (BtMVV) enthält keinen genauen Hinweis (als *argumentum e contrario* könnte § 5 Abs. 8 Satz 1 Nr. 3 BtMVV gegen

und Ärzte, die das tödliche Mittel verschreiben, ein hohes Risiko, denn der Verstoß gegen § 13 Abs. 1 BtMG ist nach § 29 Abs. 1 Satz 1 Nr. 6 BtMG strafbar.[60] Vor dem Hintergrund des Suizidhilfe-Urteils wird daher auch die Verfassungsmäßigkeit von § 13 Abs. 1 BtMG infrage gestellt.[61]

Zudem untersagen derzeit noch einige standesrechtliche Berufsordnungen der Landesärztekammern ihren Ärztinnen und Ärzten, bei der Selbsttötung Hilfe zu leisten.[62] Allerdings wird das Standesrecht voraussichtlich zeitnah reformiert werden. Denn auf dem 124. Deutschen Ärztetag im Mai 2021 wurde die für viele Landesärztekammern maßgebliche Mustervorschrift des § 16 S. 3[63] der (nicht rechtsverbindlichen) Musterberufsordnung der Bundesärztekammer für die in Deutschland tätigen Ärztinnen und Ärzte (MBO-Ä) aufgehoben.[64] Es ist daher anzunehmen, dass die Landesärztekammern ihre Berufsordnungen an der Änderung der MBO-Ä orientieren werden. Insofern können die Zweifel an der Verfassungsmäßigkeit der die Suizidhilfe verbietenden Berufsordnungen vorerst dahinstehen.[65] Doch selbst wenn nun in den

die Verschreibung zur Selbsttötung herangezogen werden). Allerdings weist BGHSt 64, 121 (130ff. Rn. 33ff., 135 Rn. 49) eher in die Richtung, dass der Bundesgerichtshof die Überlassung von Betäubungsmitteln zum Zweck der Selbsttötung unter engen Voraussetzungen als zulässig erachten könnte.

60 Auch eine Strafbarkeit nach § 95 Abs. 1 Nr. 4 des Arzneimittelgesetzes wegen unerlaubter Abgabe verschreibungspflichtiger Medikamente kommt in Betracht. Im Übrigen können sich auch Apothekerinnen und Apotheker strafbar machen.

61 *Gassner/Ruf*, Betäubungsmittelrecht (Fn. 26), S. 488 f., 490. Das Bundesverfassungsgericht stellt die Möglichkeit einer verfassungskonformen Auslegung in den Raum, BVerfG (K), NJW 2020, S. 2394.

62 Aktuell untersagen die Hilfe zur Selbsttötung die Berufsordnungen der Ärztekammern Brandenburg, Bremen, Hamburg, Hessen, Mecklenburg-Vorpommern, Niedersachsen, Nordrhein, Saarland, Sachsen, Thüringen; dagegen schwächer als Sollens-Vorschrift die Berufsordnung der Ärztekammer Westfalen-Lippe. Kein explizites Verbot der Hilfe zur Selbsttötung sehen die Berufsordnungen der Ärztekammern Baden-Württemberg, Bayern, Berlin, Rheinland-Pfalz (auslegungsbedürftig), Sachsen-Anhalt, Schleswig-Holstein (auslegungsbedürftig) vor.

63 § 16 S. 3 MBO-Ä in der Fassung vom 14.12.2018 lautete: „Sie [Ärztinnen und Ärzte] dürfen keine Hilfe zur Selbsttötung leisten". Dazu BVerfGE 153, 182 (294 Rn. 293).

64 Beschluss des 124. Deutschen Ärztetags (Fn. 3), TOP IVb, S. 156 f.

65 BVerfGE 153, 182 (294 Rn. 295 f.). Zweifel an der Verfassungsmäßigkeit der Berufsordnungen in der Fachliteratur bei *Roxin*, Geschäftsmäßige Förderung einer Selbsttötung als Straftatbestand (Fn. 7), S. 192; *Hillenkamp*, Rechtssicherheit und Chaos (Fn. 35), S. 294; *Rosemarie Will*, Die Repressalien gegen Ärzte wegen Suizidassistenz sollten nun vorbei sein, vorgänge 229 (2020), S. 55 f.; *Schöch*, Recht auf selbstbestimmtes Sterben (Fn. 15), S. 434 f.; *Lehmann*, Sterben und Sterbehilfe (Fn. 13), S. 106; *Jens Prütting/Wiebke Winter*, Verfassungsmäßigkeit des § 16 S. 3 Berufsordnung Ärzte vor dem Hintergrund der Nichtigkeit

Berufsordnungen der Landesärztekammern die Verbote der Hilfe zur Selbsttötung aufgehoben werden, steht die Ärzteschaft noch am Beginn von kontrovers geführten Diskussionen über ihre Rolle bei der Suizidhilfe. In einem Punkt scheint jedoch weitgehende Einigkeit zu bestehen: Nichterkrankten bei der Selbsttötung Hilfe zu leisten, wird von ärztlicher Seite ganz mehrheitlich abgelehnt[66] (und würde wohl auch nach den Reformen standesrechtlich geahndet)[67]. Daher können Suizidwillige aktuell nicht überall in Deutschland[68] mit ärztlicher Suizidhilfe rechnen und insbesondere dann nicht, wenn keine Erkrankung vorliegt.

Zusammenfassend ergibt sich folgendes Bild: Die assistierte Selbsttötung ist aktuell zwar nicht ungeregelt, aber in vielerlei Hinsicht rechtlich unklar.[69] Das hat einerseits Auswirkungen auf das „Recht auf selbstbestimmtes Sterben". So werden verfassungsrechtliche Zweifel im Hinblick auf bestehende Vorschriften im BtMG und die Berufsordnungen einiger Landesärztekammern geltend gemacht.[70]

von § 217 StGB, GesR 2020, S. 273ff.; vgl. dagegen *Lindner*, Regelungsoptionen (Fn. 26), S. 68. Eine Zuwiderhandlung gegen die standesrechtlichen Verbote zur Hilfe zur Selbsttötung ist zudem riskant, denn daraus können berufsrechtliche Untersagungsverfügungen folgen, vgl. aber den Fall einer aufgehobenen Untersagungsverfügung durch die Ärztekammer Berlin, VG Berlin, Urteil vom 30.3.2012 – 9 K 63.09 –, juris Rn. 54ff., jedenfalls für die Unterstützung unerträglich und irreversibel erkrankter Patienten auf der Grundlage anderslautenden Standesrechts. Näher zu den Risiken *Josef Franz Lindner*, Konsequenzen der Entscheidung des Bundesverfassungsgerichts zu § 217 StGB für das ärztliche Berufsrecht, ZGMR 2020, S. 270ff. (271 f.).

66 S. die Beschlüsse des 124. Deutschen Ärztetags (Fn. 3), TOP IVa - 02, IVa - 01, IVa - 03, S. 144ff. Vgl. zuvor *Wolfgang van den Daele*, Sacrificium Intellectus?, ARSP 106 (2020), S. 317ff. (329).

67 S. für die Rechtmäßigkeit einer Untersagungsverfügung durch die Ärztekammer Thüringen für den Fall, dass gesunde Menschen bei der Selbsttötung unterstützt werden, VG Gera, Urteil vom 7.10.2008 – 3 K 538/08 Ge –, juris Rn. 85ff.

68 Im Einzelfall kann zwar ausreichen, dass in einigen Bundesländern die ärztliche Suizidhilfe nach dem jeweiligen Standesrecht nicht verboten ist, so die 2. Kammer des Ersten Senats in BVerfG (K), NJW 2021, S. 1086 (1087 Rn. 7), insbesondere wenn Suizidwillige mobil sind. Wenn sie allerdings in ihrer Mobilität eingeschränkt sind oder diese aufgehoben ist, hängt es für die Menschen von geografischen Zufälligkeiten ab, ob sie ärztliche Suizidhilfe erhalten können. Insofern erachtet es der Zweite Senat des Bundesverfassungsgerichts im Suizidhilfe-Urteil nicht für ausreichend, dass in mehreren Bundesländern die ärztliche Suizidhilfe nicht ausgeschlossen ist, BVerfGE 153, 182 (294 Rn. 294); dazu auch *Gassner/Ruf*, Betäubungsmittelrecht (Fn. 26), S. 490; *Lindner*, Konsequenzen für das ärztliche Berufsrecht (Fn. 65), S. 274.

69 Ähnlich *Schöch*, Recht auf selbstbestimmtes Sterben (Fn. 15), S. 427 f.

70 S. oben Fn. 53 und 61. In der Wissenschaft wird auch die Verfassungsmäßigkeit von § 216 StGB infrage gestellt, etwa von *Coenen*, Sterbehilfe (Fn. 11)

Die rechtlichen Unsicherheiten können dazu führen, dass insbesondere weniger rechtskundige Menschen tatsächlich nicht bereit sind, Suizidhilfe zu leisten.[71] Zwar können Suizidwillige aktuell Suizidhilfe von Sterbehilfevereinen sowie individuell agierenden Ärztinnen und Ärzten erhalten,[72] wobei Suizidwillige dann für einen medikamentösen Suizid – soweit bekannt – auf eine Kombination bzw. die Überdosierung von leichter verfügbaren Medikamenten wie Schlafmitteln zurückgreifen müssen.[73] Insofern haben sich die legalen Möglichkeiten, den „Wunsch nach einem selbstbestimmten Lebensende zu verwirklichen", aufgrund der Nichtigerklärung des § 217 StGB a. F. wohl bereits „wesentlich verbessert".[74] Doch bleibt es bei den erwähnten Unsicherheiten *de lege lata.*

Andererseits ist, gerade auch weil Sterbehilfevereine im geschilderten Rahmen wieder tätig werden können, auch der Schutz der Autonomie und des Lebens Suizidgeneigter nicht ausreichend abgesichert. So hält der Zweite Senat in seinem Suizidhilfe-Urteil ausdrücklich fest, dass von Angeboten geschäftsmäßiger Suizidhilfe „Vor- und Folgewirkungen aus[gehen], die erhebliche Missbrauchsgefahren und Gefährdungen für die autonome Selbstbestimmung Dritter umfassen."[75]

S. 75; *Hubertus Gersdorf*, Pressemitteilung 2020/056 der Universität Leipzig, 26.2.2020, unter: www.uni-leipzig.de/newsdetail/artikel/dieses-urteil-ist-fundamental-2020-02-26/ (zuletzt aufgerufen am 22.5.2021); wohl auch *Herzog/Sotiriadis*, Terminale Selbstbestimmung (Fn. 13), S. 224 f.; ähnlich *Frauke Rostalski*, Freiheit und Sterben, JZ 2021, S. 477 ff. (480 ff.); *Hoven*, Freie Entscheidung (Fn. 17), S. 3; differenziert *Lindner*, Verfassungswidrigkeit (Fn. 13), S. 508; für eine Aufhebung auch *Hörnle*, Fragen der Sterbehilfe (Fn. 11), S. 872 f., 876. Gegen die Verfassungswidrigkeit des § 216 StGB: *Deuring*, Selbstbestimmungsrecht am Lebensende (Fn. 6), S. 267. Offen bei *Grünewald*, Selbstbestimmtes Sterben (Fn. 14), S. 105. Im weiteren Themenkomplex der Sterbehilfe wird auch die Verfassungsmäßigkeit der Sittenwidrigkeitsklausel in § 228 StGB kritisch gesehen, s. *Elisa Hoven*, Morphin – Verabreichung an Sterbende, GesR 2020, S. 720 ff. (725).

71 Ähnlich BVerwGE 158, 142 (158 Rn. 35); *Hoven*, Freie Entscheidung (Fn. 17), S. 3.

72 Freilich agieren auch Ärztinnen und Ärzte innerhalb von Sterbehilfevereinen oder individuell auf Wiederholung ausgerichtet (Fn. 45). Daher geht eine kategorische Gegenüberstellung von ärztlicher und geschäftsmäßiger Suizidhilfe durch Sterbehilfevereine nicht auf. Insofern missverständlich *Lindner*, Regelungsoptionen (Fn. 26), S. 68, s. aber § 217 Abs. 4 Satz 5 StGB-E seines Regelungsvorschlags (S. 69).

73 Vgl. *Renate Künast*, MdB in der Debatte im Bundestag am 21.4.2021 (Fn. 21): „keiner weiß, welche [Medikamente] eigentlich". *Roger Kusch/Bernd Hecker*, Handbuch der Sterbehilfe, 2. Aufl. 2021, S. 75, sprechen intransparent von nicht näher benannten ‚K-Mitteln'.

74 So die 2. Kammer des Ersten Senats in BVerfG (K), NJW 2021, S. 1086 (1087 Rn. 7).

75 BVerfGE 153, 182 (267 Rn. 222).

Zwar mögen durch die Fachgerichte bereits wesentliche Bestandteile eines Schutzkonzeptes vorbereitet worden sein. Von einem umfassenden Konzept kann aber noch keine Rede sein.

3. Folge: Pflicht des Gesetzgebers zur Neuregelung der Suizidhilfe

Aus den bisherigen Überlegungen folgt letztlich eine Pflicht des Gesetzgebers zur Neuregelung des Phänomenbereichs Suizidhilfe. Zwar ist der Senatsentscheidung nicht eindeutig zu entnehmen, ob sie von einer Pflicht zur Neuregelung der assistierten Selbsttötung ausgeht.[76] Ausdrücklich spricht das Gericht nicht von einer derartigen Pflicht, sondern betont die Möglichkeit des Gesetzgebers zur Gestaltung.[77] Auch hat das Gericht den § 217 StGB a. F. für nichtig erklärt und von einer bloßen Unvereinbarkeitserklärung für eine Übergangszeit[78] oder einer Festlegung einer Übergangsbestimmung abgesehen. Doch ergibt sich die Pflicht des Gesetzgebers zu einer Regulierung aufgrund der aufzulösenden Kollision von Freiheits- und Schutzdimension des allgemeinen Persönlichkeitsrechts sowie des Lebensschutzes (s. o. unter 1.) bereits aus den allgemeinen Grundrechtslehren. Denn nach der Wesentlichkeitstheorie ist es Aufgabe des demokratisch legitimierten Gesetzgebers, solche grundrechtswesentlichen Entscheidungen selbst zu treffen und sich nicht auf ein fachgerichtlich entwickeltes bzw. weiterzuentwickelndes Konzept zu verlassen.[79] Auch Gründe

[76] Einige verneinen tendenziell eine Handlungspflicht: *Rixen*, Suizidale Freiheit? (Fn. 13), S. 403; *Dorneck et al.*, Sterbehilfegesetz AMH-Entwurf (Fn. 11), S. 30; *Jacqueline Neumann*, Vier Gesetzentwürfe zur Neuregelung der Suizidhilfe – eine Bewertung, NJOZ 2021, S. 385 ff. (386). Andere bejahen tendenziell eine Handlungspflicht: *Höfling*, „Autonome Selbstbestimmung" (Fn. 13), S. 253 f.; *Boehme-Neßler*, Das Grundrecht auf Suizid (Fn. 13), S. 1014 f.; *Bernhard Schlink*, Schwieriger Weg zur gesetzlichen Regelung der Sterbehilfe, FAZ.net vom 21.4.2021, der dabei die Unklarheit des Urteils zur Handlungspflicht bemängelt; wohl auch *Maximilian Chr. M. Möllers/Martin H. W. Möllers*, Geschäftsmäßig angebotene Suizidhilfe als neuer Wirtschaftszweig?, RuP 2020, S. 156 ff. (165); bereits vor dem Suizidhilfe-Urteil *Frank Saliger*, Zur prozeduralen Regelung der Freitodhilfe, in: Jan Christoph Bublitz/Jochen Bung/Anette Grünewald/Dorothea Magnus/Holm Putzke/Jörg Scheinfeld (Hrsg.), Recht – Philosophie – Literatur. Festschrift für Reinhard Merkel zum 70. Geburtstag, 2020, S. 1063 ff. (1070). Uneindeutig *Gassner/Ruf*, Betäubungsmittelrecht (Fn. 26), S. 490, 494. Offen bei *Grünewald*, Selbstbestimmtes Sterben (Fn. 14), S. 104.

[77] BVerfGE 153, 182 (308 Rn. 338): „Aus der Verfassungswidrigkeit des § 217 StGB folgt nicht, dass der Gesetzgeber sich einer Regulierung der Suizidhilfe vollständig zu enthalten hat".

[78] BVerfGE 153, 182 (308 Rn. 337). Zu den Voraussetzungen für eine bloße Unvereinbarkeitserklärung mit befristeter Weitergeltung bis zu einer Neuregelung BVerfGE 128, 282 (321 f.).

[79] Näher zum Verhältnis von Gesetzesvorbehalt und richterlicher Rechtsfortbildung *Christoph Möllers*, Demokratie, in: Matthias Herdegen / Johannes

der Rechtssicherheit sprechen für eine Neuregelung durch den Gesetzgeber.[80]

Der Gesetzgeber muss für die Regulierung zwei Ziele im Blick behalten. Die aus Sicht der *Freiheitsdimension* des Rechts auf selbstbestimmtes Sterben entscheidende verfassungsrechtliche Frage ist, ob den selbstbestimmt entscheidenden Menschen nunmehr „verlässliche[…] reale[…] Möglichkeiten verbleiben, einen Entschluss zur Selbsttötung umzusetzen".[81] Angesichts der dargestellten rechtlichen Unsicherheiten und anstehender Reformen ist jedoch noch offen, wie sich die rechtlich denkbaren Möglichkeiten des Zugangs zu Suizidhilfe fortan realisieren lassen werden.[82] Vor allem aber bedarf es aus Sicht der *Schutzdimension* des Rechts auf selbstbestimmtes Sterben und des Lebensschutzes einer gesetzgeberischen Ausgestaltung.[83] Im Fall der nicht weiter geregelten Suizidhilfe spricht einiges dafür, dass das Recht aktuell nicht dem Untermaßverbot für die Schutzgüter von hohem Gewicht genügt. Eben diese Erwägungen waren es ja auch, die den Gesetzgeber zum Erlass des § 217 StGB a. F. bewogen hatten – sie sind, *mutatis mutandis*, nach wie vor relevant.

III. Die Gestaltungsspielräume für die Regulierung der Suizidhilfe

In Literatur und Politik ist umstritten, wie groß die Spielräume des Gesetzgebers bei der Neuregelung der assistierten Selbsttötung tatsächlich sind.[84] Nach zutreffender Ansicht verbleibt dem Gesetzgeber im Hinblick auf die Ermöglichung des Zugangs zur Suizidhilfe nur ein beschränkter Spielraum. Größere Spielräume stehen dem Gesetzgeber

Masing / Ralf Poscher / Klaus Ferdinand Gärditz (Hrsg.), Handbuch des Verfassungsrechts, 2021, § 5 Rn. 65 m. w. N.

80 *Kreuzer*, Neuregelung der Sterbehilfe (Fn. 26), S. 199; *Gassner/Ruf*, Betäubungsmittelrecht (Fn. 26), S. 493 f.

81 BVerfGE 153, 182 (288 Rn. 280; ähnlich 282 Rn. 264, 287 f. Rn. 278).

82 Oben bei Fn. 50 ff. und bei Fn. 62 ff.

83 S. II. 1. und näher III. 1. b) *in diesem Beitrag.*

84 Von einem weiten Spielraum gehen aus *Dorneck et al.*, Sterbehilfegesetz AMH-Entwurf (Fn. 11), S. 21, näher S. 29 ff.; *Lindner*, Konsequenzen für das ärztliche Berufsrecht (Fn. 65), S. 272, von einem engen dagegen *Rixen*, Suizidale Freiheit? (Fn. 13), S. 403; *Lucas Hartmann*, Anmerkung, JZ 2020, S. 642 ff. (644); *Sven Leif Erik Johannsen*, Das Recht auf Selbsttötung – Verfassungsrechtliche Begrenzung der Politik oder politische Betätigung des Verfassungsgerichts?, RuP 2020, S. 167 ff. (168, 173 f.); wohl auch *Klostermann*, Selbstbestimmung (Fn. 13), S. 673; *Michael Brand*, MdB spricht von ‚enge[n] Fesseln' im Anschluss an *Christian Geyer*, Was heißt hier „nur"?, FAZ vom 25.3.2020, S. 11.

jedoch bei der näheren Ausgestaltung zu. Dieser verfassungsrechtliche „Korridor" wird im Folgenden näher dargestellt.[85]

1. Das grundrechtliche Spannungsfeld

Die zentralen normativen Vorgaben für die Regulierung des grundrechtlichen Spannungsfelds der Suizidhilfe sind, wie erwähnt, das Recht auf selbstbestimmtes Sterben einerseits und der Autonomie- und Lebensschutz andererseits.[86]

a) Das Recht auf selbstbestimmtes Sterben als Ausprägung des allgemeinen Persönlichkeitsrechts

Das Bundesverfassungsgericht verortet das Recht auf selbstbestimmtes Sterben bekanntlich im allgemeinen Persönlichkeitsrecht, wobei das Gericht einen besonders engen Bezug zur Menschenwürde herstellt:[87] „Die selbstbestimmte Verfügung über das eigene Leben ist [...] unmittelbarer Ausdruck der der Menschenwürde innewohnenden Idee autonomer Persönlichkeitsentfaltung; sie ist, wenngleich letzter, Ausdruck von Würde".[88] Das Menschenbild des Grundgesetzes, „das von der Würde des Menschen und der freien Entfaltung der Persönlichkeit in Selbstbestimmung und Eigenverantwortung bestimmt ist", muss daher „Ausgangspunkt jedes regulatorischen Ansatzes [...] sein".[89] Der enge Bezug zur Menschenwürde wirkt sich insbesondere auf die Rechtfertigungsanforderungen aus, das gilt auch für eine künftige

[85] Ähnlich *Lang*, BVerfG und die Strafbarkeit des assistierten Suizids (Fn. 18), S. 1564, der in dem Zusammenhang von einem Korridor des Unter- und Übermaßverbots spricht.

[86] Daneben wurden durch § 217 StGB a.F. weitere Grundrechte verletzt, s. BVerfGE 153, 182 (Tenor zu 2., 259 Rn. 201). Insbesondere können sich Sterbehilfevereine weder auf Art. 12 Abs. 1 GG noch auf Art. 9 Abs. 1 GG, jedoch auf Art. 2 Abs. 1 GG berufen und natürliche Personen deutscher Staatsangehörigkeit, die für Sterbehilfevereine in Deutschland tätig sind, können sich nicht auf Art. 4 Abs. 1 Var. 2 GG, jedoch auf Art. 12 Abs. 1 GG berufen.

[87] BVerfGE 153, 182 (260 f. Rn. 206ff., 263ff. Rn. 210 f.). Die dogmatische Herleitung des Rechts auf selbstbestimmtes Sterben ist in der Fachliteratur umstritten, s. dazu *Gärditz*, Suizidale Betäubungsmittelautonomie? (Fn. 52), S. 41 f., der sich dann auch für eine Herleitung des Rechts aus dem allgemeinen Persönlichkeitsrecht mit Schwerpunkt auf der Menschenwürde ausspricht (S. 42, Fn. 38 m.w.N.). Kritik aufgrund der Verortung gerade auch in der Menschenwürde bei *Höfling*, „Autonome Selbstbestimmung" (Fn. 13), S. 247ff.; *Lang*, BVerfG und die Strafbarkeit des assistierten Suizids (Fn. 18), S. 1563; *Hillgruber*, Assistierte Selbsttötung (Fn. 13), S. 386; vgl. auch *ders.*, Erlaubnis zum Erwerb eines Betäubungsmittels in tödlicher Dosis (Fn. 52), S. 778; *Weilert*, Anmerkung (Fn. 13), S. 880; *Johannsen*, Recht auf Selbsttötung (Fn. 84), S. 172 mit Fn. 24. Für einen differenzierten Bezug auf die Menschenwürde *Hartmann*, Anmerkung (Fn. 84), S. 644.

[88] BVerfGE 153, 182 (264 Rn. 211).

[89] BVerfGE 153, 182 (286 Rn. 274, vgl. auch 287 Rn. 277, 288 Rn. 279, 308 Rn. 338).

Regulierung der Suizidhilfe. So sind auf das Recht auf selbstbestimmtes Sterben einwirkende staatliche Maßnahmen „unter strikter Wahrung des Verhältnismäßigkeitsgebots" zu ergreifen.[90] Entsprechend betont das Bundesverfassungsgericht in der Verhältnismäßigkeitsprüfung „die strenge[n] Bindungen [des Gesetzgebers] bei der normativen Ausgestaltung eines Schutzkonzepts im Zusammenhang mit der Suizidhilfe".[91]

Das Recht auf selbstbestimmtes Sterben darf der Entscheidung zufolge nicht faktisch leerlaufen.[92] Freilich geht es im Suizidhilfe-Urteil nicht um Hilfe zum Sterben generell, sondern speziell um die für den Einzelnen zumutbare,[93] nach Senatsauffassung heißt das: „schmerzfreie[...] und sichere[...]"[94] Umsetzung des Suizidentschlusses durch letale Wirkstoffe mit Hilfe fachkundiger Dritter, insbesondere individuell oder in Sterbehilfevereinen agierende Ärztinnen und Ärzte.[95] Insofern muss ein solcher Zugang zu Suizidhilfe eine „reale Handlungsoption" sein[96] – allerdings nur, soweit sich freiwillige Suizidassistenten finden. Ist diese zentrale Bedingung erfüllt, darf die tatsächliche Realisierbarkeit des grundrechtlich geschützten Entschlusses zur Selbsttötung nicht fehlen.[97] Entsprechend ist bei der Neuregelung die Rechtsordnung insgesamt zu beachten.[98]

[90] BVerfGE 153, 182 (267 Rn. 221, ähnlich 268 Rn. 223).

[91] BVerfGE 153, 182 (283 f. Rn. 266).

[92] BVerfGE 153, 182 (287 f. Rn. 278). Rechtspolitische Deutung wie hier bei *Höfling*, „Autonome Selbstbestimmung" (Fn. 13), S. 253; *Will*, Bruch mit dem Bruch (Fn. 13), S. 103; *Spohr*, Erwerb tödlich dosierter Medikamente (Fn. 51), S. 73; ähnlich *Wiesing*, Selbstbestimmung und Pluralität (Fn. 13), S. 183, 185; *Weilert*, Anmerkung (Fn. 13), S. 389. Wohl a.A. *Rixen*, Suizidale Freiheit? (Fn. 13), S. 398, der von einem Recht auf „effektive Rechtsverwirklichung" ausgeht. Vgl. daneben *Hartmann*, Anmerkung (Fn. 84), S. 643, der dem Senat eine uneinheitliche Qualifizierung vorhält; *Hillenkamp*, Strafgesetz „entleert" Grundrecht (Fn. 7), S. 618, 622, 626, meint, dieses rechtstatsächliche „Narrativ" schwäche die Überzeugungskraft des Urteils.

[93] BVerfGE 153, 182 (265 Rn. 213). Dazu kritisch *Höfling*, „Autonome Selbstbestimmung" (Fn. 13), S. 252 f.; *Hillgruber*, Assistierte Selbsttötung (Fn. 13), S. 390; *Hartmann*, Anmerkung (Fn. 84), S. 643; *Hillenkamp*, Strafgesetz „entleert" Grundrecht (Fn. 7), S. 622. A.A. *Deuring*, Selbstbestimmungsrecht am Lebensende (Fn. 6), S. 269, Fn. 46.

[94] BVerfGE 153, 182 (266 Rn. 218).

[95] BVerfGE 153, 182 (288 ff. Rn. 280 ff., insbes. 290 Rn. 284).

[96] BVerfGE 153, 182 (288 f. Rn. 280, 292 Rn. 290); auch EGMR, NJW 2011, S. 3773.

[97] BVerfGE 153, 182 (266 Rn. 218, 290 Rn. 284, ähnlich 287 f. Rn. 277 f.).

[98] BVerfGE 153, 182 (289 Rn. 283, ähnlich 309 Rn. 341 und 342: „Obliegenheit zur konsistenten Ausgestaltung der Rechtsordnung"). Dazu auch *Höfling*, „Autonome Selbstbestimmung" (Fn. 13), S. 255.

b) Hohes Gewicht von gegenläufigem Lebens- und Autonomieschutz

Im grundrechtlichen Spannungsfeld[99] sind umgekehrt aber ebenso die Autonomie Suizidwilliger und auch das hohe Rechtsgut Leben zu schützen.[100] Insbesondere diese staatliche Schutzpflicht ist auszugestalten und zu konkretisieren.[101] Bei der Neuregelung der Suizidhilfe ist daher ein „effektive[r] präventive[r] Schutz" von Leben und Autonomie nach dem Bundesverfassungsgericht ausdrücklich geboten:[102] Denn aufgrund der „Unumkehrbarkeit des Vollzugs der Suizidentscheidung" und des höchsten Werts des Lebens[103] muss der Gesetzgeber dem Lebensschutz sowie dem individuellen, auch gesellschaftlich vermittelten Autonomieschutz aufgrund von prognostizierten Gefahren hohes Gewicht beimessen.[104]

Gefahren können gerade auch von geschäftsmäßig agierenden Sterbehilfevereinen ausgehen, wie auch das Bundesverfassungsgericht ausdrücklich festgehalten hat.[105] Problematisch sind insbesondere die möglichen sozialen „Einwirkungen und Pressionen",[106] also ein möglicher sozialer Druck auf Menschen, sich, gerade „in schweren Lebenslagen", aus ‚Nützlichkeitserwägungen' das Leben zu nehmen,[107] etwa um Angehörigen vermeintlich nicht zur Last zu fallen.[108] Diesen Aspekt thematisiert der Senat besonders für „alte und kranke Menschen", da diese nach Einschätzung des Gesetzgebers durch eine ‚gesellschaftliche Normalisierung' der Suizidhilfe besonders in ihrer Autonomie im Hinblick auf die Lebensbeendigung gefährdet seien.[109] Ähnlich spricht insofern der Europäische Gerichtshof für Menschenrechte von vulnerablen Personen;[110] als vulnerabel gelten im Kontext der Suizidhilfe insbesondere unheilbar kranke Menschen.[111]

99 S. dazu bereits oben S. 126 f.

100 BVerfGE 153, 182 (268 Rn. 223, 269 Rn. 227, 270 Rn. 231 ff.).

101 S. II. 1. *in diesem Beitrag.*

102 BVerfGE 153, 182 (285 Rn. 272).

103 BVerfGE 39, 1 (42); 115, 25 (45).

104 BVerfGE 153, 182 (284 Rn. 267).

105 BVerfGE 153, 182 (267 Rn. 222), s. bereits das Zitat im Haupttext vor Fn. 75.

106 BVerfGE 153, 182 (268 Rn. 223; ähnl. 271 f. Rn. 235). Skeptisch zum Begriff *Hörnle*, Fragen der Sterbehilfe (Fn. 11), S. 878.

107 BVerfGE 153, 182 (271 f. Rn. 235)

108 BVerfGE 153, 182 (280 f. Rn. 258).

109 BVerfGE 153, 182 (276 f. Rn. 250, ähnlich 279 Rn. 256). So nennt etwa *Roxin*, Geschäftsmäßige Förderung einer Selbsttötung als Straftatbestand (Fn. 7), S. 187, sieben Gründe, die vorwiegend alte Menschen auf Suizidgedanken bringen könnten.

110 EGMR, NJW 2002, S. 2851; EGMR, NJW 2011, S. 3773. S. auch Kanadischer Supreme Court, Carter/Kanada, Entscheidung vom 6.2.2015, §§ 29, 86 und passim; dazu *Berghäuser et al.*, Neuordnung der Sterbehilfe? (Fn. 35), S. 209.

111 EGMR, NJW 2002, S. 2851 (2854 f. Rn. 74 [„terminally ill individuals"]). S. näher zu Vulnerabilität im Medizinrecht *Dieter Birnbacher*, Vulnerabilität

Im Hinblick auf die zu schützenden Rechtsgüter bestehen allerdings rechtstatsächliche Tatsachen- und Prognoseunsicherheiten: Der „Phänomenbereich ‚assistierter Suizid' insgesamt" gilt auch im Jahr 2020 als „noch wenig erforscht".[112] Dies betrifft einerseits die Motive für einen Suizidentschluss.[113] Andererseits bezieht sich die tatsächliche Unsicherheit auch auf die prognostizierten gesellschaftlichen Auswirkungen einer Regelung, die die geschäftsmäßige Suizidhilfe erlauben würde.[114] So ist sich das Schrifttum trotz ansteigender Suizid-Zahlen in Ländern, in denen die geschäftsmäßige Suizidhilfe erlaubt ist,[115] weiterhin uneinig, ob eine solche Regelung in Deutschland zu einem gesellschaftlichen Dammbruch in Form der Normalisierung des assistierten Suizids führen würde.[116]

und Patientenautonomie, MedR 2012, S. 560 ff.; *Reinhard Damm*, Vulnerabilität als Rechtskonzept?, MedR 2013, S. 201 ff.; *Volker Lipp*, Der rechtliche Schutz vulnerabler Patienten, MedR 2016, S. 843 ff. Allgemeiner zu Vulnerabilität als Schutzkonzept *Lourdes Peroni/Alexandra Timmer*, Vulnerable groups: The promise of an emerging concept in European Human Rights Convention law, ICON 2013, S. 1056 ff.; *Winfried Kluth*, Die besonderen Bedürfnisse von schutzbedürftigen Personen im System des europäischen und deutschen Migrationsrechts, ZAR 2020, S. 119, der Vulnerabilität auch als viele Debatten verbindenden Schlüsselbegriff bzw. als Leitbild ansieht.

112 BVerfGE 153, 182 (273 Rn. 238).

113 Vgl. BVerfGE 153, 182 (274 Rn. 244; 275 Rn. 247, 280 f. Rn. 258 f.). Insbesondere könnten das Geschlecht sowie der sozioökonomische Status Faktoren sein für eine altruistische motivierte Lebensbeendigung („nicht zur Last fallen zu wollen"). Zu Geschlecht *Reinhard Lindner*, Bilanzsuizid, 2020, S. 5, unter: www.ethikrat.org/fileadmin/PDF-Dateien/Veranstaltungen/anhoerung-17-12-2020-lindner.pdf (zuletzt aufgerufen am: 22.5.2021); *Florian Bruns/Sandra Blumenthal/Gerrit Hohendorf*, Organisierte Suizidhilfe in Deutschland, DMW 2016, S. e32 ff. (e35); *Susanne Fischer/Carola A. Huber/Matthias Furter/Lorenz Imhof/Romy Mahrer Imhof/Christian Schwarzenegger/Stephen J. Ziegler/Georg Bosshard*, Reasons why people in Switzerland seek assisted suicide: the view of patients and physicians, SMW 2009, S. 333 ff. (338). Dies könnte eine weitere Facette von insbesondere Frauen betreffender Altersarmut sein.

114 BVerfGE 153, 182 (273 Rn. 238).

115 *Berghäuser et al.*, Neuordnung der Sterbehilfe? (Fn. 35), S. 210; differenzierend *Boehme-Neßler*, Das Grundrecht auf Suizid (Fn. 13), S. 1014 f.

116 Tendenziell bejahen einen Dammbruch aktuell *Berghäuser et al.*, Neuordnung der Sterbehilfe? (Fn. 35), S. 210; *Boehme-Neßler*, Das Grundrecht auf Suizid (Fn. 13), S. 1014; *Alexander Schöpke*, Staatliche Neutralität, moralischer Pluralismus und die Parlamentarische Entscheidung zum assistierten Suizid, ARSP 106 (2020), S. 353 ff. (365); wohl auch *Martin Eifert*, Verfassungswidrigkeit des Verbotes geschäftsmäßiger Förderung der Selbsttötung – § 217 StGB, Jura 2020, S. 771. Tendenziell verneinend: *van den Daele*, Sacrificium Intellectus? (Fn. 66), S. 333 ff.; *Hoven*, Freie Entscheidung (Fn. 17), S. 4; *Hörnle*, Fragen der Sterbehilfe (Fn. 11), S. 877 f. Zur älteren Debatte *Roxin*, Geschäftsmäßige Förderung einer Selbsttötung als Straftatbestand (Fn. 7), S. 187 f.

Auch das Bundesverfassungsgericht hat sich mit dem Realbereich beschäftigt. Der Senat sieht es trotz Auswertung von empirischen Daten aus Ländern mit liberaler Regelung der Suizidhilfe wie der Schweiz, den Niederlanden, Belgien und Oregon (USA) zwar nicht als nachgewiesen an, dass soziale Pressionen *durch* die liberale Regulierung der Suizidhilfe entstehen.[117] Dennoch erkennt er an, dass der mit § 217 StGB a.F. verfolgte Regelungszweck, die als gefährlich bewertete geschäftsmäßige Suizidhilfe aus Schutzgründen zu verbieten, auf einer „hinreichend tragfähigen Grundlage" beruhte sowie eine Normalisierung dieser Form der Lebensbeendigung dazu geeignet sei, „autonomiegefährdende soziale Pressionen zu entfalten".[118]

Die Anerkennung dieses Regelungszwecks trotz der unsicheren Tatsachenlage als „jedenfalls vertretbar"[119] entspricht der allgemeinen Lehre von der Einschätzungsprärogative des Gesetzgebers gerade in Fällen von Unsicherheit und verschafft diesem einen gewissen Gestaltungsspielraum bei der Austarierung des Spannungsfelds.[120]

c) Folge: Ein gewisses Spektrum an Regulierungsmöglichkeiten

Das Suizidhilfe-Urteil zeigt in einem *obiter dictum* am Ende der Entscheidung ein Spektrum an Möglichkeiten der Regulierung der organisierten Suizidhilfe auf[121] und damit Möglichkeiten, das Spannungsfeld aufzulösen. Selbst eine neue strafrechtliche Regelung für das Angebot der Suizidhilfe wird vom Senat genannt.[122] Gerade die durch den Gesetzgeber als „besonders gefahrträchtig[...]" bewerteten „Erscheinungsformen der Suizidhilfe" können daher „entsprechend dem Regelungsgedanken des

[117] BVerfGE 153, 182 (276ff. Rn. 251ff.).

[118] BVerfGE 153, 182 (276 Rn. 248 und ff., zu sozialen Pressionen insbes. 279 Rn. 257). Dazu kritisch *Kienzerle*, Paternalismus im Strafrecht der Sterbehilfe (Fn. 13), S. 255, 240; vgl. auch *Roxin*, Geschäftsmäßige Förderung einer Selbsttötung als Straftatbestand (Fn. 7), S. 186ff.; *Hörnle*, Fragen der Sterbehilfe (Fn. 11), S. 877.

[119] BVerfGE 153, 182 (276 Rn. 249, ähnlich 277 Rn. 250): „jedenfalls nachvollziehbar".

[120] *Hörnle*, Fragen der Sterbehilfe (Fn. 11), S. 877; ähnlich *Kreß*, Anmerkung (Fn. 13), S. 574.

[121] BVerfGE 153, 182 (309 Rn. 339 und ff.). S. dazu auch die Zusammenfassung bei *Eifert*, Verfassungswidrigkeit des Verbotes geschäftsmäßiger Förderung der Selbsttötung (Fn. 116), S. 771.

[122] BVerfGE 153, 182 (284 f. Rn. 268ff., 309 Rn. 339). Dazu *Will*, Bruch mit dem Bruch (Fn. 13), S. 103; *Neumann*, Vier Gesetzentwürfe zur Suizidhilfe (Fn. 76), S. 386, sieht nur eine „schmale" strafrechtliche Regelungsmöglichkeit, wobei sie jedoch davon auszugehen scheint, dass die Hilfe zur Selbsttötung generell unter Strafe gestellt werden könnte.

§ 217 StGB" a. F. verboten werden,[123] also *an sich* auch Sterbehilfevereine.[124] Weiter bringt das Gericht „prozedurale [...] Sicherungsmechanismen" wie „Aufklärungs- und Wartepflichten" sowie „Erlaubnisvorbehalte, die die Zuverlässigkeit von Suizidhilfeangeboten sichern",[125] ins Spiel. Es kommt somit sowohl Straf- als auch Ordnungsrecht in Betracht. Ferner stehen dem Gesetzgeber die Ausweitung von Palliativ- und Hospizangeboten sowie die Stärkung der Suizidprävention nicht nur selbstverständlich offen,[126] die staatlichen Schutzpflichten gebieten diese.

Der skizzierte Gestaltungsspielraum ist durch zwei im Folgenden näher zu beleuchtende Vorgaben reduziert:[127] Zum einen darf für die zulässige Inanspruchnahme von Suizidhilfe nicht an materielle Kriterien wie eine tödliche Krankheit angeknüpft werden (sogleich 2.). Zum anderen bedarf es für die Rechtsausübung freiwilliger Dritter, die Suizidhilfe anbieten. Allerdings lehnen es Ärztinnen und Ärzte aktuell mehrheitlich ab, Suizidhilfe unabhängig von materiellen Kriterien zu erbringen (sogleich 3.). Daraus ergibt sich eine regulatorische Herausforderung.

2. Regulierung der Voraussetzungen für die Inanspruchnahme von Suizidhilfe

Das Bundesverfassungsgericht macht dem Gesetzgeber im Suizidhilfe-Urteil nähere Vorgaben im Hinblick auf die Voraussetzungen für die Inanspruchnahme von Suizidhilfe.

a) Keine materiellen Kriterien

Das Recht auf selbstbestimmtes Sterben einschließlich der Selbsttötung besteht nach dem Suizidhilfe-Urteil „in jeder Phase menschlicher Existenz".[128] Insbesondere ist es nicht auf „schwere oder unheilbare Krankheitszustände oder bestimmte Lebens- und Krankheitsphasen

[123] BVerfGE 153, 182 (309 Rn. 339). *Höfling*, „Autonome Selbstbestimmung" (Fn. 13), S. 254, kritisiert, es sei unklar, was das Bundesverfassungsgericht unter den besonders gefahrträchtigen Erscheinungsformen verstehe. Der Kritik kann nicht zugestimmt werden, denn es obliegt dem Gesetzgeber, dies zu bewerten und einzuschätzen.

[124] *Duttge*, Anmerkung (Fn. 13), S. 572; möglich auch nach *Lindner*, Regelungsoptionen (Fn. 26), S. 67; *Kreuzer*, Neuregelung der Sterbehilfe (Fn. 26), S. 202.

[125] BVerfGE 153, 182 (309 Rn. 339). Dafür *Lindner*, Regelungsoptionen (Fn. 26), S. 68 f.

[126] Ähnlich BVerfGE 153, 182 (286 Rn. 276). Dazu *Höfling*, „Autonome Selbstbestimmung" (Fn. 13), S. 252.

[127] Ähnlich *Hörnle*, Fragen der Sterbehilfe (Fn. 11), S. 879.

[128] BVerfGE 153, 182 (263 Rn. 210).

beschränkt".[129] Eine „Einengung des Schutzbereichs auf bestimmte Ursachen und Motive" des Suizidentschlusses wäre daher unzulässig.[130] Die im Ausland häufig zu findende Regelung,[131] die Zulässigkeit der Suizidhilfe an sog. materielle Kriterien wie das Vorliegen einer unheilbaren oder tödlich verlaufenden Krankheit bei Suizidwilligen anzuknüpfen, ist dem deutschen Gesetzgeber daher verwehrt.[132] Aufgrund der Verankerung des Rechts auf selbstbestimmtes Sterben in der Menschenwürde ist auch keine Verfassungsänderung denkbar, mit der dieser weite und materielle Kriterien ausschließende Schutzbereich modifiziert werden könnte.[133]

b) Vier Voraussetzungen für einen autonom gebildeten, freien Suizidentschluss

Statt also die Entscheidung zur Selbsttötung normativ anhand materieller Kriterien zu bewerten, muss sie nach dem Bundesverfassungsgericht auch durch den Gesetzgeber im Ausgangspunkt „als Akt autonomer

129 BVerfGE 153, 182 (262 Rn. 210). Dazu kritisch *Hillenkamp*, Strafgesetz „entleert" Grundrecht (Fn. 7), S. 620 f., 626; *Hörnle*, Fragen der Sterbehilfe (Fn. 11), S. 878 f.; *Grünewald*, Selbstbestimmtes Sterben (Fn. 14), S. 104. Zustimmend *Boehme-Neßler*, Das Grundrecht auf Suizid (Fn. 13), S. 1013. Für eine zivilrechtliche Parallelisierung s. *Georg Dodegge*, Suizid und rechtliche Betreuung, FamRZ 2021, S. 5ff. (6).

130 BVerfGE 153, 182 (262 f. Rn. 210).

131 Die Niederlande: Art. 2 Abs. 1 lit. b des Sterbehilfegesetzes (im Original: *Wet toetsing levensbeëindiging op verzoek en hulp bij zelfdoding* v. 12.4.2001); dazu *Hörnle*, Fragen der Sterbehilfe (Fn. 11), S. 878. Belgien: Art. 3 § 1 des Gesetzes über Sterbehilfe (im Original: *Loi relative à l'euthanasie*); dazu im Vergleich zur niederländischen Regelung *Herman Nys*, A Discussion of the Legal Rules on Euthanasia in Belgium Briefly Compared with the Rules in Luxembourg and the Netherlands, in: David Albert Jones/Chris Gastmans/Calum MacKellar (Hrsg.), Euthanasia and Assisted Suicide, 2017, S. 7ff. Kanada: Art. 241.2 (1) (c) *Criminal Code*. Oregon, USA: *Oregon Death with Dignity Act*, Or. Rev. Stat. 127.805 § 2.01. (1); zu Regelungen in US-Bundesstaaten *Gavela*, Ärztlich assistierter Suizid und organisierte Sterbehilfe (Fn. 15), S. 145ff. Schweiz: Art. 115 des schweizerischen StGB stellt zwar keine materiellen Voraussetzungen für die Straffreiheit der Suizidbeihilfe auf, allerdings setzt die grundsätzlich erforderliche ärztliche Rezeptierung eine Diagnose und Indikationsstellung voraus, Schweizer BGE 133 I 58 (71), Erw. 6.3.2.; näher *Gavela*, a.a.O., S. 77 f. S. für den Rechtsvergleich auch BVerfGE 153, 182 (200 Rn. 26ff.).

132 BVerfGE 153, 182 (309 Rn. 340). Rechtspolitische Einschätzung wie hier bei *Höfling*, „Autonome Selbstbestimmung" (Fn. 13), S. 253 f.; *Will*, Bruch mit dem Bruch (Fn. 13), S. 103; *Lindner*, Regelungsoptionen (Fn. 26), S. 67 f.

133 *Johannsen*, Recht auf Selbsttötung (Fn. 84), S. 172; in der Tendenz auch *Josef Franz Lindner*, Verbot geschäftsmäßiger Suizidförderung ins Grundgesetz?, MedR 2020, S. 527ff. (530 f.). *Rixen*, Suizidale Freiheit? (Fn. 13), S. 399, sieht den „begründungstaktischen Vorteil" hingegen in der Abwägungsfestigkeit der Menschenwürde.

Selbstbestimmung" respektiert werden.[134] Das Urteil nennt allerdings vier kumulative Voraussetzungen, wann ein „autonom gebildete[r], freie[r]" Suizidentschluss gegeben sein soll.[135] Durch sie soll sichergestellt werden, dass „der Einzelne seine Entscheidung auf der Grundlage einer realitätsbezogenen, am eigenen Selbstbild ausgerichteten Abwägung des Für und Wider trifft".[136] Zunächst (1) müssen die inneren Fähigkeiten gegeben sein, den „Willen frei und unbeeinflusst von einer akuten psychischen Störung bilden und nach dieser Einsicht handeln zu können".[137] Dann (2) „müssen dem Betroffenen alle entscheidungserheblichen Gesichtspunkte tatsächlich bekannt sein", damit er über eine „hinreichende[...] Beurteilungsgrundlage" für seine Entscheidung verfügt.[138] Insoweit sind die Grundsätze der Einwilligung in eine Heilbehandlung heranzuziehen.[139] Weiter (3) darf der Betroffene von außen keiner „unzulässigen Einflussnahme[...] oder Druck ausgesetzt" sein.[140] Das bedeutet allerdings nicht die vollkommene Freiheit von äußeren Einflüssen; insofern spricht das Bundesverfassungsgericht davon, dass Selbstbestimmung „immer relational verfasst" ist,[141] legt also einen relationalen Autonomie-Begriff zugrunde.[142] Das bedeutet, dass über die *kantisch*-liberale Konzeption von Autonomie als Freiheit von Fremdbestimmung hinaus Autonomie im Wechselspiel mit sozialen Beziehungen zu anderen gedacht

[134] BVerfGE 153, 182 (263 Rn. 210).

[135] BVerfGE 153, 182 (273 Rn. 240). S. zu möglichen Anleihen der vier Voraussetzungen bei der bestehenden Dogmatik *Grünewald*, Selbstbestimmtes Sterben (Fn. 14), S. 103; *Rostalski*, Freiheit und Sterben (Fn. 70), S. 477, schlägt demgegenüber eine Orientierung an den Kriterien von § 20 und § 35 StGB vor, da diese enger seien.

[136] BVerfGE 153, 182 (273 Rn. 240). Für ein den freien Willen schützendes Kontrollverfahren auch EGMR, NJW 2011, S. 3773 (3774 f. Rn. 56 ff.).

[137] BVerfGE 153, 182 (273 Rn. 241) mit Verweis auf BVerfGE 58, 208 (224 f.); 128, 282 (304 f.); 142, 313 (340 Rn. 76 ff.); 149, 293 (322 Rn. 74).

[138] BVerfGE 153, 182 (273 Rn. 242). Es sollen dieselben Grundsätze wie bei einer Einwilligung in eine Heilbehandlung gelten (274 Rn. 242) mit Verweis auf BVerfGE 128, 282 (301) für die Einwilligung in medizinische Maßnahmen.

[139] BVerfGE 153, 182 (274 Rn. 242). Dazu *Kienzerle*, Paternalismus im Strafrecht der Sterbehilfe (Fn. 13), S. 258 f.

[140] BVerfGE 153, 182 (274 Rn. 243) mit Verweis auf BVerfGE 128, 282 (301).

[141] S. BVerfGE 153, 182 (272 f. Rn. 235). Näher unten unter III. 3. a) *in diesem Beitrag*.

[142] Vgl. *Friederike Wapler*, Reproduktive Autonomie, in: Susanne Baer/Ute Sacksofsky (Hrsg.), Autonomie im Recht, 2018, S. 185 ff. (194): „Autonomie in diesem Sinne ist immer relativ", mit Verweis auf *Joseph Raz*, Morality of Freedom, 1988, S. 373; *Beate Rössler*, Bedingungen und Grenzen von Autonomie, in: Herlinde Pauer-Studer/Herta Nagl-Docekal (Hrsg.), Freiheit, Gleichheit und Autonomie, 2003, S. 327 ff. (346).

wird.[143] Freilich sind die Verständnisse von relationaler Autonomie darüber hinaus im Einzelnen vielfältig.[144]

Schließlich (4) verlangt das Bundesverfassungsgericht, dass der Entschluss zur Selbsttötung von einer „gewissen ‚Dauerhaftigkeit' und ‚inneren Festigkeit'" bzw. Ernsthaftigkeit gekennzeichnet ist.[145] Dieses Kriterium ist besonders wichtig, um spontane Suizidentschlüsse in „vorübergehenden Lebenskrise[n]" herauszufiltern.[146] Es ist aber auch sehr anspruchsvoll, da das „Verlangen zu sterben [...] häufig ambivalent und wechselhaft" ist.[147] Ein besonders relevanter Risikofaktor sind daher psychische Störungen, insbesondere in Form einer Depression, die bei ungefähr 90 % der Selbsttötungen gegeben sind, gerade bei den „betagten und schwer erkrankten" Suizidenten.[148] *Soweit die vier Voraussetzungen nicht gegeben sind, ist die assistierte Selbsttötung kategorisch zu verbieten.*[149]

c) Verpflichtung des Gesetzgebers zur Konkretisierung und Differenzierung der vier Voraussetzungen in einem Schutzkonzept

Die vier genannten Voraussetzungen sind nach dem Bundesverfassungsgericht zentral für die Beantwortung der Frage, ob jemand Suizidhilfe erhalten darf. Dennoch sind sie im Urteil zu Recht eher vage gehalten. Denn es ist Aufgabe des Gesetzgebers, näher zu konkretisieren, wann sie gegeben sind und wer dies aufgrund welchen Verfahrens festzustellen hat.[150] Die Voraussetzungen sollten daher den

[143] Vgl. im Zusammenhang mit dem Recht auf informationelle Selbstbestimmung BVerfGE 65, 1 (44); dazu *Christian Bumke*, Menschenbilder des Rechts, JöR n.F. 57 (2009), S. 125ff. (137ff.); *Martin Eifert*, Autonomie und Sozialität, in: Christian Bumke/Anne Röthel (Hrsg.), Autonomie im Recht, 2017, S. 365ff. (367). Aus unterschiedlichen Gründen kritisch zu Anleihen bei *Kant* im Urteil: *Höfling*, „Autonome Selbstbestimmung" (Fn. 13), S. 250; *Weilert*, Anmerkung (Fn. 13), S. 881.

[144] *Duttge*, Anmerkung (Fn. 13), S. 571. S. für anspruchsvolle Autonomie-Konzeptionen neben dem vom Bundesverfassungsgericht zitierten *Dieter Suhr*, Entfaltung der Menschen durch die Menschen, 1976, S. 80 f., 84, 88ff. (dazu sogleich Fn. 172) etwa *Gabriele Britz*, Freie Entfaltung durch Selbstdarstellung, 2007, S. 12ff.; Christian Bumke/Anne Röthel (Hrsg.), Autonomie im Recht, 2017; Susanne Baer/Ute Sacksofsky (Hrsg.), Autonomie im Recht, 2018; aus dem angloamerikanischen Kontext insbesondere *Jennifer Nedelsky*, Law's Relations, 2012.

[145] BVerfGE 153, 182 (274 Rn. 244) unter Verweis auf BGH, NJW 2019, S. 3092 (3093 f. m.w.N.) = BGHSt 64, 121 (126 f. Rn. 21).

[146] BVerfGE 153, 182 (274 Rn. 244).

[147] BVerfGE 153, 182 (274 Rn. 244).

[148] BVerfGE 153, 182 (274 f. Rn. 245).

[149] *Johannsen*, Recht auf Selbsttötung (Fn. 84), S. 168ff.; *Teichmann/Camprubi*, Sterbehilfe in der Schweiz und in Deutschland (Fn. 34), S. 146.

[150] Ähnlich *Grünewald*, Selbstbestimmtes Sterben (Fn. 14), S. 103; *Weilert*, Anmerkung (Fn. 13), S. 881. Zu eng jedoch *Wiesing*, Selbstbestimmung und Pluralität (Fn. 13), S. 183, der die Konkretisierung auf die Ernsthaftigkeit und

Kern des legislativen Schutzkonzepts bilden, das durch „Elemente der medizinischen und pharmakologischen Qualitätssicherung und des Missbrauchsschutzes ergänzt werden kann".[151] Dadurch schafft die Konkretisierung der vier Voraussetzungen zum einen Klarheit für die Rechtsanwendung. Zum anderen kommt der Gesetzgeber so seiner Schutzpflicht für Autonomie und Leben, insbesondere von vulnerablen Personen nach.[152] Er muss daher seiner Bewertung entsprechend gestalten, welche Konstellationen er als „besonders gefahrträchtig[...]" ansieht.[153]

Die Konkretisierungsaufgabe betrifft einerseits Verfahren. So regt das Bundesverfassungsgericht für die Regulierung der Voraussetzungen, unter denen Menschen Suizidhilfe in Anspruch nehmen dürfen, „prozedurale[...] Sicherungsmechanismen" wie „Aufklärungs- und Wartepflichten"[154] an.[155] Diese Anregung steht ganz in der Tradition der Schutzpflichtenrechtsprechung des Bundesverfassungsgerichts, unter anderem im Hinblick auf den Schwangerschaftsabbruch.[156] Anders als beim Schutzbereich darf der Gesetzgeber den „Nachweis der Ernsthaftigkeit [bzw. Festigkeit] und Dauerhaftigkeit eines Selbsttötungswillens" in Abhängigkeit von materiellen Kriterien wie dem Vorliegen einer unheilbaren oder tödlich verlaufenden Krankheit ausgestalten,[157] etwa bei todkranken Menschen die Wartefrist verkürzen. Freilich muss der Gesetzgeber auch in dieser Konstellation weiterhin seine Schutzpflicht wahrnehmen.[158] Daher dürften etwa Wartefristen

Dauerhaftigkeit verengt. Vgl. auch *Bernert-Auerbach*, Das Recht auf den eigenen Tod (Fn. 33), S. 229.

151 BVerfGE 153, 182 (308 Rn. 338). Skeptisch jedoch *Weilert*, Anmerkung (Fn. 13), S. 882.

152 Dazu s. III. 1. b) *in diesem Beitrag*.

153 BVerfGE 153, 182 (309 Rn. 339).

154 Belgien: Art. 3 § 3 Nr. 2 des Gesetzes über Sterbehilfe: grundsätzlich eine Wartefrist von mindestens einem Monat, außer im Fall eines offensichtlich nahen Todes. Kanada: Art. 241.2 (3.1) (i) *Criminal Code*: ab Prüfungsbeginn grundsätzlich mindestens 90 Tage, es sei denn der Verlust der Einwilligungsfähigkeit steht kurz bevor. Oregon, USA: *Oregon Death with Dignity Act*, Or. Rev. Stat. 127.800 § 3.08, sieht zwischen mehreren Schritten Wartefristen von mindestens 15 sowie mindestens zwei Tagen vor, es sei denn, die suizidwillige Person wird voraussichtlich vor Fristende versterben. S. zum Rechtsvergleich auch Fn. 131.

155 BVerfGE 153, 182 (309 Rn. 339 f.). Dazu auch *Lindner*, Regelungsoptionen (Fn. 26), S. 68 f.

156 S. BVerfGE 113, 29 (57 f.); 124, 43 (70); 128, 282 (315).

157 BVerfGE 153, 182 (309 Rn. 340).

158 S. oben unter III. 1. b) *in diesem Beitrag*.

modifiziert werden; die prozeduralen Anforderungen dürfen allerdings nicht allgemein qualitativ abgesenkt werden.[159]

Auch die anderen drei Voraussetzungen können über eine Beratungsregelung[160] sowie Regelungen über das Verfahren zur Feststellung ihres Vorliegens konkretisiert werden. Der Gesetzgeber hat hier insgesamt einen weiten Gestaltungsspielraum, um die vier Voraussetzungen den Schutzpflichten für Leben und Autonomie durch Verfahren insbesondere *ex ante*, aber auch durch eine Kontrolle *ex post*[161] entsprechend auszugestalten.

Die Konkretisierung bietet sich andererseits insbesondere dort an, wo Personen vom (fiktiven) ‚Normalfall' einer freien, gesunden, erwachsenen Person abweichen. Insbesondere ist die Frage zu konkretisieren, ob *Minderjährige* die Suizidhilfe in Anspruch nehmen dürfen. Das sollte der Gesetzgeber in aller Regel (s. S. 166) ausschließen. Zwar führt der Senat aus, dass das Recht auf selbstbestimmtes Sterben „in jeder Phase menschlicher Existenz"[162] bestehe. Allerdings ist schwer vorstellbar, für Minderjährige die vom Senat zusätzlich aufgestellten Voraussetzungen für einen autonom gebildeten, freien Suizidentschluss zu bejahen. Typischerweise wird es gleich an mehreren der erforderlichen vier Voraussetzungen fehlen: Vor allem das Erfordernis der Dauerhaftigkeit und inneren Festigkeit des Suizidentschlusses wird zu verneinen sein, aber auch die innere Fähigkeit zur freien Willensbildung sowie die Bekanntheit der entscheidungserheblichen Gesichtspunkte. Damit können Minderjährige den Anforderungen an die irreversible, selbstbestimmte Entscheidung über die Selbsttötung ganz regelmäßig nicht genügen.[163]

[159] Insofern missverständlich *Kienzerle*, Paternalismus im Strafrecht der Sterbehilfe (Fn. 13), S. 266 („unterschiedlich hohe Anforderungen").

[160] *Duttge*, Anmerkung (Fn. 13), S. 572, weist jedoch darauf hin, dass die verpflichtende Schwangerschaftskonfliktberatung vielerorts zu einer sinnentleerten Pflichtveranstaltung verkommen sei.

[161] Die Niederlande: Der Schwerpunkt der Regelung liegt auf Sorgfaltsanforderungen, die *ex post* kontrolliert werden, indem die Fälle geleisteter Suizidhilfe an regionale Kontrollkommissionen gemeldet werden müssen, die die Einhaltung der Anforderungen prüfen und Verstöße der Staatsanwaltschaft melden, Art. 3 -17 des Sterbehilfegesetzes; kritisch zum niederländischen Verfahren *Antoine*, Aktive Sterbehilfe in der Grundrechtsordnung (Fn. 11), S. 310, 312 ff.; Anerkennung der Reformbedürftigkeit bei *Hörnle*, Fragen der Sterbehilfe (Fn. 11), S. 879. Belgien: Ähnlich wie in den Niederlanden liegt auch hier der Schwerpunkt auf der Kontrolle *ex post*, s. Art. 6 - 11 des Gesetzes über Sterbehilfe; dazu *Nys*, Discussion of the Legal Rules on Euthanasia in Belgium (Fn. 131), S. 24. S. zum Rechtsvergleich auch Fn. 131.

[162] BVerfGE 153, 182 (263 Rn. 210).

[163] Damit soll nicht in Zweifel gezogen werden, dass Minderjährige in anderen Lebensbereichen durchaus autonomiefähig sind, s. *Friederike Wapler*, Kinderrechte und Kindeswohl, 2015, S. 440 f.

In diesem Sinne tendiert auch die strafrechtliche Rechtsprechung des Bundesgerichtshofs dazu, bei Minderjährigen und damit auch Jugendlichen keinen freiverantwortlichen Selbsttötungsentschluss anzuerkennen.[164] Den autonomen Willen von Minderjährigen erkennt der Bundesgerichtshof lediglich im Zusammenhang mit ärztlichen *Heileingriffen*, die freilich anders gelagert sind, jenseits einer starren Altersgrenze an;[165] er differenziert dabei allerdings nach dem Alter und daneben nach der Qualität und dem Kontext des Heileingriffs.[166] Übertragen auf die Entscheidung über die Inanspruchnahme von Suizidhilfe bedeutet dies, *dass bei Minderjährigen, auch Jugendlichen, aufgrund der unwiderruflichen Konsequenzen des Suizidentschlusses in aller Regel kein freiverantwortlicher Selbsttötungsentschluss anerkannt werden kann.*

Ein weiteres Problemfeld sind Depressionen. Insoweit muss der Gesetzgeber auf der Basis aktueller Forschungserkenntnisse konkretisieren, unter welchen Voraussetzungen eine Depression eine autonome Entscheidung ausschließt, was freilich zu einer Verengung des Anwendungsbereichs[167] des Rechts auf selbstbestimmtes Sterben führen kann. Diese Verengung ist in der Senatsentscheidung jedoch angelegt. Überzeugend sieht das Bundesverfassungsgericht in psychischen Erkrankungen „eine erhebliche Gefahr für die freie Suizidentscheidung" und nennt als Beispiel für solche Erkrankungen explizit auch Depressionen.[168] Zwar geht der Senat wohl davon aus, dass eine Depression

[164] S. BGHSt 64, 121 (126 Rn. 21), dem zufolge insbesondere die Minderjährigkeit die Freiverantwortlichkeit eines Selbsttötungsentschlusses ausschließen kann; ähnlich BGH, NJW 1981, S. 932, wonach Jugendliche nicht zur freien Selbstbestimmung über ihr Leben imstande seien, aufgegriffen bei BGH, NStZ 2011, S. 340 (341); vgl. dagegen aber noch BGH, NJW 1965, S. 699 (700), der den Willen einer 16 Jahre alten Jugendlichen für das Sterbeverlangen nach § 216 StGB anerkannte.

[165] S. die Leitentscheidung in BGHZ 29, 33, wonach Minderjährige einwilligungsfähig sind, wenn sie nach der „geistigen und sittlichen Reife die Bedeutung und Tragweite des Eingriffs und seiner Gestattung zu ermessen" vermögen. Dazu etwa *Reinhard Damm*, Autonomie und Fürsorge im Recht der Humanbiographie, MedR 2015, S. 231 ff. (233). Vgl. auch § 630d BGB, der keine starre Altersgrenze für die wirksame Einwilligung in einen medizinischen Behandlungsvertrag vorsieht, dazu die Gesetzesbegründung, BT-Drs. 17/10488, S. 23.

[166] BGH, NJW 2007, S. 217 (219), der ein Vetorecht einer 15-jährigen gegen die Einwilligung der Eltern in einen nur relativ indizierten ärztlichen Eingriff unter der Bedingung ihrer im Einzelfall festzustellenden Urteilsfähigkeit anerkennt; BGH, NJW 1972, S. 335 (337), der die Einwilligung einer 16-jährigen in einen aufschiebbaren und nicht unwichtigen ärztlichen Eingriff für nicht ausreichend erachtet. Dazu auch *Wapler*, Kinderrechte und Kindeswohl (Fn. 163), S. 534 ff.

[167] *Johannsen*, Recht auf Selbsttötung (Fn. 84), S. 168 ff.

[168] BVerfGE 153, 182 (274 Rn. 245).

die Einwilligungsfähigkeit nicht in jedem Fall ausschließt.[169] Doch bleibt es dem Gesetzgeber auch aus verfassungsrechtlicher Sicht unbenommen, nach Auswertungen aktueller wissenschaftlicher Erkenntnisse insoweit zu einer eigenen Einschätzung zu kommen. Auch muss der Gesetzgeber konkretisieren, wer das Vorliegen der genannten inneren Fähigkeiten feststellt.

Eine psychische Erkrankung und damit ein Ausschluss einer freien Willensbildung dürfte ferner im Fall von suizidwilligen Demenzkranken gegeben sein. Auch diese Konstellation müsste vom Gesetzgeber näher konkretisiert werden. In der umgekehrten Situation – demenzkranke Person ist gerade *nicht* suizidwillig – gebietet es dagegen die Schutzpflicht des allgemeinen Persönlichkeitsrechts, sehr wohl auf den *natürlichen* Willen abzustellen. Denn an den Willen, leben zu wollen, sind gerade nicht die hohen Anforderungen zu richten, die das Gericht für den Sterbewillen aufgestellt hat. Wenn also ein dementer und deshalb nicht mehr urteilsfähiger Mensch nach seinem natürlichen Willen *nicht sterbebereit* ist, aber – wie es in einem niederländischen Fall geschah – getötet werden soll (und dann auch getötet wurde), weil er in einer vorherigen Lebensphase einen bedingten Sterbewillen geäußert hatte und die Bedingung (hier: spätere Demenz) eingetreten war, ist der aktualisierte Wille maßgeblich.[170] Die Demenz steht dem nicht entgegen.

Schließlich sollte vom Gesetzgeber geregelt werden, was für in Abhängigkeit von anderen lebende Menschen gelten soll, etwa Betreute[171] oder Menschen im Strafvollzug.

3. Regulierung des Angebots der Suizidhilfe

Im Suizidhilfe-Urteil formuliert das Bundesverfassungsgericht zudem nähere Vorgaben im Hinblick auf die Angebotsseite der Suizidhilfe.

a) Regulatorische Herausforderung: Abhängigkeit von freiwilligen Dritten

Das Grundrecht auf selbstbestimmtes Sterben umfasst auch, dass Suizidwillige bei der Umsetzung der Selbsttötung die freiwillig angebotene Hilfe Dritter in Anspruch nehmen können.[172] Denn die Suizidwilligen

[169] BVerfGE 153, 182 (274 f. Rn. 245); ebenso *Rostalski*, Freiheit und Sterben (Fn. 70), S. 479.

[170] S. der Fall bei *Hörnle*, Fragen der Sterbehilfe (Fn. 11), S. 875 f.; im Anschluss das Streitgespräch mit *Christian Hillgruber*, „Jetzt nicht" heißt „jetzt nicht"!, JZ 2020, S. 1159 ff.; *Tatjana Hörnle*, Schlusswort, JZ 2020, S. 1161. Dazu auch *Schöch*, Recht auf selbstbestimmtes Sterben (Fn. 15), S. 435 f.

[171] *Dodegge*, Betreuung (Fn. 129), S. 6 ff.; *Berghäuser et al.*, Neuordnung der Sterbehilfe? (Fn. 35), S. 209.

[172] BVerfGE 153, 182 (260 Rn. 203, 261 Rn. 208, 264 f. Rn. 212 f.), hergeleitet unter Bezug auf *Suhr*, Entfaltung des Menschen durch die Menschen (Fn. 144);

sind bei ihrer Rechtsausübung funktional abhängig von Dritten,[173] insbesondere von Ärztinnen und Ärzten. Erst die „fachkundige Hilfe" versetzt Einzelne in die Lage, über die Selbsttötung zu entscheiden und den Suizidentschluss in einer laut Bundesverfassungsgericht „zumutbaren Weise umzusetzen".[174] An dieser Stelle legt das Bundesverfassungsgericht dem Recht auf selbstbestimmtes Sterben ebenfalls ein relationales Verständnis von Autonomie zugrunde.[175] Hier geht es allerdings weniger um die sozialen Einflüsse auf die Autonomie, sondern um die Umsetzung von Autonomie mit der Unterstützung Dritter.[176]

Diese Konzeption des Rechts auf selbstbestimmtes Sterben in Abhängigkeit von der freiwillig angebotenen Unterstützung durch Dritte ist für die Rechtsgestaltung herausfordernd. Denn trotz der Abhängigkeit der Grundrechtsausübung von Dritten kann es für Dritte keine Pflicht zur Suizidhilfe geben,[177] was grundrechtlich durch die Gewissensfreiheit geschützt ist.[178] Die Suizidhilfe muss also freiwillig angeboten werden. Auch muss der Staat nicht sicherstellen, dass Suizidwillige mit der Hilfe von Dritten ihren Suizidentschluss stets umsetzen können.[179] Den Aufbau einer staatlichen Infrastruktur zur Umsetzung des Suizidentschlusses fordert das Suizidhilfe-Urteil also gerade nicht. Daher trifft den Staat auch keine Gewährleistungsverantwortung für die Umsetzung des Suizidentschlusses.[180] Allerdings muss der Gesetzgeber durch die Rechtsgestaltung „sicherstellen, dass [...] ein Zugang zu freiwillig bereitgestellter Suizidhilfe real eröffnet bleibt".[181] Denn das

zu *Suhrs* interaktionistischem Grundrechtsmodell in diesem Zusammenhang näher *Klostermann*, Selbstbestimmung (Fn. 13), S. 671 f.

[173] BVerfGE 153, 182 (306 f. Rn. 331).

[174] BVerfGE 153, 182 (265 Rn. 213). Dazu schon III. 1. a) *in diesem Beitrag*.

[175] Vgl. dazu III. 2. b) *in diesem Beitrag*.

[176] Kritisch zur Konzeption *Hartmann*, Anmerkung (Fn. 84), S. 642 f.

[177] BVerfGE 153, 182 (310 Rn. 342) sowie der 6. Leitsatz.

[178] BVerfGE 153, 182 (292 Rn. 289).

[179] BVerfGE 153, 182 (264 Rn. 212): „bei Dritten Hilfe zu suchen und Hilfe, *soweit* sie angeboten wird, in Anspruch zu nehmen" (Hervorh. nur hier).

[180] Ebenso *Hillgruber*, Assistierte Selbsttötung (Fn. 13), S. 390; *Dodegge*, Betreuung (Fn. 129), S. 6. A.A. *Gassner/Ruf*, Betäubungsmittelrecht (Fn. 26), S. 491; offener *Christian Schüttler*, Erlaubnis des Erwerbs von Betäubungsmitteln zum Zwecke der Selbsttötung, jurisPR-Medizin 3/2020; mahnend *Höfling*, „Autonome Selbstbestimmung" (Fn. 13), S. 254 f. Offen bei EGMR, NJW 2011, S. 3773 (3775 Rn. 61). „even assuming that the States have a positive obligation to adopt measures to facilitate the act of suicide with dignity [...]", s. dagegen aber der „considerable margin of appreciation" der Mitgliedstaaten in diesem Bereich nach EGMR, NJW 2011, S. 3773 (3774 Rn. 55); EGMR, NJW 2013, S. 2953 (2956 Rn. 70); EGMR, NJW 2015, S. 2715 (2721 Rn. 145).

[181] BVerfGE 153, 182 (290 Rn. 284).

Recht auf selbstbestimmtes Sterben darf in der Rechtswirklichkeit in Deutschland eben nicht leerlaufen.[182]

b) Gestaltung unter der Bedingung realer Wirkkraft

Das Ziel des Gesetzgebers muss es daher sein, das Recht so zu gestalten, dass diejenigen, die einen autonomen, freien Suizidentschluss gebildet haben, eine realistische Zugangsmöglichkeit zu Suizidhilfe bekommen, *wenn* sich Suizidassistenten bereitfinden. Der Gesetzgeber darf das Recht hingegen nicht so repressiv ausgestalten, dass auf die *angebotene* fachkundige Suizidhilfe (fast) nicht zurückgegriffen werden kann. Das Bundesverfassungsgericht spricht von der „Bedingung realer Wirkkraft" für das Grundrecht.[183]

Allerdings kann der Gesetzgeber entscheiden, wer dazu befugt ist, die Suizidhilfe zu erbringen.[184] Das Bundesverfassungsgericht legt zwar nahe, dass künftig Suizidhilfe geschäftsmäßig durch private Sterbehilfevereine erbracht werden könnte – es schreibt die Zulässigkeit privater Sterbehilfevereine aber nicht vor.[185] Vielmehr darf der Gesetzgeber die geschäftsmäßige Förderung der Selbsttötung auch nach dem Urteil durchaus erneut verbieten.[186] Wenn jedoch die geschäftsmäßige Förderung der Selbsttötung durch Sterbehilfevereine vollständig verboten werden soll, müssen Suizidwillige der Entscheidung des Bundesverfassungsgerichts zufolge andere realistische Zugangsmöglichkeiten zu letalen Medikamenten erhalten.

c) Grenzen der individuell-ärztlichen Suizidhilfe und Lösungsmöglichkeiten

In den Debatten wird zu Recht insbesondere an individuell handelnde Ärztinnen und Ärzte gedacht, die statt oder neben privaten Sterbehilfevereinen Suizidhilfe erbringen könnten. Doch wenn Ärztinnen

[182] Näher unter I. *in diesem Beitrag*. Auch Angebote der Palliativmedizin oder Suizidhilfeangebote im Ausland reichen nicht, BVerfGE 153, 182 (289 Rn. 281, 295 f. Rn. 298 ff.); skeptisch zu „blinden Flecken" des Rechts bei der palliativen Sedierung *Gunnar Duttge*, Palliative Sedierung am Lebensende, ZfL 2019, S. 331 ff. (343 ff.); zu weitreichenden Folgen, wenn biorechtliche Zweifelsfragen nunmehr im Inland geregelt werden müssen, *Kreß*, Anmerkung (Fn. 13), S. 574.

[183] BVerfGE 153, 182 (289 Rn. 283).

[184] *Duttge*, Anmerkung (Fn. 13), S. 572; *Lindner*, Regelungsoptionen (Fn. 26), S. 67 f.

[185] *Hillenkamp*, Strafgesetz „entleert" Grundrecht (Fn. 7), S. 622; *Lindner*, Regelungsoptionen (Fn. 26), S. 67 f.

[186] BVerfGE 153, 182 (290 Rn. 284). A.A. wohl *Neumann*, Vier Gesetzentwürfe zur Suizidhilfe (Fn. 76), S. 387. Allein das Verbot geschäftsmäßiger Suizidhilfe bietet sich allerdings nicht an, weil das Tatbestandsmerkmal „geschäftsmäßig" auch individuell handelnde Ärztinnen und Ärzte umfasst, s. *Roxin*, Geschäftsmäßige Förderung einer Selbsttötung als Straftatbestand (Fn. 7), S. 189 f.

und Ärzte verstärkt einbezogen werden sollen, um Sterbehilfevereine entweder erneut verbieten oder zumindest faktisch zurückdrängen zu können, müsste der Gesetzgeber das Recht anpassen. Zwar dürfte wegen der erwähnten anstehenden Reformen im ärztlichen Standesrecht bald nicht mehr die durch berufsrechtliche Verbote herbeigeführte Situation bestehen, die laut Bundesverfassungsgericht dazu geführt hat, dass Menschen geschäftsmäßige Suizidhilfe in Anspruch nehmen wollten.[187] Das BtMG versetzt die Ärztinnen und Ärzte bislang jedoch nicht eindeutig in die Lage, letal wirkende Medikamente zum Zwecke der Selbsttötung zu verschreiben.[188] Eine Änderung des § 13 Abs. 1 BtMG liegt daher nicht nur im Hinblick auf die konsistente Ausgestaltung der Rechtsordnung[189] sehr nahe,[190] sondern auch, um die von Sterbehilfevereinen ausgehenden Gefahren zu bekämpfen.

Allerdings befinden sich die Ärztinnen und Ärzte derzeit mitten in einem Diskussionsprozess über ärztliche Aufgaben bei der Selbsttötung. Nach der erwähnten Beschlusslage des Deutschen Ärztetags dürften sie ihre Aufgabe regelmäßig nicht darin sehen, allen, das heißt auch nichterkrankten Menschen, Suizidhilfe zu leisten.[191] Es dürfte daher nur eine geringe ärztliche Bereitschaft bestehen, Menschen unabhängig von materiellen Kriterien wie unheilbaren oder tödlich verlaufenden Krankheiten beim Suizid zu assistieren.[192] Daher ist gegenwärtig unklar, ob sich die standesrechtliche Situation der individuell handelnden Ärztinnen und Ärzte im Hinblick auf die „Bedingung realer Wirkkraft“ ändert. Dementsprechend wird in der Fachliteratur teilweise eine Reform des § 5 Abs. 1 Nr. 6 BtMG angemahnt, damit Suizidwillige auch unabhängig von den extremen Notlagen im Sinne des Bundesverwaltungsgerichts (also in Fällen, in denen ein modifizier-

[187] BVerfGE 153, 182 (295 Rn. 297).

[188] S. unter II. 2. *in diesem Beitrag*.

[189] BVerfGE 153, 182 (309 Rn. 342). Dazu auch *Höfling*, „Autonome Selbstbestimmung“ (Fn. 13), S. 255.

[190] *Schöch*, Recht auf selbstbestimmtes Sterben (Fn. 15), S. 438; *Teichmann/Camprubi*, Sterbehilfe in der Schweiz und in Deutschland (Fn. 34), S. 146; *Deuring*, Selbstbestimmungsrecht am Lebensende (Fn. 6), S. 270. Diese Komponente verliert *Lindner*, Regelungsoptionen (Fn. 26), S. 67 aus den Augen. Es ist allerdings auch denkbar, dass die Rechtsprechung ihre Auslegung im Anschluss an das Suizidhilfe-Urteil des Bundesverfassungsgerichts verändert, s. oben unter II. 2. *in diesem Beitrag*.

[191] S. oben unter II. 2. *in diesem Beitrag*.

[192] *Hillenkamp*, Strafgesetz „entleert“ Grundrecht (Fn. 7), S. 621 f.; ähnlich *Neumann*, Vier Gesetzentwürfe zur Suizidhilfe (Fn. 76), S. 387. Insofern zu pessimistisch, was die ärztliche Bereitschaft zur Suizidhilfe angeht, *Lindner*, Regelungsoptionen (Fn. 26), S. 67; zu optimistisch hingegen *Schöch*, Recht auf selbstbestimmtes Sterben (Fn. 15), S. 435.

ter § 13 Abs. 1 BtMG greifen würde) letal wirkende Medikamente legal erhalten können.[193]

Die entscheidende Frage lautet, was für den Gesetzgeber daraus folgt, dass die ärztliche Bereitschaft, bei der Selbsttötung zu helfen, aktuell überwiegend von der gesundheitlichen Situation der Suizidwilligen und damit von materiellen Kriterien abhängig gemacht wird. *Der Gesetzgeber ist deswegen aber nicht an einem erneuten Verbot von Sterbehilfevereinen gehindert.*[194] Denn es erscheint durchaus denkbar, dass sich nach der Änderung im Standesrecht genügend individuell agierende Ärztinnen und Ärzte finden, die unabhängig von materiellen Kriterien Suizidhilfe erbringen werden – zumal Sterbehilfevereine nach dem geltenden Recht ja ihrerseits auf die ärztliche Verschreibung letaler Medikamente angewiesen sind. *Eine tastende Lösung könnte somit darin bestehen, Sterbehilfevereine zunächst zu verbieten und im Rahmen der regelmäßigen Gesetzesevaluation zu prüfen, ob auf diese Weise für Suizidwillige der vom Bundesverfassungsgericht geforderte realistische Zugang zur Suizidhilfe besteht.* Sollte das nicht der Fall sein, könnte auch an die Einbeziehung anderer Akteure gedacht werden, insbesondere staatlich kontrollierte Ethikkommissionen[195] und/oder spezialisierte Zentren.[196]

Sollte sich der Gesetzgeber gegen ein vollständiges Verbot von Sterbehilfevereinen entscheiden, müsste er aus Gründen der staatlichen Schutzpflicht für die Autonomie und das Leben jedenfalls wirtschaftliche Anreize für die Suizidhilfe ausschließen. In diesem Sinne werden gegenwärtig verschiedene Regelungsvarianten diskutiert,[197] etwa der Ausschluss von gewerbsmäßigem,[198] gewinnorientierten Handeln oder

[193] *Herzog/Sotiriadis*, Terminale Selbstbestimmung (Fn. 13), S. 226; *Gassner/Ruf*, Betäubungsmittelrecht (Fn. 26), S. 492ff.; *Spohr*, Erwerb tödlich dosierter Medikamente (Fn. 51), S. 73.

[194] An dieser Stelle ist ausdrücklich noch einmal daran zu erinnern, dass das Bundesverfassungsgericht selbst ein erneutes Verbot „besonders gefahrträchtiger Erscheinungsformen der Suizidhilfe entsprechend dem Regelungsgedanken des § 217 StGB“ erwähnt hat, BVerfGE 153, 182 (309 Rn. 339).

[195] *Duttge*, Anmerkung (Fn. 13), S. 572; *Gassner/Ruf*, Betäubungsmittelrecht (Fn. 26), S. 493.

[196] *Duttge*, Anmerkung (Fn. 13), S. 572, analog zu den regionalen Zentren für Präimplantationsdiagnostik, die staatlich zugelassen werden müssen (§ 3a Abs. 3 Satz 3 Nr. 1 des Embryonenschutzgesetzes i.V.m. § 3 Abs. 1 der Präimplantationsdiagnostikverordnung).

[197] Dazu *Schöch*, Recht auf selbstbestimmtes Sterben (Fn. 15), S. 431 f.

[198] So § 217 Abs. 1 in der Fassung des Entwurfs der Deutschen Stiftung Patientenschutz (Fn. 25). Kritisch *Kreuzer*, Neuregelung der Sterbehilfe (Fn. 26), S. 203, der die begriffliche Unbestimmtheit moniert.

solchem aus Gewinnsucht[199] bzw. nicht selbstlosem Handeln i. S. d. § 55 der Abgabenordnung (AO).[200]

4. Erforderliche Kenntnis des Gesetzgebers von der Rechtswirklichkeit

Schließlich muss der Gesetzgeber nach dem Suizidhilfe-Urteil aus mehreren Gründen die Rechtswirklichkeit kennen bzw. darüber Wissen generieren. So dürfen „Werte- oder Moralvorstellungen" nach dem Urteil „nicht unmittelbares Ziel strafgesetzgeberischer Tätigkeit sein".[201] Stattdessen muss das Ziel der Regelung auf einer „hinreichend gesicherten Grundlage beruhen".[202] Zudem ist der Phänomenbereich assistierter Suizid insgesamt nach dem Bundesverfassungsgericht noch wenig erforscht – wie bereits erwähnt. Es bestehen insbesondere prognostische Unsicherheiten mit Blick auf mögliche gesellschaftliche Auswirkungen durch eine Regelung, die geschäftsmäßige Suizidhilfe zulassen würde.[203] Für die Zukunft ist es daher zentral, die tatsächlichen Unsicherheiten durch eine Wissen generierende Regelung auszugleichen und die neue Regelung in der Rechtswirklichkeit zu beobachten. Entsprechende Pflichten stellt das Bundesverfassungsgericht auch in anderen Bereichen in seiner Schutzpflichten-Rechtsprechung

199 Bioethik-Kommission Rheinland-Pfalz (Hrsg.), Sterbehilfe und Sterbebegleitung, 2004, S. 25, unter: www.edoweb-rlp.de/resource/edoweb:1638576-1/data (zuletzt aufgerufen am 22.5.2021).

200 Nach der Legaldefinition des § 55 Abs. 1 AO geschieht eine Förderung oder Unterstützung „selbstlos, wenn dadurch nicht in erster Linie eigenwirtschaftliche Zwecke – zum Beispiel gewerbliche Zwecke oder sonstige Erwerbszwecke – verfolgt werden" und die weiteren Voraussetzungen des § 55 Abs. 1 AO gegeben sind. *Teichmann/Camprubi*, Sterbehilfe in der Schweiz und in Deutschland (Fn. 34), S. 146, sprechen sich für die Schweizer Regelung aus, die in Art. 115 Schweizer StGB die Sterbehilfe aus selbstsüchtigen Gründen verbietet.

201 BVerfGE 153, 182 (271 Rn. 234). Zustimmend *Boehme-Neßler*, Das Grundrecht auf Suizid (Fn. 13), S. 1013; *Hörnle*, Fragen der Sterbehilfe (Fn. 11), S. 877; *Kreß*, Anmerkung (Fn. 13), S. 573 f.; *Lindner*, Regelungsoptionen (Fn. 26), S. 67; *Wiesing*, Selbstbestimmung und Pluralität (Fn. 13), S. 181 f.; *Schöpke*, Staatliche Neutralität (Fn. 116), S. 366 f.; *van den Daele*, Sacrificium Intellectus? (Fn. 66), S. 327 f. Zweifelnd *Uwe Volkmann*, Gras im Wind?, FAZ.net vom 6.4.2021, unter: www.faz.net/aktuell/politik/die-gegenwart/uwe-volkmann-ueber-sterbehilfe-gras-im-wind-17278812.html (zuletzt aufgerufen am 22.5.2021); kritisch *Kienzerle*, Paternalismus im Strafrecht der Sterbehilfe (Fn. 13), S. 242 ff. m. w. N.

202 BVerfGE 153, 182 (272 Rn. 237) mit Verweis auf BVerfGE 123, 186 (241).

203 S. unter III. 1. b) *in diesem Beitrag*.

auf.[204] Eine verfassungsrechtliche Evaluationspflicht für die neue gesetzliche Regelung liegt daher sehr nahe. Sie müsste flankiert werden durch begleitende Berichtspflichten sowie statistische Erhebungen, um Wissen in diesem Bereich zu generieren. Solche Wissen generierenden Vorschriften sind für den Gesetzgeber zudem von Bedeutung, um Kenntnis darüber zu erlangen, ob das Recht auf selbstbestimmtes Sterben in der Lebenswirklichkeit leerläuft.[205] Sollte das der Fall sein, wäre auch die Neuregelung nicht (mehr) verfassungsgemäß.[206] Aus rechtspolitischen Gründen kann zusätzlich eine Befristung der Neuregelung sinnvoll sein. Denn durch die Befristung könnten die anhand einer nachgeschärften Tatsachengrundlage überprüften Regelungen zu einem späteren Zeitpunkt leichter verändert werden.

IV. Verfassungsrechtliche Bewertung aktueller Regelungsvorschläge

Aktuell werden, wie erwähnt, mehrere Vorschläge zur Neuregelung der Suizidhilfe diskutiert.[207] Davon werden im Folgenden fünf Regelungsvorschläge näher dargestellt und auf der Grundlage der verfassungsrechtlichen Gestaltungsspielräume[208] bewertet.[209] Die hier diskutierten Vorschläge stammen aus dem Parlament,[210] dem BMG[211] und der Wissenschaft.[212] Ein weiterer – sechster – Vorschlag aus dem Parlament ist noch nicht im Detail ausgearbeitet und veröffentlicht; auf ihn kann daher nur eingegangen werden, soweit er bekannt ist.[213] Die Regelungsvorschläge

[204] Zu einer staatlichen Beobachtungs- und Nachbesserungspflicht aufgrund von Schutzpflichten im Zusammenhang mit der Regelung von Schwangerschaftsabbrüchen und insofern auch zu einer Pflicht zur bundesstatistischen Erfassung BVerfGE 88, 203 (Rn. 309) unter Verweis auf BVerfGE 49, 89 (130); 56, 54 (82); ähnlich im Zusammenhang mit technologischen Innovationen BVerfGE, 112, 304 (320 f.); 141, 220 (290 Rn. 161).

[205] BVerfGE 153, 182 (287 ff. Rn. 277 ff.).

[206] S. unter III. 1. 2) *in diesem Beitrag*.

[207] Siehe die Nachweise unter Fn. 22 ff.

[208] S. unter III. *in diesem Beitrag*.

[209] S. kritisch *Neumann*, Vier Gesetzentwürfe zur Suizidhilfe (Fn. 76), S. 389 f., zum *Helling-Plahr et al.*-Entwurf (Fn. 22), zum *Künast/Keul*-Entwurf (Fn. 22), zu *Borasio et al.*, Gesetzesvorschlag zur Regelung des assistierten Suizids (Fn. 26) und zum Entwurf der Deutschen Stiftung Patientenschutz (Fn. 25): Alle vier Vorschläge seien für die Freiheitsdimension des Rechts auf selbstbestimmtes Sterben zu repressiv.

[210] *Helling-Plahr et al.*-Entwurf (Fn. 22); *Künast/Keul*-Entwurf (Fn. 22).

[211] BMG-Entwurf (Fn. 24).

[212] *Dorneck et al.*, Sterbehilfegesetz AMH-Entwurf (Fn. 11); *Borasio et al.*, Gesetzesvorschlag zur Regelung des assistierten Suizids (Fn. 26).

[213] *Pilsinger et al.*-Eckpunktepapier, dargestellt bei *Schmergal*, Wer darf Patienten in Not beim Sterben helfen? (Fn. 23).

unterscheiden sich insbesondere darin, ob sie die Suizidhilfe strafrechtlich einhegen oder nicht (dazu 1.). Im Hinblick auf das Angebot der Suizidhilfe (dazu 2.) sowie flankierende Regelungen (dazu 5.) halten sich die Regelungsvorschläge überwiegend innerhalb des verfassungsrechtlichen Korridors des Suizidhilfe-Urteils. Hinsichtlich der näheren Ausgestaltung des Verfahrens und der persönlichen Merkmale für die Inanspruchnahme von Suizidhilfe bestehen allerdings bei mehreren Entwürfen verfassungsrechtliche Bedenken (dazu 3.). Daneben sollten einige Entwürfe die Tatsachen- und Prognoseunsicherheit im Realbereich noch stärker berücksichtigen (dazu 4.).

1. Überblick über die Regelungsvorschläge

Alle fünf Regelungsvorschläge verfolgen ein unterschiedlich stark ausgeprägtes prozedurales Sicherungskonzept. Manche integrieren dieses Sicherungskonzept in ein strafrechtliches Verbot für bestimmte Formen der Suizidhilfe. Dies ist verfassungsrechtlich möglich[214] und ein zentraler Aspekt der rechtspolitischen Debatte:[215]

Drei eher liberale Entwürfe sehen für die Regelung der Suizidhilfe im Kern keine strafrechtliche Regelung vor: Ein interfraktioneller Entwurf aus dem Parlament (1) zielt stattdessen mit einem Artikelgesetz darauf, das Recht auf einen selbstbestimmten Tod nach einer umfassenden Beratung und durch den ärztlich vermittelten Zugang zu Medikamenten zur Selbsttötung positiv abzusichern (*Helling-Plahr et al.*-Entwurf).[216] Ähnlich will ein weiterer Entwurf aus dem Parlament (2) mit einem Artikelgesetz den Zugang zu bestimmten Betäubungsmitteln durch ein die Selbstbestimmung sicherndes Verfahren eröffnen. Der Entwurf sieht dafür zwei unterschiedliche, nach materiellen Kriterien differenzierende Verfahren vor. Der Zugang zu Betäubungsmitteln soll so neben einer ärztlichen Verschreibung in medizinischen Notlagen auch durch eine behördliche Bescheinigung nach einem Antragsverfahren ermöglicht werden (*Künast/Keul*-Entwurf).[217] Auch ein Entwurf aus der Wissenschaft (3) lehnt eine strafrechtliche Regelung der Mitwirkung am Suizid ab. Stattdessen sieht er ein prozedurales Schutzkonzept vor,

[214] S. unter III. 1. c) *in diesem Beitrag.*

[215] Für eine auch-strafrechtliche Neuregelung *Berghäuser et al.*, Neuordnung der Sterbehilfe? (Fn. 35), S. 209; *Schöch*, Recht auf selbstbestimmtes Sterben (Fn. 15), S. 428 f.; *Teichmann/Camprubi*, Sterbehilfe in der Schweiz und in Deutschland (Fn. 34), S. 146; *Lindner*, Regelungsoptionen (Fn. 26), S. 68 f.; offen *Hörnle*, Fragen der Sterbehilfe (Fn. 11), S. 879. In der Tendenz gegen eine strafrechtliche Neuregelung *Kreß*, Anmerkung (Fn. 13), S. 574, *Neumann*, Vier Gesetzentwürfe zur Suizidhilfe (Fn. 76), S. 387; *Roxin*, Geschäftsmäßige Förderung einer Selbsttötung als Straftatbestand (Fn. 7), S. 188 ff., plädiert jedoch für Ordnungswidrigkeiten.

[216] *Helling-Plahr et al.*-Entwurf (Fn. 22).

[217] *Künast/Keul*-Entwurf (Fn. 22).

abgesichert durch ein hohes Bußgeld. Daneben soll das Recht auf selbstbestimmtes Sterben umfassend geregelt werden, also etwa auch die aktive Sterbehilfe; ein Schwerpunkt liegt ferner auf der Regelung der Suizidprävention (AMH-Entwurf).[218]

Zwei restriktivere Entwürfe und ein Eckpunktepapier schlagen demgegenüber eine auch strafrechtliche Regelung vor. So sieht der Diskussionsentwurf aus dem BMG (4) in einem Artikelgesetz vor, die Hilfe zur Selbsttötung in einem neuen § 217 StGB grundsätzlich unter Strafe zu stellen und Ausnahmen zuzulassen, unter anderem, wenn die Voraussetzungen eines Schutzkonzepts erfüllt sind, das in Teilen in einem weiteren Gesetz geregelt ist.[219] Der BMG-Entwurf erinnert an das Verfahren zum Schwangerschaftsabbruch nach §§ 218a, 219 StGB und dem Schwangerschaftskonfliktgesetz.[220] In eine ähnliche Richtung soll ein weiterer, interfraktioneller Entwurf aus dem Parlament (5) gehen, der allerdings bislang nur als nicht öffentliches Eckpunktepapier umrissen ist. Danach soll die Suizidhilfe grundsätzlich straflos sein mit Ausnahme der geschäftsmäßigen Suizidhilfe unter bestimmten Voraussetzungen (*Pilsinger et al.*-Eckpunktepapier).[221] Aus der Wissenschaft (6) stammt ebenfalls ein strafrechtlicher Regelungsvorschlag. Ähnlich wie im Eckpunktepapier soll die Hilfe zur Selbsttötung grundsätzlich unter Strafe gestellt, aber Ausnahmen davon vorgesehen werden (*Borasio et al.*-Entwurf).[222]

2. Zum Angebot der Suizidhilfe

In Übereinstimmung mit dem Suizidhilfe-Urteil sehen zunächst alle Regelungsvorschläge vor, dass die Suizidhilfe freiwillig zu erfolgen hat.[223] In grundsätzlicher Übereinstimmung schränken sie die Berechtigung zur Suizidhilfe (jenseits von Angehörigen und nahstehenden Personen, die Suizidhilfe leisten dürfen)[224] ein:[225] Sie sehen für Ärztinnen und

[218] *Dorneck et al.*, Sterbehilfegesetz AMH-Entwurf (Fn. 11).

[219] BMG-Entwurf (Fn. 24).

[220] Kritisch zu einer Vergleichbarkeit der Konstellation von Schwangerschaftsabbruch und Suizidhilfe allerdings *Saliger*, Prozedurale Regelung der Freitodhilfe (Fn. 76), S. 1071.

[221] So die Darstellung bei *Schmergal*, Wer darf Patienten in Not beim Sterben helfen? (Fn. 23).

[222] *Borasio et al.*, Gesetzesvorschlag zur Regelung des assistierten Suizids (Fn. 26).

[223] Artikel 1, § 2 Abs. 2 *Helling-Plahr et al.*-Entwurf (Fn. 22); Artikel 1, § 1 Abs. 2 *Künast/Keul*-Entwurf (Fn. 22); Artikel 2, § 2 Abs. 2 BMG-Entwurf (Fn. 24); Artikel 1, § 217 Abs. 4 *Borasio et al.*, Gesetzesvorschlag zur Regelung des assistierten Suizids (Fn. 26); auch der *Dorneck et al.*, Sterbehilfegesetz AMH-Entwurf (Fn. 11) geht nicht von einer Pflicht zur Suizidhilfe aus, s. § 5 Abs. 2 „dürfen [...] mitwirken".

[224] Artikel 1, § 217 Abs. 3 BMG-Entwurf (Fn. 24); Artikel 1, § 217 Abs. 2 *Borasio et al.*, Gesetzesvorschlag zur Regelung des assistierten Suizids (Fn. 26).

[225] S. III. 3. a) *in diesem Beitrag*.

Ärzte eine hervorgehobene Rolle bei der Suizidhilfe vor und befürworten dementsprechend zumindest Änderungen des § 13 Abs. 1 BtMG.[226] Allerdings variiert, wer neben den Genannten noch unter gewissen Voraussetzungen Suizidhilfe leisten darf:

Der interfraktionelle *Helling-Plahr et al.*-Entwurf[227] aus dem Parlament sieht gesetzlich nur die Regelung der ärztlichen Hilfe zur Selbsttötung durch zu verschreibende Arzneimittel vor. Sterbehilfeorganisationen werden daher durch das vorgeschlagene Gesetz weder verboten noch in anderer Weise reguliert. Damit wird die Hoffnung verbunden, dass kein Bedarf mehr für Sterbehilfevereine gegeben ist, wenn Ärztinnen und Ärzte die Suizidhilfe erbringen.[228] In einer Rechtsverordnung des BMG soll dann Näheres geregelt werden, auch im Hinblick auf präventive Maßnahmen gegen rein auf Gewinnstreben ausgerichtete, insbesondere institutionalisierte Angebote.[229] Die von Sterbehilfevereinen ausgehenden Gefahren, die auch das Suizidhilfe-Urteil als eine vertretbare Einschätzung des Gesetzgebers akzeptiert hat,[230] werden jedoch aktuell von dieser Regelung ausgeblendet und die intransparenten Praktiken der Sterbehilfevereine faktisch gebilligt. Vor dem Hintergrund der staatlichen Schutzpflicht ist dieser Regelungsvorschlag als verfassungsrechtlich problematisch zu bewerten.

Der BMG-Entwurf, der *Künast/Keul*-Entwurf sowie der AMH-Entwurf wollen dagegen den Sterbehilfevereinen die Suizidhilfe künftig nur unter bestimmten Voraussetzungen erlauben und sehen daneben teils noch andere Akteure für die Suizidhilfe vor:
Nach dem BMG-Entwurf ist die Hilfe zur Selbsttötung grundsätzlich strafbar. Eine Ausnahme soll gelten, wenn die Voraussetzungen eines neuen § 217 Abs. 2 StGB gegeben sind. Diese strafbefreiende Ausnahme steht allen, auch geschäftsmäßig Handelnden, etwa Sterbehilfevereinen, offen.[231] Jedoch wird vorausgesetzt, dass organisierte Anbieter der Hilfe zur

[226] Artikel 1, § 6 i. V. m. Artikel 2, § 13 Abs. 1 BtMG n. F. *Helling-Plahr et al.*-Entwurf (Fn. 22); Artikel 1, § 3 Abs. 1 i. V. m. Artikel 2, Nr. 2, § 13 Abs. 1 Satz 2 BtMG n. F. *Künast/Keul*-Entwurf (Fn. 22); Artikel 3, § 13 Abs. 1 S. 3, 4 BtMG n. F. BMG-Entwurf (Fn. 24); §§ 5 Abs. 2, 10 Abs. 1, 2 *Dorneck et al.*, Sterbehilfegesetz AMH-Entwurf (Fn. 11); Artikel 1, § 217 Abs. 1 i. V. m. Artikel 2, § 13 Abs. 1 Satz 2 BtMG n. F. *Borasio et al.*, Gesetzesvorschlag zur Regelung des assistierten Suizids (Fn. 26). Die ärztliche Verschreibung soll dann zulässig sein, wenn die Voraussetzungen für die ärztliche Suizidhilfe gegeben sind; kritisch *Neumann*, Vier Gesetzentwürfe zur Suizidhilfe (Fn. 76), S. 389.

[227] *Helling-Plahr et al.*-Entwurf (Fn. 22).

[228] *Helling-Plahr et al.*-Entwurf (Fn. 22), S. 9; ebenso bereits *Roxin*, Geschäftsmäßige Förderung einer Selbsttötung als Straftatbestand (Fn. 7), S. 190, in der früheren Debatte.

[229] Artikel 1, § 6 Abs. 6 *Helling-Plahr et al.*-Entwurf (Fn. 22).

[230] S. III. 1. c) *in diesem Beitrag*.

[231] Artikel 1, § 217 Abs. 2, 3 BMG-Entwurf (Fn. 24).

Selbsttötung als gemeinnützig i. S. d. § 52 der Abgabenordnung (AO)[232] anerkannt sind;[233] auch werden die Kosten der Hilfe zur Selbsttötung umfangreich beschränkt.[234] Den Gefahren durch die Tätigkeit von Sterbehilfevereinen soll also insbesondere durch die Minimierung von wirtschaftlichen Anreizen begegnet werden. Zudem darf ein letal wirkendes Mittel nur durch ärztliche Personen verschrieben werden.[235] Zur Auslegung oder einer möglichen Änderung des § 5 Abs. 1 Nr. 6 BtMG positioniert sich der Entwurf hingegen nicht. Insofern soll das BfArM wohl weiterhin keine Erlaubnis für den Erwerb von letal wirkenden Medikamenten nach Anlage III des BtMG erteilen dürfen.

Nach dem *Künast/Keul*-Entwurf sollen in einer medizinischen Notlage nur behandelnde Ärztinnen und Ärzte bei der Selbsttötung unterstützen dürfen, indem sie letal wirkende Betäubungsmittel verschreiben oder abgeben.[236] Im Übrigen dürfen sich Sterbewillige von weiteren Dritten helfen lassen, unabhängig davon, ob diese natürliche oder juristische Personen sind.[237] Alle geschäftsmäßigen Hilfeanbieter müssen „zugelassen" werden, soweit sie dafür die Zuverlässigkeit besitzen sowie danach trachten, Sterbewillige selbstlos (§ 55 AO)[238] zu unterstützen.[239] Jenseits einer medizinischen Notlage und auch ohne Anknüpfung an materielle Kriterien im Übrigen ist zudem in Weiterentwicklung von §§ 3 – 5 BtMG ein allgemeines Verfahren des Zugangs zu letal wirkenden Betäubungsmitteln vorgesehen, dem zufolge eine nach Landesrecht zuständige Behörde[240] auf Antrag über den Zugang entscheidet.[241] Um Missbrauch zu vermeiden, sollen bestimmte Gebühren, Vergütungen

232 Nach der Legaldefinition in § 52 Abs. 1 Satz 1 AO verfolgt eine Körperschaft „gemeinnützige Zwecke, wenn ihre Tätigkeit darauf gerichtet ist, die Allgemeinheit auf materiellem, geistigem oder sittlichem Gebiet selbstlos [§ 55 Abs. 1 AO] zu fördern". Dann müsste die Suizidhilfe allgemein (unter Änderung des § 52 Abs. 2 Satz 1 AO) oder im Einzelfall als gemeinnütziger Zweck angesehen werden.

233 Artikel 2, § 13 BMG-Entwurf (Fn. 24). Das *Pilsinger et al.*-Eckpunktepapier, dargestellt bei *Schmergal*, Wer darf Patienten in Not beim Sterben helfen? (Fn. 23), könnte hier in eine ähnliche Richtung gehen, da dort die geschäftsmäßige Suizidhilfe grundsätzlich strafbar, jedoch unter bestimmten Voraussetzungen nicht unrechtmäßig sein soll.

234 Artikel 2, § 14 BMG-Entwurf (Fn. 24).

235 Artikel 3, § 13 Abs. 1 S. 3, 4 BMG-Entwurf (Fn. 24).

236 Artikel 1, § 3 Abs. 1 i. V. m. Artikel 2, Nr. 2, § 13 Abs. 1 Satz 2 *Künast/Keul*-Entwurf (Fn. 22).

237 Artikel 1, § 5 Abs. 2 *Künast/Keul*-Entwurf (Fn. 22).

238 S. zur Definition von „selbstlos" Fn. 200.

239 Artikel 1, § 5 Abs. 3 *Künast/Keul*-Entwurf (Fn. 22).

240 S. die Erläuterung in *Künast/Keul*-Entwurf (Fn. 22), S. 13.

241 Artikel 1, § 4 i. V. m. Artikel 2, Nr. 1, § 4 Abs. 1 *Künast/Keul*-Entwurf (Fn. 22).

und Kosten der Unterstützung begrenzt werden.[242] Dadurch sollen auch hier wirtschaftliche Anreize minimiert werden.

Der AMH-Entwurf aus der Wissenschaft sieht ähnliche Berechtigungen von Ärztinnen und Ärzten und einen nicht-ärztlichen Zugang zu letal wirkenden Betäubungsmitteln vor, allerdings fehlt die Minimierung der wirtschaftlichen Anreize für Sterbehilfeorganisationen: Nach diesem Entwurf dürfen ärztliche Personen am freiverantwortlichen Suizid durch Verschreibung eines bezeichneten Betäubungsmittels zum Zwecke des Suizids mitwirken.[243] Geschäftsmäßig handelnde Vereinigungen oder nicht-ärztliche Einzelne (es sei denn, sie sind Angehörige oder nahestehende Personen der Suizidwilligen) dürfen am freiverantwortlichen Suizid nur mitwirken, wenn sie eine behördliche Erlaubnis erhalten haben, nachdem ihre Zuverlässigkeit geprüft wurde.[244] Ohne beteiligte Ärztinnen und Ärzte kommen diese dann zwar nicht an das letal wirkende Betäubungsmittel. Jedoch sollen interdisziplinär zusammengesetzte, unabhängige Kommissionen nach Landesrecht eingerichtet werden, die nach einem Verfahren[245] letal wirkende Mittel einer ärztlichen Verschreibung gleichgestellt freigeben können.[246] Insofern wären auch gewerbsmäßig handelnde Sterbehilfevereine ohne Ärztinnen und Ärzte zur Suizidhilfe befähigt; sie wären zwar beschränkt durch Anforderungen an ihre Zuverlässigkeit, nicht jedoch im Hinblick auf ihre Gewinnerzielungsabsicht. Insofern genügt dieser Entwurf wohl nicht der aus dem allgemeinen Persönlichkeitsrecht resultierenden staatlichen Schutzpflicht.

Aus verfassungsrechtlicher Sicht erscheint es vertretbar, die Hilfeberechtigungen differenziert zwischen Ärztinnen und Ärzten, Sterbehilfeorganisationen unter bestimmten Bedingungen sowie weiteren staatlichen bzw. staatlich kontrollierten Akteuren auszugestalten, auch wenn der von uns verfolgte Ansatz ein Verbot der Suizidhilfe durch Sterbehilfevereine nahelegt.[247] Aus Gründen der aus dem allgemeinen Persönlichkeitsrecht folgenden Schutzpflicht sind allerdings die finanziellen Anreize für Sterbehilfevereine zu beschränken, da diese Anreize als zentral für die von Sterbehilfevereinen ausgehenden Gefahren angesehen werden.[248] An einer solchen Beschränkung fehlt es beim AMH-

[242] Artikel 1, § 10 *Künast/Keul*-Entwurf (Fn. 22).

[243] §§ 5 Abs. 2, 10 Abs. 1, 2 *Dorneck et al.*, Sterbehilfegesetz AMH-Entwurf (Fn. 11).

[244] § 5 Abs. 3, 4 *Dorneck et al.*, Sterbehilfegesetz AMH-Entwurf (Fn. 11).

[245] Dazu s. unter IV. 3. a) *in diesem Beitrag.*

[246] § 9 Abs. 1, 3 Satz 1 i.V.m. § 10 Abs. 1 Satz 1 *Dorneck et al.*, Sterbehilfegesetz AMH-Entwurf (Fn. 11).

[247] S. oben den Haupttext nach Fn. 194.

[248] BVerfGE 153, 182 (270 Rn. 230 f.), dazu auch oben S. 152 f.

Entwurf aus der Wissenschaft, aber auch, wie erwähnt, derzeit beim interfraktionellen *Helling-Plahr et al.*-Entwurf.

Aus Gründen der Schutzpflicht erscheint der *Borasio et al.*-Entwurf im Hinblick auf die möglichen Suizidhelfer verfassungsrechtlich vorzugswürdig.[249] Ihm zufolge soll nur die ärztliche Suizidhilfe erlaubt werden;[250] allen anderen, auch Sterbehilfevereinen, soll die Suizidhilfe strafrechtlich verboten werden.[251] Zudem ist neben der ärztlichen Suizidhilfe kein alternativer Zugang zu letal wirkenden Betäubungsmitteln vorgesehen. Aus unserer Sicht ist dieser Weg verfassungsrechtlich möglich und geboten; allerdings muss der Gesetzgeber dann regelmäßig evaluieren, ob es Menschen ohne Erkrankung tatsächlich möglich ist, ärztliche Suizidhilfe zu erhalten, wie es die Rechtsprechung nunmehr verlangt;[252] dies gilt umso mehr, als die aktuelle Beschlusslage des Deutschen Ärztetages derzeit in eine andere Richtung zielt.[253] Sollten sich zukünftig nicht genügend Ärztinnen und Ärzte finden, die in einer solchen Konstellation Suizidhilfe leisten, müsste der Gesetzgeber nachsteuern und weitere Zugänge zur Suizidhilfe eröffnen. Andernfalls könnte diese restriktive Regelung bei einer erneuten Überprüfung durch das Bundesverfassungsgericht als verfassungswidrig scheitern.

3. Voraussetzungen für die Inanspruchnahme der Suizidhilfe

Im Hinblick auf die Voraussetzungen für die Inanspruchnahme der Suizidhilfe orientieren sich die Regelungsvorschläge überwiegend eng an den vier Voraussetzungen, die das Bundesverfassungsgericht für die auf einen autonom gebildeten, freien Willen zurückgehende Suizidentscheidung vorgibt.[254] Sie konkretisieren die Voraussetzungen im Hinblick auf das für die Inanspruchnahme der Suizidhilfe einzuhaltende Verfahren (dazu a.) sowie persönliche Merkmale, insbesondere das Alter (dazu b.).

a) Verfahren

Die Regelungsvorschläge schlagen ein unterschiedlich stark präventiv ausgestaltetes prozedurales Sicherungskonzept vor. Aus verfassungsrechtlicher Sicht überzeugen nicht alle Vorschläge:

Eine starke präventive Schutzwirkung dürfte das mehrstufige Verfahren nach dem BMG-Entwurf entfalten. Dieses ist einzuhalten, damit

[249] Kritisch ebenso *Neumann*, Vier Gesetzentwürfe zur Suizidhilfe (Fn. 76), S. 387.

[250] Artikel 1, § 217 Abs. 1 *Borasio et al.*, Gesetzesvorschlag zur Regelung des assistierten Suizids (Fn. 26).

[251] Artikel 1, § 217 Abs. 3 und S. 106 f. in *Borasio et al.*, Gesetzesvorschlag zur Regelung des assistierten Suizids (Fn. 26).

[252] S. unter III. 2. a) *in diesem Beitrag.*

[253] S. II. 2. *in diesem Beitrag.*

[254] Dazu s. unter III. 2. b) *in diesem Beitrag.*

eine Ausnahme von der als abstraktes Gefährdungsdelikt ausgestalteten grundsätzlichen Strafbarkeit der Hilfe zur Selbsttötung gegeben ist.[255] Hier sind die einzelnen Verfahrensschritte deutlich voneinander getrennt. So hat zunächst eine an den zivilrechtlichen medizinischen Behandlungsvertrag angelehnte ärztliche Aufklärung zu erfolgen.[256] Im Anschluss müssen zwei unabhängige ärztliche Personen feststellen, ob der Wille zur Selbsttötung „frei und unbeeinflusst von einer akuten psychischen Störungen gebildet" wurde und die Person danach handeln konnte.[257] Eine der ärztlichen Personen muss Facharzt für Psychiatrie und Psychotherapie sein.[258] Hilfe zur Selbsttötung dürfen sie daneben nicht erbringen.[259] Für den Fall, dass sich die beiden ärztlichen Personen nicht einig sind, ist ein gerichtliches Verfahren vorgesehen.[260] Nur wenn die inneren Fähigkeiten zweifelsfrei vorliegen, dürfen sie eine Bescheinigung erteilen.[261] Erst darauf muss eine umfangreiche Beratung durch einen anderen Akteur, eine Beratungsstelle, erfolgen.[262] Die Beratungsstellen werden durch den Staat besonders gefördert und kontrolliert;[263] die Länder müssen mindestens eine Beratungsstelle pro Bundesland sicherstellen.[264] Auch Inhalt und Durchführung der an sich ergebnisoffenen, umfassenden, unentgeltlichen Beratung sind näher geregelt.[265] Nach der Beratung erhält die beratene Person eine weitere Bescheinigung.[266] Von da an muss eine längere Wartefrist von wenigstens sechs Monaten, die allerdings bei unzumutbarer Härte verkürzt werden kann, verstreichen.[267] Erst dann und unter Vorlage beider Bescheinigungen kann der Person straflos Gelegenheit zur Selbsttötung

[255] Artikel 1, § 217 Abs. 2 BMG-Entwurf (Fn. 24).

[256] Artikel 1, § 217 Abs. 2 Nr. 1 lit. b BMG-Entwurf (Fn. 24).

[257] Artikel 1, § 217 Abs. 2 Satz 1 Nr. 1 lit. c i.V.m. Artikel 2, § 3 Abs. 1 BMG-Entwurf (Fn. 24).

[258] Artikel 2, § 3 Abs. 3 BMG-Entwurf (Fn. 24).

[259] Artikel 2, § 3 Abs. 5 BMG-Entwurf (Fn. 24).

[260] Artikel 2, § 3 Abs. 4 BMG-Entwurf (Fn. 24).

[261] Artikel 2, § 3 Abs. 2 BMG-Entwurf (Fn. 24).

[262] Artikel 1, § 217 Abs. 2 Satz 1 Nr. 1 lit. d i.V.m. Artikel 2, § 4 BMG-Entwurf (Fn. 24).

[263] Artikel 2, §§ 9–12 BMG-Entwurf (Fn. 24). Anerkennung nur, wenn u.a. die aufsuchende Beratung im Bedarfsfall sichergestellt werden kann, Artikel 2 § 10 Abs. 1 Nr. 3 BMG-Entwurf (Fn. 24), sowie organisatorische und wirtschaftliche Trennung von Einrichtungen oder Anbietern zur Vornahme der Hilfe zur Selbsttötung.

[264] Artikel 2, § 9 BMG-Entwurf (Fn. 24).

[265] Artikel 2, §§ 5, 6 BMG-Entwurf (Fn. 24).

[266] Artikel 2, § 5 Abs. 3 BMG-Entwurf (Fn. 24).

[267] Artikel 1, § 217 Abs. 2 Satz 1 Nr. 2 i.V.m. Artikel 2, § 7 BMG-Entwurf (Fn. 24).

gewährt oder verschafft werden.[268] In eine ähnliche Richtung dürfte das *Pilsinger et al.*-Eckpunktepapier gehen.[269]

Das im BMG-Entwurf ausgestaltete Verfahren erfüllt den grundrechtlichen Schutzpflichtenauftrag wohl in idealer Weise. Insbesondere kann es am ehesten sicherstellen, dass der Suizidwillige nicht an einer akuten psychischen Störung leidet. Die anderen Regelungsvorschläge weisen zwar Ähnlichkeiten mit dem BMG-Entwurf auf, sind jedoch schwächer ausgestaltet und teils verfassungsrechtlich bedenklich:

So ist zwar auch nach dem *Borasio et al.*-Entwurf ein mehrstufiges Verfahren für die Straflosigkeit der Hilfe zur Selbsttötung einzuhalten:[270] Zwei voneinander unabhängige Ärzte,[271] von denen einer über Fachkenntnisse der Psychiatrie, Psychotherapie oder Psychosomatik verfügen muss,[272] prüfen die im Suizidhilfe-Urteil aufgestellten Voraussetzungen an den freien Willensentschluss[273] in einem persönlichen Gespräch. Sie klären dabei auch auf, hier allerdings nicht nur bezüglich der Wirkungen des Betäubungsmittels, sondern umfassend und lebensorientiert über Handlungsalternativen. Insoweit stellt sich jedoch die Frage, ob Ärztinnen und Ärzte dafür die geeigneten Personen sind. Danach erfolgt eine Dokumentation des Sterbewunsches.[274] Zwischen dem Verlangen nach Hilfe und der Hilfe müssen sodann mindestens zehn Tage vergangen und der Arzt muss von dem autonomen Sterbewunsch überzeugt sein.[275] Bereits dann darf der Arzt das letal wirkende Betäubungsmittel verschreiben.[276] Allerdings ist das Verfahren insgesamt missbrauchsanfällig. Insbesondere ist kein anderer Akteur, etwa eine Beratungsstelle, beteiligt. Weiter müssen die Ärzte nur voneinander unabhängig, jedoch nicht unabhängig von der Umsetzung des Selbsttötungsentschlusses sein. Daneben können gewichtige Teile des Verfahrens in einem Schritt

[268] Artikel 1, § 217 Abs. 2 Satz 2 BMG-Entwurf (Fn. 24).

[269] *Pilsinger et al.*-Eckpunktepapier, dargestellt bei *Schmergal*, Wer darf Patienten in Not beim Sterben helfen? (Fn. 23).

[270] Artikel 1, § 217 Abs. 1 Nr. 1 - 5 *Borasio et al.*, Gesetzesvorschlag zur Regelung des assistierten Suizids (Fn. 26).

[271] Artikel 1, § 217 Abs. 1 Nr. 4 und S. 113 in *Borasio et al.*, Gesetzesvorschlag zur Regelung des assistierten Suizids (Fn. 26).

[272] Artikel 1, § 217 Abs. 5 Nr. 1 *Borasio et al.*, Gesetzesvorschlag zur Regelung des assistierten Suizids (Fn. 26).

[273] Artikel 1, § 217 Abs. 1 Nr. 1, 2 *Borasio et al.*, Gesetzesvorschlag zur Regelung des assistierten Suizids (Fn. 26).

[274] Artikel 1, § 217 Abs. 1 Nr. 3 *Borasio et al.*, Gesetzesvorschlag zur Regelung des assistierten Suizids (Fn. 26).

[275] Artikel 1, § 217 Abs. 1 Nr. 5 *Borasio et al.*, Gesetzesvorschlag zur Regelung des assistierten Suizids (Fn. 26).

[276] Artikel 2 *Borasio et al.*, Gesetzesvorschlag zur Regelung des assistierten Suizids (Fn. 26).

abgearbeitet werden. Schließlich ist die Mindestfrist von zehn Tagen kurz bemessen.

Auch das Verfahren nach dem *Helling-Plahr et al.*-Entwurf ist verfassungsrechtlich zweifelhaft. Der Schwerpunkt dieses Vorschlags liegt auf dem Beratungsangebot:[277] In einem ersten Schritt erfolgt eine inhaltlich umfassende,[278] ergebnisoffene,[279] unentgeltliche[280] Beratung in einer staatlich anerkannten,[281] geförderten[282] Beratungsstelle, die insbesondere von Suizidhilfe leistenden Einrichtungen unabhängig ist.[283] Die Länder müssen ein „ausreichendes plurales Angebot an wohnortnahen Beratungsstellen" schaffen.[284] Zudem müssen die Beratungsstellen auch die sog. aufsuchende Beratung für „Suizidwillige mit körperlichen Einschränkungen" durchführen können.[285] Die Beratung wird durch die Beratungsstelle bescheinigt.[286] In der Bescheinigung wäre zu vermerken, wenn begründete Zweifel an dem autonom gebildeten, freien Willen bestehen.[287] Bereits im zweiten Schritt darf ein Arzt ein Arzneimittel zur Selbsttötung verschreiben.[288] Voraussetzung dafür ist, dass höchstens acht Wochen und mindestens zehn Tage nach der Beratung vergangen sind[289] und durch den Arzt eine medizinische Aufklärung erfolgt ist, auch über die Risiken sowie gegebenenfalls alternative ärztliche Behandlungsmöglichkeiten, einschließlich solche der Palliativmedizin.[290] Dies ist für die Kontrolle *ex post* zu dokumentieren.[291]

Vor dem Hintergrund des staatlichen Schutzpflichtauftrags erscheint an diesem Vorschlag bedenklich, dass die Voraussetzungen des autonom gebildeten, freien Willens nicht hinreichend durch Verfahren abgesichert werden; insbesondere werden nicht alle Voraussetzungen eigens geprüft, sondern gegebenenfalls können Zweifel vermerkt werden. Zudem würde die ärztliche Aufklärung in einem zu späten Verfahrensschritt erfolgen.

[277] Artikel 1, § 4 und S. 13 in *Helling-Plahr et al.*-Entwurf (Fn. 22).
[278] Artikel 1, § 4 Abs. 2 *Helling-Plahr et al.*-Entwurf (Fn. 22).
[279] Artikel 1, § 4 Abs. 1 Satz 2 *Helling-Plahr et al.*-Entwurf (Fn. 22).
[280] Artikel 1, § 4 Abs. 8 *Helling-Plahr et al.*-Entwurf (Fn. 22).
[281] Artikel 1, § 5 Abs. 2 *Helling-Plahr et al.*-Entwurf (Fn. 22).
[282] Artikel 1, § 5 Abs. 3 *Helling-Plahr et al.*-Entwurf (Fn. 22).
[283] Artikel 1, § 5 Abs. 2 Nr. 4 *Helling-Plahr et al.*-Entwurf (Fn. 22).
[284] Artikel 1, § 5 Abs. 1 *Helling-Plahr et al.*-Entwurf (Fn. 22).
[285] Artikel 1, § 5 Abs. 1 Satz 2 *Helling-Plahr et al.*-Entwurf (Fn. 22).
[286] Artikel 1, § 4 Abs. 7 Satz 1 *Helling-Plahr et al.*-Entwurf (Fn. 22).
[287] Artikel 1, § 4 Abs. 7 Satz 2 *Helling-Plahr et al.*-Entwurf (Fn. 22). Kritisch *Neumann*, Vier Gesetzentwürfe zur Suizidhilfe (Fn. 76), S. 388.
[288] Artikel 1, § 6 Abs. 1 *Helling-Plahr et al.*-Entwurf (Fn. 22).
[289] Artikel 1, § 6 Abs. 3, 4 *Helling-Plahr et al.*-Entwurf (Fn. 22).
[290] Artikel 1, § 6 Abs. 2 *Helling-Plahr et al.*-Entwurf (Fn. 22).
[291] Artikel 1, § 6 Abs. 5 *Helling-Plahr et al.*-Entwurf (Fn. 22).

Das vorgesehene Verfahren nach dem AMH-Entwurf ähnelt den niederländischen Verfahrensvorgaben. Nach dem Entwurf ist für die Mitwirkung am Suizid zunächst erforderlich, dass eine Beratung durch eine ärztliche Person oder zugelassene Beratungsstelle erfolgt.[292] Daraufhin wird in einem Gutachten einer interdisziplinär zusammengesetzten, unabhängigen Kommission die Freiverantwortlichkeit[293] des Sterbewillens festgestellt.[294] Sodann ist eine detaillierte Dokumentation vorzunehmen.[295] Bereits danach darf die ärztliche Verschreibung eines Betäubungsmittels zum Suizid[296] oder eine der ärztlichen Verschreibung gleichstehende Bescheinigung der Kommission[297] erfolgen. Auch dieses Verfahren ist missbrauchsanfällig. Zwar ist die Begutachtung durch eine unabhängige Kommission eine starke präventive Ausgestaltung. Jedoch fehlt es insbesondere an einer Wartefrist, um die Dauerhaftigkeit und Festigkeit des Suizidentschlusses abzusichern.

Zweifel an der Verfassungsmäßigkeit bestehen auch im Hinblick auf zwei unterschiedliche Verfahren, die der *Künast/Keul*-Entwurf vorsieht.[298] So ist ein für medizinische Notlagen[299] vorgesehenes Verfahren weniger streng als das allgemeine Verfahren jenseits materieller Kriterien.[300] Die medizinische Notlage muss „mit schweren Leiden, insbesondere starken Schmerzen verbunden“ sein;[301] sie wird im Gesetz jedoch nicht näher definiert.[302] Dann dürfen behandelnde Ärzte und Ärztinnen ein für die Selbsttötung geeignetes Betäubungsmittel verschreiben,[303] wenn zunächst der Sterbewille durch die Person in der Notlage erläutert wird.[304] Daneben müssen behandelnde Ärzte und Ärztinnen davon überzeugt sein, dass die Voraussetzungen eines freien und festen Sterbewillens gegeben sind.[305] Weiter müssen sie auf medizinische Mittel hinweisen, die das Leid mildern könnten, und über das Hilfsmittel zur

[292] § 5 Abs. 2 Nr. 1 i. V. m. § 8 Abs. 1 *Dorneck et al.*, Sterbehilfegesetz AMH-Entwurf (Fn. 11).

[293] Die Legaldefinition der Freiverantwortlichkeit in § 5 Abs. 1 i. V. m. § 2 Abs. 2 *Dorneck et al.*, Sterbehilfegesetz AMH-Entwurf (Fn. 11) ist wenig konkret und müsste wohl verfassungskonform ausgelegt werden.

[294] § 5 Abs. 2 Nr. 2 i. V. m. § 9 *Dorneck et al.*, Sterbehilfegesetz AMH-Entwurf (Fn. 11).

[295] § 5 Abs. 2 Nr. 3 i. V. m. § 8 Abs. 2 *Dorneck et al.*, Sterbehilfegesetz AMH-Entwurf (Fn. 11).

[296] § 10 Abs. 1 Satz 1 *Dorneck et al.*, Sterbehilfegesetz AMH-Entwurf (Fn. 11).

[297] § 9 Abs. 3 S. 1 *Dorneck et al.*, Sterbehilfegesetz AMH-Entwurf (Fn. 11).

[298] Kritisch auch *Schlink*, Schwieriger Weg (Fn. 76).

[299] Artikel 1, § 3 *Künast/Keul*-Entwurf (Fn. 22).

[300] Artikel 1, § 4 *Künast/Keul*-Entwurf (Fn. 22).

[301] Artikel 1, § 3 Abs. 1 Satz 1 *Künast/Keul*-Entwurf (Fn. 22).

[302] S. zum Bundesverwaltungsgericht oben Fn. 52.

[303] Artikel 1, § 3 Abs. 1 Satz 1 i. V. m. Artikel 2 Nr. 2 *Künast/Keul*-Entwurf (Fn. 22).

[304] Artikel 1, § 3 Abs. 1 Nr. 1 *Künast/Keul*-Entwurf (Fn. 22).

[305] Artikel 1, § 3 Abs. 1 Nr. 2, 4 *Künast/Keul*-Entwurf (Fn. 22).

Selbsttötung ärztlich informieren.[306] Ein zweiter Arzt oder eine zweite Ärztin muss das Vorliegen der Voraussetzung lediglich schriftlich bestätigen.[307] Schließlich soll eine Wartefrist von mindestens zwei Wochen verstreichen; bei außergewöhnlicher Härte bedarf es ausnahmsweise keiner Wartefrist.[308] Wenn in der Zwischenzeit Tatsachen oder Annahmen gegeben sind, welche die Voraussetzungen entfallen lassen, unterbleibt die Verschreibung.[309] Zudem bestehen ärztliche Pflichten, die der Kontrolle *ex post* dienen.[310]

Dieser Verfahrensvorschlag zeugt vom Verständnis für schwerstleidende Menschen. Allerdings ist er auch sehr missbrauchsanfällig, wenn behandelnde Ärztinnen und Ärzte, ohne über psychologische oder psychiatrische Expertise verfügen zu müssen, theoretisch an dem Tag, an dem der Sterbewillen ihnen gegenüber erklärt wird, ein tödliches Betäubungsmittel verschreiben können. Dies öffnet spontanen Suiziden Tür und Tor. Weiter ist das Vier-Augen-Prinzip sehr schwach ausgeprägt. Damit sendet dieses Verfahren für schwerstleidende Menschen auch sozialpolitisch die falschen Signale aus. Es ist aufgrund der Schutzpflicht für vulnerable Menschen als verfassungswidrig zu bewerten. Demgegenüber ist das allgemeine Verfahren jenseits von materiellen Kriterien zwar strenger. Es ist als Behördenverfahren ausgestaltet und setzt insbesondere mindestens zwei umfassende Beratungen innerhalb eines gewissen Zeitraums sowie die Prüfung der Voraussetzungen für eine vom freien Willen getragene, feste Entscheidung zur Selbsttötung durch zugelassene private Beratungsstellen voraus.[311] Zudem ist eine behördliche Bescheinigung erforderlich, mit der einerseits nachgewiesen wird, dass alle Voraussetzungen geprüft wurden, und die andererseits das Zugangsrecht zu einem tödlich wirkenden Betäubungsmittel festhält.[312] Damit entscheidet diesem Entwurf zufolge am Ende eine Behörde, ob Menschen jenseits materieller Kriterien Zugang zu letal wirkenden Betäubungsmitteln erhalten. Das überzeugt ebenfalls nicht.

b) Persönliche Merkmale

Die Regelungsvorschläge schränken allesamt die Suizidhilfe für Minderjährige ein. Doch obwohl hier ein Gestaltungsspielraum des Gesetzgebers

[306] Artikel 1, § 3 Abs. 1 Nr. 3, 5 *Künast/Keul*-Entwurf (Fn. 22).

[307] Artikel 1, § 3 Abs. 1 Nr. 6 *Künast/Keul*-Entwurf (Fn. 22).

[308] Artikel 1, § 3 Abs. 3, 4 *Künast/Keul*-Entwurf (Fn. 22).

[309] Artikel 1, § 3 Abs. 3 Satz 2 *Künast/Keul*-Entwurf (Fn. 22). Derzeit bezieht sich dies allerdings nur auf das Vorliegen einer qualifizierten medizinischen Notlage nach Artikel 1, § 3 Abs. 1 Satz 1 *Künast/Keul*-Entwurf (Fn. 22).

[310] Artikel 1, § 3 Abs. 2 (Dokumentation), Abs. 3 Satz 3 (Anzeige) *Künast/Keul*-Entwurf (Fn. 22).

[311] Artikel 1, § 4 Abs. 3 *Künast/Keul*-Entwurf (Fn. 22).

[312] Artikel 1, § 4 Abs. 4 *Künast/Keul*-Entwurf (Fn. 22).

besteht, überzeugen aus einer verfassungsrechtlichen Perspektive nicht alle Regelungsvorschläge. Zu weitgehend erscheint die Regelung nach dem *Künast/Keul*-Entwurf. Danach können Minderjährige zwar grundsätzlich keine Suizidhilfe in Anspruch nehmen.[313] Eine Ausnahme besteht jedoch, wenn ein kinder-psychologisches oder kinder-psychiatrisches Gutachten die Voraussetzungen einer von einem freien Willen getragenen festen Entscheidung über die Lebensbeendigung bestätigt hat und die Sorgeberechtigten ihre Genehmigung erteilen.[314] An dieser Ausgestaltung erscheint verfassungsrechtlich problematisch, dass sie für Ausnahmefälle von der Möglichkeit eines autonom gebildeten, freien Suizidentschlusses bei Minderjährigen ausgeht. Das ist indes aufgrund der Irreversibilität des Suizidentschlusses aus oben dargelegten Gründen nicht plausibel.[315] Denkbar erscheint höchstens, die Ausnahmekonstellation mit materiellen Kriterien zu koppeln, was bei dem Prüfungspunkt der Ernsthaftigkeit und Dauerhaftigkeit des Suizidentschlusses gerade möglich ist. In Betracht käme dann hier ggf. eine Ausnahme für einen unheilbar kranken Minderjährigen, der unter großen Schmerzen leidet, die auch durch eine palliativmedizinische Behandlung nicht beseitigt werden können.[316]

Eine für Minderjährige unter Schutzpflichtgesichtspunkten überzeugendere Absicherung sieht der BMG-Entwurf vor, wonach straffreie Hilfe zur Selbsttötung nur Volljährige oder Minderjährige mit Genehmigung des Familiengerichts erhalten können.[317] In der Sache ist die auf den Einzelfall abstellende Regelung zu begrüßen. Doch stellt sich die Frage, inwiefern es praktikabel ist, dass kein Mindestalter vorgesehen ist.

Auch der *Helling-Plahr et al.*-Entwurf wirft verfassungsrechtliche Fragen auf. Der Entwurf sieht zunächst überzeugend vor, dass regelmäßig erst Personen ab 18 Jahren die inneren Fähigkeiten haben, „die Bedeutung und Tragweite einer Suizidentscheidung vollumfänglich zu erfassen".[318] Damit werden Minderjährige aber nicht vollumfänglich von der Suizidhilfe ausgenommen, stattdessen wird ein Regelfall mit Ausnahmemöglichkeit geschaffen. Allerdings ist es verfassungsrechtlich zweifelhaft, ob es ausreicht, dass wohl ein nicht speziell fachlich qualifizierter Arzt über die erwähnten inneren Fähigkeiten der

313 Artikel 1, § 2 Abs. 1 Satz 1, § 7 Abs. 1 Satz 1 *Künast/Keul*-Entwurf (Fn. 22).

314 Artikel 1, § 7 Abs. 1 Satz 2 *Künast/Keul*-Entwurf (Fn. 22).

315 S. oben nach Fn. 162.

316 Uns scheint es eine offene Frage zu sein, inwiefern palliativmedizinische Behandlungen tatsächlich verlässlich zu einem Ausschluss großer Schmerzen führen oder ob ggf. nur qualifizierte Einrichtungen zu einem derartigen verlässlichen Ausschluss in der Lage sind.

317 Artikel 1, § 217 Abs. 2 Nr. 1 lit. a BMG-Entwurf (Fn. 24).

318 Artikel 1, § 3 Abs. 1 Satz 2 und S. 12 in *Helling-Plahr et al.*-Entwurf (Fn. 22).

Minderjährigen im Einzelfall entscheiden soll.[319] Offen ist auch, wie das Verfahren wäre, wenn Minderjährige zwar Bedeutung und Tragweite erfassen könnten (was nach hier vertretener Auffassung höchstens in einem außergewöhnlichen Ausnahmefall anzunehmen wäre), die Sorgeberechtigten der Suizidentscheidung allerdings widersprechen. Die weiteren Regelungsvorschläge sehen eine starre Altersgrenze vor, wonach Minderjährige ohne Ausnahmemöglichkeit keine Suizidhilfe in Anspruch nehmen können.[320] Dies erscheint aus den oben näher dargelegten Gründen als verfassungsrechtlich vorzugswürdige Regelung, es sei denn, der angesprochene Ausnahmefall wäre gegeben.

Zudem sehen einige Regelungsvorschläge vor, dass nur Personen mit Wohnsitz oder gewöhnlichen Aufenthalt in Deutschland die Suizidhilfe in Anspruch nehmen können.[321] Dies ergibt Sinn, um zu vermeiden, dass Menschen aus anderen Staaten zum Suizid nach Deutschland reisen. Von den weiteren persönlichen Besonderheiten, die für die Inanspruchnahme der Suizidhilfe konkretisiert werden könnten, äußert sich hingegen nur der *Künast/Keul*-Entwurf zu Betreuten.[322] Insofern sollten durch den Gesetzgeber weitere Konkretisierungen erfolgen.

4. Umgang mit Tatsachen- und Prognoseunsicherheit

Besonders der BMG-Entwurf sieht angemessene Mechanismen zum Umgang mit der Tatsachen- und Prognoseunsicherheit im Realbereich vor: Er bestimmt für die Beratungsstellen eine Berichtspflicht über die Beratungen, damit sie weiterhin anerkannt bleiben.[323] Daneben ist – orientiert an der Regelung des Schwangerschaftsabbruchs – eine Aufnahme der Thematik in die Bundesstatistik festgelegt.[324] Die Organisationen, Einrichtungen und Personen, die Hilfe zur Selbsttötung geleistet haben, sind zu diesem Zweck auskunftspflichtig.[325] Durch diese Vorschriften würde deutlich mehr Wissen über den Realbereich generiert. Ob

[319] So wohl Artikel 1, § 6 Abs. 1 *Helling-Plahr et al.*-Entwurf (Fn. 22). Jedenfalls müsste die fachliche Qualifikation dann in einer Rechtsverordnung konkretisiert werden, s. § 6 Abs. 6 des Entwurfs.

[320] *Dorneck et al.*, Sterbehilfegesetz AMH-Entwurf (Fn. 11), S. 39, s. auch § 5 des Entwurfs, der im Gegensatz zu § 3 Abs. 3, 4 Minderjährige nicht nennt; Artikel 1, § 217 Abs. 1 Hs. 1, Abs. 2 *Borasio et al.*, Gesetzesvorschlag zur Regelung des assistierten Suizids (Fn. 26).

[321] Artikel 1, § 4 Abs. 1 Satz 1 *Helling-Plahr et al.*-Entwurf (Fn. 22); ähnlich Artikel 1, § 217 Abs. 1 Satz 1 Hs. 1 *Borasio et al.*, Gesetzesvorschlag zur Regelung des assistierten Suizids (Fn. 26): ständiger Wohnsitz. Nach dem BMG-Entwurf (Fn. 24) soll die Suizidhilfe durch Menschen aus dem Ausland nicht beschränkt, sondern statistisch erhoben werden (Artikel 2, § 16 Abs. 1 Nr. 6, dazu auch S. 29).

[322] Artikel 1, § 2 Abs. 1 Satz 4, § 7 Abs. 2 *Künast/Keul*-Entwurf (Fn. 22).

[323] Artikel 2, § 11 BMG-Entwurf (Fn. 24).

[324] Artikel 2, §§ 15 ff. BMG-Entwurf (Fn. 24).

[325] Artikel 2, § 18 BMG-Entwurf (Fn. 24).

zusätzlich noch eine Befristung und Evaluierung der Neuregelung vorgesehen werden soll, ist nach der Entwurfsbegründung allerdings noch offen.[326]

Auch der *Helling-Plahr et al.*-Entwurf beinhaltet im Hinblick auf Tatsachen- und Prognoseunsicherheiten passende Regelungen: Hier ist eine Evaluierung des Gesetzes alle drei Jahre vorgesehen,[327] was sinnvoll erscheint. Daneben müssen die Beratungsstellen über die Beratungen berichten, um anerkannt zu bleiben.[328] Zudem soll die Bundesregierung verpflichtet werden, Berichte[329] über Beratungen[330] und Verschreibungen[331] zu erstellen.

Die weiteren Entwürfe sind dagegen im Hinblick auf staatliche Wissensgenerierung unzureichend. Der *Künast/Keul*-Entwurf sieht zwar eine Evaluierung vor,[332] kennt aber ansonsten kaum Auskunfts- oder Berichtspflichten bzw. andere Mechanismen. Nach dem AMH-Entwurf soll das BMG dem Bundestag nur alle fünf Jahre einen Bericht vorlegen.[333] Auch der *Borasio et al.*-Entwurf ist in dieser Hinsicht unbefriedigend, da zwar in den Erläuterungen thematisiert wird, dass ein Wissensmangel seitens des Staates besteht und daher die Dokumentation sowie die wissenschaftliche Begleitforschung gestärkt werden sollten.[334] Doch diese Anliegen werden im Regelungsvorschlag nicht umgesetzt.

5. Flankierende Regelungen

Daneben sehen die Regelungsvorschläge flankierende Regelungen vor. Insbesondere[335] wird von manchen Entwürfen ein Werbeverbot[336] analog zum Schwangerschaftsabbruch vorgeschlagen. Dieses liegt nahe, allerdings sollte die Vorschrift nicht zu eng gefasst sein.[337] Vor allem

326 BMG-Entwurf (Fn. 24), S. 16.

327 *Helling-Plahr et al.*-Entwurf (Fn. 22), S. 10 und Artikel 1, § 7 Abs. 2.

328 Artikel 1, § 5 Abs. 4, 5 *Helling-Plahr et al.*-Entwurf (Fn. 22).

329 Artikel 1, § 7 Abs. 1 *Helling-Plahr et al.*-Entwurf (Fn. 22).

330 Artikel 1, § 4 *Helling-Plahr et al.*-Entwurf (Fn. 22).

331 Artikel 1, § 6 *Helling-Plahr et al.*-Entwurf (Fn. 22).

332 Artikel 1, § 9 *Künast/Keul*-Entwurf (Fn. 22).

333 § 17 *Dorneck et al.*, Sterbehilfegesetz AMH-Entwurf (Fn. 11).

334 *Borasio et al.*, Gesetzesvorschlag zur Regelung des assistierten Suizids (Fn. 26), S. 123 f.

335 Daneben wird zum Teil Änderungsbedarf im StGB (§ 216 StGB, § 203 Abs. 1 Nr. 5 StGB) sowie in der StPO (§ 159 StPO) gesehen.

336 Artikel 1, § 217a BMG-Entwurf (Fn. 24); Artikel 1, § 217a *Borasio et al.*, Gesetzesvorschlag zur Regelung des assistierten Suizids (Fn. 26). Artikel 1, § 8 Abs. 3 *Künast/Keul*-Entwurf (Fn. 22) sieht die Ahndung als Ordnungswidrigkeit durch ein Bußgeld vor.

337 Zu eng wäre etwa, bereits das öffentliche Angebot zu sanktionieren, s. *Schöch*, Recht auf selbstbestimmtes Sterben (Fn. 15), S. 438; *Neumann*, Vier Gesetzentwürfe zur Suizidhilfe (Fn. 76), S. 389. Als Beispiel zur Abgrenzung kann daher § 219a StGB a.F., ohne den im Jahr 2019 eingeführten Abs. 4 (BGBl. I

wird in überzeugender Weise vorgeschlagen, stärker über die Hospiz- und Palliativversorgung zu beraten und zu informieren[338] sowie diese Angebote auszuweiten.[339] Zudem sollen Angebote zur Suizidprävention gestärkt werden.[340] Diese flankierenden Regelungen erscheinen aufgrund der Schutzpflichten – übrigens ganz unabhängig von der Regulierung der Suizidhilfe – zwingend geboten.[341]

S. 350), dienen. Ob § 219a StGB a.F. verfassungswidrig war, ist zwar streitig, s. *Klaus Rogall*, § 219a StGB in neuer Gestalt, in: Jan Christoph Bublitz/Jochen Bung/Anette Grünewald/Dorothea Magnus/Holm Putzke/Jörg Scheinfeld (Hrsg.), Recht – Philosophie – Literatur. Festschrift für Reinhard Merkel zum 70. Geburtstag, 2020, S. 1181 ff. (1192 m.w.N.); *Michael Kubiciel*, Reform des Schwangerschaftsabbruchsrechts?, ZRP 2018, S. 13 ff. (14 f. m.w.N.). Ungeachtet dessen war die alte Vorschrift jedoch zu eng, da bereits der auf der Homepage von Ärztinnen und Ärzten veröffentlichte Hinweis, Schwangerschaftsabbrüche vorzunehmen, sanktioniert wurde, dazu *Henning Lorenz/Engin Turhan*, Von Altfällen und neuem Recht – § 219a Abs. 4 StGB als misslungene Vorschrift, JR 2020, S. 465 ff. (466 f.).

338 Artikel 1, § 4 Abs. 2 Satz 2 Nr. 2, § 6 Abs. 2 Satz 3 *Helling-Plahr et al.*-Entwurf (Fn. 22); § 8 Abs. 1 Satz 2 *Dorneck et al.*, Sterbehilfegesetz AMH-Entwurf (Fn. 11); Artikel 2, § 8 Abs. 2 und S. 24 in BMG-Entwurf (Fn. 24). Ähnlich auch Artikel 1, § 4 Abs. 3 Satz 2 *Künast/Keul*-Entwurf (Fn. 22).

339 Die Stärkung von Palliativmedizin und Hospizarbeit behandeln *Borasio et al.*, Gesetzesvorschlag zur Regelung des assistierten Suizids (Fn. 26), S. 124 f., dies schlägt sich allerdings nicht in einer Vorschrift nieder.

340 Artikel 2, § 8 Abs. 1, 3 BMG-Entwurf (Fn. 24); §§ 13 f. *Dorneck et al.*, Sterbehilfegesetz AMH-Entwurf (Fn. 11); vgl. auch *Borasio et al.*, Gesetzesvorschlag zur Regelung des assistierten Suizids (Fn. 26), S. 125 f.

341 Voraussichtlich reduzieren palliativmedizinische Angebote das Bedürfnis nach assistierter Selbsttötung: *Hans-Jürgen Möller*, The ongoing discussion on termination of life request, Int. J. Clin. Pract. 2020, S. 1 ff. (4, 15). Aktuell ist der Bedarf nach Palliativmedizin jedoch höher als das qualifizierte Angebot, s. im Rahmen der öffentlichen Anhörung zur Phänomenologie der Sterbe- und Selbsttötungswünsche des Deutschen Ethikrats am 17.12.2020 *Claudia Bausewein*, Suizidalität im Kontext palliativer Versorgung, S. 13 ff., unter: www.ethikrat.org/fileadmin/PDF-Dateien/Veranstaltungen/anhoerung-17-12-2020-bausewein.pdf (zuletzt aufgerufen am: 22.5.2021); *Raymond Voltz/Gloria Dutz/Nicolas Schippel/Stefanie Hamacher/Sheila Payne/Nadine Scholten/Holger Pfaff/Christian Rietz/Julia Strupp*, Improving regional care in the last year of life by setting up a pragmatic evidence-based Plan-Do-Study-Act cycle: results from a cross-sectional survey, BMJ Open 2020, S. 1 ff. (ebd., 2, 8), unter: bmjopen.bmj.com/content/bmjopen/10/11/e035988.full.pdf (zuletzt aufgerufen am 22.5.2021). Daher sind die Forderungen nach einer Verbesserung der Palliativmedizin zur Suizidprävention nachdrücklich zu unterstützen, Beschluss des 124. Deutschen Ärztetags (Fn. 3), TOP IVa - 04, S. 151 f.; Deutsche Gesellschaft für Palliativmedizin (Hrsg.), Eckpunkte der Deutschen Gesellschaft für Palliativmedizin zu einer möglichen Neuregulierung der Suizidassistenz und Stärkung der Suizidprävention, 24.2.2021, S. 2, unter: www.dgpalliativmedizin.de/images/210224_DGP_Eckpunkte_Suizidassistenz_Suizidpr%C3%A4vention.pdf (zuletzt aufgerufen am 22.5.2021). Aus Gründen der Suizidprävention

V. Fazit

Das Bundesverfassungsgericht hat dem Gesetzgeber einen Korridor vorgegeben, innerhalb dessen sich die Neuregelung der Suizidhilfe halten muss. Dieser Korridor ist zum einen im Hinblick auf zulässige Voraussetzungen für die Inanspruchnahme von Suizidhilfe eng. Denn der Gesetzgeber darf die Suizidhilfe nicht von materiellen Kriterien abhängig machen, etwa schweren oder unheilbaren Krankheitszuständen. Vielmehr kommt es auf vier Voraussetzungen für einen autonom gebildeten Suizidentschluss an. Diese Voraussetzungen muss der Gesetzgeber aufgrund seiner Schutzpflichten für die Autonomie und das Leben konkretisieren; dabei kann er freilich seine rechtspolitischen Wertungen zum Ausdruck bringen.

Zum anderen ist die Umsetzung des Suizidentschlusses in einer zumutbaren Weise durch letal wirkende Betäubungsmittel von Dritten abhängig, insbesondere Ärztinnen und Ärzten. Der Staat muss die Umsetzung zwar nicht gewährleisten; er muss insbesondere keine Infrastruktur für Suizide aufbauen, wie bisweilen in der Literatur vertreten. Allerdings muss diese Umsetzung des Suizids eine reale Handlungsoption sein, soweit sich freiwillige Suizidhelfer finden. Aus den beiden Vorgaben ergibt sich die zentrale Herausforderung für den Gesetzgeber bei der Regulierung des Angebots der Suizidhilfe. Denn der Großteil der Ärztinnen und Ärzte will Suizidhilfe nicht unabhängig von materiellen Kriterien erbringen.

Will der Gesetzgeber dennoch aus Gründen der staatlichen Schutzpflicht Suizidassistenten jenseits von individuell handelnden Ärztinnen und Ärzten verbieten in der Annahme, es würden sich nach der Änderung des Standesrechts in Zukunft wohl ausreichend Ärztinnen und Ärzte finden, die zur Suizidhilfe auch ohne Vorliegen einer Krankheit bereit sind, muss er durch Evaluationen sicherstellen, dass für Suizidwillige tatsächlich eine reale Zugangsmöglichkeit zu suizidassistierenden Ärzten bleibt. Sollte sich der Gesetzgeber gegen ein Verbot von Sterbehilfevereinen entscheiden, dann müsste aus Gründen der staatlichen Schutzpflicht jedoch zumindest den Missbrauchsgefahren aufgrund wirtschaftlicher Eigeninteressen der Sterbehilfevereine begegnet werden.

Die vorliegenden Regelungsvorschläge entsprechen den verfassungsrechtlichen Vorgaben nur zum Teil. Ein aus verfassungsrechtlicher Sicht insgesamt sehr gut gelungener Regelungsvorschlag ist

ist zudem besonders besorgniserregend, dass zu wenig Psychiatrieplätze für Kinder und Jugendliche zur Verfügung stehen, wie aktuell berichtet wird, s. nur ZEIT online, Kinder- und Jugendärzte sehen enorme „psychiatrische Erkrankungen", 18.5.2021, unter: www.zeit.de/gesellschaft/2021-05/coronavirus-massnahmen-kinder-jugendaerzte-schuloeffnungen-kita-suizidgefahr-depression (zuletzt aufgerufen am 22.5.2021).

der Entwurf des BMG. Dort finden sich auch Wissen generierende Regelungen (Vorschriften über Berichtspflichten und Statistik). Mit solchen in ein konsistentes Schutzkonzept eingebetteten Vorschriften ist die Neuregelung auch eine Chance, um insbesondere mehr über die Motive für einen Suizidentschluss zu verstehen und dadurch die dringend gebotene Suizidprävention zu verbessern und zu stärken.

Leitsätze
zum Beitrag von Prof. Dr. iur. Anna-Bettina Kaiser, LL. M., und Ines Reiling:

„Der Lebensschutz am Lebensende – Handlungsauftrag und Gestaltungsspielräume des Gesetzgebers nach dem Suizidhilfe-Urteil des Bundesverfassungsgerichts“

1. Den Gesetzgeber trifft eine Pflicht zur Neuregelung der Suizidhilfe aufgrund der aufzulösenden Kollision von Freiheits- und Schutzdimension des allgemeinen Persönlichkeitsrechts sowie des Lebensschutzes. Schon nach der Wesentlichkeitstheorie ist es Aufgabe des demokratisch legitimierten Gesetzgebers, solche grundrechtswesentlichen Entscheidungen selbst zu treffen und sich nicht auf ein fachgerichtlich entwickeltes bzw. weiterzuentwickelndes Konzept zu verlassen. Zudem sprechen Gründe der Rechtssicherheit für eine gesetzliche Neuregelung, da die aktuellen Regelungen über die assistierte Selbsttötung in vielerlei Hinsicht rechtlich unklar sind. Normativ betrifft das insbesondere die aus Sicht der Freiheitsdimension des Rechts auf selbstbestimmtes Sterben entscheidende verfassungsrechtliche Frage, ob den selbstbestimmt entscheidenden Menschen nunmehr reale Möglichkeiten offenstehen, um einen Suizidentschluss zu vollziehen (dazu II.).
2. In Bezug auf den Umfang der Gestaltungsspielräume des Gesetzgebers ist zu unterscheiden: Dem Gesetzgeber verbleibt im Hinblick auf die Ermöglichung des Zugangs zur Suizidhilfe nur ein beschränkter Gestaltungsspielraum. Größere Spielräume stehen ihm jedoch bei der näheren Ausgestaltung der Suizidhilfe zu (dazu III.).
3. Eine regulatorische Herausforderung des Urteils ergibt sich aus dem Zusammenspiel zweier Vorgaben: Zum einen darf für die zulässige Inanspruchnahme von Suizidhilfe nicht an materielle Kriterien wie eine tödliche Krankheit angeknüpft werden. Zum anderen bedarf es für die Rechtsausübung freiwilliger Dritter, die Suizidhilfe anbieten. Jedoch lehnen es insbesondere Ärztinnen und Ärzte aktuell überwiegend ab, Suizidhilfe unabhängig von materiellen Kriterien zu erbringen (dazu III.2. und III.3.).
4. Statt materieller Kriterien nennt das Suizidhilfe-Urteil vier kumulative Voraussetzungen, wann ein autonom gebildeter, freier und daher zu respektierender Suizidentschluss gegeben sein soll. Soweit die vier Voraussetzungen nicht gegeben sind, ist die assistierte Selbsttötung kategorisch zu verbieten. Es ist Aufgabe des Gesetzgebers, näher zu konkretisieren, wann die vier Voraussetzungen vorliegen und wer dies aufgrund welchen Verfahrens feststellt. Die vier

Voraussetzungen sollten daher den Kern des legislativen Schutzkonzepts bilden. Dabei hat der Gesetzgeber insgesamt einen weiten Gestaltungsspielraum. Insbesondere darf er – anders als beim Schutzbereich – den Nachweis der zu den vier Voraussetzungen zählenden Ernsthaftigkeit (bzw. Festigkeit) und Dauerhaftigkeit eines Selbsttötungswillens in Abhängigkeit von materiellen Kriterien wie dem Vorliegen einer unheilbaren oder tödlich verlaufenden Krankheit ausgestalten. Freilich muss der Gesetzgeber auch in dieser Konstellation weiterhin seine Schutzpflicht beachten: Daher dürften etwa Wartefristen modifiziert werden; die prozeduralen Anforderungen dürfen allerdings nicht allgemein qualitativ abgesenkt werden (dazu III.2.).

5. In mehreren Konstellationen ist schwer vorstellbar, dass Personen den vier Voraussetzungen an den Suizidwillen regelmäßig entsprechen werden. Dies betrifft insbesondere Minderjährige. Typischerweise wird es gleich an mehreren der erforderlichen vier Voraussetzungen fehlen. Ein weiteres Problemfeld sind Depressionen. Ob hier ein hinreichender Suizidwille gebildet werden kann, muss der Gesetzgeber auf der Basis aktueller Forschungserkenntnisse bewerten. Ferner dürfte bei suizidwilligen Demenzkranken die freie Willensbildung ausgeschlossen sein. In der umgekehrten Situation – die demenzkranke Person ist gerade nicht suizidwillig – gebietet es dagegen die Schutzpflicht des allgemeinen Persönlichkeitsrechts, sehr wohl auf den natürlichen Willen abzustellen. Diese und weitere Konstellationen müsste der Gesetzgeber konkretisieren (dazu III.2.c.).
6. Trotz der Abhängigkeit der Grundrechtsausübung von Dritten kann es für Dritte keine Pflicht zur Suizidhilfe geben. Auch muss der Staat nicht sicherstellen, dass Suizidwillige mit der Hilfe von Dritten ihren Suizidentschluss stets umsetzen können. Den Aufbau einer staatlichen Infrastruktur zur Umsetzung des Suizidentschlusses fordert das Suizidhilfe-Urteil also gerade nicht. Daher trifft den Staat auch keine Gewährleistungsverantwortung für die Umsetzung des Suizidentschlusses (dazu III.3.a.).
7. Wenn auch die ärztliche Bereitschaft, bei der Selbsttötung zu helfen, aktuell überwiegend von der gesundheitlichen Situation von Suizidwilligen abhängt, ist der Gesetzgeber doch nicht an einem erneuten Verbot von Sterbehilfevereinen gehindert. Denn es erscheint durchaus denkbar, dass sich künftig genügend individuell agierende Ärztinnen und Ärzte finden, die unabhängig von solchen materiellen Kriterien Suizidhilfe erbringen werden. Eine tastende Lösung könnte somit darin bestehen, Sterbehilfevereine zunächst zu verbieten und im Rahmen einer regelmäßigen Gesetzesevaluation zu prüfen, ob auf diese Weise für Suizidwillige der vom Bundesverfassungsgericht geforderte realistische Zugang zur Suizidhilfe

besteht. Sollte sich der Gesetzgeber gegen ein vollständiges Verbot von Sterbehilfevereinen entscheiden, müsste er aus Gründen der staatlichen Schutzpflicht für die Autonomie und das Leben jedenfalls wirtschaftliche Anreize für die Suizidhilfe ausschließen (dazu III.3.c.).

8. Der Phänomenbereich assistierter Suizid ist insgesamt noch wenig erforscht; es besteht eine Tatsachen- und Prognoseunsicherheit. Für die Zukunft ist es daher zentral, die tatsächlichen Unsicherheiten durch eine Wissen generierende Regelung auszugleichen und die neue Regelung in der Rechtswirklichkeit zu beobachten. Eine verfassungsrechtliche Evaluationspflicht für die neue gesetzliche Regelung liegt sehr nahe. Sie müsste flankiert werden durch begleitende Berichtspflichten sowie statistische Erhebungen. Aus rechtspolitischen Gründen kann zusätzlich eine Befristung der Neuregelung sinnvoll sein (dazu III.1.b. und III.4.).
9. Die Regelungsvorschläge unterscheiden sich insbesondere darin, ob sie die Suizidhilfe strafrechtlich einhegen oder nicht. Im Hinblick auf das Angebot der Suizidhilfe sowie flankierende Regelungen halten sich die Regelungsvorschläge überwiegend innerhalb des verfassungsrechtlichen Korridors des Suizidhilfe-Urteils. Hinsichtlich der näheren Ausgestaltung des Verfahrens und der persönlichen Merkmale für die Inanspruchnahme von Suizidhilfe bestehen allerdings bei mehreren Entwürfen verfassungsrechtliche Bedenken. Daneben sollten einige Entwürfe die Tatsachen- und Prognoseunsicherheit im Realbereich noch stärker berücksichtigen (dazu IV.)
10. Dem Gesetzgeber steht die Ausweitung von Palliativ- und Hospizangeboten sowie die Stärkung der Suizidprävention – auch ganz unabhängig von der Suizidhilfe – nicht nur selbstverständlich offen, die staatlichen Schutzpflichten gebieten dies sogar (dazu III.1.c. und IV.5.).

Prof. Dr. iur. Gernot Sydow, M.A.

Autonomie und Lebensschutz am Lebensende

Eine rechtsvergleichende Perspektive

I. Einleitung

Gerichtsurteile ausländischer Gerichte und Gesetzesvorhaben anderer Staaten finden in Deutschland selten mediale Beachtung. Die Entscheidung des Bundesverfassungsgerichts vom 26. Februar 2020 zum Recht auf selbstbestimmtes Sterben als Ausdruck persönlicher Autonomie[1], die daran anknüpfenden verfassungsrechtlichen und ethischen Diskussionen, die Folgeentscheidungen des Bundesverfassungsgerichts[2], die rechtspolitischen Diskussionen[3] und parlamentarischen

[1] So der 1. Leitsatz, BVerfGE 153, 182 (Rn. 209f.).

[2] Mehrere unmittelbare Folgeentscheidungen des BVerfG, Nichtannahmebeschl. v. 27.2.2020 – 2 BvR 2506/16; Nichtannahmebeschl. v. 27.2.2020 – 2 BvR 1624/16; Nichtannahmebeschl. v. 27.2.2020 – 2 BvR 2667/16; Nichtannahmebeschl. v. 27.2.2020 – 2 BvR 1494/16; Nichtannahmebeschl. v. 27.2.2020 – 2 BvR 1807/16, sodann BVerfG, NJW 2020, S. 2394 sowie BVerfG, NJW 2021, S. 1086.

[3] Bspw. *Carina Dorneck/Ulrich M. Gassner/Jens Kersten/Josef Franz Lindner/Kim Philip Linoh/Henning Lorenz/Henning Rosenau/Birgit Schmid am Busch,* Gesetz zur

Beratungen in Deutschland[4] haben indes dem Umgang mit dem Lebensende eine erhöhte Aufmerksamkeit verschafft und ein Bedürfnis geschaffen, aus den Diskussionen und Regelungskonzeptionen anderer Staaten Anregungen und Orientierungsmaßstäbe für die Neufassung des deutschen Rechts zu gewinnen. So hat beispielsweise die FAZ in den vergangenen Monaten auch zu Einzelentwicklungen im Ausland, zu dortigen Urteilen und Gesetzesvorhaben zur Sterbehilfe immer wieder ausführlich und substanziell berichtet.[5]

Ein rechtsvergleichender Überblick über die bestehenden gesetzlichen Regelungen und über zentrale verfassungsgerichtliche Urteile zeigt vor allem das Fehlen eines internationalen Konsenses zum Umgang mit dem Lebensende auf. Nicht nur zur aktiven Sterbehilfe, sondern auch zur Zulässigkeit von Beihilfehandlungen zur Selbsttötung bestehen grundsätzliche Divergenzen. Zudem unterscheiden sich im Falle der grundsätzlichen Zulässigkeit von Formen der Sterbehilfe die Regelungskonzeptionen im Einzelnen, insbesondere die prozeduralen und materiellen Zulässigkeitsvoraussetzungen und Schutzmaßnahmen. Ein Überblick über eine größere Zahl von Staaten muss daher notwendigerweise kursorisch bleiben. Dies gilt umso mehr, als die Gesetzgebungskompetenzen für Fragen der aktiven Sterbehilfe und Suizidbeihilfe nicht stets auf nationaler Ebene liegen. Beispielsweise ist in der Schweiz auch kantonales Recht, in den USA ausschließlich das Recht der Einzelstaaten von Bedeutung; im Vereinigten Königreich unterscheidet sich die Gesetzgebung für England und Wales von der Rechtslage in anderen Teilen des Königreichs, insbesondere von der schottischen Rechtslage nach *Scots Law*.

Gewährleistung selbstbestimmten Sterbens und zur Suizidprävention. Augsburg-Münchner-Hallescher-Entwurf (AMHE-SterbehilfeG), 2021; *Reiner Anselm/Isolde Karle/Ulrich Lilie*, Den assistierten professionellen Suizid ermöglichen, FAZ vom 11.1.2021, S. 6; aus den teilweise höchst kritischen Reaktionen darauf *Christian Geyer*, Ein neuer Konkurrent. Selbstmissverständnis: Theologen positionieren die Kirche auf dem Markt der Suizidbeihilfe, FAZ vom 12.1.2021, S. 9; *Peter Dabrock/Wolfgang Huber*, Selbstbestimmt mit der Gabe des Lebens umgehen, FAZ vom 25.1.2021, S. 6; erneut *Reiner Anselm/Isolde Karle/Ulrich Lilie*, Suizid: Vorbeugen und Helfen, FAZ vom 25.5.2021, S. 7.

4 Orientierungsdebatte im Deutschen Bundestag vom 21.4.2021, Plenarprotokoll 19/223, S. 28261, https://dipbt.bundestag.de/dip21/btp/19/19223.pdf#P.28262 (zuletzt aufgerufen am 22.5.2021).

5 *Stephan Löwenstein*, Selbstbestimmtes Ende des Lebens? Ein Urteil des österreichischen Verfassungsgerichts zur Sterbehilfe, FAZ vom 14.12.2020, S. 10; *Hans-Christian Rößler*, Spanien legalisiert die Sterbehilfe, FAZ vom 17.12.2020, S. 6; *Hans-Christian Rößler*, Der Präsident muss entscheiden. Streit über Sterbehilfe-Gesetz in Portugal, FAZ vom 20.2.2021, S. 5.

Die Strittigkeit des hier zu behandelnden Themas verstärkt zudem das methodisch-terminologische Problem jeder Rechtsvergleichung: nämlich fremde Rechtsordnungen nicht mit den Kategorien und Begrifflichkeiten der eigenen Rechtsordnung zu beschreiben, weil nur so vermieden werden kann, dass Vorverständnisse an eine Rechtsordnung herangetragen und dadurch Fehlvorstellungen provoziert werden. Gerade die Begriffsbildung eignet sich aber bei einem gesellschaftlich hochstrittigen Thema dazu, das Thema im Sinne der eigenen Überzeugungen und rechtspolitischen Vorstellungen zu besetzen, so dass neutrale Begrifflichkeiten kaum vorhanden sind. Teilweise gibt es einen landesspezifischen Sprachgebrauch. So ist „Euthanasie" als nationalsozialistischer Euphemismus für Mord an Wehrlosen in den deutschen Diskussionen zur Sterbehilfe kaum verwendbar, während *eutanasia/euthanasie* in den romanischen Sprachen eine wertneutrale, wenn nicht positiv besetzte Bezeichnung ist.[6]

Mit diesen Vorüberlegungen und Relativierungen können die folgenden Gruppierungen von Ländern vorgeschlagen und Tendenzaussagen über Rechtsentwicklungen im internationalen Vergleich getroffen werden. Die Beschränkung des Vergleichs auf europäische Staaten bzw. Länder einer westlich-liberalen Rechtstradition ist Kapazitäts- und Sprachfragen geschuldet; sie eröffnet aber auch die Möglichkeit, wesentliche Unterschiede in der Konkretisierung eines grundsätzlich ähnlichen, vor allem grundrechtlich geprägten rechtlichen Ausgangspunkts aufzuzeigen.

II. Überblick über Rechtsentwicklungen im Ländervergleich

1. Länder mit liberaler Gesetzgebung

Eine Reihe von Ländern hat die eigene Gesetzgebung zu Fragen der Sterbehilfe vor längerer Zeit liberalisiert, überwiegend vor etwa zwei Jahrzehnten in der Zeit um das Jahr 2000, so dass diese Länder über fundierte Erfahrungen im Umgang mit Regelungen verfügen, die unter bestimmten Voraussetzungen Beihilfehandlungen zur Selbsttötung und die aktive Sterbehilfe zulassen. Hierzu zählen unter den Mitgliedstaaten der Europäischen Union die Niederlande, Belgien und Luxemburg,

[6] Bspw. ist das belgische Gesetz vom 28.5.2002 in seiner französischen Fassung offiziell mit *Loi relative à l'euthanasie* betitelt, *Loi relative à l'euthanasie* vom 28.5.2002 (Moniteur belge/Belgisch Staatsblad 22.6.2002, S. 28515), zuletzt geändert durch Gesetz vom 15.3.2020 (Moniteur belge/Belgisch Staatsblad 23.3.2020, S. 16623), beide Fassungen abrufbar unter www.ejustice.just.fgov.be/cgi_loi/change_lg_2.pl?language=fr&nm=2002009590&la=F (zuletzt aufgerufen am 22.5.2021).

zudem Kanada, Neuseeland und mehrere Einzelstaaten der USA (zunächst Oregon 1997, nachfolgend Washington und Montana).

So verbietet Art. 293 Abs. 1 des niederländischen Strafgesetzbuchs zwar grundsätzlich eine Tötung auch dann, wenn sie auf ausdrückliches und ernsthaftes Verlangen des Getöteten erfolgt. Das niederländische Recht enthält sodann aber eine strafbarkeitsausschließende Klausel für die Tötung auf Verlangen durch einen Arzt bei Beachtung bestimmter Sorgfaltspflichten.[7] Demnach steht nicht die kategoriale Unterscheidung von Fremd- und Selbsttötung im Zentrum der niederländischen Regelung, sondern ein prozedurales Schutzkonzept, das die freiwillige und wohlüberdachte Bitte des Patienten zum Kernkriterium macht. Nach Schweizer Bundesrecht sind die Verleitung und die Hilfeleistung bei einer freiverantwortlichen Selbsttötung nur im Falle von selbstsüchtigen Beweggründen strafbar, im Übrigen also zulässig.[8] Der Kanton Waadt/Vaud verfügt zudem über eine per Volksabstimmung verabschiedete gesetzliche Regelung, die Sterbehilfe unter bestimmten Bedingungen in öffentlich finanzierten Pflegeeinrichtungen und Hospitälern zulässt.[9]

7 Art. 293 Abs. 2 nlStGB, aktuelle Fassung abrufbar unter https://wetten.overheid.nl/jci1.3:c:BWBR0001854&boek=Tweede&titeldeel=XIX&artikel=293&z=2021-05-01&g=2021-05-01 (zuletzt aufgerufen am 22.5.2021); die für den Eingriff dieses Strafausschließungsgrundes zu beachtenden Sorgfaltspflichten sind sodann in einem eigenständigen Gesetz zur Überprüfung der Lebensbeendigung normiert (wet toetsing levensbeëindiging op verzoek en hulp bij zelfdoding, abrufbar unter https://wetten.overheid.nl/jci1.3:c:BWBR0012410&z=2020-03-19&g=2020-03-19 (zuletzt aufgerufen am 22.5.2021); Kernregelung auf Deutsch bei *Tatjana Hörnle*, Der niederländische Hoge Raad und das BVerfG zu Fragen der Sterbehilfe: Die Abgrenzung von Selbstbestimmung und Fremdbestimmung im Einzelfall und als Leitlinie für die Rechtspolitik, JZ 2020, S. 872ff. (873).

8 Art. 115 schweizStGB, Norm abrufbar unter https://fedlex.data.admin.ch/filestore/fedlex.data.admin.ch/eli/cc/54/757_781_799/20200701/de/pdf-a/fedlex-data-admin-ch-eli-cc-54-757_781_799-20200701-de-pdf-a.pdf (zuletzt aufgerufen am 22.5.2021); der Verzicht auf eine generelle Strafbarkeit der Teilnahme am Suizid stammt bereits aus dem Jahr 1918.

9 *Gaby Ochsenbein*, Kanton Waadt bekommt erstes Sterbehilfe-Gesetz, SWI swissinfo.ch vom 17.6.2012, www.swissinfo.ch/ger/gesellschaft/suizid-begleitung_kanton-waadt-bekommt-erstes-sterbehilfe-gesetz/32920744 (zuletzt aufgerufen am 22.5.2021); Art. 27d *du loi du* 29 *mai* 1985 *sur la santé publique* des Kantons Waadt/Vaud, Norm abrufbar unter https://prestations.vd.ch/pub/blv-publication/actes/consolide/800.01?key=1593414471125&id=258cb-2db-b772-411c-b0c5-6ed80967c762 (zuletzt aufgerufen am 22.5.2021); Anwendungsdirektiven zur *loi sur la santé publique* von 2018, www.vd.ch/fileadmin/user_upload/themes/sante/Organisation/Bases_legales/Directives_art27d-LSP_2017_Version_2018.pdf (zuletzt aufgerufen am 22.5.2021).

Als Gemeinsamkeit dieser ersten Gruppe von Ländern fällt auf, dass die länger zurückliegenden Liberalisierungen in der Regel auf eigenständigen, freien Entscheidungen der parlamentarischen Gesetzgeber dieser Länder beruhen. Solche parlamentarischen Vorstöße sind heute die Ausnahme: Eine Gesetzesänderung, die zu einer Liberalisierung des Sterbehilferechts ohne eine vorangehende, eine Liberalisierung erzwingende Gerichtsentscheidung geführt hat, ist in jüngerer Zeit – soweit ersichtlich – nur noch in Spanien zu verzeichnen. Dort hatte die Strafverfolgung eines Spaniers wegen Suizidbeihilfe eine Massenbewegung mit über 80.000 Online-Petenten zur Abschaffung dieses Straftatbestandes ausgelöst. Die an der Regierung beteiligte sozialistische PSOE hat dies in einer Gesetzesinitiative aufgegriffen.[10] Die Neuregelung ist im März 2021 nach einem kontroversen Gesetzgebungsverfahren letztlich in beiden spanischen Parlamentskammern mit Stimmen der PSOE, ihres Koalitionspartners Podemos und aus verschiedenen kleinen linken, regionalen und separatistischen Parteien verabschiedet worden.[11]

Auch das portugiesische Parlament hatte Anfang 2021 ein Gesetz zur Legalisierung der aktiven Sterbehilfe verabschiedet, nach dem Erwachsene in einer Situation extremen Leids und unumkehrbarer Beeinträchtigung ein Recht auf aktive Sterbehilfe hätten erhalten sollen.[12] Der portugiesische Präsident hat allerdings von seiner Kompetenz Gebrauch gemacht, dieses Gesetz wegen verfassungsrechtlicher Bedenken dem Verfassungsgericht Portugals vorzulegen, das das Gesetz am 15. März 2021 – mit einer Mehrheit von sieben zu fünf Stimmen – für verfassungswidrig erklärt hat.[13] Die regierenden Sozialisten hatten vor der Entscheidung des Verfassungsgerichts angekündigt, das Gesetz im Fall seiner Nichtigkeitserklärung neu formulieren und erneut im Parlament beschließen zu wollen.

[10] Gesetzesvorschlag des *Congreso de los Disputados* mit Begründung vom 17.12.2020 (122/000020), www.congreso.es/public_oficiales/L14/CONG/BOCG/B/BOCG-14-B-46-6.PDF (zuletzt aufgerufen am 22.5.2021).

[11] Parlamentsbeschluss vom Dezember 2020 zur Legalisierung der aktiven Sterbehilfe, das Abgeordnetenhaus hat im März 2021 mit 202 gegen 141 Stimmen bei zwei Enthaltungen zugestimmt; eine endgültige Entscheidung im Parlament fiel am 18.3.2021, *Hans-Christian Rößler*, Parlament in Spanien: Legalisierung der Sterbehilfe gebilligt, FAZ vom 18.3.21, www.faz.net/aktuell/politik/ausland/parlament-in-spanien-legalisierung-der-sterbehilfe-gebilligt-17251454.html (zuletzt aufgerufen am 22.5.2021).

[12] Parlamentsbeschluss vom 29.1.2021: *Rößler*, Der Präsident muss entscheiden (Fn. 5), S. 5.

[13] Tribunal Constitucional, Urteil vom 15.3.2021 – 123/2021, abrufbar unter https://dre.pt/application/conteudo/161220092 (zuletzt aufgerufen am 22.5.2021), verschiedene Sondervoten und Erklärungen einzelner Richter zu ihrem Abstimmungsverhalten ab S. 56ff. des Urteils.

2. Liberalisierungen durch Verfassungsrechtsprechung

Außerhalb Spaniens sind Liberalisierungen der Sterbehilferegelungen, soweit es sie in den letzten Jahren gab, nicht durch Gesetzgebung, sondern durch Rechtsprechung, vor allem durch die Verfassungsgerichtsbarkeit, vorangetrieben worden. Die Entscheidung des Bundesverfassungsgerichts vom Februar 2020, die ein Recht auf selbstbestimmtes Sterben postuliert und dementsprechend das Verbot der geschäftsmäßigen Förderung der Selbsttötung für verfassungswidrig erklärt hat,[14] ist kein isoliertes Urteil. Diese Entscheidung steht in einer Reihe mit Urteilen des italienischen Verfassungsgerichtshofs aus dem Jahr 2018, des österreichischen Verfassungsgerichtshofs aus dem Jahr 2020 und des niederländischen *Hoge Raad* aus demselben Jahr, die angesichts der ohnehin in den Niederlanden bestehenden, liberalen Rechtslage nicht ganz so grundsätzlich, in der Tendenz aber ebenso ausfällt, also eine weitere Liberalisierung bewirkt.

Der Verfassungsgerichtshof Italiens hat mit Entscheidung vom Oktober 2018[15] geurteilt, dass die bis dahin bestehende italienische Rechtslage mit einem umfassenden, ausnahmslosen strafrechtlichen Verbot der Beihilfe zum Suizid die Rechte der Bürger nicht ausreichend beachte; jedenfalls in Ausnahmekonstellationen sei das Verbot nicht zu rechtfertigen. Der Verfassungsgerichtshof hatte dem Parlament eine Frist bis September 2019 zur Anpassung der Gesetzgebung gesetzt, die der italienische Gesetzgeber indes schlicht hat verstreichen lassen.[16] Der niederländische *Hoge Raad*[17] hat im April 2020 auch die Tötung auf Verlangen unter bestimmten Voraussetzungen für zulässig erklärt – es ging um die Frage der Strafbarkeit der Tötung einer demenzkranken

14 BVerfGE 153, 182.

15 Corte costituzionale, Urteil vom 24.10.2018 – 207/2018, ECLI:IT:COST:2018:207, www.cortecostituzionale.it/actionSchedaPronuncia.do?anno=2018&numero=207 (zuletzt aufgerufen am 22.5.2021).

16 Bis zum Abschluss des Manuskripts war *Art. 580 codice penale* nicht geändert, Norm abgerufen unter https://www.altalex.com/documents/news/2014/10/28/dei-delitti-contro-la-persona (zuletzt aufgerufen am 22.5.2021). Ersichtlich ist nur ein in die parlamentarischen Beratungen eingebrachter Gesetzesvorschlag vom 30.5.2019, abrufbar unter http://documenti.camera.it/leg18/pdl/pdf/leg.18.pdl.camera.1875.18PDL0062690.pdf (zuletzt aufgerufen am 22.5.2021), mit Beratungen darüber in Parlamentskommissionen bis Oktober 2020, ohne dass das Parlamentsinformationssystem eine Plenardebatte oder -abstimmung verzeichnen würde, www.camera.it/leg18/126?tab=4&leg=18&idDocumento=1875&sede=&tipo= (zuletzt aufgerufen am 22.5.2021).

17 Hoge Raad, Urteil vom 21.4.2020 – 19/04910, ECLI:NL:HR:2020:712, https://uitspraken.rechtspraak.nl/inziendocument?id=ECLI:NL:HR:2020:712 (zuletzt aufgerufen am 22.5.2021), englische Zusammenfassung abrufbar unter https://www.hogeraad.nl/actueel/nieuwsoverzicht/2020/april/physician-permitted/ (zuletzt aufgerufen am 22.5.2021), dazu *Hörnle*, Hoge Raad (Fn. 7), S. 872 ff.

Patientin auf der Grundlage eines Wunsches, den sie im Frühstadium der Demenz geäußert hatte.

Die gestaltende Rolle, die verschiedene Verfassungsgerichte in den letzten Jahren in Fragen des Sterbehilferechts wahrgenommen haben, fällt am deutlichsten anhand der Tenorierung des Erkenntnisses des österreichischen Verfassungsgerichtshofs vom 11. Dezember 2020 ins Auge, mit dem der Verfassungsgerichtshof Teile des österreichischen § 78 Strafgesetzbuch mit Wirkung zum Jahresende 2021 aufgehoben hat, nämlich die Hilfeleistung zum Selbstmord.[18] Der Verfassungsgerichtshof hat die bestehende Strafbarkeitsnorm über die Hilfeleistung zum Selbstmord nicht etwa schlicht kassatorisch für nichtig erklärt, sondern seine Erkenntnis in einer Weise tenoriert, wie sonst Parlamentsgesetze verfasst werden: Der Gerichtshof hat nämlich die fragliche Strafnorm „als verfassungswidrig aufgehoben", und zwar zu einem um ein gutes Jahr verzögerten Zeitpunkt, und zugleich weitere Regelungen darüber getroffen, dass auch frühere gesetzliche Bestimmungen nicht wieder in Kraft treten.[19] Dass dies den Usancen dieses Verfassungsgerichts auch in anderen Normprüfverfahren entspricht, ändert nichts daran, dass diese Art der Tenorierung eine Gestaltungsrolle beansprucht, wie sie sonst dem parlamentarischen Gesetzgeber zukommt.

Zur Begründung hat der österreichische Verfassungsgerichtshof angeführt, das bis dahin in Österreich bestehende, ausnahmslose Verbot der Sterbehilfe sei verfassungswidrig; das Recht des Einzelnen auf freie Selbstbestimmung umfasse auch das Recht auf die Gestaltung des Lebens ebenso wie das Recht auf ein menschenwürdiges Sterben und das Recht des Sterbewilligen, die Hilfe eines dazu bereiten Dritten in Anspruch zu nehmen. Eine in freier Selbstbestimmung getroffene Entscheidung zur Selbsttötung müsse vom Gesetzgeber respektiert werden. Einen zweiten, auf § 77 des österreichischen Strafgesetzbuchs (Tötung auf Verlangen) zielenden Antrag hat der Verfassungsgerichtshof zurückgewiesen, allerdings wegen Unzulässigkeit des Antrags; eine verfassungsrechtliche Bewertung des Verbots der aktiven Sterbehilfe in der Sache ist also durch dieses Urteil nicht erfolgt. Mit dieser Entscheidung vom Dezember 2020 hat der österreichische Verfassungsgerichtshof seine erst wenige Jahre zuvor, nämlich 2016,[20] zum Ausdruck gebrachte Rechtsauffassung über die verfassungsrechtliche Unbedenklichkeit des

[18] VfGH Österreich, Erkenntnis vom 11.12.2020 – G 139/2019-71 –www.vfgh.gv.at/downloads/VfGH-Erkenntnis_G_139_2019_vom_11.12.2020.pdf (zuletzt aufgerufen am 22.5.2021), Urteilstenor I. 1. bis I. 3., S. 2.

[19] VfGH Österreich, Erkenntnis vom 11.12.2020 (Fn. 18), Urteilstenor I. 1. bis I. 3, S. 2.

[20] VfGH Österreich, Erkenntnis vom 8.3.2016 – VfSlg. 20.057/2016 –, www.ris.bka.gv.at/Dokumente/Vfgh/JFR_20160308_15E01477_01/JFR_20160308_15E01477_01.pdf (zuletzt aufgerufen am 22.5.2021).

Verbots der Hilfeleistung zum Selbstmord ausdrücklich revidiert – im damaligen Verfahren ging es um das Verbot eines Sterbehilfevereins, das der Verfassungsgerichtshof mit Verweis auf § 78 Strafgesetzbuch nicht beanstandet hatte.

Gegenteilig entschieden hat indes 2021 das portugiesische Verfassungsgericht, das das bereits erwähnte liberalisierende Parlamentsgesetz materiell für verfassungswidrig erklärt hat.[21] Ebenfalls erfolglos war zudem Ende 2018 eine auf Liberalisierung des englischen Sterbehilferechts zielende Klage vor dem britischen *Supreme Court*, mit der die Bestimmungen des *Suicide Act* zur Strafbarkeit von Ermutigungs- und Beihilfehandlung zur Selbsttötung als unvereinbar mit der Europäischen Menschenrechtskonvention, insbesondere Art. 8 EMRK, hätten erklärt werden sollen. Die Erfolglosigkeit der Klage ist vom *Supreme Court* mit Kompetenzüberlegungen vor dem Hintergrund der britischen Doktrin der Parlamentssuprematie begründet worden: Die durch den britischen *Human Rights Act* 1998 in britisches Recht inkorporierte Europäische Menschenrechtskonvention belasse diese Frage, so der *Supreme Court* unter Berufung auf die Entscheidung des Europäischen Gerichtshofs für Menschenrechte in der Rechtssache *Nicklinson and Lamb v United Kingdom*,[22] in nationaler Zuständigkeit; nach britischem Verfassungsrecht habe aber allein der parlamentarische Gesetzgeber die Kompetenz, die Bestimmungen des *Suicide Act* zu ändern.[23]

Man muss diese Begründung vor dem Maßstab der Doktrin der Parlamentssuprematie und des britischen *Human Rights Act* nicht für zwingend halten. Denn das Instrument der *declaration of incompatibility* unter dem *Human Rights Act* 1998 hat den britischen Obergerichten ausdrücklich die Kompetenz zur Überprüfung der britischen Parlamentsgesetzgebung am Maßstab der Europäischen Menschenrechtskonvention übertragen, und es hätte durchaus auch andere Entscheidungen des Europäischen Gerichtshofs für Menschenrechte gegeben, die der britische *Supreme Court* für ein gegenteiliges Ergebnis hätte heranziehen können.[24] Der Erlass einer *declaration of incompatibility* in Bezug auf die Sterbehilferegelungen des *Suicide Act* war vor dem *Supreme Court* daher auch in der Diskussion.[25] Wenn der

21 Tribunal Constitucional, Urteil vom 15.03.2021 – 123/2021 (Fn. 13).

22 EGMR, Nicklinson und Lamb/Vereinigtes Königreich, Urteil vom 23.6.2015 – Nr. 2478/15 u. 1787/15, ECLI:CE:ECHR:2015:0623DEC000247815.

23 Supreme Court, Urteil vom 27.11.2018 – UKSC B1, para 6f., www.supremecourt.uk/docs/r-on-the-application-of-conway-v-secretary-of-state-for-justice-court-order.pdf (zuletzt aufgerufen am 22.5.2021).

24 Siehe dazu unten mit Nachweisen zur EGMR-Rechtsprechung.

25 Die Frage, ob die konkreten Voraussetzungen für eine solche Unvereinbarkeitserklärung in Bezug auf das Verbot der Beihilfe zur Selbsttötung nach *Suicide Act* 1961, section 2 vorliegen, war unter den Richtern des *Supreme Court* im

Supreme Court von dieser Möglichkeit keinen Gebraucht gemacht hat, kann man dies daher auch als eine Aussage in der Sache verstehen und nicht nur als einen Verweis auf begrenzte gerichtliche Kompetenzen.

Wenn Veränderungen der Rechtslage in den letzten Jahren häufiger Ergebnis verfassungsgerichtlicher Urteile als parlamentarischer Entscheidungen sind, heißt das auch: Weitere Liberalisierungen sind von ihren Protagonisten am einfachsten im Klageweg zu erreichen. Die Diskussionslinien verschieben sich also: Die Auseinandersetzung über das politisch Gewollte wird zu einer Auseinandersetzung über das verfassungsrechtlich Gebotene oder das durch internationales Recht Geforderte. Diese Verschiebung der Diskussionslinien ist auch dadurch bedingt, dass Regierungen und Parlamente, jedenfalls die regierungstragenden Mehrheitsfraktionen in parlamentarisierten Regierungssystemen, in der Regel seit längerem wenig Interesse haben, sich des strittigen Themas überhaupt anzunehmen oder zügig Konsequenzen aus einer verfassungsgerichtlichen Entscheidung zu ziehen, die bestehende Regelungen für nichtig erklärt hat. Denn jeder parlamentarische Vorstoß löst eine polarisierte gesellschaftliche Diskussion aus, ruft erhebliche Widerstände hervor und taugt nicht zur Mobilisierung der eigenen Wählerschaft. Da es um Gewissensentscheidungen geht, eignet sich das Thema nicht für eine Behandlung entlang der üblichen Linien der politischen Auseinandersetzung, verbietet sich ein Fraktionszwang und könnten im Parlament fraktionsübergreifende Initiativen entstehen, was selten im Interesse von Partei- und Fraktionsführungen sein wird.[26] Angesichts der Rationalität des politischen Prozesses ist dies bei anderen ethischen, insbesondere bioethischen Streitthemen wie etwa der Abtreibung, der Präimplantationsdiagnostik oder der Leihmutterschaft, nicht anders.

3. Festhalten an Verbotsregelungen

Von den Ländern, die aktive Sterbehilfe und die Beihilfe zur Selbsttötung nach wie vor verbieten, ist neben Großbritannien mit dem bereits erwähnten Urteil des britischen *Supreme Court* zur englischen Rechtslage vor allem Frankreich von besonderem Interesse. In Frankreich ist nämlich die Tragfähigkeit und Überzeugungskraft der dort beste-

Verfahren R (on the application of Nicklinson and another) (Appellants) v Ministry of Justice (Respondent), Urteil vom 25.6.2014 – UKSC 38 umstritten, dort die abweichenden *speeches* von *Lady Hale* und *Lord Kerr* ab para 299, www.supremecourt.uk/cases/docs/uksc-2013-0235-judgment.pdf (zuletzt aufgerufen am 22.5.2021).

26 *Steffen Augsberg*, „Sternstunden des Parlaments"? Ideal und Wirklichkeit biopolitischer Entscheidungsfindung in der repräsentativen Demokratie, in: Stephan Rixen (Hrsg.), Wiedergewinnung des Menschen als demokratisches Projekt, Bd. 2: Partizipationsfreundliche Institutionenarrangements und wahrheitsorientierte Biopolitik, 2018, S. 169ff.

henden Rechtslage 2018 anlässlich der Novelle des französischen Bioethikgesetzes in einer breiten, strukturierten gesellschaftlichen Debatte erörtert worden. Als Ergebnis dieser Debatte sind im anschließenden Gesetzgebungsverfahren für die Novelle des französischen Bioethikgesetzes nur andere Themenfelder weiterverfolgt worden. Die französische Gesetzgebung verbietet damit nach wie vor sowohl die aktive Sterbehilfe („euthanasie") als auch die Beihilfe zur Selbsttötung („suicide assisté").[27] Auf Neuregelungen des Sterbehilferechts zu verzichten, ist angesichts der vorangehenden breiten Debatte über diese Frage daher als eine Bekräftigung der bestehenden Verbotsregelungen zu interpretieren.

Das französische Bioethikgesetz verpflichtet den Gesetzgeber alle sieben Jahre zu einer Gesetzesevaluation und ggfs. Novellierung seiner Bestimmungen, und zwar auf der Basis eines breiten Konsultationsverfahrens unter der Bezeichnung „états généraux de la bioéthique", das zahlreiche Regionalkonferenzen mit Bürgerinnen und Bürgern, einen Konsultationsprozess mit über 400 Organisationen und eine Internetdebatte umfasst.[28] Die Durchführung obliegt dem *Comité Consultatif National d'Éthique pour les sciences de la vie et de la santé*, dem französischen Ethikrat. In den letzten *états géneraux* des Jahres 2018 hat der Ethikrat sieben Themen zur Debatte gestellt: Forschung an Embryonen und embryonalen Stammzellen, genetische Untersuchungen und die Genommedizin, Organspende und -transplantation, die Neurowissenschaften, die Gesundheitsdaten, künstliche Intelligenz und Robotisierung, die Gesundheit und die Umwelt, Fortpflanzung und Gesellschaft sowie Umgang mit dem Lebensende, für die Themen Fortpflanzung und Gesellschaft sowie Umgang mit dem Lebensende nicht aufgrund des wissenschaftlichen oder technischen Fortschritts auf diesen Gebieten, sondern aufgrund eines spürbaren gesellschaftlichen Interesses und Gesprächsbedarfs bezüglich dieser Themen.[29] Am meisten Interesse

[27] Zentrale Gesetzgebungsschritte für Fragen der Sterbehilfe: Gesetz vom 9.6.1999 – Nr. 99–477, *visant à garantir le droit à l'accès aux soins palliatifs*; Gesetz vom 4.3.2002 – Nr. 2002–303, *relative aux droits des malades et à la qualité du système de santé* (sog. Gesetz *Kouchner*); Gesetz vom 22.4.2005 – Nr. 2005–370, *relative aux droits des maladeset à la fin de vie* (sog. Gesetz *Leonetti*); Gesetz vom 2.2.2016 – Nr. 2016–87, *créant de nouveaux droits en faveur des malades et des personnes en fin de vie* (sog. Gesetz *Claeys-Leonetti*). Die genannten Gesetze haben jeweils den *Code de la santé publique* geändert.

[28] Art. 46, 47 des Gesetzes vom 7.7.2011 – Nr. 2011–814, *relative à la bioéthique*, www.legifrance.gouv.fr/loda/id/JORFTEXT000024323102?init=true&page=1&query=Loi+n%C2%B0+2011-814+relative+%C3%A0+la+bio%C3%A9thique.&searchField=ALL&tab_selection=all (zuletzt aufgerufen am 22.5.2021).

[29] *Comité Consultatif National d'Éthique* (CCNE) (*Hrsg.)*, Rapport de Synthèse du Comité Consultatif National d'Ethique Juin 2018, www.ccne-ethique.fr/sites/

mit knapp 70% aller Debattenbeiträge fanden in der Tat die Themen Fortpflanzung und Gesellschaft sowie Umgang mit dem Lebensende.[30]

Der französische Ethikrat hat die in dieser Debatte geäußerten Positionen zum Umgang mit dem Lebensende folgendermaßen zusammengefasst: Es bestehe ein weitreichender Konsens in der Notwendigkeit des Ausbaus der palliativmedizinischen Versorgung. Im Übrigen sei die Bevölkerung über die Frage der Revisionsbedürftigkeit des Gesetzes *Claeys-Leonetti* von 2016 in Fragen der Suizidbeihilfe und der aktiven Sterbehilfe geteilter Auffassung: Während teilweise eine weitere Liberalisierung gefordert worden sei, halte ein großer Teil der Bevölkerung am Tötungsverbot fest. Teilweise werde bereits das bestehende Recht auf eine tiefgreifende Sedation als kaschierte Form der Tötung abgelehnt, ebenso die bestehende Verpflichtung, lebensverlängernde Maßnahmen unter den Bedingungen der *obstination déraisonnable* zu beenden.[31] Von den an der Debatte beteiligten zivilgesellschaftlichen Vereinigungen und Institutionen lehne ebenfalls eine Mehrheit die Legalisierung von aktiver Sterbehilfe und Beihilfe zur Selbsttötung ab; dies gelte ebenso für die angehörten spirituellen bzw. religiösen Strömungen.[32] Dieselbe Mehrheitstendenz habe es auch unter den angehörten wissenschaftlichen Vereinigungen gegeben,[33] insbesondere unter den Vertretern der Gesundheitsberufe und Wissenschaftlern bestehe eine breite und dezidierte Ablehnung von aktiver Sterbehilfe und Beihilfe zur Selbsttötung.[34]

Zusammengefasst lautete die Feststellung des französischen Ethikrats daher: Es gebe keinen gesellschaftlichen Konsens über die Fragen der Suizidbeihilfe und der aktiven Sterbehilfe und mögliche Reformen des geltenden Rechts. Der in die parlamentarischen Beratungen eingebrachte Gesetzentwurf, das *Projet de Loi relative à la bioétique,* hat das Thema des Umgangs mit dem Lebensende dementsprechend nicht aufgegriffen. Die durch das Gesetz *Claeys-Leonetti* von 2016 geschaffene Rechtslage gilt daher in Frankreich weiterhin.

Zentralnorm für das Verständnis der britischen Diskussionen ist der *Suicide Act 1961*, den der britische *Supreme Court* Ende 2018 – wie bereits erwähnt – für vereinbar mit der Europäischen Menschenrechtskonvention erklärt hat. Dieses Parlamentsgesetz, dessen Geltung auf

default/files/rapport_de_synthese_ccne_bat.pdf (zuletzt aufgerufen am 22.5.2021), S. 12.

30 *CCNE*, Rapport de Synthèse (Fn. 29), S. 17.

31 *CCNE*, Rapport de Synthèse (Fn. 29), S. 135.

32 *CCNE*, Rapport de Synthèse (Fn. 29), S. 141.

33 *CCNE*, Rapport de Synthèse (Fn. 29), S. 142f.

34 *CCNE*, Rapport de Synthèse (Fn. 29), S. 143f.

England und Wales beschränkt ist,[35] hat 1961 die bis dahin bestehende Strafbarkeit der Selbsttötung aufgehoben[36] und zugleich die Strafbarkeit von Teilnahmehandlungen festgeschrieben: Handlungen, die geeignet und bestimmt sind, zur Selbsttötung zu ermutigen oder sie zu unterstützen, sind mit Gefängnisstrafe von bis zu 14 Jahren bedroht, auch wenn kein Selbsttötungsversuch unternommen wird.[37] Die aktuelle Fassung des *Suicide Act* beruht auf dem *Coroners and Justice Act 2009*, der verschiedene Einzelheiten geändert, nicht aber die Grundsatzentscheidung revidiert hat. Zwischen 1997 und 2020 sind verschiedene Gesetzentwürfe zu einer grundsätzlichen Änderung der Gesetzgebung von einzelnen Abgeordneten der *Labour Party* und der Konservativen jeweils als *Private Members' Bill* in die parlamentarischen Beratungen eingebracht worden, d.h. als Einzelinitiativen aus der Mitte des Parlaments. Sie hatten aber nie die Unterstützung der Regierung und sind wie fast alle *Private Members' Bills* im *Westminster Parliament* jeweils mit recht deutlichen Abstimmungsmehrheiten gescheitert.[38]

Dass Großbritannien zu den Staaten gehört, die an der Strafbarkeit von Beihilfehandlungen zur Selbsttötung festhalten, und alle Vorstöße zu Liberalisierungen dort im Parlament und vor den Gerichten gescheitert sind, ist aus verschiedenen Gründen ähnlich bemerkenswert wie für Frankreich. Denn die britische Gesellschaft gilt als recht säkular, und ungeachtet des fortbestehenden staatskirchenrechtlichen Religionsverfassungsrechts sind öffentliche Debatten vergleichsweise wenig durch religiöse Positionen geprägt. Als Folge der auf dem *Common Law* ruhenden Freiheitstradition und der Funktion des Gesetzes als lediglich punktuelle Korrekturmöglichkeit des *Common Law* sind zahlreiche Fragen, für die auf dem Kontinent einschränkende gesetzliche Regelungen bestehen, in Großbritannien gar nicht Gegenstand parlamentarischer Gesetzgebung und rechtlicher Reglementierung. Soweit sich der britische Gesetzgeber die Regelung ethisch umstrittener Fragen überhaupt einmal zur Aufgabe gemacht hat, verfolgt er häufig eine betont liberale Haltung. Das gilt insbesondere für bioethische Fragen

[35] Für Schottland gibt es keine parlamentarische Gesetzgebung zu dieser Frage; es gilt *Scots law*, nach dem Beihilfehandlungen zur Selbsttötung je nach den Umständen als *culpable homicide* strafbar sind.

[36] *Suicide Act 1961* (9 & 10 Eliz 2 c. 60), section 1, aktuelle, konsolidierte Fassung abrufbar unter www.legislation.gov.uk/ukpga/Eliz2/9-10/60 (zuletzt aufgerufen am 22.5.2021).

[37] *Suicide Act 1961* (Fn. 36), section 2, insb. sub-section (1B).

[38] U.a. *Assisted Dying Bill* vom 6.6.2014 – Bill 006 2014–15, abrufbar unter https://bills.parliament.uk/bills/1381 (zuletzt aufgerufen am 22.5.2021); *Assisted Dying Bill* vom 9.6.2016 – HL Bill 42, abrufbar unter https://bills.parliament.uk/bills/1818 (zuletzt aufgerufen am 22.5.2021); *Assisted Dying Bill* vom 28.1.2020 – HL Bill 69, abrufbar unter https://bills.parliament.uk/bills/2592 (zuletzt aufgerufen am 22.5.2021).

der Reproduktionsmedizin, etwa die Zulässigkeit von Leihmutterschaft, anonymer Samenspende oder für die weltweit sonst in aller Regel verbotene Mitochondrienspende, die der britische Gesetzgeber zugelassen hat.[39]

Das Festhalten an der (zudem hohen) Strafandrohung für die Beihilfe zur Selbsttötung ist gerade im Kontext dieser sonst vielfach betont liberalen, viele Fragen gar nicht reglementierenden Rechtsordnung auffällig. Eine einfache Erklärung dafür liegt nicht auf der Hand. Bei der Verabschiedung des *Suicide Act* dürfte 1961 eine Rolle gespielt haben, dass die Selbsttötung bis dahin im *Common Law* ein Verbrechen darstellte, der *Suicide Act* also ein Liberalisierungsschritt und keine Einschränkung von Freiheiten war. Der britische Gesetzgeber hätte sich aber gerade im Kontext seiner in bioethischen Fragen sonst höchst liberalen Positionen in den sechs Jahrzehnten seit 1961 zu weiteren Liberalisierungen des Sterbehilferechts entscheiden können, dies aber stets mit deutlichen Mehrheiten abgelehnt. Auch die britischen Obergerichte wären nicht unbedingt durch ihre verfassungsrechtliche Stellung daran gehindert gewesen, ähnlich wie das Bundesverfassungsgericht, der österreichische und der italienische Verfassungsgerichtshof die bestehende Gesetzeslage unter Berufung auf die Europäische Menschenrechtskonvention für menschenrechtswidrig zu erklären.[40] Historische Pfadabhängigkeiten der Gesetzgebung oder Fragen begrenzter gerichtlicher Kompetenzen sind demnach kaum tragfähige Erklärungen dafür, dass die britische Gesetzgebung die Beihilfe zur Selbsttötung nach wie vor für strafbar erklärt.

III. Divergierende Rezeptionen internationalrechtlicher Vorgaben

Völkerrechtliche Konventionen bestehen für Fragen der Sterbehilfe nicht, während es sie für andere bioethische Streitfragen – etwa im Bereich der Fortpflanzungsmedizin – jedenfalls für einzelne Fragen durchaus gibt. Auch die Europäische Union hat keine Regelungskompetenzen für den Umgang mit dem Lebensende. Als Vorgabe für nationales Recht verbleibt die Europäische Menschenrechtskonvention, der indes jahrzehntelang keine Aussagen zu Fragen des selbstbestimmten Suizids entnommen worden waren und deren Textbefund sich in den fraglichen Normen seit 1950 nicht geändert hat. Gleichwohl ist etwa seit Anfang des 21. Jahrhunderts eine Entwicklung in der

39 Im Einzelnen *Gernot Sydow*, Regulierungsauftrag für den Staat im Bereich der Reproduktionsmedizin?, VVDStRL 78 (2019), S. 361 ff. (insb. 381 ff.).

40 Siehe dazu unter II. *in diesem Beitrag*, BVerfGE 153, 182, VfGH Österreich, Erkenntnis vom 11.12.2020 (Fn. 18), Corte costituzionale Urteil vom 24.10.2018 – 207/2018 (Fn. 15).

Rechtsprechung des Europäischen Gerichtshofs für Menschenrechte zu verzeichnen, der die Entscheidung über ein selbstbestimmtes Sterben in das Zentrum seiner grundrechtlichen Argumentation gerückt hat, zugleich indes angesichts des fehlenden Konsenses in den Konventionsstaaten die einzelstaatliche Gestaltungsfreiheit betont.

1. Rechtsprechung des Europäischen Gerichtshofs für Menschenrechte

Kernnormen, auf die sich diese Rechtsprechung stützt, sind das Recht auf Leben aus Art. 2 EMRK und das Recht auf Achtung des Privat- und Familienlebens aus Art. 8 EMRK. Ein Eingriff in die Ausübung dieses Rechtes ist nur statthaft, soweit dieser Eingriff gesetzlich vorgesehen ist und eine Maßnahme darstellt, die in einer demokratischen Gesellschaft für die nationale Sicherheit, die öffentliche Ruhe und Ordnung, das wirtschaftliche Wohl des Landes, die Verteidigung der Ordnung und zur Verhinderung strafbarer Handlungen, zum Schutz der Gesundheit und der Moral oder zum Schutz der Rechte und Freiheiten anderer notwendig ist.

Nach der Rechtsprechung des Europäischen Gerichtshofes für Menschenrechte greift die Verweigerung des vom Suizidwilligen geäußerten Wunsches, ein in seinen Augen zutiefst unwürdiges und mühseliges Leben unter Mitwirkung eines Dritten zu beenden, in sein Recht auf Achtung des Privatlebens gemäß Art. 8 EMRK ein.[41] Der Europäische Gerichtshof für Menschenrechte begründete dies damit, dass in einer Zeit wachsender medizinischer Komplexität und einer längeren Lebenserwartung viele Menschen befürchteten, im Alter oder in Situationen fortgeschrittener körperlicher oder geistiger Schwäche – die im Widerspruch zu Vorstellungen von sich selbst und ihrer persönlichen Identität stünden – zum Fortleben gezwungen zu sein.[42] Zudem urteilte der Europäische Gerichtshof für Menschenrechte, dass das Recht einer Person, selbst zu entscheiden, wann und in welcher Form ihr Leben enden sollte – vorausgesetzt, die Person ist dabei in der Lage, darüber eine freie Entscheidung zu treffen und entsprechend zu handeln – einen Aspekt ihres Rechtes auf Achtung des Privatlebens nach Art. 8 EMRK darstellt.[43] Dieses Recht darf nach Auffassung des Europäischen Gerichtshofes für Menschenrechte nicht bloß theoretisch oder gar illusorisch gewährleistet werden.[44]

Zugleich verweist der Europäische Gerichtshof für Menschenrechte auf das Recht auf Leben gemäß Art. 2 EMRK, der den Staat verpflichtet, vulnerable Personen vor Selbstgefährdungen zu schützen

[41] Grundlegend EGMR, NJW 2002, S. 2851.

[42] EGMR, NJW 2002, S. 2851 (2854 Rn. 65 und 67); vgl. auch EGMR, NJW 2013, S. 2953.

[43] EGMR, NJW 2011, S. 3773.

[44] EGMR, NJW 2011, S. 3773 (3775 Rn. 60); vgl. auch EGMR-E 1, 480.

und die Selbsttötung zu verhindern, wenn die zu Grunde liegende Entscheidung weder frei noch in voller Kenntnis der Umstände erfolgt ist.[45] Sofern ein Staat einen liberalen Ansatz verfolgt, muss er nach der Judikatur des Europäischen Gerichtshofs für Menschenrechte adäquate Vorkehrungen gegen Missbrauch treffen; insbesondere verpflichtet das von Art. 2 EMRK geschützte Recht auf Leben die Staaten dazu, Vorkehrungen zu treffen, die gewährleisten, dass die Entscheidung tatsächlich dem freien Willen des Suizidwilligen entspricht.[46] Art. 2 Abs. 1 EMRK, der das Recht jedes Menschen auf sein Leben schützt, verpflichtet den Staat dazu, das Recht auf Leben nicht nur gegenüber Gefährdungen von staatlicher Seite, sondern auch gegenüber Gefährdungen von nicht-staatlicher Seite zu verteidigen.

Angesichts der divergierenden Rechtslage in den Konventionsstaaten und des daran ablesbaren Fehlens eines Konsenses erkennt der Europäische Gerichtshof für Menschenrechte einen erheblichen Gestaltungsspielraum der einzelnen Staaten für die Fragen des Umgangs mit dem Lebensende an. So hat der Gerichtshof keine aus der Europäischen Menschenrechtskonvention ableitbare Verpflichtung der Schweiz gesehen, ein eigenes Gesetz zur Regelung allfälliger Rahmenbedingungen für den Bereich der Sterbehilfe auszuarbeiten.[47] Insbesondere hat der Gerichtshof in einem britischen Verfahren betont, dass die parlamentarische Gesetzgebung und nicht die Rechtsprechung der angemessene Ort sei, Fragen der Sterbehilfe zu regeln.[48]

2. Rezeption der Rechtsprechung des Europäischen Gerichtshofs für Menschenrechte in der Rechtsprechung staatlicher Gerichte

Die Europäische Menschenrechtskonvention und die Grundrechtsjudikatur des Europäischen Gerichtshofs für Menschenrechte werden generell in vielen Ländern stärker rezipiert, als dies üblicherweise in Deutschland der Fall ist, wo der Vorrang der Verfassung, der innerstaatliche Rang der Konvention, die unmittelbare Geltung der Grundrechte des Grundgesetzes nach Art. 1 Abs. 3 GG und die recht niederschwelligen Möglichkeiten zur Anrufung des Bundesverfassungsgerichts nach

45 EGMR, NJW 2015, S. 2715.

46 EGMR, NJW 2011, S. 3773 (3774 f. Rn. 56ff.).

47 EGMR, NJW 2016, S. 143.

48 EGMR, EGMR, Nicklinson und Lamb/Vereinigtes Königreich, Urteil vom 23.6.2015 – Nr. 2478/15 u. 1787/15, (Fn. 22), Rn. 84: „If the domestic courts were to be required to give a judgment on the merits of such a complaint this could have the effect of forcing upon them an institutional role not envisaged by the domestic constitutional order. Further, it would be odd to deny domestic courts charged with examining the compatibility of primary legislation with the Convention the possibility of concluding, like this Court, that Parliament is best placed to take a decision on the issue in question in light of the sensitive issues, notably ethical, philosophical and social, which arise."

wie vor eine Fokussierung des grundrechtlichen Diskurses auf die Grundrechte des Grundgesetzes und ihre Interpretation durch das Bundesverfassungsgericht bedingen. Die Frage der Suizidbeihilfe bildet in dieser Hinsicht keine Ausnahme. Ablesbar ist das an der recht ausgiebigen Heranziehung der Europäischen Menschenrechtskonvention und Zitierung des Europäischen Gerichtshofs für Menschenrechte durch ausländische Gerichte in ihren Urteilen zur Sterbehilfe im Kontrast zum Zugriff des Bundesverfassungsgerichts.[49] Die Ambivalenz der Rechtsprechung des Europäischen Gerichtshofs für Menschenrechte bietet indes hinreichende Ansatzpunkte für eine selektive Rezeption seiner Urteile, sei es von Aussagen zu autonomen Entscheidungsbefugnissen des Einzelnen, sei es zu staatlichen Schutzverpflichtungen, sei es zum Gestaltungsspielraum des nationalen Gesetzgebers.

Das Bundesverfassungsgericht hat der Europäischen Menschenrechtskonvention in seiner Entscheidung von 2020 eine Randnummer in der Zulässigkeitsprüfung gewidmet, um zu konstatieren, dass aus der Konvention keine Erweiterung der Beschwerdeberechtigung juristischer Personen gegenüber der Rechtslage unter dem Grundgesetz abzuleiten ist.[50] Die gesamte inhaltliche Grundrechtsprüfung des Bundesverfassungsgerichts bezieht sich sodann ausschließlich auf das Grundgesetz. Erst am Ende der Urteilsbegründung, als alle zu beachtenden Maßstäbe schon formuliert sind, kommt das Bundesverfassungsgericht noch einmal auf die Europäische Menschenrechtskonvention zurück, um schlicht bestätigend festzustellen, dass die vorangehende verfassungsrechtliche Bewertung der Suizidbeihilfe auch im Einklang mit der Konvention stehe, die immerhin „als Auslegungshilfe für die Bestimmung von Inhalt und Reichweite der Grundrechte" heranzuziehen sei.[51] Es folgen noch drei Randnummern einer Rekapitulation von Kernaussagen einiger einschlägiger Judikate des Europäischen Gerichtshofs für Menschenrechte[52], bevor sich das Bundesverfassungsgericht abschließend erneut dem Grundgesetz zuwendet.

Ähnlich knapp, wenn auch im Ergebnis anders fällt die Auseinandersetzung mit der Menschenrechtskonvention und der Rechtsprechung des Europäischen Gerichtshofs für Menschenrechte in der Entscheidung des britischen *Supreme Court* aus. Wie erwähnt leitet er aus einer einzelnen Entscheidung des Europäischen Gerichtshofs für Menschenrechte ab, dass der Europäischen Menschenrechtskonvention

49 Ähnlich wie das Bundesverfassungsgericht – und zwar sogar ganz ohne jeden Rekurs auf die Europäische Menschenrechtskonvention und die Judikatur des Europäischen Gerichtshofs für Menschenrechte – das Urteil des niederländischen Hoge Raad, Urteil vom 21.4.2020 (Fn. 17).

50 BVerfGE 153, 182 (256 Rn. 189).

51 BVerfGE 153, 182 (296 f. Rn. 302).

52 BVerfGE 153, 182 (297 ff. Rn. 303 ff.).

keine Vorgaben für die Beihilfe zur Selbsttötung zu entnehmen seien, die die Gestaltungsfreiheit des nationalen Gesetzgebers in dieser Frage einschränken würden.[53]

Beispielsweise beinhaltet demgegenüber das Urteil des österreichischen Verfassungsgerichthofs vom Dezember 2020 seitenlange Ausführungen zur Europäischen Menschenrechtskonvention und Auseinandersetzungen mit der Judikatur des Europäischen Gerichtshofs für Menschenrechte zur Sterbehilfe; der eigene Argumentationsgang des Verfassungsgerichtshofs ist an allen zentralen Stellen aus der Auseinandersetzung und Rezeption mit dieser Judikatur entwickelt.[54] Nicht wesentlich schwächer fällt die Auseinandersetzung mit der Europäischen Menschenrechtskonvention im Urteil des Italienischen Verfassungsgerichtshofs vom Oktober 2018 aus. Bereits der Vorlagebeschluss des Mailänder Schwurgerichts an den Verfassungsgerichtshof war auf Art. 2, Art. 8 EMRK gestützt; im Urteil des Verfassungsgerichtshofs findet sich dann zwölfmal eine Bezugnahme auf die einschlägigen Normen des Europäischen Menschenrechtskonvention und zudem wiederum eine Auseinandersetzung mit der dazu ergangenen Rechtsprechung des Europäischen Gerichtshofs für Menschenrechte.[55]

IV. Aspekte eines Vergleichs

1. Sterben als Frage der Autonomie?

Der Diskurs über Sterbehilfe wird nicht nur in Deutschland als Autonomiediskurs geführt. Die Ausgangsüberlegungen des Bundesverfassungsgerichts unterscheiden sich kaum von den grundsätzlichen Positionierungen der Verfassungs- oder Höchstgerichte anderer Staaten. Danach ist ein Recht auf selbstbestimmtes Sterben Ausdruck der grundrechtlich geschützten Autonomie des Einzelnen; das Recht auf selbstbestimmtes Sterben umfasst die Freiheit, bei Dritten Hilfe zu suchen und Hilfe, soweit sie angeboten wird, in Anspruch zu nehmen.[56] Konsequenz dieser Ausgangsüberlegung ist es, dass gesetzliche Verbote nur dann zu rechtfertigen sind, wenn sie fremdbestimmte Entscheidungen über den Tod verhindern.[57] Diese Dominanz des Autonomiediskurses führt dazu, dass auch kritische und ablehnende Positionen zu Liberalisierungen des Sterbehilferechts fast nur noch mit Autonomieargumenten ge-

[53] Supreme Court, Urteil vom 27.11.2018 – UKSC B1 (Fn. 23), para 6f.

[54] Bspw. VfGH Österreich, Erkenntnis vom 11.12.2020 (Fn. 18), Rn. 72ff., 77f., 96, und sodann insb. 105ff., 113ff., 120ff., 125ff., 152ff., 165, 186f. und passim.

[55] Corte costituzionale, Urteil vom 24.10.2018 – 207/2018 (Fn. 15), Abschnitte 5 und 7 der Erwägungsgründe (*motivi*).

[56] BVerfGE 153, 182 (261 Rn. 208, 264 f. 212f.).

[57] BVerfGE 153, 182 (269ff. Rn. 227ff.).

stützt werden. Die Position eines unbedingten, nicht relativierbaren Respekts vor dem Leben wird kaum vorgetragen, sondern in Zweifel an der Wirksamkeit prozeduraler Schutzmechanismen übersetzt. Es geht dann nur noch um die Sorge, kranke oder betagte Menschen könnten andernfalls in den Suizid gedrängt werden, also gerade keine autonome Entscheidung zum Sterben getroffen haben. Man kann solche Übersetzungsleistungen begrüßen oder für unausweichlich halten. Ein Teil der Argumente wird indes kaum öffentlich diskutiert, weil sie sich nicht in das herrschende grundrechtliche Diskursmuster einfügen lassen. So finden sich in den rechtspolitischen Diskussionen nur selten Bezugnahmen auf ein christliches Menschenbild oder ein expliziter Rekurs auf kirchliche Lehraussagen, die ein Verfügungsrecht über das eigene Leben grundsätzlich ausschließen.

Angesichts der Dominanz des Autonomiediskurses fällt es auf, dass der österreichische Verfassungsgerichtshof seine Erwägungen zur Verfassungswidrigkeit eines Verbots der Suizidbeihilfe zunächst mit dem Gleichheitsgrundsatz und daraus abgeleiteten Annahmen über Personalität und Individualität und erst nachfolgend mit Selbstbestimmungserwägungen begründet hat: Aus dem Gleichheitsgrundsatz des österreichischen Staatsgrundgesetzes und der Bundesverfassung[58] ergebe sich das Recht des Einzelnen auf freie Selbstbestimmung in Bezug auf die Gestaltung des Lebens und die Entscheidung über (den Zeitpunkt für) ein menschenwürdiges Sterben: Mit seinem elementaren Gehalt, dass alle Menschen vor dem Gesetz gleich sind, setze der Gleichheitsgrundsatz voraus, dass jeder Mensch als individuelles Wesen per se unterschiedlich sei. Aus ihm lasse sich die spezifische Personalität und Individualität des Menschen ableiten.[59]

Diese Dominanz des Autonomiediskurses lässt sich nicht abschließend mit der verfassungs- oder menschenrechtlichen Ausgangslage erklären, wonach die Grundrechte oder Gewährleistungen der Europäischen Menschenrechtskonvention als individuelle Rechte einen entsprechenden juristischen Argumentationsgang mit Rechtfertigungslasten für autonomiebegrenzende Verbotsregelungen nahelegen oder erzwingen. Denn

[58] Art. 7 Abs. 1 österreichisches Bundes-Verfassungsgesetz (Ö-B-VG) (BGBl. Nr. 1/1930 zuletzt geändert durch BGBl. I Nr. 114/2013) sowie Art. 2 Staatsgrundgesetz vom 21.12.1867, über die allgemeinen Rechte der Staatsbürger für die im Reichsrathe vertretenen Königreiche und Länder (östRGBl. Nr. 142/1867), die Norm hat heute gem. Art. 149 Abs. 1 Ö-B-VG Verfassungsrang (BGBl. Nr. 1/1930 zuletzt geändert durch BGBl. I Nr. 138/2017), beide abrufbar unter www.ris.bka.gv.at/Bund/ (zuletzt aufgerufen am 22.5.2021).

[59] VfGH Österreich, Erkenntnis vom 11.12.2020, Rn. 72, unter Berufung auf Michael Holoubek, Art. 7/1 S. 1, 2 Bundesverfassung, in: Karl Korinek/Michael Holoubek/Andrea Martin (Hrsg.), Bundesverfassungsrecht. Textsammlung und Kommentar (14. Lfg. 2018), Rn. 62ff.

auch der gesellschaftliche Diskurs wird vielfach als Autonomiediskurs geführt, und zwar auch dann, wenn normative Bindungen des Gesetzgebers aus vorrangigen Grundrechtsgewährleistungen keine Rolle spielen und entsprechende juristische Argumente im Diskurs gar nicht präsent sind.

Warum auch dann und jenseits grundrechtlicher Begründungen der Autonomiegedanke von Bedeutung ist, hat der französische Ethikrat in seinem Bericht von 2018 über den öffentlichen Konsultationsprozess u. a. zu einer möglichen Neuregelung des Rechts der Sterbehilfe durchaus plausibel herausgearbeitet: Die Auffassung nicht weniger Menschen, in jeder Beziehung souverän auch über den eigenen Tod entscheiden zu wollen, lasse sich als Folge des medizinischen Fortschritts erklären. Denn der medizinische Fortschritt habe die Lebenserwartung erheblich verlängert, paradoxerweise aber gleichzeitig schwierige Situationen des Weiterlebens geschaffen, die durch einen Verlust von Unabhängigkeit und soziale Verbannung charakterisiert seien. Solche Situationen, die teilweise für unwürdig und unerträglich gehalten würden, hätten – so der französische Ethikrat – das Verlangen nach Sterbehilfe verstärkt.[60] Mit Blick auf den Anteil von 60% der Franzosen, die heute in einer medizinischen Einrichtung sterben, sei die Behandlung des Lebensendes institutionalisiert. Der Tod entferne sich daher aus dem sozialen Leben und aus den Zentren der Städte und ziehe sich aus der allgemeinen Kultur zurück. Der Tod sei so privatisiert und zu einem individuellen Schicksal geworden. In diesem Kontext sei die Erwartung entstanden, die Umstände und den Zeitpunkt des eigenen Todes beherrschen zu können.[61]

Diese Analyse deckt sich mit einer Beobachtung *Uwe Volkmanns*, die er in Auseinandersetzung mit einem Beitrag *Böckenfördes* gemacht hat, den das Bundesverfassungsgericht in seiner Sterbehilfe-Entscheidung zitiert hatte: Individualisierung, verstanden als Erosion vergemeinschaftender Lebensformen und als Streben nach Selbstverwirklichung, werde von Soziologen seit Jahrzehnten als prägender Grundzug moderner Gesellschaften beschrieben. Dieses Menschenbild habe sich mit dem Urteil des Bundesverfassungsgerichts nun auch im Recht endgültig durchgesetzt: der Mensch nicht nur als souveräner Herr seines Lebens, sondern auch und in jeder Beziehung des eigenen Todes.[62]

[60] *CCNE*, Rapport de Synthèse (Fn. 29), S. 129.
[61] *CCNE*, Rapport de Synthèse (Fn. 29), S. 129.
[62] *Uwe Volkmann*, Gras im Wind?, FAZ vom 6.4.2021, S. 7.

2. Zulässigkeit und Bedeutung palliativmedizinischer Behandlungen und Sedierungen

Es besteht international weitreichende Einigkeit darüber, dass palliativmedizinische Behandlungsmöglichkeiten generell von Bedeutung sind und im Zweifel der Stand der Palliativmedizin nach wie vor verbesserungsbedürftig ist, auch wenn sich die palliativmedizinischen Behandlungsmöglichkeiten deutlich verbessert haben.[63] Kein Konsens besteht indes darüber, ob der Verweis auf verbesserte palliativmedizinische Versorgungsmöglichkeiten überhaupt ein Argument in Bezug auf die Zulässigkeit oder Unzulässigkeit von Sterbehilfe sein kann. Wer die Entscheidung über das eigene Sterben ausschließlich für eine Frage persönlicher Autonomie hält, muss dies konsequenterweise verneinen.

Unabhängig von der umstrittenen Relevanz palliativmedizinischer Behandlungsmöglichkeiten für die Sterbehilfedebatte divergieren die Regelungskonzeptionen darüber, ob Sedierungen auf Wunsch des Patienten zulässig sind, wenn sie lebensverkürzend wirken oder bis zum Tod zum Verlust des Bewusstseins führen. Nach französischem Recht hat der Patient das Recht, die Beendigung von Behandlungen zu verlangen und in einer fortgeschrittenen Endphase einer unheilbaren Krankheit eine tiefgreifende Sedation (*sédation profonde*) bis zum Tod zu verlangen, die auch den Verlust des Bewusstseins umfassen darf.[64] Maßgeblich ist der zuvor geäußerte Wille des Patienten, ersatzweise die Entscheidung einer Vertrauensperson des Sterbenden.[65] Das Verbot aktiver Sterbehilfe im französischen Recht geht also einher mit einer sehr weitreichenden Zulässigkeit sedierender Behandlungen. Zudem untersagt das französische Recht eine *obstination déraisonnable* in der Fortführung medizinischer Behandlung von Sterbenden (unvernünftige Hartnäckigkeit): Der behandelnde Arzt muss ein kollegiales Verfahren einleiten, um Behandlungen zu begrenzen, die unnütz und unverhältnismäßig geworden sind und als einziges Ziel das künstliche Aufrechterhalten des Lebens haben. Diese Behandlungsbegrenzung umfasst unter den genannten Voraussetzungen insbesondere auch die Einstellung künstlicher Ernährung.

Eine beachtenswerte, 2019 erlassene Regelung zu palliativmedizinischen Behandlungen enthält das österreichische Bundesgesetz über die Ausübung des ärztlichen Berufes[66] unter der Überschrift

[63] Bspw. *CCNE*, Rapport de Synthèse (Fn. 29), S. 129.

[64] Art. L1110-9 Code de la santé publique.

[65] Art. L1111-6 bzw. Art. L1111-11 Code de la santé publique.

[66] § 49a österreichisches Bundesgesetz über die Ausübung des ärztlichen Berufes und die Standesvertretung der Ärzte (Ärztegesetz 1998), BGBl. I Nr. 169/1998 zuletzt geändert durch BGBl. I Nr. 20/2019, abrufbar unter www.ris.bka.gv.at/GeltendeFassung.wxe?Abfrage=Bundesnormen&Gesetzesnummer=10011138 (zuletzt aufgerufen am 22.5.2021).

„Beistand für Sterbende", nämlich zunächst die explizite Verpflichtung Sterbender, die vom Arzt in Behandlung übernommen wurden, unter Wahrung ihrer Würde beizustehen. Der anschließende Absatz lautet: „Im Sinne des Abs. 1 ist es bei Sterbenden insbesondere auch zulässig, im Rahmen palliativmedizinischer Indikationen Maßnahmen zu setzen, deren Nutzen zur Linderung schwerster Schmerzen und Qualen im Verhältnis zum Risiko einer Beschleunigung des Verlusts vitaler Lebensfunktionen überwiegt." Durch die Worte ‚Beschleunigung des Verlusts vitaler Lebensfunktionen' in § 49a Abs. 2 des österreichischen Arztberufsgesetzes soll, so die Gesetzesbegründung, klargestellt werden, dass keinesfalls eine Rechtsgrundlage für Euthanasie geschaffen werde, es sich vielmehr um eine indizierte ärztliche Maßnahme bei einem laufenden Sterbeprozess handelt.[67]

3. Fehlender internationaler Konsens mit Ausdifferenzierung der Diskussionen

Die skizzierten internationalen Rechtsentwicklungen abschließend auf einen gemeinsamen Nenner zu bringen, ist augenscheinlich kaum möglich. Während vor dreißig Jahren aktive und passive Sterbehilfe nahezu überall verboten waren, stellen sich die Regelungen im internationalen Vergleich heute als heterogen dar. Im Vergleich zu einer Ausgangslage etwa am Beginn der 1990er Jahre hat es zweifellos in verschiedenen Ländern Liberalisierungen der Sterbehilferechts gegeben, vor etwa zwanzig Jahren in einigen Staaten durch Parlamentsgesetzgebung, in jüngerer Zeit eher durch verfassungsgerichtliche Entscheidungen.

Daraus lässt sich kaum ein allgemeiner Entwicklungstrend ablesen oder gar eine Zwangsläufigkeit, auch wenn Protagonisten dezidiert liberaler Regelungen eine solche Deutung der internationalen Rechtsentwicklungen nicht selten vortragen. Das überzeugt indes als generelle Lesart der Entwicklung deshalb nicht, weil mit Frankreich und Großbritannien auch Staaten mit durchaus liberalen, laizistischen Gesellschaftsmodellen an Verbotsregelungen festhalten. Auch die Verfassungs- und Höchstgerichte interpretieren die Vorgaben der Europäischen Menschenrechtskonvention und die grundrechtlichen Maßstäbe der eigenen Verfassung jeweils unterschiedlich. Während die Verfassungsgerichte in Deutschland, Österreich und Italien aus der Europäischen Menschenrechtskonvention oder den Grundrechtsgewährleistungen der jeweiligen staatlichen Verfassung Liberalisierungsgebote für das Sterbehilferecht entwickelt haben, hat der britische *Supreme Court* der Rechtsprechung des Europäischen Gerichtshofs für Menschenrechte eine Gestaltungsfreiheit des natio-

[67] Materialien (Erläut. zur RV 385 BlgNR 26. GP, 2ff.), zitiert nach VfGH Österreich, Erkenntnis vom 11.12.2020, Rn. 54.

nalen Gesetzgebers entnommen und das Verfassungsgericht Portugals der staatlichen portugiesischen Verfassung Liberalisierungsgrenzen.[68]

Wenn man in diachronischer Betrachtung im internationalen Vergleich überhaupt gemeinsame Entwicklungstendenzen ausmachen will, dann lässt sich letztlich nur die wachsende Einsicht benennen, dass die Wertungsfragen kompliziert sind und es einfachen Antworten an Überzeugungskraft fehlt. Dies äußert sich in einer Entwicklung hin zu umfangreicheren Regelungen und zu einer zunehmenden Differenziertheit der rechtspolitischen Diskussionen und Regelungszugriffe der Gesetzgeber. Dieser Entwicklung liegt die Erkenntnis zu Grunde, dass ein adäquates gesetzliches Konzept sich nicht auf die Entscheidung zwischen Strafbarkeit oder Zulässigkeit einzelner der Lebensbeendigung dienender Handlungen beschränken kann, wie es in besonders augenfälliger Weise der britische Gesetzgeber des *Suicide Act 1961* für möglich gehalten hatte: Ganz im Gegensatz zum Detailreichtum durchschnittlicher britischer Gesetze beschränkte sich die inhaltliche Regelung in der Ursprungsfassung von 1961 schlicht auf zwei *sections* bzw. Artikel, von denen der erste Artikel die Strafbarkeit des Suizids aufgehoben und der zweite Artikel Ermutigungs- und Beihilfehandlungen unter Strafe gestellt hat.[69]

Ein derartig schlichter Regelungszugriff des Gesetzgebers findet sich heute sonst nirgends mehr. Die Diskussionen haben sich ausdifferenziert, nämlich in Bezug auf die Frage, ob der in Autonomie entwickelte Wunsch zur Beendigung des eigenen Lebens als solcher ausreicht, um ein Recht zur Inanspruchnahme von Hilfe zur Selbsttötung zu begründen, oder ob er nur unter bestimmten materiellen, objektivierbaren Umständen – wie unheilbare Krankheit, schweres Leiden o.ä. – beachtlich ist, zudem in Bezug auf die Frage, ob ein mögliches Recht zur Inanspruchnahme der Hilfe Dritter sich nur auf das Recht bezieht, sich selbst zu töten, oder ob auch die Tötung durch andere erfasst ist, schließlich in Bezug auf Anforderungen an Schutzkonzepte und prozedurale Sicherungen, die wirksam sicherstellen, dass fremdbestimmte Entscheidungen tatsächlich verhindert werden. Dementsprechend enthalten jüngere Gesetze typischerweise auch Regelungen zu Schutzkonzepten und prozeduralen Sicherungen, zu Instrumenten der Suizidprävention und palliativmedizinischen Behandlungen. Das lässt sich teilweise als Kompensation

[68] Supreme Court, Urteil vom 27.11.2018 – UKSC B1 (Fn. 23) bzw. Tribunal Constitucional, Urteil vom 15.3.2021 – 123/2021 (Fn. 13).

[69] Siehe Fn. 36; der dritte Artikel betrifft rechtstechnische Fragen des räumlichen Geltungsbereichs und der Zitation des Gesetzestitels. Die heutige, deutlich umfangreichere, aber letztlich immer noch auf Strafbarkeitsfragen beschränkte Fassung dieses Gesetzes beruht im Wesentlichen auf Ergänzungen durch den *Coroners and Justice Act 2009 (2009 c. 25)*, abrufbar unter www.legislation.gov.uk/ukpga/2009/25/contents (zuletzt aufgerufen am 22.5.2021).

oder auch als Bedingung für die Rücknahme von Verbots- und Strafbarkeitsbestimmungen verstehen – aber eben nur teilweise. Denn auch im Rahmen von gesetzlichen Regelungskonzeptionen, die den Lebensschutz primär durch Verbots- und Strafbarkeitsnormen gewährleisten möchten, stellen sich Fragen nach der Suizidprävention, der Zulässigkeit bewusstseinsausschließender Sedierungen und palliativmedizinischer Behandlungen mit lebensverkürzender Wirkung.

Leitsätze
zum Beitrag von Prof. Dr. iur. Gernot Sydow, M.A.:

„Autonomie und Lebensschutz am Lebensende – Eine rechtsvergleichende Perspektive"

1. Die Entscheidung des Bundesverfassungsgerichts vom 26. Februar 2020 zum Recht auf selbstbestimmtes Sterben als Ausdruck persönlicher Autonomie und die daran anknüpfenden Diskussionen, Folgeentscheidungen und parlamentarischen Beratungen in Deutschland haben ein deutlich erkennbares Bedürfnis geschaffen, aus den Diskussionen und Regelungskonzeptionen anderer Staaten Anregungen und Orientierungsmaßstäbe für die Neufassung des deutschen Rechts der Sterbehilfe zu gewinnen (I.).
2. Eine Reihe von Ländern hat die eigene Gesetzgebung zu Fragen der Sterbehilfe in den Jahren um 2000 liberalisiert (Niederlande, Belgien, Luxemburg, Kanada, Neuseeland und mehrere Einzelstaaten der USA). Solche parlamentarischen Liberalisierungen des Sterbehilferechts ohne eine vorangehende, eine Liberalisierung erzwingende Gerichtsentscheidung sind heute die Ausnahme (Spanien; eine vergleichbare Gesetzgebung in Portugal ist für verfassungswidrig erklärt worden und nicht in Kraft getreten) (II.1.).
3. Die Entscheidung des Bundesverfassungsgerichts vom Februar 2020 ist kein isoliertes Urteil, sondern steht in einer Reihe mit Urteilen des italienischen Verfassungsgerichtshofs aus 2018, des österreichischen Verfassungsgerichtshofs aus 2020 und des niederländischen *Hoge Raad* aus demselben Jahr. Gegenteilig entschieden hat 2021 das portugiesische Verfassungsgericht. Ebenfalls erfolglos war 2018 eine auf Liberalisierung des englischen Sterbehilferechts zielende Klage vor dem britischen *Supreme Court*, deren Erfolglosigkeit mit Kompetenzüberlegungen vor dem Hintergrund der britischen Doktrin der Parlamentssuprematie begründet worden ist, aber auch als eine Aussage in der Sache verstanden werden kann (II.2.).
4. In Frankreich ist die Überzeugungskraft der dort bestehenden Rechtslage eines weitreichenden Verbots 2018 anlässlich der Novelle des französischen Bioethikgesetzes in einer breiten gesellschaftlichen Debatte erörtert worden, die die bestehende Rechtslage im Ergebnis bestätigt hat. Dass Großbritannien und Frankreich zu den Staaten mit restriktiven Regelungen zur Sterbehilfe gehören, ist bemerkenswert. Denn beide Gesellschaften gelten als recht säkular, und ungeachtet des fortbestehenden staatskirchenrechtlichen Religionsverfassungsrechts in England sind öffentliche Debatten

in beiden Staaten vergleichsweise wenig durch religiöse Positionen geprägt (II.3.).

5. Völkerrechtliche Konventionen bestehen für Fragen der Sterbehilfe nicht. Auch die Europäische Union hat keine Regelungskompetenzen für den Umgang mit dem Lebensende. Als Vorgabe für nationales Recht verbleibt die Europäische Menschenrechtskonvention, der indes jahrzehntelang keine Aussagen zu Fragen des Suizids entnommen worden waren und deren Textbefund sich in den fraglichen Normen seit 1950 nicht geändert hat. Gleichwohl ist seit Anfang des 21. Jahrhunderts eine Entwicklung in der Rechtsprechung des Europäischen Gerichtshofs für Menschenrechte zu verzeichnen, der die Entscheidung über ein selbstbestimmtes Sterben in das Zentrum seiner grundrechtlichen Argumentation gerückt hat, zugleich indes angesichts des fehlenden Konsenses in den Konventionsstaaten die einzelstaatliche Gestaltungsfreiheit betont (III.).
6. Der Diskurs über Sterbehilfe wird nicht nur in Deutschland als Autonomiediskurs geführt. Die Ausgangsüberlegungen des Bundesverfassungsgerichts unterscheiden sich kaum von den grundsätzlichen Positionierungen der Verfassungs- oder Höchstgerichte anderer Staaten. Danach ist ein Recht auf selbstbestimmtes Sterben Ausdruck der grundrechtlich geschützten Autonomie des Einzelnen; das Recht auf selbstbestimmtes Sterben umfasst die Freiheit, die Hilfe Dritter in Anspruch zu nehmen. Diese Dominanz des Autonomiediskurses lässt sich nicht abschließend mit der verfassungs- bzw. menschenrechtlichen Ausgangslage erklären, wonach Grundrechte als individuelle Rechte einen entsprechenden juristischen Argumentationsgang mit Rechtfertigungslasten für autonomiebegrenzende Verbotsregelungen erzwingen. Denn auch der gesellschaftliche Diskurs wird vielfach als Autonomiediskurs geführt, und zwar auch dann, wenn normative Bindungen des Gesetzgebers aus Grundrechtsgewährleistungen im Diskurs nicht präsent sind (IV.1.).
7. Es besteht international weitreichende Einigkeit darüber, dass palliativmedizinische Behandlungsmöglichkeiten generell von Bedeutung für die Suizidprävention und das Leben Sterbender sind und der Stand der Palliativmedizin nach wie vor verbesserungsbedürftig ist. Kein Konsens besteht darüber, ob der Verweis auf verbesserte palliativmedizinische Versorgungsmöglichkeiten ein Argument in Bezug auf die rechtliche Zulässigkeit oder Unzulässigkeit von Sterbehilfe sein kann (IV.2.).
8. Ein rechtsvergleichender Überblick über die bestehenden gesetzlichen Regelungen zur Sterbehilfe und über zentrale verfassungsgerichtliche Urteile zeigt vor allem das Fehlen eines internationalen

Konsenses zum Umgang mit dem Lebensende auf. Nicht nur zur aktiven Sterbehilfe, sondern auch zur Zulässigkeit von Beihilfehandlungen zur Selbsttötung bestehen grundsätzliche Divergenzen. Zudem unterscheiden sich im Falle der grundsätzlichen Zulässigkeit von Formen der Sterbehilfe die Regelungskonzeptionen im Einzelnen, insbesondere die prozeduralen und materiellen Zulässigkeitsvoraussetzungen und Schutzmaßnahmen. Wenn man in diachronischer Betrachtung im internationalen Vergleich überhaupt gemeinsame Entwicklungstendenzen ausmachen will, dann lässt sich letztlich nur die wachsende Einsicht benennen, dass die Wertungsfragen kompliziert sind und es einfachen Antworten an Überzeugungskraft fehlt. Dies äußert sich in einer Entwicklung hin zu immer umfangreicheren Regelungen und zu einer zunehmenden Differenziertheit der rechtspolitischen Diskussionen und Regelungszugriffe der Gesetzgeber (IV.3.).

Prof. Dr. theol. Theo A. Boer

Autonomie am Lebensende

Ein Erfahrungsbericht aus niederländischer Perspektive

I. Einleitung

Im Fall der aktiven Sterbehilfe – entweder in Form einer ärztlich verabreichten Todesspritze („Euthanasie" im niederländischen Sprachraum) oder als Beihilfe zum Suizid – treffen drei ethische Werte kollidierend aufeinander: die Erhaltung menschlichen Lebens, normative Vorstellungen über unerträgliches Leiden und unwürdiges Sterben sowie der Respekt für die Autonomie des Patienten. Die vorliegende Abhandlung konzentriert sich insbesondere auf die Autonomie, da sie in Plädoyers zugunsten aktiver Sterbehilfe eine wichtige Rolle spielt und sich daher die Frage stellt, inwieweit sie als eigenständiges ethisches Prinzip toleriert wird. Die Ausführungen nehmen ihren Ausgang in einem kurzen Überblick über die niederländische Sterbehilfepraxis. Ihren Kern bildet sodann eine erfahrungsbasierte Darstellung zur Autonomie auf dem Weg zur Sterbehilfe. Die Hauptthese des Beitrags ist, dass die Rolle der Autonomie in der niederländischen Sterbehilfediskussion keineswegs so dominant und eindeutig ist, wie teilweise dargestellt.

II. Ein Überblick

1. Das Sterbehilfegesetz und seine Überprüfung

Die Niederlande waren das erste Land der Welt, das aktive Sterbehilfe legalisierte. In den späten 1960er Jahren trat Sterbehilfe als humaner Akt eines Arztes auf, zuerst in Form eines Aufrufs zur Zurückhaltung bei der Durchführung einer belastenden Behandlung mit geringer Wirkung, dann aber auch in Form der aktiven Tötung eines Patienten.[1] Frühe Definitionen beschreiben aktive Sterbehilfe als die „Tötung eines Patienten, entweder aktiv oder passiv, auf dessen Bitte oder in dessen Interesse."[2] Da der Ausdruck „oder in dessen Interesse" die Möglichkeit nahelegte, dass Patienten ohne oder sogar gegen ihre Zustimmung getötet würden, grenzte der niederländische Gesundheitsrat die Definition 1985 auf „die aktive Tötung eines Patienten auf dessen ausdrücklichen Wunsch" ein. Dies führte nach und nach zu einer Einigung zwischen dem Staatsanwalt, dem Gesundheitsministerium und dem niederländischen Ärzteverein KNMG, derzufolge Ärzte, die bei der Leistung von aktiver Sterbehilfe bestimmte Sorgfaltskriterien eingehalten hatten, keine strafrechtliche Verfolgung zu befürchten hatten. Ein erstes Gesetz kam 1994 zustande. Dieses wurde 2002 von einem vollwertigen Sterbehilfegesetz abgelöst.

Vor diesem Hintergrund ist die Anfrage eines kompetenten Patienten seit 1985 unabdingbare Voraussetzung für jede Form von aktiver Sterbehilfe. Anders als in Ländern wie Kanada oder einer Reihe von US-Bundesstaaten, in denen aktive Sterbehilfe in der einen oder anderen Form legalisiert wurde, enthält das niederländische Gesetz keine Autonomieklausel, die bestimmten Patienten das Recht einräumt, Sterbehilfe zu erhalten. Obwohl die Regelung in einer Zeit entstand, in der die Autonomie zum führenden Grundsatz der aktiven Sterbehilfe wurde, ist sein Hauptprinzip die Fürsorge (*beneficence*), die auch als „Barmherzigkeit" bezeichnet wird.[3] Das Gesetz wird wohl deshalb weithin als „Arztgesetz" bezeichnet, weil es in erster Linie Ärzte vor Strafverfolgung schützen will, die zur Linderung des Leidens ihres Patienten keine andere Möglichkeit sehen, als dem Antrag auf einen

[1] *Jan Hendrik van den Berg*, Medische macht en medische ethiek, 1969.

[2] *Gereformeerde Kerken in Nederland*, Euthanasie en pastoraat. Erschienen 1984, aber erst 1988 zusammen mit näheren Betrachtungen, und nachdem es auch von der Schwesterkirche Nederlandse Hervormde Kerk akzeptiert worden war, offiziell veröffentlicht als Euthanasie en pastoraat, S. 9.

[3] *Paul Frissen*, Staat en taboe: Politiek van de goede dood, 2018, S. 34.

assistierten Tod zu entsprechen. Autonomie und Fürsorge spielen seitdem Bockspringen: Mal überwiegt das eine, mal das andere. Darauf wird im Folgenden noch zurückzukommen sein.

Gesetzlich sind fünf Sorgfaltskriterien normiert. Neben der freiwilligen und wohlüberlegten Bitte des Patienten wird die Anwesenheit unerträglichen Leidens vorausgesetzt, wobei keine Aussicht auf medizinische Besserung bestehen und auch keine annehmbaren anderen Lösungen zur Leidenslinderung vorhanden sein dürfen. Der Arzt muss einen unabhängigen Kollegen konsultieren und die Beendigung des Lebens in Übereinstimmung nach festgelegten medizinischen Standards ausführen.[4]

Im Vergleich zu den Sterbehilfegesetzen anderer Länder sind diese niederländischen Kriterien offen ausgestaltet. Da jeder Fall von Sterbehilfe eine individuelle, maßgeschneiderte Entscheidung erfordert und sich die medizinischen und gesellschaftlichen Normen im Laufe der Jahre weiterentwickeln können, ist die Auslegung der rechtlichen Kriterien im Einzelfall fünf Regionalen Kontrollkommissionen für Sterbehilfe (RTE) übertragen. Drei Mitglieder – ein Anwalt, ein Arzt und ein Ethiker – bewerten die Sterbehilfemeldungen im Nachhinein (ein vorheriges „Ja" oder „Nein" gibt es nicht). Meldungen von Sterbehilfefällen, die die Kriterien nicht erfüllen, werden an die Büros der Staatsanwaltschaft und des Generalinspektors für Gesundheit übermittelt. Seit 2002 ist dies durchschnittlich sechsmal pro Jahr geschehen. Mit einer Ausnahme entschied sich der Staatsanwalt immer zu einer bedingungslosen Entlassung. Dass die niederländische Sterbehilfepraxis nichtdestotrotz – insbesondere in den 1990er Jahren – als strikt eingestuft wurde, hat mit der Existenz einiger Schattenkriterien zu tun, die die Kommissionen in den ersten Jahren seit Inkrafttreten des jetzigen Sterbehilfegesetzes bei der Beurteilung von Sterbehilfemeldungen verwendeten. Diese waren (1) eine bereits bestehende Patient-Arzt-Beziehung, (2) die völlige Kompetenz des Patienten bei Verabreichung der Sterbehilfe, (3) die Erwartung eines unausweichlichen natürlichen Todes in absehbarer Zeit, (4) eine schon länger existierende Anfrage des Patienten und (5) die Abwesenheit einer psychiatrischen Erkrankung.[5] Diese Schattenkriterien spielen seit 2007 eine stetig abnehmende Rolle.

[4] Siehe dazu Art. 2 des Gesetzes über die Kontrolle der Lebensbeendigung auf Verlangen und der Hilfe bei der Selbsttötung; abrufbar unter: https://www.dgpalliativmedizin.de/images/stories/pdf/euthanasie.pdf (zuletzt aufgerufen am 07.05.2020).

[5] Obwohl dies weder offizielle noch harte Kriterien waren, erhielt ein Arzt, der eine Sterbehilfe gemeldet hatte, die in einem oder mehreren dieser Punkte mangelhaft war, mit hoher Wahrscheinlichkeit eine Bitte um weitere Klärung oder Untersuchung.

2. Die Zahlen

In den frühen 2000er Jahren stabilisierten sich die Sterbehilfezahlen, bei jährlichen Mortalitätszahlen von etwa 140.000, auf etwa 2.000 Fälle pro Jahr. Über diese Entwicklung äußerten sich Sterbehilfeforscher 2003 erleichtert: Basierend auf Überlegungen zur Patientenautonomie war eher mit einem Wachstum gerechnet worden; Forderungen nach einem „kontrollierten Lebensende" seitens einer „durchsetzungsfähigeren Generation" hatten Anlass zur Erwartung höher Zahlen gegeben.[6] Im Jahr 2007 wurde diese Stabilisierung in einer gesetzlichen Evaluierung bestätigt. Zudem wurde ein signifikanter Rückgang der Anzahl nicht gemeldeter Fälle festgestellt.[7] Diese erfreulichen Ergebnisse wurden auf die Wirkung eines transparenten Sterbehilfegesetzes und auf Fortschritte in der Palliativversorgung zurückgeführt.[8]

Indes weisen die Entwicklungen seit 2007 in eine entgegengesetzte Richtung. Zum einen zeigte sich ein stetiges Wachstum der Zahlen. Bei einer kaum ansteigenden Mortalität stiegen die Sterbehilfezahlen von rund 1.900 in 2005 auf nahezu 7.000 Fälle in 2020.[9] Außerdem kam die gesetzliche Evaluierung 2017 auf Grundlage anonymer Umfragen unter Ärzten zu dem Schluss, dass die tatsächlichen Sterbehilfezahlen etwa 15% über den gemeldeten Zahlen liegen können.[10] Ungeklärt ist, ob alle diese Fällen solche der aktiven Sterbehilfe sind, denn es könnte sich auch um Fälle handeln, in denen z. B. eine palliative Sedierung mit dem Ziel erfolgt, mit oder ohne eine klare Einwilligung des Patienten dessen Leben zu beenden. Insgesamt geht 4,3% der Todesfälle in den Niederlanden Sterbehilfe voraus. Darüber hinaus haben Ärzte schätzungsweise das Leben von 300 Patienten beendet, ohne eine Anfrage zu stellen. Es ist wahrscheinlich, dass die große Mehrheit dieser nicht gemeldeten Fälle todkranke Menschen mit kurzer Lebenserwartung betrifft. Von einiger Bedeutung ist in diesem Zusammenhang die Anzahl der Fälle palliativer Sedierung, die von 11.200 im Jahr 2005 auf 32.500 im Jahr 2016 stieg, d. h. auf ungefähr 21,8% aller Todesfälle.[11] Da eine pal-

[6] *Margriet Oostveen*, Het grote experiment, NRC Handelsblad vom 24.05.2003.

[7] *Bregje Onwuteaka-Philipsen/Sjef Gevers/Agnes van der Heide/Johannes van Delden u. a.*, Evaluatie Wet toetsing levensbeëindiging op verzoek en hulp bij zelfdoding, 2007.

[8] *Theo A. Boer*, Recurring Themes in the Debate about Euthanasia and Assisted Suicide', JRE 35 (2007), S. 529 ff.

[9] *RTE*, Jahresbericht 2020, 2021.

[10] *Bregje Onwuteaka-Philipsen/Johann Legemaate/Agnes van der Heide/Johannes van Delden*, Derde evaluatie Wet toetsing levensbeëindiging op verzoek en hulp bij zelfdoding, 2017.

[11] *Stichting Farmaceutische Kengetallen*, Palliatieve sedatie vaker ingezet bij sterfgevallen, 2017, abrufbar unter: www.sfk.nl/publicaties/PW/2017/palliatieve-sedatie-vaker-ingezet-bij-levenseinde (zuletzt aufgerufen am 07.05.2020).

liative Sedierung ohne Ernährung oder Flüssigkeitszufuhr verabreicht wird und bekanntlich Schwierigkeiten bei der Vorhersage des Verlaufs eines Sterbevorgangs bestehen, kann davon ausgegangen werden, dass eine gewisse Anzahl von Patienten nicht nur während, sondern auch an der palliativen Sedierung stirbt. Dies ist umso bedeutender, weil bei der palliativen Sedierung keine Sorgfaltskriterien bestehen, auch nicht die dringende Bitte eines Patienten.

3. Die Praxisvariationen

Zahlenmäßig ist noch ein anderes Forschungsergebnis von Bedeutung: die Ermittlung der sog. Praxisvariation. Eine kürzlich veröffentlichte Studie fand große regionale Unterschiede bei der Anzahl der Fälle aktiver Sterbehilfe. Während in einigen Gemeinden kaum oder gar keine aktive Sterbehilfe stattfindet, liegt der Anteil in anderen Gemeinden bei zwischen 7% und 10% aller Sterbefälle. In Stadtbezirken sind die Zahlen noch höher: Es gibt Bezirke, in denen aktive Sterbehilfe – gemessen als Durchschnittswert über fünf Jahre – in 15% bis 20% aller Sterbefälle im Spiel war.[12] Bei einer Korrektur der Zahlen auf Gemeindeebene mithilfe anderer Daten für politische und religiöse Faktoren (Wahlverhalten, Kirchenbesuch) und anderer relevanter Faktoren bleibt eine vorerst ungeklärte Variation von 7 übrig. In bestimmten Gemeinden findet aktive Sterbehilfe damit sieben Mal häufiger statt als in anderen. Wenn zutrifft, dass sich diese Unterschiede nicht aus einer unterschiedlichen Nachfrage erklären lassen, schließt sich die Frage an, ob sie auf Angebotsfaktoren beruhen. Zu denken ist etwa an Ärzte, die die aktive Sterbehilfe von sich aus zur Sprache bringen (oder, umgekehrt, das Thema vermeiden), aber auch an mangelnde (oder, umgekehrt, hervorragende) Qualität bei den palliativen Alternativen.

4. Die Diversifizierung zugrunde liegender Pathologien

Neben steigenden Zahlen und der Existenz unbekannter Grauzonen zeigt sich eine Diversifizierung der Pathologien, die den Forderungen nach Sterbehilfe zugrunde liegen. Bis etwa 2007 bestand der Großteil aus „traditionellen" Sterbehilfefällen, d.h. Sterbehilfe im Zusammenhang mit einer unheilbaren körperlichen Erkrankung, die ein Hausarzt bei seinem Patienten Tage oder Wochen vor dem erwarteten natürlichen Tod durchführte. Diese Fälle ähneln den Fällen von Sterbehilfe, deren Legalisierung derzeit in Ländern außerhalb der Benelux-Staaten dis-

12 *Theo A. Boer/A. Stef Groenewoud/Femke Atsma/Mina Arvin/Gert Westert,* Euthanasia in the Netherlands: a claims data cross-sectional study of geographical variation, BMJ Supportive & Palliative Care 2021;0:1–11; abrufbar unter: https://doi.org/10.1136/bmjspcare-2020-002573 (zuletzt aufgerufen am 07.05.2020); *dies.*, Praktijkvariatie bij euthanasie in Nederland, Huisarts en Wetenschap 64 (2021) (in Druck).

kutiert wird. Seit 2007 tritt ein wachsender Teil der Sterbehilfefälle bei Patienten mit anderen Pathologien auf: Patienten mit Demenz, akkumulierten altersbedingten Beschwerden (auch als Polypathologie bekannt), chronischen psychiatrischen Erkrankungen sowie anderen chronischen Erkrankungen. Sterbehilfe tritt gelegentlich auch bei Patienten mit Blindheit, Autismus und anderen Behinderungen auf. Infolgedessen steigt die Zahl der Patienten, deren Tod nicht konkret absehbar ist.

Es zeichnet sich hier ein Paradigmenwechsel ab. Anfänglich fungierte Sterbehilfe meist als „letzter Ausweg zur Verhinderung eines schrecklichen Todes". Zunehmend wird sie auch zu einem „letzten Ausweg zur Beendigung eines schrecklichen Lebens". Während sich die Prozentzahl der Sterbehilfefälle bei Patienten mit Krebs zwischen 2002 und 2019 von 88,1% auf 64,4% verringerte, stieg die Zahl der Patienten mit Demenz, psychiatrischen Krankheiten oder Polypathologie von einer vernachlässigbaren Prozentzahl in 2002 auf 6,3% in 2019 an.[13] Dies entspricht einer absoluten Zahl von 402.[14] Bei vielen dieser Patienten findet die Wahl nicht mehr zwischen qualvollem und würdigem Sterben statt, d. h. zwischen Sterben und Sterben, sondern zwischen Leben und Sterben.[15]

Die in den Niederlanden stattfindende Verlagerung zeigt sich am deutlichsten an dem Gesetzentwurf über „Vollendetes Leben". Das Gesetz, das erstmals 2016 von der damaligen Gesundheitsministerin *Edith Schippers* angekündigt wurde und dessen parlamentarische Behandlung gegenwärtig für 2022 erwartet wird, stellt jedem Bürger über 74 Jahren, mit oder ohne medizinisch klassifizierbarer Krankheit, eine staatlich erleichterte Möglichkeit zum Suizid zur Verfügung. Erfasst sind alle kompetenten älteren Menschen, die ihr Leben als abgeschlossen betrachten, sei es aufgrund von Sinnlosigkeit, Entfremdung, sozialer Isolation oder anderen Gründen.[16] Das Gesetz wird von unterschiedlichen Seiten kritisiert. So würden ältere Menschen faktisch von dem Regime des bestehenden, viel strengeren Sterbehilfegesetzes ausgenommen, wodurch dieses Gesetz unterminiert würde. Befürworter einer vollständigen individuellen Autonomie argumentieren dagegen, die vorgeschlagene Altersbeschränkung diskriminiere Bürger unter 75 Jahren. Wiederum andere werfen dem Gesetz vor, dass es den gleichen Wert älterer Menschen untergrabe, weil die Gesellschaft bei dieser Gruppe offenbar keine Versuche mehr unternehme, sie durch

[13] *Theo A. Boer*, Drei Narrative der Euthanasie. Was Europa von den Niederlanden lernen kann, Imago Hominis 28 (2021), S. 63 ff. (71 ff).

[14] *Theo A. Boer*, De derde evaluatie van de Wet Toetsing Levensbeëindiging en Hulp bij Zelfdoding. Over de relatie van empirie, normativiteit en politiek, TGE 27 (2017), S. 98 ff.

[15] *Boer*, Drei Narrative (Fn. 13), S. 73.

[16] *David Bremmer*, Pia Dijkstra (D66) over haar wet voltooid leven: „Dit is voor een selecte groep bedoeld", Het Parool vom 17.07.2020.

Suizidprävention von der Selbsttötung abzuhalten. Trotzdem besteht gegenwärtig eine reale Chance, dass sich für dieses Gesetz eine parlamentarische Mehrheit findet.

III. Eine methodische Zwischenbemerkung

Von Anfang 2005 bis Mitte 2014 war ich Mitglied einer der fünf Regionalen Kontrollkommissionen für Sterbehilfe (RTE). Ärzte reichen bei den RTE ein Standard-Meldeformular mit Fragen zu Alter, Geschlecht, Diagnose, Lebenserwartung, Leidensursachen usw. des Patienten sowie zu dem Verfahren ein, das zur Beendigung seines Lebens führt. Beigefügt werden das Gutachten eines zweiten Arztes, die schriftliche Anfrage des Patienten, und in vielen Fällen relevante Teile der Krankenakten. Anders als im benachbarten Belgien, wo es für einen Arzt ausreicht, ein kurzes und anonymisiertes Formular auszufüllen, erhalten die niederländischen RTE umfassende Einblicke in die Hintergründe eines Sterbehilfefalls. In meinen zehn Jahren Mitgliedschaft überprüfte ich Tausende von Fällen. Dabei erstellte ich persönliche, anonymisierte Notizen, die nicht nur statistisch relevante Merkmale (Alter, Geschlecht, Diagnose, Leiden usw.), sondern auch Merkmale mit potenzieller moralischer Relevanz erfassten: War die Kompetenz des Patienten uneingeschränkt? Beruhte die Sterbehilfe in erster Linie auf einem autonomen Wunsch zu sterben oder war das unerträgliche Leiden die primäre Motivation? Gab es familiären Druck, Einsamkeit oder unzureichende Pflege? Gab es Hinweise auf die Religion oder Weltanschauung eines Patienten?

Der breiten Öffentlichkeit sind inzwischen nur drei Quellen zugänglich, die Aufschluss über die Praxis der niederländischen Sterbehilfe geben: die von den RTE veröffentlichten Jahresberichte, eine im Internet veröffentlichte Auswahl von Fallurteilen der RTE, sowie fünfjährige staatliche Evaluierungen. Sämtliche Quellen sind für statistische Zwecke nützlich, aber für die ethische Bewertung des Themas von geringerem Wert: Von den mehr als 6.000 RTE-Urteilen pro Jahr werden nur 2% im Internet veröffentlicht, die meisten davon abgewiesene oder bahnbrechende Fälle. Die mir zur Verfügung stehenden persönlichen Notizen könnten zusätzlich zu den genannten Quellen von Relevanz sein, um Einsicht in die ethischen Überlegungen zu bieten, die den eher „normalen" Sterbehilfeberichten zugrunde liegen. Im Oktober 2019 gab die RTE-Leitung jedoch an, dass die wissenschaftliche Verwendung der Daten auch bei vollständiger Anonymisierung nicht mit der Vertraulichkeit der Ausschüsse vereinbar ist. Lediglich die Verwendung dieser Daten zu „Meinungszwecken" sei zulässig. Vorerst wird es mir deshalb unmöglich sein, auszusagen, ob z. B. in den von mir begutachteten Meldungen in 4, 14 oder 24% der Fälle von Einsamkeit die Rede war.[17] Der vorliegende Beitrag muss sich deshalb notgedrungen mit Hinweisen begnügen, die hier nicht durch Zahlen unterlegt werden können.

IV. Die Autonomie in Sterbehilfemeldungen

Der hippokratische Eid und die damit verbundene professionelle Deontologie stellt das Fürsorgeprinzip an die Spitze der medizinischen Wertehierarchie, wobei das „Primum non Nocere-Kriterium" als Schutzinstrument fungiert, um schwere Schäden, einschließlich der Tötung eines Patienten auf dessen Wunsch, zu verhindern. Erst Ende der 1960er Jahre trat die Autonomie des Patienten auf die Bühne, anfangs als Schutz der Patienten vor medizinischem Paternalismus, zunehmend dann auch als mehr substanzielles moralisches Prinzip mit entsprechenden positiven Pflichten anderer. Die Pläne für ein „Vollendetes Leben"-Gesetz bezeugen die zentrale Stellung, die die Autonomie inzwischen erobert hat.

1. Kantische und zeitgenössische Autonomiedeutungen

Aber was genau bedeutet Autonomie? Bekanntlich sticht *Kant* für viele Menschen als Initiator der modernen Autonomie hervor. Inwieweit sich die kantische Autonomie in den jüngsten Argumenten für assistiertes Sterben jedoch noch wiedererkennen lässt, erscheint fraglich. Kantische Autonomie ist am zutreffendsten als die menschliche Verantwortlichkeit, seine Entscheidungen bewusst auf ein durch Vernunft erkanntes moralisches Gesetz zu stützen, zu verstehen. Die Entscheidung, das eigene Leben zu beenden, widerspricht diesem Verständnis in dreierlei Hinsicht. Erstens kann sie nicht im Sinne eines universellen Sittengesetzes verstanden werden, weil damit das menschliche Leben als Voraussetzung aller Moralität unter Beschuss käme. Zweitens widerspricht die irreversible Zerstörung einer menschlichen Person unserer Pflicht, die Autonomie dieser Person zu schützen. Drittens impliziert absichtliches Töten die Instrumentalisierung des menschlichen Lebens. So verstanden mag der kantische Beitrag zum Thema des gewünschten Todes vielleicht viele Zeitgenossen enttäuschen, denn er besteht darin, verantwortungsbewusst und würdevoll mit den Nöten von Krankheit und Alter umzugehen, statt das Leben zu

[17] Zum Glück haben sowohl meine Sichtbarkeit in den Medien wie auch andere laufende Forschung Dutzende von Erzählungen hervorgebracht, die einen Teil des Verlusts kompensieren können. Siehe *Theo A. Boer/A. Stef Groenewoud/Wouter de Jonge* (Hrsg.), Leven met euthanasie. Geliefden vertellen over hun ervaringen, 2021. Eine wissenschaftliche Analyse dieser Berichte wird frühestens 2022 erwartet.

beenden. Hier zeigt sich das erste und vielleicht wichtigste Paradoxon der Sterbehilfediskussion: Ist es logisch und philosophisch möglich, sich den eigenen Tod zu wünschen? Da dieses Paradoxon durch andere Autoren bereits ausführlicher behandelt worden ist, soll es hier zwar erwähnt, aber nicht weiter ausgeführt werden.[18]

Neuere populäre Interpretationen unterscheiden sich in zweierlei Hinsicht von der kantischen Autonomie. Sie betonen den Wert der äußeren Freiheit – Freiheit von Zwängen mit einem Maximum an Handlungsmöglichkeiten – mehr als den der inneren Freiheit; und sie verstehen eine moralisch richtige Handlung als Ergebnis eines individuellen Entscheidungsprozesses, anstatt als Teil einer universellen Rationalität. Infolgedessen sind in den Benelux-Ländern die wichtigsten Garantien für eine verantwortungsvolle Entscheidungsfindung verfahrenstechnischer Art. Im Kontext der niederländischen Sterbehilfe bedeutet dies, dass zwei Ärzte die Kompetenz eines Patienten bestätigen sollten, dass ein Patient ferner Zugang zu relevanten Daten über Diagnose, Prognose, Behandlungsoptionen und Palliativoptionen haben sollte, und dass eine Entscheidung des Patienten im Einklang mit seiner Biografie und seinen langfristigen Werten stehen sollte.

Da diese libertäre und voluntaristische Auslegung der Autonomie in den niederländischen Diskussionen an Bedeutung gewinnt, werden Spannungen mit dem gesetzlichen Erfordernis unerträglichen und unheilbaren Leidens – hinter dem das Motiv der Fürsorge steht – unvermeidlich. Zwei Ärzte müssen nicht nur die Kompetenz des Patienten bescheinigen, sondern auch das Vorhandensein unerträglichen und hoffnungslosen Leidens. Obwohl dies auf eine Form objektiver Rationalität hinzudeuten scheint, besteht in der Praxis eine starke Tendenz, dass die Beurteilung eines Patienten die des Arztes überwiegt. Ist etwa die Sterbehilfebitte selbst nicht schon per Definition ein Beweis dafür, dass der Patient unerträglich leidet? Wer sind andere – Ärzte, beratende Ärzte, RTE-Mitglieder –, um zu behaupten, eine Person, die beteuert, unerträglich zu leiden, leide nicht „ernsthaft genug"? Aus welchem anderen Grund würde ein kompetenter Patient nämlich verlangen, dass sein Leben endet? Hängt außerdem nicht jede Erfahrung unerträglichen Leidens von subjektiven Wertungen ab? Wenn dem so ist, werden in der Praxis die Werte der Autonomie und der Fürsorge großenteils identisch sein. Auf diesen Aspekt wird im Fortgang der Ausführungen noch zurückzukommen sein.

[18] Siehe z. B. *Paul van Tongeren*, Willen sterven. Over de autonomie en het voltoode leven, 2018.

2. Vier Autonomieverweise bei Sterbehilfebitten

Verweise auf Autonomie im Kontext der Sterbehilfe haben unterschiedliche Formen und Bedeutungen. In dem vorliegenden Beitrag wird zwischen vier sich überlappenden Kategorien unterschieden. Sehr oft – in etwa zwei Dritteln der Meldungen – finden sich Hinweise auf einen tatsächlichen oder erwarteten physischen Freiheitsverlust. Viele Patienten leiden unter den Folgen, die ihre Krankheit für die Tätigkeiten hat, die sie schätzen und genießen: Besuche bei Freunden, musizieren, malen, kochen, reisen und generell, alles was ihr Leben sinnvoll und autonom macht. Diese Aktivitäten werden durch körperliche Beschwerden wie die Abhängigkeit von Pflege, Schmerzen, Übelkeit, extreme Müdigkeit und Atemnot ernsthaft beeinträchtigt. Wenn ein Patient unter diesen Umständen die Sterbehilfe beantragt, ist der Tod eher eine Flucht nach vorne, eine Maximin-Strategie angesichts eines anhaltenden Verlustes an Autonomie, als deren ideale Verkörperung.

Abgesehen davon, dass eine Krankheit Menschen von ihren als sinnvoll empfundenen Aktivitäten abhalten kann, kann die Abhängigkeit von der Pflege zweitens an sich mit dem Charakter oder der Vergangenheit eines Patienten unvereinbar sein. Manchmal wird gemeldet, dass diese Bedürftigkeit mit dem anspruchsvollen, kritischen und autonomen Charakter eines Patienten unvereinbar sei („Ihre Mutter bestand schon immer darauf, dass die Dinge nach ihren Wünschen gingen"). Illustrativ sind Verweise auf frühere Funktionen, die Patienten als Unternehmensleiter, Schulleiter, Politiker, Professoren, professionelle Musiker und dergleichen innehatten. Einige Ärzte sind von solchen biografischen Elementen beeindruckt – beispielsweise wenn ein Patient ein ehemaliger Chef de Clinique oder ein bekannter emeritierter Professor ist. Der erschütternde Kontrast zwischen vergangenen Karrieren und gegenwärtiger Hilflosigkeit erzeugt Verständnis und Sympathie für einen Todeswunsch. Damit liegt die Schlussfolgerung nahe, dass ein Patient, der immer nur Leitung und Hinweise anderer empfangen, statt erteilt hat, besser mit Abhängigkeit umgehen kann, und deswegen mit weniger Verständnis für seine Sterbehilfebitte rechnen darf. Bemerkenswerterweise besteht häufig ein Zusammenhang zwischen einem Sterbehilfewunsch und der vorherigen Anstellung eines Patienten im Gesundheitswesen. Es mag seltsam erscheinen, dass Patienten, die einen Großteil ihrer beruflichen Laufbahn für andere aufgewendet haben, so entschlossen sein können, selbst nicht von der Pflege anderer abhängig zu werden: Ist dies nicht ein inneres Paradoxon? Für viele Sterbehilfe leistende Ärzte deutet eine frühere Karriere im Gesundheitswesen darauf hin, dass ein Patient, der um Sterbehilfe bittet, weiß, wovon er spricht.

In anderen Fällen spielen die Biografie und der Charakter eines Patienten eine eher hinderliche Rolle, z. B. wenn ein Patient Probleme auf der Abteilung verursacht, behauptendes, theatralisches oder aggressives Verhalten zeigt oder droht, sich selbst zu töten. Obwohl Ärzte ein solches Verhalten auch als Beweis für die Stärke eines Sterbehilfewunsches und für die Schwere des Leidens interpretieren und zum Schluss kommen können, dass Sterbehilfe der beste Weg sei, um einen Patienten vom Selbstmord abzuhalten,[19] stößt extrem anspruchsvolles Verhalten im Allgemeinen eher auf Skepsis und wirkt der baldigen Verwirklichung einer Sterbehilfeanfrage entgegen. Viele Ärzte sind entschlossen, solchen Manipulationen standzuhalten.

Eine dritte Kategorie von Autonomie-Referenzen betrifft die Sterbehilfe selbst. Von allen Möglichkeiten zu sterben, ist die Sterbehilfe für viele die autonomste Option, weil sie eine direkte und effektive Folge der Entscheidung eines Patienten ist, an dessen geistigen Fähigkeiten kein Zweifel besteht. Autonom, wie ein solcher Tod von einigen beschrieben wird, bleibt es aber gleichwohl ein sowohl emotional als auch rechtlich problematischer Tod. Nach niederländischem Recht bleibt Tötung eine Straftat. Kaum ein Arzt erlebt Sterbehilfe als einen normalen Tod. In einer Umfrage gaben neun von zehn Ärzten an, dass die Gesellschaft sich der Belastungen, die die Sterbehilfe für Ärzte mit sich bringt, bewusster sein sollte.[20] Viele der Meldungen, die ich begutachtete, waren geprägt von einer impliziten Präferenz der Ärzte oder ihrer Patienten für einen guten natürlichen, statt für einen vom Arzt bewirkten Tod. In vielen Mediendiskussionen werden Sterbehilfe und in jüngerer Zeit eine Sterbehilfepille bei „vollendetem Leben“ als präferierte Todesweise beschrieben: Der Tod kommt geplant und sicher, der Abschied von Familie und Freunden ist arrangiert, finanzielle Angelegenheiten sind abgeschlossen, und Vorbereitungen für eine gute Pflege und Unterbringung eines überlebenden Partners können getroffen werden.[21] Indikativ ist, dass sich in den Niederlanden derzeit immer öfter eine „Sterbehilfe für Paare“ beobachten lässt. Oftmals handelt es sich dabei um Ehepaare, bei denen ein Partner chronisch krank ist und der andere, der die Fürsorge leistet und zuvor gesund war, terminal erkrankt. Daraufhin entscheiden sich beide, sich zusammen das Leben zu nehmen oder nehmen zu lassen. Während ich zwischen 2005 und 2014 nur sechs solcher Fälle sah, waren es allein im Jahr 2020 13 Paare, also insgesamt 26 Menschen.[22] Aber diese Präferenz für das ‚inszenierte Sterben‘ ist letztendlich auch relativ. Im Ernstfall scheint nur eine Minderheit der

[19] *Theo A. Boer*, Does Euthanasia Have a Dampening Effect on Suicide Rates? Recent Experiences from the Netherlands, JEMH 10 (2017), S. 1ff., abrufbar unter: www.webcitation.org/6xFE3I6TS (zuletzt aufgerufen am 07.05.2020).

[20] 87.81%. Siehe *KNMG*, Helder communiceren over euthanasie met de patiënt: belevingsonderzoek arts en euthanasie, 2014.

[21] Vgl. *Boer/Groenewoud/de Jonge* (Hrsg.), Leven met euthanasie (Fn. 17).

[22] *RTE*, Jahresbericht 2020 (Fn. 9).

Patienten aktive Sterbehilfe als bevorzugte Option zu betrachten. Sie ist oftmals eher ein Stock hinter der Tür.

Eine vierte Kategorie besteht aus Hinweisen auf ein Leben nach dem Tod, in dem das Wohlbefinden und die Autonomie eines Patienten vollständig wiederhergestellt werden. Hier ist der Tod nicht das Ende der Autonomie eines Patienten, sondern ein Mittel, um ihren Fortbestand zu sichern. Dies scheint die „kantischste" Interpretation von Sterbehilfe zu sein. Zwar kann die freiwillige Tötung nicht im Sinne eines universellen Sittengesetzes gelten, aber die kantischen Beschwerden, dass der Tod das Ende des Lebens eines Menschen und dessen Autonomie bedeutet, bzw. dass der Tod die restlose Instrumentalisierung eines Menschenlebens ist, sind hier von geringerer Bedeutung: Das Leben geht ja weiter. So verstanden kann die Entscheidung für den eigenen Tod zum Dienst werden, den man seiner Autonomie erweisen kann, denn was dient der Selbstbestimmung mehr, als sie voll wiederherzustellen? Tatsächlich scheint die Tötung, so verstanden, nicht nur im kantischen, sondern auch in einem (post-)moderneren Sinne eine Tat der Autonomie zu sein. Innerhalb und außerhalb der Meldungen, die mir vorliegen, finden sich zahlreiche Hinweise auf die Erwartung eines glückliches Weiterlebens, in Gesundheit und wiedervereinigt mit Geliebten.[23] Dazu kann man kurzum so viel sagen: In keiner der großen Weltreligionen, namentlich nicht im Christentum, bedeutet die Überzeugung, dass es nach diesem Leben in irgendeiner Form weitergeht, ein Argument dafür, geschweige denn ein Recht darauf, das heutige Leben zu beenden. Dafür hat das hiesige Leben einen zu großen eigenen Wert, und dafür ist auch die Annahme, dass das Leben und die Autonomie nach dem Sterben weitergehen, aus empirischen Gründen zu problematisch.

V. Autonomie und Sterbehilfe: Die Paradoxien

1. Starker Wille – aber mangelndes Wissen

Erwartungen über eine Wiedervereinigung mit Angehörigen, einen Eintritt in den Himmel, oder die Reinkarnation zu einem anderen Leben mögen angesichts eines unvermeidbaren Todes Trost spenden, als Argument zugunsten der Sterbehilfe sind sie aber fraglich.[24] Man kann sogar fragen, ob nicht der feste Glaube an ein Leben nach dem Tod in Wirklichkeit die Autonomie untergräbt, statt sie zu fördern. Wenn ein

[23] Siehe *Theo A. Boer*, The Autonomy Paradox: Reflections on Dutch Euthanasia Practice, in: Benjamin DeSpain/Christopher Insole (Hrsg.), Redeeming Autonomy, 2022 (im Druck), § 5.

[24] Vgl. *Theo A. Boer*, Vrij om te sterven. Nederland, religie en het zelfgekozen levenseinde. Groen van Prinstererlezing, 2016; und *Boer*, The Autonomy Paradox (Fn. 23).

mit Schönheit spärlich gesegneter Patient in der Überzeugung lebt, plastische Chirurgie werde ihn äußerst attraktiv machen, sollte man sich mit aller Ernsthaftigkeit fragen, ob die Entscheidung für eine Operation als autonom gelten kann: Fehlinformationen dienen der Autonomie nicht. Wenn also ein Patient in der Überzeugung um Sterbehilfe bittet, er werde nachher mit seiner Geliebten und seinen Freunden in einer Walhalla leben, gibt es Gründe, diesen Wunsch mit Fragezeichen zu versehen. In ähnlicher Weise müssen auch Fehlannahmen über das Leben *vor* dem Tod – insbesondere über den Krankheitsverlauf, die verfügbare Versorgung oder die Belastbarkeit eines Patienten – in Frage gestellt werden. Wenn sich ein Patient in der Annahme für aktive Sterbehilfe entscheidet, dass ihm andernfalls nichts Anderes als „Schmerz, Schmerz, Schmerz" bleibe,[25] ist dann dies – angesichts der in den letzten Jahren sprunghaft verbesserten Palliativmedizin – eigentlich noch als eine autonome Entscheidung einzustufen? Nicht nur die Krankheit selbst kann weniger dramatisch verlaufen als erwartet, auch die Qualität der Versorgung in Krankenhäusern und Pflegeheimen kann (wie Umfragen zeigen) von den Bewohnern und Patienten viel höher bewertet werden als zuvor befürchtet oder von Außenstehenden vermutet. Auch unterschätzt mancher Patient seine eigene Belastbarkeit. Das niederländische Überprüfungsverfahren soll verhindern, dass Patienten schlecht informierte Entscheidungen treffen. Hierbei ist es sicherlich bis zu einem gewissen Grad erfolgreich. Nicht ohne Grund werden 45% aller Sterbehilfeanträge nicht bewilligt, und viele dieser Patienten sterben ohne aktive Sterbehilfe einen würdigen natürlichen Tod.[26] Andere Sterbehilfeanträge werden nach einem negativen Votum eines beratenden Arztes verschoben. „Ich bin froh, dass meiner Mutter früher die Sterbehilfe verweigert wurde", schrieb ein überlebendes Familienmitglied, „in den Monaten nach dieser enttäuschenden Botschaft haben wir viele wunderbare Begegnungen erlebt." Mit anderen Worten: Nicht alle Entscheidungen sind auch immer autonom, obwohl sie mit Überzeugung hervorgebracht werden.

2. Autonomie – warum keine Selbsttötung?

Ein weiteres Paradoxon beruht auf der Tatsache, dass in einer großen Mehrheit der Fälle von aktiver Sterbehilfe der Arzt die Spritze verabreicht. Wie erwähnt, sind in den Niederlanden nur wenige Fälle der assistierten Todesfälle solche des assistierten Suizids. 1995 plädierte einer der führenden Fürsprecher der aktiven Sterbehilfe, *Eugene Sutorius*, für eine andere Entwicklung: „Ich bin dafür, den Tod durch

[25] Ein Onkologe schickte seinen ausbehandelten Patienten mit diesem Überweisungsschreiben an dessen Hausarzt nach Hause.

[26] *Onwuteaka-Philipsen/Legemaate/van der Heide/van Delden*, Derde evaluatie (Fn. 10), S. 94.

die Spritze für jene [äußerst] seltenen Fälle zu reservieren, in denen der leidende Patient wirklich nicht in der Lage ist, sein Leben selbst zu beenden. In allen anderen Fällen sollte es sich um assistierten Suizid handeln: Lassen wir doch die Selbstbestimmung so sein, wie sie sein sollte, und lassen wir die Zahl der Tötungen durch Ärzte so gering wie möglich halten."[27] Es kam anders. Während 2002 der assistierte Suizid 9,3% aller Todesfälle nach dem Sterbehilfegesetz ausmachte, war dieser Prozentsatz 2020 auf 3,4% geschrumpft.[28]

Mindestens drei Gründe können diese Präferenz für Tötung durch den Arzt („Euthanasie") erklären. Erstens bevorzugen viele Betroffene das zweckmäßigere Verfahren der Sterbehilfe gegenüber der Verwendung einer tödlichen Flüssigkeit, die Stunden dauern kann, zumal die RTE verordnet haben, dass Ärzte bis zum Tod eines Patienten die Wohnung nicht verlassen dürfen. Zweitens sind viele unheilbare Patienten nicht in der Lage, eine giftige Flüssigkeit zu schlucken oder zu erhalten. Diese Argumente liefern aber nur eine teilweise Erklärung, insbesondere angesichts des zunehmenden Prozentsatzes nichtterminaler Patienten, die keine Probleme beim Schlucken haben sollten. Es ist wahrscheinlich, dass viele Patienten und ihre Angehörigen einen dritten Grund haben, die Sterbehilfe zu bevorzugen: emotionale Hemmschwellen, selbst den eigenen Tod herbeizuführen.[29] Die führende Rolle eines Arztes im Prozess der Tötung kann zum Vertrauen beitragen, dass der Tod tatsächlich das Richtige ist. Er oder sie ist im Allgemeinen dieselbe Person, die die Patienten jahre- oder jahrzehntelang im Leben unterstützt hat und Gesundheit, Leben und gesundes Urteilsvermögen symbolisiert. Mit den Worten des Professors für öffentliche Verwaltung *Paul Frissen*: „Um [die Tötung] selbst auszuführen, ist großer Mut erforderlich. Es ist sehr hilfreich, wenn ein moderner Priester ohne Kragen vorbeikommt."[30] Die individuelle Patientenautonomie ist daher möglicherweise nicht immer das Leitprinzip im Kontext der Sterbehilfe, geschweige denn das einzige Prinzip. Viele Sterbehilfepatienten benötigen die Genehmigung und Nähe eines vertrauenswürdigen Komplizen.

[27] *Gonny ten Haaft/Aldert Schipper*, Sutorius de spraakmakende, Trouw vom 06.05.1995; abrufbar unter: www.trouw.nl/home/sutorius-de-spraakmakende~a2f6f347/ (zuletzt aufgerufen am 07.05.2020), Übersetzung TAB.

[28] *RTE*, Jahresbericht 2002, 2003; *RTE*, Jahresbericht 2020 (Fn. 9). In den Zahlen vom assistierten Suizid sind auch diejenigen Verfahren enthalten, die als assistierter Suizid begonnen haben, aber aufgrund praktischer Probleme zu Fällen von Sterbehilfe wurden.

[29] Vgl. die Tatsache, dass in Staaten, in denen es nur assistierten Suizid und keine Sterbehilfe gibt, die Sterberaten um 87% niedriger sind als in Ländern, in denen Sterbehilfe erlaubt ist.

[30] Frissen gebraucht auch den Terminus „Ausgelagerte Autonomie" *Frissen*, Staat en taboe (Fn. 3), S. 77.

3. Krankheit als Grund und als Hindernis für autonomes Wünschen

Es gibt noch andere Gründe, warum ein ausschließlicher Autonomie-Ansatz für das assistierte Sterben paradox ist. Einer dieser Gründe ist, dass eine Krankheit nicht nur Grund für eine Sterbehilfefrage ist, sondern auch eine Beeinträchtigung der geistigen Kompetenz sein kann. Ein anderer ist, dass individuelle Ansichten über einen würdigen Tod eng mit gesellschaftlichen Vorstellungen über Menschenwürde, Verletzlichkeit, Alterung und Pflegeabhängigkeit verbunden sind. Eine beträchtliche Anzahl von schriftlichen und mündlichen Vorabanweisungen offenbaren stark abwertende Ansichten der Patienten über einen Transfer in ein Pflegeheim. Es wird Bezug genommen auf „Fummeln oder Zusammensingen mit anderen Menschen", „Niemals zwischen diesen Wahnsinnigen", „Mein Hintern wird von einem jungen Mädchen gereinigt" usw. Solche erniedrigenden Vorstellungen bestehen nicht nur bei Patienten: Sie werden manchmal auch von Verwandten und anderen Angehörigen aus der Gesellschaft geteilt, einschließlich den Betreuern, die einem Patienten helfen, eine Entscheidung zu treffen. Wie in anderen therapeutischen Kontexten können Übertragung und Gegenübertragung auftreten. Ich erinnere mich, dass sich in einer der Meldungen ein Arzt direkt an die Mitglieder meines RTE wandte, und uns mit den Worten ansprach: „Ich möchte hinzufügen, dass ich, wenn mir ein Schlaganfall passieren würde, nicht mehr existieren möchte. Würden Sie?". Damit spielte der Arzt wohl auf die von ihm unterstellte Überzeugung an, dass der Patient hier objektiv oder zumindest intersubjektiv eine richtige Wahl getroffen habe. Ein beratender Arzt schrieb: „In Pflegeheimen werden Sie viele Phantome wie ihn sehen" und ein Kollege: „Das Risiko eines Pflegeheims droht." Wertgeladene Aussagen wie diese tragen nicht zur Akzeptanz eines natürlichen Sterbeprozesses bei.

In bestimmten Fällen ist der Arzt derjenige, der als erster die Option der Tötung zur Sprache bringt. Einer der Ärzte beschreibt den Prozess der Information einer Patientin: „Die Patientin wurde über die Probleme informiert, die ihr passieren können: Übelkeit, Müdigkeit, Verstopfung, Fieber, Nachtschweiß, Bauchschmerzen, Blutungen, die einen milden, aber auch schnellen Endverlauf haben können. Sie gibt klar an, dass sie sich dem nicht unterziehen will." Ein anderer Arzt formuliert: „Tatsache ist, dass dieser Herr tatsächlich ersticken wird, wenn keine Sterbehilfe erfolgt."

Dies wirft die Frage auf: Wie frei und rational können Patienten unter solchen Vorzeichen sein? Die Entwicklung der Sterbehilfezahlen im letzten Jahrzehnt könnte auf eine erhöhte Autonomie der Patienten hinweisen. Sie kann jedoch auch ein Beweis dafür sein, dass sich gemeinsame Vorstellungen über ein lebenswertes Leben in Entwicklung befinden. In diesem Fall muss möglicherweise die Verwendung der

Autonomiesprache überdacht werden, wenn man die Grundlage für Sterbehilfeentscheidungen beschreibt.

4. Autonomie – oder doch Fürsorge?

Versuchen wir, dieses Paradoxon weiter zu entwirren. Trotz der Verwendung der Sprache der Autonomie sehen nicht alle Patienten einen Verlust der Autonomie als Hauptgrund für die Beantragung von Sterbehilfe. Es ist vielmehr das Leiden unter Schmerzen, Übelkeit und anderen körperlichen Beschwerden, das für ihre Bitte von grundlegender Bedeutung ist. Obwohl sie ihre ganze Überzeugungskraft einsetzen, damit ihre Bitte erfüllt wird, geht es ihnen hierbei weniger um Autonomie, als um den Wunsch, einen schrecklichen Tod, ein schreckliches Leben, oder beides, zu verhindern.[31]

Ein Hinweis für das Bestehen einer umfassenden, aber unzureichend untersuchten Verbindung zwischen Autonomie und Fürsorge liegt in der Tatsache, dass Bevormundung oder Paternalismus in der medizinischen Ethik von *Tom L. Beauchamp* und *James F. Childress* als ein Problem behandelt werden, das mit dem Prinzip der Fürsorge verbunden ist. Dies bedeutet, dass die Verfasser davon ausgehen, dass in Fällen, in denen nicht von Paternalismus die Rede ist – und dies wird wohl in der Mehrheit der Fälle die Tatsache sein –, fürsorgliche Handlungen und der Wunsch des Patienten harmonieren. Anders gesagt: Ausgenommen dort, wo von Paternalismus die Rede ist, gibt es keinen großen Unterschied zwischen Wohltätigkeit und Autonomie. Nicht auszuschließen ist deshalb, dass sich die Definition von „Fürsorge" inzwischen naiv auf dasjenige stützt, was sich der Patient wünscht: „Etwas ist für A dann und nur dann fürsorglich, wenn A dazu einen wohlüberlegten und dauerhaften Wunsch hat."

Aber ist dem so? Basieren unsere Auffassungen über das Wohl eines Patienten tatsächlich auf dessen Wünschen? Auf der Grundlage der obigen Beobachtungen – wir sehen noch immer massive Wechselwirkungen zwischen den Wünschen eines Einzelnen und den Ansichten von Verwandten, Gesellschaft und Betreuern – erscheint mir eine kategorische Identifizierung der Fürsorge als von der Autonomie abgeleitet als unplausibel. Ich würde argumentieren, dass es eher umgekehrt funktioniert: Dass viele meinen, ein Patient verdiene Respekt für seine Autonomie, nicht weil Autonomie unseren Respekt verdient, sondern weil und insofern das vom Patienten erwünschte Verfahren auch nach unserer Meinung die beste Vorgehensweise darstellt.

Der Gedanke kam mir vor fast drei Jahrzehnten, als der wegweisende niederländische Dokumentarfilm „Dood op Verzoek" ausgestrahlt wurde,

[31] *Boer*, Drei Narrative (Fn. 13), S. 74.

der den Tod des ALS-Patienten *Kees van Wendel de Joode* beschreibt.[32] Dem Titel nach ist die vorherrschende moralische Überlegung die Achtung der Autonomie des Patienten. Aber Minuten nachdem *Kees* gestorben ist, sagt seine Frau in einem Dialog mit dem Hausarzt: „Das ist gut so wie es ist, nicht wahr, Doktor?“ Es fragt sich, was „gut“ hier bedeutet. Am nächsten Morgen brach ein Arbeitskollege aus: „Haben Sie gestern Abend zugesehen? Genial! Ich habe die Sendung aufgenommen und sie in der Nacht mehrmals abgespielt. Heute Morgen während des Frühstücks habe ich sie nochmals gesehen!“ Mir stellte sich damals die Frage, wie ich diese Reaktionen der Ehefrau des Patienten und meines Kollegen interpretieren sollte. Bedeuteten sie: „Es war gut, den Wunsch von Kees respektiert zu haben, was auch immer der war“? Oder vielmehr: „Es war gut, dass er so gestorben ist, wie er es getan hat“? Etwas in ihren Reaktionen vermittelte den Eindruck, dass ein todkranker ALS-Patient kaum besser sterben kann: zu Hause, alle Vorkehrungen sind getroffen und alle notwendigen Worte gesagt, die Liebe seines Lebens saß neben ihm und streichelte seine Hand, und statt Exazerbationen ein schmerzlos und zweckmäßig kommender Tod. Falls dies stimmt, hat *Kees* die Tötung durch den Arzt vor allem deshalb bekommen, weil seine Ehefrau und der Arzt sein Weiterleben tatsächlich als weniger wünschenswert betrachtet haben.

VI. Schluss

Nun sei hier weder behauptet, dass wir keine gemeinsamen Ansichten darüber haben dürfen, was ein guter Tod ist und was nicht, noch, dass Paternalismus unter allen Umständen schlecht wäre. Wir bestimmen etwa auch für unsere Kinder, dass sie in die Schule gehen sowie eine gesunde Nahrung zu sich nehmen sollen, und wir freuen uns, wenn die Kinder zur Schule wollen und um gesundes Essen bitten. Wenn wir aber solche weithin geteilten, und zum Teil auch für andere Menschen normativen Ansichten haben, sollten wir diesen nicht unter dem Deckmantel der Achtung für Autonomie folgen. Eine Reihe von Moralvorstellungen, bei denen jeder davon ausgeht, dass Autonomie das Leitprinzip ist, bei denen diese Achtung der Autonomie jedoch nur so lange anhält, wie wir uns stillschweigend und implizit darauf einigen, was wir wählen können und was nicht, wird am Ende nur nachteilige Auswirkungen auf die menschliche Autonomie haben. Dann wären wir zurück bei Diskussionen, an die wir aus guten Gründen nur sehr ungerne erinnert werden.

[32] *Maarten Nederhorst*, Dood op verzoek, 1994; abrufbar unter: https://www.npostart.nl/dood-op-verzoek/16-11-2012/POW_00440519 (zuletzt aufgerufen am 07.05.2020).

Leitsätze zum Beitrag von Prof. Dr. theol. Theo A. Boer:

„Autonomie am Lebensende – Ein Erfahrungsbericht aus niederländischer Perspektive"

Vorbemerkungen

Der vorliegende Beitrag konzentriert sich insbesondere auf die Autonomie im Kontext einer Bitte um aktive Sterbehilfe, und fragt, inwieweit sie als eigenständiges ethisches Prinzip gelten kann. Dabei werden insbesondere auch die Entwicklungen der Sterbehilfepraxis in den Niederlanden beschrieben. Nach einer anfänglichen Stabilisierung der Zahlen in den frühen 2000er Jahren zeichnet sich nunmehr ein rasanter numerischer Anstieg der Fälle aktiver Sterbehilfe ab, eine schwer unter Kontrolle zu bringende Grauzone, eine Diversifizierung der Pathologien, die einer Sterbehilfebitte zugrunde liegen (von terminalen zu nicht terminalen Erkrankungen), eine starke öffentliche Stimme für Sterbehilfe für ältere Menschen mit einem „vollendeten Leben", und eine zunehmende Austrocknung der ethischen Debatte zugunsten der aktiven Sterbehilfe als Normalpraxis. Den Kern dieses Beitrags bildet eine erfahrungsbasierte Darstellung von Hinweisen auf Autonomie auf dem Weg zur Sterbehilfe. Meine Hauptthese ist, dass wir manchmal nur deswegen Respekt für die Autonomie eines Patienten aufbringen, weil wir meinen, dass das Gewünschte auch tatsächlich das Beste für ihn ist.

Leitsätze

1. Anfänglich fungierte die Sterbehilfe zumeist als „letzter Ausweg zur Verhinderung eines schrecklichen Todes". Inzwischen zeigt sich aber eine Diversifizierung der Pathologien, die den Forderungen nach Sterbehilfe zugrunde liegen. Bis etwa 2007 stand der Großteil der Sterbehilfefälle im Zusammenhang mit unheilbaren körperlichen Erkrankungen. Seit 2007 wächst jedoch der Anteil der Sterbehilfefälle von Patienten, die an nicht terminalen Erkrankungen wie Demenz, akkumulierten altersbedingten Beschwerden oder chronischen psychiatrischen Erkrankungen leiden. Bei diesen Patienten findet keine Wahl zwischen qualvollem und würdigem Sterben statt, d. h. zwischen Sterben und Sterben, sondern zwischen Sterben und Leben. An dieser Stelle zeichnet sich ein Paradigmen-

wechsel ab: Zunehmend wird die Sterbehilfe auch zu einem „letzten Ausweg zur Beendigung eines schrecklichen Lebens".

2. Die kantische Autonomie – verstanden als die menschliche Verantwortlichkeit, seine Entscheidungen bewusst auf ein durch Vernunft erkanntes moralisches Gesetz zu stützen – lässt sich in den jüngsten Argumenten für assistiertes Sterben kaum noch wiedererkennen. So kann die Entscheidung, das eigene Leben zu beenden, nicht im Sinne eines universellen Sittengesetzes getroffen werden, weil damit das menschliche Leben als Voraussetzung aller Moralität unter Beschuss käme. Die irreversible Zerstörung einer menschlichen Person widerspricht der Pflicht, die Autonomie dieser Person zu schützen. Absichtliches Töten impliziert außerdem die Instrumentalisierung des menschlichen Lebens. Der kantische Beitrag zum Thema des gewünschten Todes besteht vielmehr darin, verantwortungsbewusst und würdevoll mit den Nöten von Krankheit und Alter umzugehen, statt das Leben zu beenden.
3. Erwartungen über eine Wiedervereinigung mit Angehörigen, einen Eintritt in den Himmel oder die Reinkarnation in ein anderes Leben mögen angesichts eines unvermeidbaren Todes Trost spenden, als Argument zugunsten der Sterbehilfe sind sie aber fraglich. Man kann sogar fragen, ob der feste Glaube an ein Leben nach dem Tod nicht in Wirklichkeit die Autonomie untergräbt, statt sie zu fördern. Die Überzeugung, dass es nach diesem Leben in irgendeiner Form weitergeht, bedeutet ohnehin in keiner der großen Weltreligionen, namentlich nicht im Christentum, ein Argument dafür, geschweige denn ein Recht darauf, das heutige Leben zu beenden.
4. Wenn man schon die Autonomie als Ausgangspunkt wählt, erfordert dies, die Rolle des Arztes so weit wie möglich zu beschränken. In bestimmten Fällen in der Niederländischen Sterbehilfepraxis ist der Arzt derjenige, der als erster die Option der Tötung zur Sprache bringt. Wie in anderen therapeutischen Kontexten können dabei jedoch Übertragung und Gegenübertragung auftreten. Da der Arzt im Allgemeinen dieselbe Person ist, die die Patienten jahre- oder jahrzehntelang im Leben unterstützt hat und Gesundheit, Leben und gesundes Urteilsvermögen symbolisiert, d. h., ein sehr großes Vertrauen genießt, kann eine führende Rolle eines Arztes im Prozess der Tötung zu der Überzeugung seitens des Patienten beitragen, dass der Tod tatsächlich das Richtige ist.
5. „Respekt für die Autonomie des Patienten" haben viele Befürworter der aktiven Sterbehilfe in Wirklichkeit nur, weil sie die aktive Sterbehilfe als die beste Lösung für diesen Patienten betrachten. Darin zeichnet sich ein getarnter Paternalismus ab. Eine Reihe von Moralvorstellungen, bei denen jeder davon ausgeht, dass Autonomie das Leitprinzip ist, bei denen die Achtung der Autonomie jedoch nur

so lange anhält, wie wir uns stillschweigend und implizit darauf einigen, was wir wählen können und was nicht, wird am Ende nur nachteilige Auswirkungen auf die menschliche Autonomie haben.

A. VERZEICHNIS DER REFERENTEN

Theo A. Boer, Prof. Dr. theol., Studium der Theologie in Utrecht und Uppsala, 1995 theologisches Lizentiat an der Universität Uppsala, 1997 Promotion an der Universität Utrecht mit einer Studie zu dem Thema „Theological Ethics after Gustafson: A Critical Analysis of the Normative Structure of James M. Gustafson's Theocentric Ethics", 2001 Ernennung zum Dozenten für Christliche Ethik an der Universität Utrecht. Von 2005 bis 2014 Mitglied einer Regionalen Kontrollkommission für Sterbehilfe in den Niederlanden. Von 2015 bis 2019 außerordentlicher Professor für die Medizinische Ethik an der Theologischen Universität Kampen. Seit 2019 Professor für Ethik an der Protestantse Theologische Universiteit Groningen und Gastprofessor für Geschichte der Ethik an der University of Sunderland sowie Leiter des Forschungsprojekts „Ethiek van het levenseinde" an der Protestantse Theologische Universiteit Groningen. Seit 2018 Mitglied des Gezondheidsraad (vaste Commissie voor Ethiek en Recht).

Franz-Josef Bormann, Prof. Dr. theol., Studium der Philosophie und der katholischen Theologie an der Philosophisch-Theologischen Hochschule Sankt Georgen, der Ludwig-Maximilians-Universität München, der Hochschule für Philosophie München und der Päpstlichen Universität Gregoriana, 1998 Promotion an der Philosophisch-Theologischen Hochschule Sankt Georgen mit der Arbeit „Natur als Horizont sittlicher Praxis. Zur handlungstheoretischen Interpretation der Lehre vom natürlichen Sittengesetz bei Thomas von Aquin", 2005 Priesterweihe in Hildesheim und Habilitation an der Albert-Ludwigs-Universität Freiburg mit der Schrift „Soziale Gerechtigkeit zwischen Fairness und Partizipation. John Rawls und die Katholische Soziallehre". 2005 Berufung auf den Lehrstuhl für Moraltheologie und Ethik an der Theologischen Fakultät Paderborn. Seit 2008 Inhaber des Lehrstuhls für Moraltheologie (Theologische Ethik I) an der Katholisch-Theologischen Fakultät der Eberhard Karls Universität Tübingen. Seit 2016 Mitglied des Deutschen Ethikrates.

Gunnar Duttge, Prof. Dr. iur., Studium der Rechtswissenschaft an der Julius-Maximilians-Universität Würzburg, 1995 Promotion mit der Studie „Der Begriff der Zwangsmaßnahme im Strafprozeßrecht. Unter besonderer Berücksichtigung der allgemeinen Handlungsfreiheit, des allgemeinen Persönlichkeitsrechts sowie des Rechts auf informationelle Selbstbestimmung", 2000 Habilitation mit der Schrift „Zur Bestimmtheit des Handlungsunwerts von Fahrlässigkeitsdelikten" an der Ruhr-Universität Bochum. 2001 Ernennung zum Universitätsprofessor für

Strafrecht und Rechtsphilosophie an der Ludwig-Maximilians-Universität München. 2004 Berufung an die Georg-August-Universität Göttingen auf den seinerzeitigen Lehrstuhl für Strafrecht und Strafprozeßrecht (heute „Abteilung für strafrechtliches Medizin- und Biorecht"). Von 2005 bis 2010 sowie von 2017 bis 2019 Geschäftsführender Direktor des Zentrums für Medizinrecht an der Georg-August-Universität Göttingen, seither Vorstandsmitglied des Zentrums.

Anna-Bettina Kaiser, Prof. Dr. iur. LL.M., Studium der Rechtswissenschaft an der Albert-Ludwigs-Universität Freiburg sowie an der University of Cambridge, 2007 Promotion mit einer Arbeit über „Die Kommunikation der Verwaltung. Diskurse zu den Kommunikationsbeziehungen zwischen staatlicher Verwaltung und Privaten in der Verwaltungsrechtswissenschaft der Bundesrepublik Deutschland" an der Albert-Ludwigs-Universität Freiburg. 2014 Ernennung zur Professorin für Öffentliches Recht und Grundlagen des Rechts an der Juristischen Fakultät der Humboldt-Universität zu Berlin. 2017 Habilitation an der Albert-Ludwigs-Universität Freiburg mit der Schrift „Ausnahmeverfassungsrecht". Seit 2021 Inhaberin des Lehrstuhls für Öffentliches Recht und Grundlagen des Rechts an der Juristischen Fakultät der Humboldt-Universität zu Berlin.

Thomas Lobinger, Prof. Dr. iur., Studium der Rechtswissenschaft an der Eberhard Karls Universität Tübingen und an der Freien Universität Berlin, 1999 Promotion an der Eberhard Karls Universität Tübingen mit einer Studie über „Rechtsgeschäftliche Verpflichtung und autonome Bindung. Zu den Entstehungsgründen vermögensaufstockender Leistungspflichten im Bürgerlichen Recht", 2003 Habilitation an der Eberhard Karls Universität Tübingen mit der Schrift „Die Grenzen rechtsgeschäftlicher Leistungspflichten. Zugleich ein Beitrag zur Korrekturbedürftigkeit der §§ 275, 311a, 313 BGB n.F.". Seit 2004 Professor und seit 2006 Inhaber des Lehrstuhls für Bürgerliches Recht, Arbeits- und Handelsrecht an der Ruprecht-Karls-Universität Heidelberg. Seit 2016 stellvertretender Vorsitzender der individualarbeitsrechtlichen Schlichtungsstelle der Erzdiözese Freiburg.

Ines Friederike Reiling, Ass. iur., Studium der Rechtswissenschaft an der Ruprecht-Karls-Universität Heidelberg und der Humboldt-Universität zu Berlin, 2021 Einreichung einer Dissertation zum Thema Wandel und Kontinuität des ‚besonderen Gewaltverhältnisses' aus einer diskursanalytischen Forschungsperspektive. Von 2016 bis 2018 und erneut seit 2020 wissenschaftliche Mitarbeiterin von Prof. Dr. Anna-Bettina Kaiser, Humboldt-Universität zu Berlin.

Gernot Sydow, Prof. Dr. iur. M. A., Studium der Rechtswissenschaft sowie der Mediävistik, Neueren und Neuesten Geschichte an der Albert-Ludwigs-Universität Freiburg und an der University of Edinburgh, 2000 Promotion mit einer Arbeit zu dem Thema „Die Verwaltungsgerichtsbarkeit des ausgehenden 19. Jahrhunderts. Eine Quellenstudie zu Baden, Württemberg und Bayern" an der Albert-Ludwigs-Universität Freiburg, 2004 Habilitation mit der Schrift „Verwaltungskooperation in der Europäischen Union. Zur horizontalen und vertikalen Zusammenarbeit der europäischen Verwaltungen am Beispiel des Produktzulassungsrechts" an der Albert-Ludwigs-Universität Freiburg. 2006 Ernennung zum apl. Professor an der Universität Freiburg. Von 2006 bis 2015 Justitiar des Bistums Limburg und im Nebenamt Richter am Kirchlichen Arbeitsgerichtshof Bonn sowie Mitglied des Verwaltungsrates des Verbandes der Diözesen Deutschlands. Seit 2015 Professor für Öffentliches Recht an der Universität Münster und Direktor des Instituts für internationales und vergleichendes öffentliches Recht. Vorsitzender des Datenschutzgerichts der Deutschen Bischofskonferenz.

B. SACHWORTREGISTER

C. PERSONENVERZEICHNIS